Knaur

Toril Brekke

Linas Kinder

Roman

Aus dem Norwegischen von
Gabriele Haefs

Knaur

Die norwegische Originalausgabe erschien unter dem Titel
»Granitt« bei H. Aschehoug & Co.

Besuchen Sie uns im Internet:
www.droemer-knaur.de

Vollständige Taschenbuchausgabe Mai 2000
Droemersche Verlagsanstalt Th. Knaur Nachf., München
Copyright © 1994 by the author and H. Aschehoug & Co.
Copyright © 1998 der deutschsprachigen Ausgabe
Lichtenberg Verlag GmbH, München
Alle Rechte vorbehalten. Das Werk darf – auch teilweise – nur mit
Genehmigung des Verlages wiedergegeben werden.
Umschlaggestaltung: Agentur Zero, München
Umschlagabbildungen: Premium / ibid, Düsseldorf;
Foto im Bildrahmen: Clarence H. White, At the Edge of the Woods –
Evening, Photogravur, April 1901. Entnommen aus: Christian A. Peterson,
Alfred Stieglitz's *Camera Notes*, New York: W. W. Norton, 1996, S. 155
Satz: Ventura Publisher im Verlag
Druck und Bindung: Clausen & Bosse, Leck
ISBN 3–426–61687–4
Printed in Germany

2   4   5   3   1

Zur Erinnerung an meine Großmutter,
die Tochter des Steinhauers

INHALT

KAPITEL 4
ANTON HEIRATET

KAPITEL 5
DER VOGELMANN

KAPITEL 6
HUNGER UND SEHNSUCHT

EPILOG

Von Balkons und durch Fenster, in Parks und Gärten, an Stränden und auf staubigen Bürgersteigen, überall kann man jubelnden Gesang hören. Zufällig Vorüberkommende bleiben vielleicht verdutzt unter flatternden Vorhängen in den Wohnvierteln von Paris, London oder Amsterdam stehen, unter alten Bäumen, die noch immer sommergrünes Laub tragen, und horchen den Lobpreisungen der glockenreinen Soprane. Wir spazieren vielleicht gerade um den Genfer See oder um den Teich am Ende der Jens Juels Gade, unter den pastellfarbenen Fassaden mit Blick auf den Inn, der um diese Jahreszeit graugrün und träge ist, vielleicht sitzen wir auf einer Parkbank und sehen zu, wie sich die Baumkronen im künstlichen See des Tiergartens spiegeln, streuen den Enten Brotkrümel und werfen den Hunden Stöckchen, um dann beim Klang der tiefen Baßläufe, die wie dunkle, unsichtbare und doch mit Jubel beladene Ströme mit dem Wind treiben, plötzlich die Hand mit der Brottüte sinken zu lassen.

Europa ist von Gesang erfüllt, vor allem Westeuropa, aber auch in einzelnen osteuropäischen Städten stimmen helle und dunkle Stimmen in den Freudengesang ein.

Die Noten sind bereits im Frühsommer verteilt worden, identische Ausgaben der Partitur von Händels mächtigem Oratorium, kopiert in mehr als zwölftausend Exemplaren, abgeschickt nach und nach an die Chöre, die die Einladung angenommen hatten: »Willkommen, Bienvenue, Welcome ...«

Die meisten Chormitglieder kennen das Werk bereits. Doch nun werden sie sich am letzten Tag des Jahres zur Mitternachtsmette treffen, um zu einem gewaltigen Lobgesang zu verschmelzen. Zwölftausend Sängerinnen und Sänger werden das große neue Eisstadion in Brüssel füllen, und durch das Dach wird ihr Gesang bis zum gestirnten Himmel emporsteigen – gewaltig, gewaltig.

* * *

Kissie singt schon, solange sie sich zurückerinnern kann, anfangs hat sie mit sich selber im Chor gesungen. Alles, was sie hört, vom schlichtesten Kinderliedchen bis zum hochkomplizierten Orchesterwerk, setzt sich in ihrer Erinnerung fest, ihr Gehirn scheint ein Klangschwamm zu sein, mit Gehirnwindungen wie die Rillen einer Schallplatte, mit Kreisen und Kreisen in einer niemals endenden Spirale.

Wie ein Gast in einem Rundfunkstudio, der seine Musikwünsche äußern darf, kann Kissie sich aus ihrem inneren Archiv bedienen, und wenn sie allein spazierengeht, dann summt sie vor sich hin, fällt erst in die eine Stimme und wechselt dann zur anderen über. Und auch, wenn sie sich keine Melodie ausgesucht hat, wenn sie eigentlich ganz woanders mit ihren Gedanken ist, dann taucht die Musik ganz von selber auf, liegt ganz hinten, hinter ihren Gedanken, ohne sie zu stören, schwache Klänge und Rhythmen, bei denen sie mit den Fingern auf der Stuhllehne herumtrommelt, wenn sie auf ihrem kleinen Balkon sitzt und einen Roman liest, bei denen ihre Zehen sich in ihren Schuhen im Takt krümmen, wenn sie unterwegs zu einem Konzert in der Straßenbahn sitzt.

Als sie das Gymnasium besuchte, geriet sie durch Zufall an ein abgenutztes Tenorsaxophon, und schon nach einigen Monaten wurde sie in eine Band aufgenommen, die aus einer Schlagzeugerin, einer Geigerin, einer Pianistin und einer Bassistin bestand, die überall im Land auf Kundgebungen auftraten; zwischen flammenden Reden und Appellen begleiteten sie den revolutionären Rundgesang, abends spielten sie dann zum Tanz auf. Es war mitten in den siebziger Jahren, das Volk hatte über das Kapital gesiegt, die Lieder handelten von norwegischer Natur unter der Mitternachtssonne, von stolzen Norwegern, die Fische aus der See zogen und sie auf den Felsen an Holzgestellen trockneten, von rot gestrichenen Bootsschuppen und weiten Hochebenen mit Heidekraut und Flechten und Rentieren. Es gab auch andere Lieder; klobige Übersetzungen aus dem Spanischen zum Preise der lateinamerikanischen Bauern, Huldigungen an die rote Sonne des Ostens, Spottlieder über Pastoren und Könige, über Fabrikbesitzer und machtgierige Politiker, und glühende Solidaritätserklärungen mit streikenden Hafenarbeitern.

Sie hatten zwei Langspielplatten und eine CD aufgenommen und wurden oft von Vokalisten, denen keine so gute Band zur Verfügung stand, ins Studio geholt. Alle Bandmitglieder lebten vor allem von Einkünften aus anderen Quellen. In diesem Jahr jedoch hatten Außenministerium, Kultusministerium und Exportrat es sich in den Kopf gesetzt, Norwegen in der Welt zur Geltung zu bringen, und das war für die Band nicht ohne Folgen.

Kissie und die anderen gehörten zu den Auserwählten, die als Beispiele für Qualität und Kultur im Land der Skispringer und des Öls vorgeführt werden sollten.

* * *

»Kissie?«

Sie lehnt an einem Baum in den Kensington Gardens und summt zum Vogelgezwitscher in den Baumkronen.

Fabrikbesitzer Antonsen rupft am Fuß des Baumstamms einen langen Grashalm aus und schiebt ihn sich zwischen die Lippen.

»Ist das ein Choral, Kissie?« fragt er durch um den Grashalm geschlossene Zähne.

Die Frau neben ihm auf dem glatten Rasen summt weiter.

Sie ist mit der Band in London. Die Band besucht London mit einem Schriftsteller, dessen Romane ins Englische, Deutsche und Französische übersetzt worden sind, und mit einem der Architekten, die den Auftrag für die neue Bibliothek in Alexandria an Land gezogen haben, mit einem Kaufmann, der norwegischen Lachs exportiert, mit zwei Vertretern des Außenministeriums und mit Fabrikbesitzer Antonsen. Sie waren schon in Paris und Rom, später stehen auch noch Amsterdam und Berlin auf dem Programm. Überall treffen sie Persönlichkeiten aus Politik und Wirtschaft, sie plaudern und trinken Weißwein, der Schriftsteller liest aus seinen Büchern, der Lachsexporteur verteilt platte rosa vakuumverpackte Filets, der Architekt legt Mappen mit Zeichnungen und Fotos vor, die Band unterhält. Die Vertreter des Außenministeriums wandern lächelnd umher, und Antonsen steht diskret am Rande und spricht mit besonders Interessierten.

Schon auf dem Flug von Oslo nach Paris hatte Kissie den interessierten Blick des Fabrikbesitzers registriert. In der Ankunftshalle auf dem Charles-de-Gaulle-Flugplatz hatte sie ihm ihren Koffer überlassen, als sie abends mit der Band auf der Bühne stand, hatte sie sein Lächeln erwidert. Nach dem Auftritt, als Kissie und die anderen in Abendkleidung auf dem Parkett standen und sich die gefüllten Römer in die Hände drücken ließen, sah er sie wieder an, mit einem hellen Blick voller Wärme und zugleich scharfer Aufmerksamkeit. Er erinnerte sie an jemanden, aber sie wußte nicht, an wen.

»Du hast feuchte Augen, Kissie«, sagt Antonsen auf dem Rasen in den Kensington Gardens.

»Ach was. Glänzende Augen heißt das.«

»Das ist etwas anderes. Deine sind feucht. Ob du nun Choräle singst oder Blues spielst. Ob du Kanapees ißt oder mit mir durch den Park spazierst.«

»Das war eine Strophe aus Händels ›Messias‹.«

»Bist du denn so fromm, Kissie?«

Sie ist noch nie mit einem Fabrikbesitzer durch einen Park spaziert.

Sie ist mit Bassisten und Schlagzeugern durch die Straßen gewandert, mit einem Konzertpianisten, mit Poeten, mit zwei Schauspielern. Aber noch nie mit einem Fabrikbesitzer. Eine

Zeitlang hat sie mit einem versoffenen Anwalt zusammengelebt. Später hat sie für einige Monate einen bisexuellen Tänzer in ihre kleine Wohnung aufgenommen, danach lebte sie ein Jahr in einer Nebenstraße in der Innenstadt mit einem Kneipier zusammen. Aber mit einem Fabrikbesitzer hat sie noch nie auf einer Parkbank gesessen, ist nie mit einem spazierengegangen, von einem eingeladen worden, hat niemals oberflächlich oder intim mit einem Fabrikbesitzer gesprochen.

Kissie ist neununddreißig Jahre alt und kinderlos. Sie wird zumeist für viel jünger gehalten, und sie schämt sich ein wenig, weil ihr das gefällt, schließlich ist sie Feministin.

»Fromm?«

Sie ist aus Liebe zum Gesang in den Cäcilienverein eingetreten, nicht aus Frömmigkeit. Sie mag den Kontrast zu der Musik, die sie mit der Band spielt, und sie singt gern.

Fromm? Kissie lacht.

Kissie wüßte gern, ob die Vertreter des Außenministeriums überhaupt begriffen haben, daß die Band vor allem wegen des Geldes diese Tour mitmacht. Wenn sie abends auf dem Hotelzimmer sitzen und steuerfreien Schnaps trinken, dann lachen sie darüber.

Und wenn sie Fabrikbesitzer Antonsen ansieht, der wie ein hungriger Hund hinter ihr hertrottet, dann fragt sie sich, ob er von ihr eigentlich mehr gesehen hat als ihre mit Kajal umrahmten Augen und die Brüste unter ihrer engen Bluse.

Aber er erinnert sie an etwas, an etwas Lichtes und Freundliches und zugleich Scharfes, nur weiß sie nicht, an was.

»Was stellst du in deiner Fabrik eigentlich her, du, Antonsen?« fragt sie und betrachtet zwei fette Tauben, die gerade über den Rasen trippeln.

»Hängegleiter«, antwortet er. »Skier und Hängegleiter. Sie sind mein eigenes Patent.«

»Die Skier?«

»Nein, die Hängegleiter.«

Kissie singt.

»Hast du denn nie vom Fliegen geträumt?« fragt Antonsen.

»Als Kind?«

»For the Lord«, singt Kissie.

Antonsen legt ihr einen Arm um die Schulter und zieht sie an sich.

»For the Lord«, singt Kissie.

Antonsen dreht ihr Gesicht zu seinem hin, er will sie küssen. Sie ist fröhlich und warm, sie duftet nach mildem, würzigem Parfüm, er ist ganz sicher, daß sie küssen möchte.

Aber Kissie wendet lachend ihr Gesicht ab. Und irgend etwas scheint ihre Aufmerksamkeit zu erregen. Antonsen schaut sich um und entdeckt zwischen den Blättern schräg hinter ihnen den Blick eines Jungen, eines starrenden Jungen auf einem Skateboard, er trägt eine umgedrehte Schirmmütze auf dem Kopf.

Antonsen fährt sich mit der Hand durch die Haare und kann sich auf die Schnelle nicht daran erinnern, wie man einen englischen Jungen zum Verschwinden auffordert.

»For the Lord God ...«, singt Kissie.

»Woher kennst du dieses Lied?« fragt Antonsen leicht nervös.

»... Omnipotent reigneth ... Das Lied? Von meiner Oma.«

Abends ißt der Fabrikbesitzer zusammen mit einigen Geschäftspartnern im Rule's.

Kissie hält beim abendlichen Empfang Ausschau nach ihm, aber er ist nicht da. Bei ihrem Auftritt sucht sie sein Gesicht zwischen den Menschen unterhalb der Bühne, nachher schaut sie sich nach ihm um, rechnet jeden Moment damit, er könne neben ihr auftauchen, mit seinen aufmerksamen lächelnden hellen Augen. Aber er ist nicht da, und sie ertappt sich dabei, daß er ihr fehlt.

Antonsen sitzt im Rule's, ißt Steak and Kidney Pie, trinkt Bier und diskutiert über einen lukrativen Vertrag. Seine Hängegleiter gelten als außergewöhnlich sicher, und auch unter den Briten gibt es immer mehr, die sich von einem Steilhang stürzen wollen, um dann wie ein Vogel durch die Luft zu schweben.

Strahlender Laune kehrt er ins Hotel zurück. Er läßt sich an der Rezeption seine Schlüsselkarte geben und geht dann in die Bar, um noch ein Gläschen zu trinken und Kissie zu suchen.

Da sitzt sie auf einem Barhocker, vertieft in eine lebhafte Unterhaltung mit einem jungen bärtigen Knaben. Sie nickt Antonsen freundlich zu und macht die beiden Männer miteinander bekannt. »Norwegischer Fabrikbesitzer, sehr konservativ, vermutlich sogar Anhänger von Maastricht … Journalist aus Edinburgh, Mitglied der Schottischen Nationalpartei.«

Der Barmann erscheint und blickt den Neuhinzugekommenen fragend an. Antonsen bittet um einen doppelten Whisky.

»Wußtest du, daß die SNP bei den letzten Wahlen über zweiundzwanzig Prozent bekommen hat?« fragt Kissie eifrig. »Sie wollen ein unabhängiges Schottland.«

Der bärtige Journalist mustert Antonsen skeptisch, wendet sich dann wieder Kissie zu und setzt das Gespräch fort, als ob sie weiterhin nur zu zweit wären. Er erzählt von seiner Bewunderung für die Norweger, die Norweger, die es wagen, allein zu stehen, diese selbständigen und zähen Menschen, die sich von keinem etwas sagen lassen. Kissie beschreibt aufgeregt das starke politische Bewußtsein in Norwegen. Der Schotte spricht auch über andere Teile Europas, in denen die regionalen Selbständigkeitsbewegungen immer stärker werden; über Galizien zum Beispiel, kein Galizier nennt sich Spanier, nein, er kommt aus Galizien und hat seine eigene Sprache und seine eigenen kulturellen Wurzeln. Er erwähnt die Lega Nord, die sich von Rom loslösen will, und die drei Sprachgemeinschaften in Belgien, die immer größere Autonomie verlangen.

»Und sieh dir erst den Balkan an!« sagt Antonsen.

Sie achten nicht auf ihn. Der Schotte nennt jetzt Beispiele für die englische Arroganz, ehe er Kissie wieder nach den Norwegern ausfragt, danach, was sie zu solch leuchtenden Beispielen im derzeitigen Europa macht.

Und Kissie verbreitet sich über Tradition und Bodenständigkeit, über das tiefe Naturempfinden und das starke Engagement für die Umwelt.

Antonsen leert sein Glas und läßt es wieder füllen.

»Wir halten unsere Wurzeln in Ehren«, sagt Kissie. »Altes Handwerk, Rosenmuster, schöne Pullover und Mützen ... und die Musik, kennst du Grieg?«

»Grieg?«

Der bärtige junge Mann glaubt nicht, je von Grieg gehört zu haben.

»Volksmusik ... schade, daß du vorhin nicht auf dem Empfang warst. Eine in unserer Band spielt traditionelle Instrumente.«

»Ja, und wir haben unsere Dudelsäcke ... und tragen Kilts.«

»Genau!« Kissie strahlt.

»Wer hat dich zur Musik gebracht?« fragt der Journalist interessiert.

»Die Oma«, sagt Antonsen trocken.

»Und mein Urgroßvater«, sagt Kissie mit leuchtenden Augen und hektischen roten Flecken auf den Wangen.

»Erzähl!« ruft der Schotte.

Und Kissie erzählt. Über Oma Marja mit der schönen Stimme und Urgroßvater Anton mit dem zweireihigen Akkordeon. »Es war wie im Märchen. Sie waren bettelarme Steinhauer, Anton und Lina. Sie wohnten in einer winzigen Hütte. Mußten den ganzen Winter hindurch barfuß laufen.«

»Nicht übertreiben«, murmelt der Fabrikbesitzer.

»Och aye, ich seh sie vor mir«, sagt der schottische Separatist verträumt.

»Sie hatten zwanzig hungrige Kinder«, sagt Kissie jetzt. »Und eine davon war Marja. Die sich aus der Armut hinausgesungen hat. Ihr Vater hat zum Tanz aufgespielt. Wenn er nicht mit den Steinen beschäftigt war.«

»Ein Steinhauer, so was«, sagt der Schotte gerührt.

Kissie zeichnet ein Bild ihrer Landsleute, in dem die meisten Nachkommen von Steinhauern sind, von Fischern und Steinhauern, von Bauern und Steinhauern, von Steinhauern und Bergarbeitern. In diesem kargen, steinigen Land.

Antonsen hört verblüfft zu. Seine Blicke zeichnen Kissies Profil, die geschwungene Stirn, die leicht gekrümmte Nase, das Kinn über dem blassen, verletzlichen Hals, den Ausschnitt über den schönen, vollen Brüsten.

»Steinhauer und Spielleute«, sagt der Schotte. »Und meine Vorfahren im schottischen Hochland waren Hirten und Spielleute.«

»Urgroßvater Anton«, sagt Kissie lächelnd. »Anton vom Fliederhof.«

»That's wonderful«, sagt der Schotte.

KAPITEL 1

Anton und Lina

ER KAM IM ERSTEN SOMMERREGEN
AUF DIE WELT

Er kam in einer Sommernacht des Jahres 1858 auf die Welt, in einem Kämmerchen mit grauen, undichten und fensterlosen Wänden. Seine Mutter lag mit geschlossenen Augen und zusammengekniffenem schmalem Mund, gelblichem, blassem Gesicht und trockenen Haarsträhnen von unbestimmbarer Farbe auf dem verschlissenen Kissenbezug.

Der Mann, mit dem sie das Haus teilte, stand draußen. In der Nacht. Er stand unbeweglich am Waldrand, eine ungewöhnlich hohe, magere Gestalt mit dünnen Armen und groben Händen, die ihm bis an die Knie reichten. Er stand hochaufgerichtet am Waldrand zwischen zwei hohen Tannen und spuckte auf den Boden. Über ihm zerrissen immer wieder blaugelbe Blitze den Himmel, fauchende Blitze, die neben ihm, hinter ihm, vor ihm einschlugen, gefolgt von tiefem, dröhnendem Donner. Der Mann spuckte auf den Boden. Die Luft bebte und knisterte, die Blätter an der Birke vor ihm zitterten, und der Mann spuckte, spuckte, spuckte, sein Körper schien zum Bersten mit Wasser gefüllt zu sein. Als der Regen einsetzte, waren die Tropfen schwer, sie hämmerten auf den Boden, wie in einem Raum ohne Wind. Sie klatschten auf die ausgedörrte Erde, auf Kopf und Schultern des Mannes, klatschten auf das Dach des grauen Hauses vor ihm, auf das Haus, in dem seine Frau gerade ein Kind zur Welt brachte.

»Er ist blond.«

Diese Bemerkung fiel einige Monate später. Drei Menschen umstanden die kleine Wiege in der halbdunklen Kammer: die Mutter, die Nachbarin und der halbwüchsige älteste Sohn, Steingrim. Die Bemerkung stammte von der Nachbarin, ihre Stimme klang verwundert: »Er ist blond.«

»Er wurde mit dem Blitz geboren«, erklärte die Mutter. »Der Himmel war weiß, für einen Moment lang war alles weiß.«

Aber ihr Gesicht war dunkel, als sie das sagte, ihre Stimme klang trocken, und als die drei bald darauf die Kammer verließen, wußte Steingrim, daß sein Vater in der Türöffnung gestanden und sie beobachtet hatte.

Auf dem Küchentisch stand ein Holzeimer mit Blaubeeren, und dieser Eimer verschwand zusammen mit der Nachbarin. Er war für die Stadt bestimmt. Später wurden alle Beeren zum Verkauf in die Stadt geschickt, und Steingrim wußte, daß das mit dem blonden Jungen angefangen hatte. Vorher hatten die Kinder abends manchmal Blaubeeren essen dürfen, nicht oft, aber immerhin: Blaubeeren in kleinen Schalen mit einem Schuß Sauermilch, während die Mutter neben ihnen saß und vor sich hinsummte.

Noch viele Jahre sollte Steingrim es mit dem beim Gewitter geborenen Jungen in Verbindung bringen, daß das seltene Summen seiner Mutter ganz verstummt war.

»Wurzeln«, sagte Kissie. »Findest du Wurzeln denn nicht wichtig?«

Inzwischen waren sie in Amsterdam eingetroffen.

»Wurzeln, was heißt das schon«, antwortete Antonsen gereizt.

Sie hatten die Eröffnung der norwegischen Ausstellung besucht. Einem Künstler, der sich auf Holzschnitzerei und das Bemalen von alten Türen spezialisiert hat, waren zwei Säle in einem Museum zur Verfügung gestellt worden. Die Gäste waren ausgesprochen enthusiastisch, die Presse hatte sich um den Künstler geschart, einen blonden, mageren Mann, der ein wenig verlegen in die Kamera lächelte und erklärte, welche Gedanken hinter seiner Kunst steckten.

Die alten Holztüren hatten Kissies Interesse an Antonsens Fabrik geweckt.

»Warum führst du die Holzskier nicht wieder ein?« fragte sie.

Er hatte sie stehenlassen, hatte das Museum verlassen und sich nebenan in eine kleine Kneipe mit Grachtenblick gesetzt. Fünf Minuten später saß sie ihm gegenüber an dem kleinen Tisch.

Er sieht sie an. Heute trägt sie dunkelroten Samt; eine ausgeschnittene Bluse über knöchellangem Rock. Ihre dunklen Haare hat sie mit einer breiten Silberspange hochgesteckt, in den Ohren und um die Handgelenke trägt sie große glitzernde Reifen. Sie ist schön. Er hat Lust auf sie. Aber dieses Gerede über Wurzeln geht ihm auf die Nerven.

»Sing mir etwas vor, Kissie«, bittet er.

»Hier in der Kneipe?« Sie lacht.

Sie sind fast allein im Lokal. An einem der Tische ganz hinten trinken zwei Männer schweigend ihr Bier, und nun kommt noch ein Paar herein, das sie vorhin im Museum gesehen haben;

er ist schwarz und sie ist weiß. Sie setzen sich an den Neben-
tisch, und der Schwarze lacht über eine niederländische Bemerkung der Frau.

Kissie und Antonsen leeren ihre Rotweingläser, der Fabrikbesitzer schenkt aus einer Karaffe aus Buckelglas nach. Kissie summt
leise eine Partie aus Händels Oratorium vor sich hin, der
Schwarze stimmt ein. Kissie mustert ihn verblüfft und singt weiter, mehrere Minuten lang summen sie wortlos vor sich hin,
Wellen von hellem und dunklem Klang. Die beiden tauschen ein
Lächeln, dann heben sie die Stimmen und singen: »Halleluja,
halleluja, halleluja …«

»Händel«, flüstert Antonsen der blonden Niederländerin zu.
Sie nickt. »Messias.«

»Brüssel?« fragt Antonsen mit offenem, fragendem Gesicht,
denn Amsterdam und Brüssel liegen nicht weit auseinander, und
vielleicht singt der andere auch in einem Chor mit, der zu dem
Silvesterkonzert eingeladen ist, von dem Kissie ihm erzählt hat.
Die Blonde nickt eifrig, die Singenden verstummen, und dann
sind plötzlich alle vier in ein munteres englisches Gespräch darüber vertieft, wie großartig die Initiative doch ist, so viele Chöre
auf einmal zu versammeln.

»Eine EU-Initiative«, sagt Antonsen schließlich.

»Was?« ruft Kissie.

»Was denn sonst?« fragt der Skihersteller treuherzig. »In Brüssel? Mit Chören aus ganz Europa?«

»Jetzt mach aber mal einen Punkt!« sagt Kissie empört.

»Und fromm ist sie auch nicht«, teilt Antonsen den anderen mit
und registriert, wie Kissies Brustwarzen unter ihrem Blusenstoff
vor lauter Aufregung hart werden.

»Wir auch nicht«, lachen die beiden anderen.

Sie sind Künstler, er Bildhauer, sie Malerin.

Die Ausstellung mit den alten Türen hat ihnen gut gefallen, sagen sie, aber warum können die Norweger nicht endlich mit
dem Walfang aufhören?

»Das sind unsere Wurzeln«, grinst Antonsen, und Kissie erklärt.

Sie hält einen kleinen Vortrag über die verschiedenen Walarten, über Forschungsergebnisse und amerikanische Naivität.

Joseph und Janke schütteln den Kopf und lächeln über Kissie, die jetzt beim Rentierschlitten des Weihnachtsmanns angekommen ist. »Und wenn wir den Amis erzählen, daß wir in Norwegen auch Rentierfleisch essen, dann werfen sie bestimmt eine Atombombe über uns ab.«

Janke und Joseph lachen laut und laden die anderen auf ein Glas Wein zu sich nach Hause ein. Sie wohnen ein paar Blocks weiter in einer Dachwohnung. Nachdem sie eine enge braune Treppe hochgestiegen sind, auf der es nach Kohlrouladen und schmutzigem Grachtenwasser riecht, landen sie in einem großen Zimmer voller Skulpturen, halbfertigen Ölgemälden und scheinbar zufällig herumstehenden Möbeln. Kissie läßt sich auf einen altmodischen Diwan mit fleckigem Plüschbezug fallen, Antonsen setzt sich in einen abgenutzten Chesterfieldsessel, Janke holt aus dem Nebenzimmer Gläser und Flaschen. Joseph räumt den Tisch ab: Der ist bedeckt mit Zeitungen und Farbtuben, und in der Mitte zwischen einer gesprungenen Blumenvase mit Pinseln und einer durchsichtigen Plastikflasche mit Terpentin steht eine halb bemalte Gipsfigur von Nelson Mandela.

»Na sieh an! Das ist ja Nelson Mandela, oder?« ruft Kissie aufgeregt.

»So schwarz ist der doch gar nicht«, meint Antonsen skeptisch.

»Das ist ja auch nur ein Modell«, sagt der Künstler.

»Natürlich ist Mandela schwarz, der ist doch ein Neger«, Kissie lacht.

Dann wird sie rot und sieht beschämt zu Joseph hinüber.

»Bauern bleiben Bauern, und Neger bleiben Neger«, sagt der Fabrikbesitzer.

»Du Arsch«, sagt Kissie auf norwegisch.

»Du machst mich auch scharf, wenn du wütend bist«, erwidert Antonsen. Auf norwegisch.

Nach zwei Flaschen singen die Chormitglieder: »For the Glory, the Glory of the Lord.«

Janke bietet Antonsen eine Zigarette an, er nimmt an, obwohl er seit fünf Jahren nicht mehr raucht. Die Skiloipen, die Laufwege, die steilen Hänge, an denen er seine Gleitflieger ausprobiert, sind jetzt weit weg. Das hier ist ein Abend für Zigarettenrauch und Wein.

Während Joseph und Kissie singen, unterhält Antonsen sich mit Janke über Amsterdam. Über die internationale Szene, die Arbeitslosigkeit, die Drogenprobleme. Sie erzählt, daß ihre Eltern einen Bauernhof haben.

»Windmühlbauern?« lacht Antonsen.

»Windmühlbauern«, lächelt Janke.

Dann erzählt sie, daß Joseph in Berlin geboren worden ist, seine Mutter war eine französische Prostituierte, sein Vater Amerikaner.

»Himmel«, murmelt der Fabrikbesitzer.

»Er wurde in den Befreiungstagen gezeugt. Seine Mutter ist wohl von einem Nazioffizier mehr oder weniger aus Paris entführt worden. Als ihm aufging, daß nichts mehr zu retten war, ist er mit ihr nach Norden abgehauen. In Berlin hat er sie dann ihrem Schicksal überlassen. Dann kamen die Befreier, und um überleben zu können, hat sie sich an einen amerikanischen Soldaten verkauft.«

Janke steckt einen Joint an.

Für sie ist das eine alte Geschichte. Antonsens neugieriger Blick wandert von dem dunkelhäutigen Sänger zu dem gipsernen Nelson Mandela, der jetzt unter einem großen Dachfenster an der Wand steht.

Wurzeln, denkt er. Bauern und Fischer. Steinhauer.

»Welches Material will er für die fertige Skulptur benutzen?« fragt er.

»Granit«, antwortet Janke mit geschlossenen Augen.

»Granit?« fragt Kissie. »Granit vom Iddefjord?«

Auch Joseph hört auf zu singen und blickt die anderen an.

»Aus Italien, nehme ich an«, sagt Janke.

Draußen zieht langsam die Dämmerung herauf.

»Wenn wir uns in Brüssel treffen, mußt du mich danach besuchen. Dann ist er vielleicht fertig«, sagt Joseph.

Als sie mit dem Taxi ins Hotel fahren, fragt Kissie den Fabrikbesitzer, was er damit gemeint hat, das Mandela-Modell sei zu schwarz gewesen.

»Ist dir das denn noch nicht aufgefallen?« fragt er. »Manche Afrikaner sind fast ganz schwarz. Andere sind grauschwarz oder graubraun, noch andere braun und manche fast golden.«

»Mandela!« sagt Kissie empört.

»Mandela ist nicht schwarz. Mandela ist noch längst nicht der Schwärzeste.«

»Vielleicht nicht«, sagt Kissie. »Es gibt sicher Unterschiede zwischen den Völkern.«

»Darum geht es nicht«, sagt Antonsen trocken.

»Worum geht es dann?« fragt Kissie.

»So dumm kannst du doch gar nicht sein, daß du das nicht kapierst?«

Kissie wechselt das Thema.

»Von wem hast du eigentlich deine Geldgeilheit geerbt?« fragt sie.

»Sie haben also in Østfold gelebt, deine Steinhauer«, sagt Antonsen.

Kissie nickt, durch sein plötzliches Interesse versöhnt.

»Aber von wem hast du …«, sie setzt noch einmal an.

»Den Traum vom Fliegen, meinst du?«

Den Traum vom Fliegen. Das klingt so schön, denkt Kissie. Seine Augen leuchten im frühen Morgenlicht hell und klar. Etwas an ihm spricht Kissie an, so arrogant und unerträglich er auch manchmal sein mag.

»Ja, von wem hast du den Traum vom Fliegen geerbt?« fragt sie freundlich.

»Das weiß ich nicht«, antwortet Antonsen.

DER JUNGE,
DER NICHT MITZÄHLTE

Der Säugling wuchs unter den Händen der Frau, aber nicht unter ihrem Blick. Zuerst wusch und stillte sie ihn, später fing er sich Ohrfeigen ein, wenn er beim Essen kleckerte oder vergaß, seine Filzpantinen auszuziehen, ehe er die winzige Abseite betrat.

Aber sie sprach nie mit ihm, und sie schaute ihm auch nie ins Gesicht, sie starrte über seinen Kopf hinweg die Wand an, oder sie schaute aus dem verdreckten Fenster über dem Küchentisch. Was er von ihr kannte, waren ihre Hände, die harten und rauhen Hände an seiner Wange. Ihr Gesicht war grau und wie blind. Ihre Gestalt war eckig und krumm, und immer trug sie Schwarz, immer Schwarz. Die Erwachsenen waren beide so, schwarz und verschlossen, mit trockener fahlgelber Haut, mit trägen Bewegungen, unter ihrer Kleidung starr wie verdorrte Bäume.

Vom Mann kannte er nicht einmal die Hände.

Wenn der Mann befahl, Wasser oder Brennholz zu holen, dann galt das nicht für den Jungen; die vier älteren Brüder durften mit in den Wald gehen, sie lernten, Bäume zu fällen und zu entästen, Fallen zu legen und Fische zu fangen, sie durften bei der Bestellung des kargen Ackerfetzens helfen. Die drei, die nach ihm kamen, wurden ebenfalls zur Arbeit herangezogen, sowie sie über den Hof stapfen konnten.

Aber nicht der Junge, der im Regen geboren war.

Er machte es den anderen nach, holte Holz aus dem Schuppen, ging zum Brunnen, wenn der Wassereimer neben dem Ofen leer war, doch das geschah nie auf Befehl. Als er alt genug war, kam er auch in die Schule: Sein zwei Jahre älterer Bruder nahm ihn mit und stellte ihn dem Lehrer vor.

Das erste, was der Junge sah, als er über die Schwelle des Klassenzimmers trat, war das große Bild eines Mannes in einem langen weißen Kittel und mit einem Stab in der einen Hand. Dann schaute er sich um und duckte sich, als der Lehrer sich räusperte, hinter den Rücken des etwas älteren.

»Das ist mein Bruder«, murmelte Hallstein und starrte den Boden an.

Der neue Junge ließ seinen Blick von dem fetten Mann hinter dem Pult, der sein Gesicht über ein dickes Klassenbuch senkte, zu dem weiterwandern, dessen Bild hinten im Zimmer hing. An der anderen Hand hatte er ein Kind. Und im grünen Gras zu seinen Füßen saßen lockige Schafe und dösten in der Hitze.

»Und Stein Steingrimsen zeugte die Söhne Steingrim und Steinar und danach Jostein und Hallstein«, psalmodierte der Fette, während er im Klassenbuch eine neue Seite aufschlug und zwei Pünktchen hinter seine Eintragung setzte. »Mager und hohläugig, stumm und dumm, Mühlsteine um den Hals des Lehrers, so als ob der Name schon vor der Geburt des Kindes festgestanden habe – aber offenbar haben sie auf dem Hof mit den toten Büschen ja doch eine Art Humor, was?«

Der Lehrer stieß ein schallendes Lachen aus, und der Junge vergaß das Licht auf dem Bild hinten im Zimmer, das Licht um den Mann mit den warmen, freundlichen Augen, den Mann mit dem Kind und den Schafen im Gras.

»Na!« polterte der Lehrer und schaute zum ersten Mal die beiden kleinen Jungen an. »Tritt vor und laß dich ansehen!«

Und Hallstein trat beiseite und schob den anderen vor.

Der Lehrer schaute, der Junge schaute zurück.

Der fette Mann runzelte die schweißnasse Stirn und wischte sie sich mit dem Ärmel einer Strickjacke ab, die unter einem abgenutzten grauen Mantel hervorlugte. Der Junge betrachtete die aufgedunsenen Wangen und die blauroten Lippen des Erwachsenen mit aufmerksamem Blick.

Der Lehrer streckte einen dicken Finger aus und klopfte dem Jungen mit dem Knöchel auf den Kopf. »Ein kleiner Wechselbalg, sieh an, sieh an. Aber ebenso hohläugig.«

Einmal sprach sie mit ihm, die, die seine Mutter war; als Hallstein plötzlich starb, nachdem er gerade mit dem Konfirmationsunterricht angefangen hatte.

»Hier!« sagte sie, sah ihn aber nicht an.

»Hier!« sagte sie und reichte ihm den Konfirmationsanzug, der
gerade erst fertiggenäht worden war.

Der Junge nahm den Anzug und wußte, was er zu tun hatte.

In alten Zeiten trugen sie zumeist Schwarz und lange Röcke, die, die träumten und sahen, und die, die dichteten, träumten und sahen

Als Lina Eckbom sich ins Leben schrie, nahm die Mutter ihrer
Mutter sie in Empfang, eine vielseitige Frau mit einem schmalen
Goldreif um das linke Handgelenk und langen mageren Hän-
den, die ihrer Tochter zu einer schmerzlosen Geburt verhalfen.
Sie wusch das Neugeborene in Kräuterwasser, legte es der Mut-
ter an die Brust und kochte Brei.

Später trat sie auf den Hof vor der Hütte, die früher einmal rot
angestrichen gewesen war, hielt das neugeborene Leben in die
rosa Morgenröte und sagte etwas, kurze abgehackte Sätze zwischen grauen Zähnen. Ihre Füße waren nackt im kalten Tau,
eine schwarze Locke klebte an ihrer Wange, nach der harten Arbeit dieser Nacht war sie in Schweiß gebadet.

Dann ging sie wieder ins Haus, wickelte das kleine Wesen auf
einem Hocker, nahm dann das Bündel auf den Schoß, hauchte
das blasse, verschrumpelte Gesicht warm an und flüsterte ihm
etwas zu.

»Was sagst du, Mutter?« stöhnte die Frau im Bett.

»Nichts.«

»Doch, das habe ich deutlich gehört.«

»Was denn?«

»Etwas über Musik. Ist irgend etwas passiert? Hast du etwas gehört?«

»Ich höre und ich sehe«, murmelte die Schwarzgekleidete auf dem Hocker.

»Du siehst?«

»Ich sehe einen Musikanten. Ich sehe, daß die kleine Lina sich in einen Musikanten verguckt.«

»Die kleine Lina?«

»Ja, sie soll Lina heißen. Nach meiner verstorbenen Schwester.«

»Aber ich ... ich wollte sie doch ... nach dir nennen«, stammelte die Mutter.

»Nein. Sie soll Lina heißen. Lina kann dann später ihre erste Tochter nach mir nennen.«

Die alte Frau stand vom Hocker auf, ging mit dem Kind in den Armen die drei Schritte bis zum schmutzigen Fenster und schaute hinaus.

»Ein Musikant?« fragte die Frau im Bett mit unsicherer Stimme.

»Unzuverlässig und fesch. Mit dem ganzen Leib voll Musik. Die arme Kleine.«

Die alte Frau schloß die Augen, wie um die düsteren Bäume auszusperren, wandte sich vom zersprungenen Fenster ab, ging lautlos über den Lehmboden und legte das Kind unter die Decke.

»Aber Mama ...«, sagte ihre Tochter.

»Noch ist er nur ein Kind. Ich sehe ihn vor mir. Blondgelockt und hübsch. Noch ist er nur ein kleiner Wicht auf der Landstraße.«

KAPITEL 2
Kindheit und Jugend

ANTONS ERSTE KLINGENDE MÜNZE

Anton Steingrimsen hieß es, das Menschlein, das an einem heißen Sommertag im Jahre 1870 durch ein unbemaltes graues Tor auf eine staubige Landstraße hinausging, Anton Steingrimsen, und der runde Kopf unter der viel zu großen Schirmmütze war erfüllt vom Bild eines Reiters. Denn ein Reiter würde ihm Glück bringen. Eine Frau dagegen, vor allem eine Frau ohne Schürze …

Anton Steingrimsen trug schwarze Frieshosen, einen Pullover und eine graue Jacke. Auf seinem Kopf saß die viel zu große Schirmmütze, seine nackten Füße steckten in schwarzen Holzschuhen. In einem Bündel an seinem keß über die Schulter gelegten Stock hatte er seinen Konfirmationsanzug und ein Gesangbuch.

Er betrat die Straße, ohne sich umzusehen. Er hatte nur das Bild von Mann und Pferd im Kopf. Am besten wäre es, wenn der Mann auf dem Pferd säße, fand er. Das zweitbeste wäre ein Mann, der hinter dem Pferd auf einem Wagen sitzt. Das drittbeste schließlich ein Mann, der neben dem Gaul einhergeht. Je feiner der Mann und je schöner das Tier, um so größer das Glück auf seiner Wanderung!

»Antoooon!«

Der Junge erstarrte. Er war erst wenige hundert Meter von zu Hause fort.

Die Stimme hinter ihm gehörte einer Frau. Wenn ich einfach weitergehe, dachte er, dann begegne ich ihr nicht.

»Anton, ich hab was für dich!«

Was konnte sie schon für ihn haben, das wichtiger wäre als ein gutes Omen? Einen frischen süßen Brotfladen? Ihm lief das Wasser im Munde zusammen, und fast automatisch drehte er sich um und sah, wie die Frau beim Rennen Staub aufwirbelte, eine magere Frau ohne Kopftuch, ihre braunen Zöpfe hatte sie um den Kopf gewickelt, sie trug einen langen braunen Rock, und sie hatte keine Schürze vorgebunden.

»Du hast dich ja gar nicht verabschiedet! Hast du es denn so eilig?«

»Ich hab auf dem Hof nach dir Ausschau gehalten«, murmelte der Junge unglücklich.

»Aber ich hab doch was für dich.!

Der Junge und die Frau gingen zurück, sie vorweg, eifrig und mit geheimnisvoller Miene, er hinterher, widerwillig, mit verkniffenem Mund, er schien sich kaum vorstellen zu können, daß die Sache wichtig sei oder daß diese Verzögerung Gutes verheißen könne. Sie gingen wieder durch das Tor und zu einem unbemalten Häuschen neben einem nur wenig größeren Haupthaus. Der Junge wartete auf der Vordertreppe, die Frau verschwand im Haus. Und dann stand sie wieder vor ihm, mit einem Akkordeon in der Hand, einem Knopfakkordeon mit braunem Balg und gelbem Holzrahmen.

Das Gesicht des Jungen öffnete sich, die hellen blauen Augen wurden in seiner verdutzten Freude ganz groß, sein breiter Mund mit den vollen Lippen zog sich fast bis zu den Ohren hoch, er rang um Atem und stammelte:

»Aber ... aber ... das ist doch die Quetsche von ...«

»Die hat er dir zugedacht. Du solltest sie heute bekommen. Zum Abschied. Das hat er deinem Bruder gesagt, aber der ist im Wald.«

Die Frau lächelte warm und glücklich. Sie reichte ihm das Instrument, und der Junge nahm es mit zitternden Händen entgegen.

»Dann hast du doch immerhin etwas«, murmelte die Schürzenlose dicht neben seinem Ohr und setzte fast etwas wie einen Kuß auf die weiche Wange unter der übergroßen Mütze.

»Ach«, seufzte der Junge. »Ach.«

Als er zum zweiten Mal von zu Hause fortging, pfiff er. Das Akkordeon hing an einem Riemen über seiner linken Schulter, den Stock mit dem Bündel trug er über der rechten. Und er pfiff und wirbelte mit den runden Schuhspitzen Kieselsteine hoch, schob sich die Mütze in den Nacken, strich sich die ein wenig zu langen Locken aus der Stirn und dachte an Artur, der im Spätwinter plötzlich umgefallen war. Der Junge hatte dabei ins Gesicht des Mannes geblickt, er hatte den Anfang eines Satzes gehört – es hatte munter geklungen, Artur kannte viele witzige Geschichten, und so hatte der Junge diesen Moment in Erinnerung: Als ob der Spielmann gerade einen Schwank beenden wollte und dabei abrupt unterbrochen worden war. Und die lebhaften schmalen Greisenaugen waren wie vor Verwunderung erstarrt, die Augen hatten sich erweitert, bis sie fast unter den buschigen Brauen hervorgequollen wären. Erst erwiderte er noch den Blick des Jungen, dann schien sein Blick sich nach innen zu kehren. Seine blauen Augen verloren ihre Farbe, und der Mann fiel zu Boden, röchelte dabei auf unheimliche Weise, und von seinen Augen war nur noch das Weiße zu sehen.

An einem kalten, schneereichen Tag war Artur mit einem Boot zu den Hvalerinseln gebracht worden. Und das Akkordeon lag mit im Sarg, davon war der Junge damals überzeugt, der Tote hielt es im dunklen Sarg zwischen seinen gefalteten Händen.

Er ging über die Landstraße, pfiff das allerletzte Stück, das er von Artur gelernt hatte, und dachte durchaus nicht daran, daß sein Bruder Steingrim vergessen hatte, ihm das Instrument zu geben. Er dachte nur an Arturs verschwörerisches Lächeln und hatte alle bösen Omen vergessen. Doch nie würde er Ellis Gesicht vergessen, das magere Gesicht seiner Schwägerin, Elli mit den groben Händen und dem weichen Mund auf seiner Wange, die Frau seines ältesten Bruders.

Nach zwei Kilometern blieb er stehen und lauschte. Hörte er da nicht in der Ferne Hufschläge? Hörte er nicht klappernde Pferdehufe? Und als er um eine Ecke bog, kamen zwei Reiter in einer goldenen Staubwolke auf ihn zu, nicht nur einer, sondern gleich zwei Reiter mit schwarzen, blaugefütterten Umhängen, hohen schwarzen Hüten, langen Stiefeln und glänzenden Hosen, jeder auf einer prächtigen, wohlgenährten Stute.

Die Männer zügelten ihre Pferde, als sie den Jungen sahen, und kamen dann zwei Meter vor ihm zum Stehen.

Ob er eine Frau auf einem Rapphengst gesehen habe?

»Nein«, antwortete Anton. »Ich habe hier auf der Straße keine andere Frau gesehen als die Alte von meinem Bruder.«

»Überleg es dir genau«, verlangte der jüngere Mann ärgerlich.

»Wirklich nicht«, sagte der Junge. »Ich habe niemanden gesehen, seit ich unterwegs bin.«

»Und woher kommst du?«

»Vom Fliederhof.«

»Ein kleiner Musikant«, lachte der ältere Herr. »Und wo soll es jetzt hingehen?«

»Nach Hansed. Als Hütejunge im Sommer. Und Stallbursche im Winter.«

»Dann ist sie durch den Wald geritten«, murmelte der jüngere Mann.

»Und du bildest dir ein, daß du mit der fertig werden kannst?« lachte der andere. »Von wem hast du denn das Spielen gelernt?« fügte er dann an den Jungen gewandt hinzu.

»Vom Spielmann Artur, ihm hat das Akkordeon gehört. Und er hat es mir vermacht.«

»Laß mal hören!«

Der jüngere Mann machte ein ungeduldiges Gesicht, der andere nickte dem Jungen als Aufforderung zu.

Anton legte den Stock mit dem Bündel am Straßenrand auf einen Stein und faßte das Akkordeon mit beiden Händen.

»Einen Walzer«, lachte der Ältere. »Einen Brautwalzer für einen Heiratslustigen.« Die Finger des Jungen liefen über die Knöpfe, und dabei zog er den Balg auseinander und schob ihn wieder zusammen, aus und ein, aus und ein. Das eine Pferd schnaubte leise mit geblähten Nüstern, die Sonne ließ das glänzende Futter in den Umhängen der Männer glitzern, der Ältere sang mit offenem, belustigtem Gesicht die eine oder andere Strophe mit, der Jüngere dagegen schaute immer wieder zum Wald hinüber und verzog gereizt den Mund.

Erst nach drei Stücken nickte der Ältere Anton zu, es sei genug. Die beiden Männer drehten ihre Pferde, um zurückzureiten, doch als der Ältere seine Hacken in die Pferdeflanken bohrte, sah er sich um, nickte noch einmal freundlich und warf dem Jungen eine funkelnde Münze zu.

Die erste Begegnung, dachte er, als die Reiter verschwunden waren, die erste Begegnung, seit ich endgültig von zu Hause fort bin.

Dann ging er in die Hocke und streckte die Hand nach der Münze aus. Sie lag im Straßenstaub und leuchtete wie ein Fischbauch. Er spuckte sie an und wischte sie mit dem Jackenärmel ab. Dann suchte er sich einen kleinen flachen Stein, hob Stein und Münze an sein Ohr und schlug sie gegeneinander. Bei jedem Treffen klirrten sie leise. Und Anton lachte ein helles, perlendes Lachen.

SIE HIESS ELLI, DIE JUNGE FRAU,
DIE GLAUBTE, NACH SEINEM VERSCHWINDEN ALS EINZIGE
FÜR DEN JUNGEN ZU BETEN

Ich hätte ihm die Haare schneiden sollen, dachte sie. Ich hätte ihn vor seinem Ausbruch von seinen langen Locken befreien sollen, dachte die Frau von Antons ältestem Bruder, als an dem Tag, an dem der Junge von zu Hause fortgegangen war, die Abendbrotzeit näherrückte. Was würden sie wohl auf Hansed sagen?

Denn sonst hat sich doch niemand um den Jungen gekümmert, schluchzte Elli, als sie später am Abend ins Bett ging.

Ihr Mann räusperte sich. Dann berührte er sie unbeholfen mit spitzen Fingern.

Ein seltsam blonder Kopf im Vergleich zu den dunklen der anderen, hatte die junge Frau bei ihrem ersten Besuch auf dem Hof gedacht. Sie war über die Schwelle geschoben worden und hatte aus zusammengekniffenen Augen in die nach Salzhering riechende Dunkelheit geschaut, halbblind durch den Kontrast zum hellen Sommerlicht draußen. Langsam waren die Umrisse der Gestalten auf der schmalen Bank deutlicher geworden, und der erste, den sie klar sehen konnte, war Anton.

Und ihr war aufgefallen, daß der Junge mit den blonden Locken sich auch noch auf andere Weise von seinen Geschwistern unterschied. Anton war kleinwüchsig und untersetzt und nicht schmal und mager wie die anderen. Seine Augen waren groß und blaßblau und nicht dunkel und tiefliegend. Aber das Seltsamste war, daß der kleine Junge in Licht getaucht zu sein schien. Seine feuchten Augen, der Speichel auf seinen Zähnen, die Wassertropfen auf seinen Lippen, wenn er getrunken hatte, alles glitzerte und funkelte. Seine hellen Haare waren weder honiggelb noch gelbweiß wie frischbehauene Birken, seine Locken funkelten wie Silber.

Klanglicht, hatte Elli später gedacht und sich dieses seltsame Wort auf der Zunge zergehen lassen. Als ob das Licht von innen käme. Als ob die Musik im Jungen ihn munter und fröhlich machte.

Als ob nichts Böses an ihm haftenbleiben könne.

Anfangs hatte sie sich gefragt, ob der kleine Anton wohl geistig zurückgeblieben sein könne. Denn er schien gar nicht zu bemerken, daß sein Vater ihn nicht beachtete. Die anderen Kinder wurden mit Birkenzweigen und Gürtel gezüchtigt, der Vater ermahnte sie jedoch auch und teilte sein Wissen mit ihnen. Und daß er sich niemals an Anton wandte, konnte doch darauf hinweisen, daß der seine Worte vielleicht gar nicht begriffen hätte? Und die Schroffheit der Mutter, konnte die nicht daran liegen, daß die Mutter glaubte, einem Kind gegenüber, das schwerer lernte als die anderen, besonders energisch auftreten zu müssen? Aber Anton holte Holz, ohne darum gebeten worden zu sein, er hackte und stapelte ganz freiwillig. Und die Mutter schlug ihn ohne ersichtlichen Grund.

Drei Episoden hatten Elli ganz besonders empört. Einmal wollte der Junge einen Stier vorzeigen, den er aus einer Baumwurzel geschnitzt hatte. Er machte das oft, er schnitzte kleine, klobige Figuren und schenkte sie seinen dankbaren kleinen Geschwistern. Einmal schien sein Werk ihm offenbar besonders gut gelungen zu sein, und glücklich rief er, als er fertig war: »Wollt ihr mal sehen?«

Er legte die Figur zwischen die Erwachsenen auf den Eßtisch. Die Mutter schaute kurz hinüber, dann wandte sie sich ab. Der Mann schob die Figur weg und verlangte mit rauher Stimme: »Die Suppe, Alte.«

Die zweite Episode trug sich zu, als Spielmann Artur Anton auf dem Akkordeon die erste Melodie beigebracht hatte. Vor Freude jubelnd kam Anton in die Küche gerannt und wollte spielen. Nach zwei Takten war der Mann aufgestanden und hatte den Raum verlassen.

Und an einem Frühlingsabend einige Monate später ging Elli über den Hof, um Wäsche von der Leine zu nehmen. Steingrim stand in der Schuppentür und kehrte ihr den Rücken zu. Es sah aus, als geschehe im Schuppen etwas, von dessen Anblick er sich nicht losreißen konnte, er mochte weder hinein- noch weggehen. Und dann war Anton an ihm und Elli vorbei in den Wald gestürzt. Die junge Frau würde seinen Blick nie vergessen: Ausdruckslos und tot in einem kreideweißen kleinen Gesicht, ausdruckslos wie bei einem Toten.

Der Mann hatte sich ihr zugewandt, sein Blick war böse gewesen. »In dem Jungen steckt ein Mörder«, hatte er gesagt, und es hatte Elli geschaudert, so als fege ein eiskalter Winterwind über den Sommerhof.

Im Schuppen lagen zwei kleine Holzfiguren auf dem Hackklotz, daneben stand eine Axt mit blanker Schneide.

»Ich habe es selbst gesehen«, sagte Steingrim hart.

Elli hatte ihren zukünftigen Mann in Fredrikstad auf dem Markt kennengelernt, sie hatte ihm ein Stück Blauzeug verkauft, später hatte sie zugesehen, wie er über den Preis eines angejahrten Kleppers verhandelte. Seine Hand glitt über die Pferdeflanken, und er schaute dem Tier in den Rachen. Er stand ein Stück von ihr entfernt, mit geradem Rücken, fröhlich; selbstsicher, dachte die junge Frau und schlug die Augen nieder.

Ein halbes Jahr später waren sie sich dort wieder begegnet, er lachte nicht, aber er lud sie zu einer Tasse Kaffee und einem Stück Sahnetorte ein, es war das erste Mal, daß irgendwer Elli Kuchen mit richtiger Sahne spendierte. So war aus ihnen ein Paar geworden: Er lud zur Sahnetorte ein, sie aß und kratzte den Teller blank. Danach gehörte sie zu ihm, und die anderen Jungen machten einen Bogen um sie. Elli gehörte Steingrim.

Als sie kurz darauf den kleinen Anton sah, erinnerte er sie an die Sahne, von der sie so gierig gegessen hatte. Es lag an seinen Augen, an den weichen Hautfalten über und unter ihnen, an den bleichen Halbmonden der Locken. Das alles hatte etwas Süßes und Schläfriges, das die junge Elli an gelbweiße, luftige Creme denken ließ. Und der Anblick dieses schönen Kindes auf dem Hof, und die Erinnerung an das Lachen ihres Mannes und seine unbefangenen Bewegungen bei ihrer ersten Begegnung erweckten in Elli die Hoffnung, daß sie trotz allem die Strenge und Schwermut des kleinen Hofes mit dem Fliederstrauch aushalten würde.

War die Mutter so hart mit ihm, weil er anders war als die anderen, diese Frage hatte Elli sich später gestellt.

Und was ging in dem Jungen vor, wenn er ohne zu mucken die Schläge einsteckte? Er wurde ganz blaß, und sein Blick ging ins

Leere. Danach lief er in den Wald und blieb lange verschwunden.

Selten einmal traute Elli sich, mit einem Leckerbissen in der Schürzentasche nach ihm zu suchen. Oft ohne ihn zu finden, manchmal verriet er sich, weil er auf einem Baum oder an einem Bach saß und Vogelstimmen nachahmte. Dann saßen sie nebeneinander, der kleine Junge und die junge Frau, doch sie konnte ihn nie dazu bringen, darüber zu sprechen, was passiert war, und er weinte auch nie. Nicht einmal damals, als sie ihn am Sonnenhang gefunden hatte, nackt, mit ausgestreckten Armen und Beinen, redete er mit ihr. Er stand einfach auf, wischte sich Gras und Tannennadeln vom Leib und zog sich ganz langsam an. Danach aß er das Stück süßen Fladen, das sie ihm mitgebracht hatte, er kaute schnell und mit zusammengepreßten Lippen. Ein einziges Mal legte er seiner Schwägerin den Kopf in den Schoß, er atmete zitternd und fast lautlos, bis er eingeschlafen war. Als sie ihn nach Hause trug, traf sie der schwarze Blick ihrer Schwiegermutter, er war noch düsterer und verschlossener als sonst.

Und als Hallstein im Winter vor seiner Konfirmation starb, wurde Anton an seiner Stelle zum Pastor geschickt, so als sollte er so schnell wie möglich für erwachsen erklärt und aus dem Haus geschoben werden.

Ohne den Musikanten, das hatte Elli in den letzten Jahren, ehe der Junge weggeschickt wurde, um den Posten des älteren Bruders als Hütejunge zu übernehmen, oft gedacht, ohne den Musikanten, der in der Gegend aufgetaucht war, hätte niemand je entdeckt, wieviel Musik in dem Jungen wohnte.

»Wir wollten doch eigentlich den Bruder«, murmelte die Frau
auf Hansed, als Anton zusammen mit dem restlichen Gesinde in
der Küche beim Essen saß.

Sie stand mitten im Raum und zog sich mit raschen Händen ihr
weißes Kopftuch gerade, und dabei zischelte sie mit ihrem fast
zahnlosen Mund vor sich hin.

»Aber der ist doch tot«, sagte der Junge mit dem offenen Gesicht.

»Hat dich irgendwer gefragt?« fauchte die Frau ihn an.

»Er ist im Winter gestorben«, sagte sie dann zu einer alten ver-
krümmten Frau, die in der Türöffnung stand. »Er sollte gleich
nach der Konfirmation zu uns kommen. Sein Anzug lag fertiggenäht in der Kammer, als der Junge die Augen schloß. Die Ärmel reichen diesem kleinen Weichling wahrscheinlich bis auf die
Knöchel.«

»Aber du hast vor dem Pastor bestehen können?« fragte die ver-
krümmte Frau am nächsten Nachmittag.

Sie war Altenteilerin und wohnte allein in einem weiß angestri-
chenen Haus hinter dem Kuhstall. Sie hatte Anton zu sich ge-
wunken, nachdem er die gefleckten Kühe von der Weide geholt
und ihnen Wasser gegeben hatte. Er hatte sich an ihren Küchentisch setzen dürfen, sie hatte seine Locken gestreichelt und ihn
mit milchblauem Blick gemustert.

»Sag mal das Glaubensbekenntnis auf«, befahl sie.

Anton tat, wie ihm geheißen.

»Und was sagt der Herr im ersten Buch Mose, Kapitel 1, Vers
27, über den Menschen?«

Anton dachte einige Sekunden lang nach, dann wußte er es:
»Und Gott schuf den Menschen ihm zum Bilde, zum Bilde Gottes schuf er ihn, und schuf sie, einen Mann und ein Weib.«

»Und wann hat der Herr das gemacht?« fragte die Alte.

»Gegen Mittag, nehme ich an«, antwortete der Junge.

Die Altenteilerin riß die Augen auf: »Gegen Mittag? Wie meinst du das?«

Anton konnte das sofort erklären: »Als es am fünften Tag Morgen wurde, schuf Gott die Tiere, den Löwen und die Lämmer, die Kuh und den Stier, den Wolf und die Katze und die Stute und den Hengst. Und als er damit fertig war, kam der Mensch an die Reihe. Etwas später, am selben Tag.«

Die Frau gluckste vor Lachen und umfaßte seinen Kopf mit beiden Händen.

»Tilda sagt, du hast ein Akkordeon mitgebracht?«

Anton nickte.

»Von wem hast du das denn?«

Anton erzählte von Artur.

»Er hatte keine Kinder. Und andere Schüler auch nicht.«

Die Frau nickte und bat ihn, das Instrument zu holen. Anton stieg in die Holzschuhe, die er auf der Vortreppe abgestellt hatte, lief in den Stall und auf den Hängeboden, wo sein Schlafplatz war.

Ehe er zur Sommerwiese zog, spielte Anton der alten Frau jeden Abend Choräle vor. Und sie sang, mit heller, brüchiger Stimme. »Kleiner Weichling«, höhnten die Kinder auf dem Hof, wenn sie ihn sahen.

Auf der Sommerweide war er mit der Sennerin allein. Sie kümmerte sich von morgens früh bis abends spät um die Kühe, sie molk und butterte und machte Käse. Kurz vor dem Almabstieg brachte einer der Bauernsöhne den Bescheid, daß Anton sofort auf den Hof kommen sollte. Der Bote war zwei Jahre älter als Anton und sollte nun an seiner Stelle das Vieh hüten. In seinem Blick lag kein Spott, als er atemlos zwischen den kleinen Bäumen stand und mitteilte: »Ein feiner Mann will mit dir reden. Sein Pferd ist schöner und glänzender als unsere. Ein Grauschimmel mit welliger Mähne. Wir haben auch so einen grauen Hengst, aber der hat nie ... Was will der Mann von dir?«

»Ich weiß es nicht«, antwortete Anton verwundert.

»Einmal, als Großvater noch jung war und in den Stall gehen wollte – es war ganz früh am Morgen –, waren einem Pferd Mähne und Schwanz geflochten worden, es war eine Stute, und sie war auch grau ... aber du mußt dich beeilen.«

Anton reichte dem anderen seinen Hirtenstab.

»Bist du sicher, daß du keinen Mann mit schönem Umhang und hohem Hut kennst?«

Anton schüttelte den Kopf und rannte los.

»Du!« rief der Junge hinter ihm her. »Woran ist dein Bruder gestorben?«

»Sein Vater hat ihn erschlagen!« antwortete Anton.

Der Mond zwinkerte ihm im runden Wasserspiegel der Regentonne zu, als der Junge den Hof erreichte. Er steckte den Kopf in das kühle Naß und wusch sich Gesicht und Hände. Dann spürte er Blicke, warme Pferdeblicke, vom Hofbaum her. Er öffnete die Tür, ließ die Schuhe stehen, ging barfuß ins Haus und stand leicht verwirrt im Mondlicht in der Küche. Der Raum war leer, aber durch die blaugetünchte Wand zur Stube hörte er leise Stimmen. Er klopfte vorsichtig an, dann energischer, die Stimmen verstummten, die Tür öffnete sich, und die Hausmutter zog ihn lächelnd in die gute Stube. Der Junge verbeugte sich tief vor den beiden Männern am Tisch, der eine war der Bauer selber, der andere ein schlanker, aufrechter junger Mann mit weißem Hemd und schön bestickter Weste. Auf dem Tisch standen zwei Becher und ein Krug.

»Spielmann und Hütejunge«, der Fremde lächelte, und Anton wußte, daß er ihn schon einmal gesehen hatte, es war einer der beiden, die er am ersten Tag seiner Wanderung getroffen hatte, der jüngere und ungeduldigere der beiden Reiter, die ihn nach einer Frau gefragt hatten.

»Unser Gast hat einen ehrenvollen Auftrag für dich, Junge«, sagte der Bauer mit schroffer Stimme. »Er heiratet morgen, und du sollst dabei aufspielen.«

Anton machte wieder eine tiefe Verbeugung.

»Aber hat er denn passende Kleidung?« lispelte die Hausmutter, die noch immer mitten im Zimmer stand und nervös die Hände rang.

»Ich habe meinen Konfirmationsanzug«, sagte der Junge mit heller, klarer Stimme.

»Aber der ist für einen anderen genäht worden«, murmelte die Frau und blickte den Gast an, als wolle sie um Entschuldigung bitten. »Die Ärmel …«

»Keinen Konfirmationsanzug«, entschied der Fremde. »Seidenhosen mit schönen Bändern, weiße Strümpfe und Schnallenschuhe, so kleidet sich ein echter Musikant.«

»Aber die Zeit«, sagte die Frau. »Und der Stoff.«

»Ich miete den Jungen um einen Silbertaler für drei Tage«, sagte der Bräutigam. »Hol dein Akkordeon, wir brechen sofort auf.«

Aber als Anton auf den Hängeboden kam, um das Instrument zu holen, war es verschwunden. Er suchte überall, konnte es aber nicht finden.

Der zwölfjährige Junge lehnte sich an die schräge Wand. Er zitterte heftig. Er bohrte die Fingernägel in das rauhe Holz, kniff die Augen zusammen, preßte die Lippen aufeinander und hielt den Atem an. Dann kletterte er die steile Leiter hinunter und brach vor den Vorderbeinen der falben Stute des Hansedbauern zusammen. Das Tier stupste seine Schulter mit dem Maul an.

Große Aufregung herrschte. Das gesamte Gesinde wurde geweckt und verhört. Der Hausvater selber fragte sie mit funkelnden Augen und rotem Gesicht aus. Seine Frau durchsuchte wütend und nervös alle Schlafstätten. Aber das Akkordeon blieb verschwunden.

»Ob die Zigeuner es gestohlen haben können?« fragte die Hausmagd.

Aber seit Monaten waren in der Gegend keine Zigeuner gesehen worden.

44

Der zweitälteste Sohn auf dem Hof hatte es gestohlen. Er wollte es wohl verkaufen, er träumte davon, nach Amerika auszuwandern. Als er den Lärm hörte, fehlte ihm der Mut, seine Tat zu verschweigen.

* * *

Der Junge vom Fliederhof stand mitten auf dem Tisch im Festsaal, er trug Seidenkleider, seine hellen Locken waren frisch gekämmt, und er hielt das Akkordeon in der Hand. Er hatte gespielt und gespielt, die Gäste hatten applaudiert und ihn angefeuert, die Frauen hatten seine Haare und seine Seidenkleider gestreichelt, hatten ihn mit strahlenden Augen betrachtet und weiche Lippen auf seine Wange gedrückt.
Sie hatten ihm Braten und Wein gegeben, und abends spät war er auf einem mit weichen Kissen bedeckten Sofa eingeschlafen.
Er wurde davon geweckt, daß eine kleine Kapelle zum Tanz aufspielte; schlaftrunken erhob er sich und betrachtete verwundert die festlich angezogenen Menschen, die das Tanzbein schwangen und die Wand mit seltsamen flackernden Schatten bedeckten.
Er mußte noch zwei Tage auf dem Tisch stehen und spielen. Am dritten nahmen sie ihm die Seidenkleider weg und gaben ihm seine eigenen zurück und schickten ihn zu Fuß und ohne Wegzehrung nach Hansed zurück. Er kam dort erst spätabends an, hungrig und noch immer verwirrt von allem, was er gesehen hatte.

»Haben sie dich denn belohnt?« fragte die Altenteilerin am nächsten Morgen.
Überrascht schüttelte der Junge den Kopf.
»Ich durfte doch Seidenkleider und Schuhe mit Silberschnallen leihen«, antwortete er.
»Je reicher, desto geiziger«, murmelte die Alte.
»Der Bauer hat Geld dafür bekommen, daß er mich verliehen hat«, sagte der Junge.

»Pah!« schnaubte die Frau.

Dann erinnerte sie ihn daran, was am fünften Tag gegen Mittag geschehen war.

»Ein Mensch ist ein Mensch«, sagte sie mit fester Stimme. »Und wir sind doch alle in Seinem Bilde erschaffen, nicht wahr?«

Anton nickte verwirrt.

»Und wenn der Nächste im Bilde Gottes erschaffen ist«, fuhr die Alte fort, »wer wagt dann, sich seinem Nächsten gegenüber zu erhöhen?«

Anton wartete.

»Das tun viele, mein Junge, unendlich viele. In ihrer blinden Torheit. Aber das werden sie bereuen. Das steht in der Heiligen Schrift.«

Anton konnte sich nicht daran erinnern, das vom Pastor oder dem Lehrer gehört zu haben.

»Bleib sitzen«, sagte die Altenteilerin dann und holte eine Schere. »Ich werde dir die Haare schneiden.«

»Niemand soll dich je wieder Weichling nennen«, murmelte sie dabei. »Und niemand soll dich zu etwas zwingen, das du nicht willst, egal, wieviel Geld und Gold sie besitzen, nicht wahr?«

ANTON UND MATILDE RETTEN EIN KUHLEBEN

Die Hausmutter auf Hansed behandelte den Jungen seit dem Tag besser, an dem sie das ganze Haus nach dem Instrument abgesucht hatten. Sie bedachte ihn nicht mehr mit gelispelten Schmähungen, sie ärgerte sich nicht mehr darüber, daß er so klein und noch so wenig stark war.

Und das lag nicht daran, daß sie sich schämte, weil ihr Sohn das Kleinod vom Hängeboden gestohlen hatte oder weil Anton die Hochzeit der feinen Leute besucht und mehr von der vornehmen Welt gesehen hatte als sie selber. Die Hausmutter auf Hansed hätte den Jungen aus diesen Gründen auch hassen können, denn was wollte ein Hütejunge schon mit einem Akkordeon, und was hatte ein Bettelknabe auf einer reichen Hochzeit verloren? Und eigentlich war er doch selber schuld, wenn er seinen kostbaren Besitz im Bettstroh herumliegen ließ und andere damit in Versuchung führte!

Aber an diesem späten Abend, als der Mann und der feine Besucher über ihren Bierkrügen saßen und Anton sein Akkordeon geholt hatte, hatte die Bäuerin etwas *gesehen*.

Als der Junge nicht zurückkam, hatte sie sich auf die Suche nach ihm gemacht.

Sie hatte ihn im Stall gefunden, zusammen mit der falben Stute. Sein Gesicht hatte im Schein ihres Talglichts bleich wie ausgelaugte Wäsche gewirkt. Sein Blick war von einer müden Resignation gezeichnet gewesen, wie sie sie noch nie bei einem Kind gesehen hatte, und sie hatte es begriffen, ohne daß er auch nur ein Wort gesagt hatte: Das Akkordeon war verschwunden.

Erst nachdem sie den langbeinigen siebzehnjährigen Dieb ausgiebig geohrfeigt hatte, hatte sie dem kleinen Hütejungen wieder in die Augen schauen können. »Männlein« hatte sie ihn in Gedanken genannt. Das Männlein mit den schönen Augenlidern. Schwere Lider mit der Erinnerung an süßen Schlaf, hatte die Frau gedacht. Aber die Augen waren wach, immer, andauernd, wach und bereit, sich dem zu stellen, was gesehen werden mußte.

Und das war es, was sie gesehen hatte: daß Anton *verstand*.

Was er verstand, wußte sie selber nicht so genau, aber es war etwas Großes und Schweres, etwas Trauriges, bei dem es um mehr ging als nur um einen schnöden Diebstahl. Der Anblick des Knabenkörpers im Stroh erfüllte die Frau mit der seltsamen Erkenntnis, daß die grauen Wände des Stalls immer grau bleiben würden. Und diese Erkenntnis kam ihr vor wie Antons Gedanken, nicht wie ihre eigenen. Und sie stellte sich vor, daß nichts jemals die kleine Gestalt, die noch immer vor ihr zwischen den Vorderbeinen des Pferdes kniete, würde überraschen oder erschrecken können, als erwarte er jegliche Bosheit, als sei sein Leben mit all seinen Qualen bereits gelebt und ausgelebt.

Später betrachtete sie ihn verstohlen, musterte sein helles, offenes Gesicht, und einige Male trat sie wie zufällig vor die Wand des Altenteils, wenn der Junge drinnen der Alten vorspielte. Einmal füllte sie sogar einen Krug mit frischen Blumen und stellte ihn neben seine Schlafstätte, und ihr Körper schien sich dabei mit sanfter Wärme zu füllen.

Und sie überredete ihren Mann, das Geld für die Fahrt nach Amerika von seinen Ersparnissen zu nehmen, damit sie nicht jeden Tag an die Untat ihres Sohnes erinnert wurden.

Die Hausmutter auf Hansed freute sich, als sie sah, daß der gedrungene kleine Hirtenkörper sich streckte, daß die braunen Knabenbeine nach und nach muskulös und behaart wurden, daß die Oberarme unter dem Hemd sich bei immer schwereren Lasten ausbeulten. Es erfüllte sie mit einem Gefühl der Sicherheit, ihn wachsen zu sehen, als könne seine Kraft sich auch zu dem anderen benutzen lassen, als gebe sie ihm neben der Fähigkeit zu kräftigen Spatenstichen auch die Fähigkeit, sich aus der Schwermut hinauszuschaufeln, die sie irgendwo tief in seinem Herzen ahnte.

Im dritten Sommer, den er bei ihnen verbrachte, kam er im Traum zu ihr.

Die Bäuerin hatte einen anderen geliebt als den, den sie dann später geheiratet hatte. Und dieser andere war der einzige, der sie jemals bei ihrem richtigen Namen genannt hatte. Für alle anderen war sie Tilda gewesen, solange sie sich zurückerinnern konnte. Eines Nachts war sie endlich eingeschlafen, nachdem sie stumm gegen die Triebe ihres Mannes gekämpft hatte. Er hatte getrunken, er brauchte inzwischen seinen Schnaps, um seinen Unwillen gegenüber dieser lispelnden zahnlosen Frau zu überwinden. Dann aber waren sie endlich eingeschlafen, und die Frau war in einen schönen Traum von einem schönen Wald geglitten, in dem jemand sie mit starker, gebieterischer Stimme gerufen hatte:

»Ma-til-de.«

Eine der Kühe im Stall hatte zu kalben begonnen, es war zu früh, und der einzige, der vom Gebrüll des Tiers geweckt worden war, war Anton. Er war schlaftrunken herbeigestürzt, hatte das verängstigte Tier getröstet, hatte versucht zu helfen, bis er dann einsah, daß etwas nicht stimmte: Es war eine schwere Geburt, mit der er nicht allein fertig wurde. Also war er auf den Hof gerannt, hatte sich unter das Schlafzimmerfenster seiner Herrschaft gestellt und gerufen: »Tilda!« Dann brüllte er, und diesmal klang seine Stimme sehr tief, das war während der letzten Wochen häufiger passiert, er wechselte zwischen einer hellen Kinderstimme und dem brüchigen Baß des Halbwüchsigen: »Ma-til-de«.

Instinktiv und verzweifelt schien er geahnt zu haben, daß sie mit ihrem Taufnamen leichter zu erreichen sein würde.

Zu zweit konnten sie die Kuh retten. Eine erwachsene Frau und ein halbwüchsiger Junge. Das Kalb war tot. Sie arbeiteten zu den gelispelten Befehlen der Bäuerin, ohne einander anzusehen, und in ihr loderte ein Feuer: »Ma-til-de«, ihre Wangen glühten. In dieser Nacht spürte sie Antons Nähe wie eine warme Hand, die sie streichelte, ohne Forderungen zu erheben. Seither freute sie sich immer über seine Nähe, und sie glaubte, daß die Schwermut, die ihn früher erfüllt hatte, sicher von einem Fluch der Unterirdischen stammte, einem Fluch, der jetzt vielleicht aufgehoben war.

Der Dieb hat Seidenschal und Mundharmonika, Anton bleibt die Sehnsucht

Auf Hansed wurde Anton erwachsen. Sechs Jahre lang schlief er auf dem Hängeboden über dem Stall, lauschte dem gleichmäßigen nächtlichen Atem der Pferde, wurde von einem unruhigen

Tier geweckt, lernte, ihre Signale zu deuten: Sie schnaubten leise, wenn draußen fremde Tiere umherstrichen, sie stampften mit den Hufen auf, wenn ein Unwetter aufzog. Manchmal erwachte er, ohne zu wissen warum, die Pferde schnaubten oder stampften nicht auf, sondern standen lautlos und hellwach mit erhobenen Köpfen und flackernden, verängstigten Blicken da. Dann machte Anton in der Luft mit seinem Messer das Kreuzzeichen – mit einem Messer, das die Altenteilerin ihm geschenkt hatte, weil er etwas Glänzendes brauchte, um sich das Böse vom Leib zu halten. Danach legte er die Arme um die warmen Tierhälse, und die Pferde beruhigten sich.

Nach und nach füllte er den Konfirmationsanzug. Dann wurde der zu eng. Nach zwei Sommern als Hütejunge wurde er zum Schnitter befördert. Er lernte pflügen und säen, Unkraut jäten konnte er schon längst. Er lernte Pferde zu beschlagen, er mußte zerbrochene Dachbretter reparieren und anstreichen, er brachte mit Pferd und Wagen Milch und Gemüse in die Stadt, er hackte im Winter Holz, entästete und flößte. Es waren lange Tage mit harter Arbeit, aber der Junge war gelehrig, scheute keine Anstrengung, benutzte Augen und Ohren und wurde nie gescholten, weil er eine Arbeit nur zur Hälfte oder gar nicht erledigt hatte. Eher war das Gegenteil der Fall: Wenn irgendeine Arbeit anfiel, machte er sich oft schon darüber her, ehe der Bauer überhaupt darauf aufmerksam geworden war.

Aber in dem Sommer, in dem er achtzehn wurde, füllte eine Unruhe seinen Körper, für die er keinen Namen hatte. Der Akkordeondieb war aus Amerika zurückgekehrt. Dort hatte er Mundharmonikaspielen gelernt. Er trug ein kariertes Hemd und ein seidenes Halstuch, er hatte einen üppigen Bart und hinkte auf einem Bein. Und er nannte Anton »Tony«. Nach zwei Tagen wollte er darüber sprechen, was damals passiert war, und danach machten sie eine ganze Nacht zusammen Musik.

Vielleicht war Mikael daran schuld, daß in ihm die Sehnsucht erwachte. Mikes Erzählungen über das Land dort drüben, über endlose Prärien und wilde Hengste, über tiefe Wälder voller Indianer und Büffel, über die Frauen, mit denen Mike angeblich geschlafen hatte.

Zog es ihn denn nach Amerika?

Vielleicht. Vielleicht war Amerika auch das Symbol dafür, daß die Welt weiter war als die staubige Landstraße zwischen dem Fliederhof und Hansed, daß es auch andere Städte gab als Fredrikstad, längere Flüsse als die Glomma, und daß diese Flüsse in größere Meere strömten, als man sich überhaupt vorstellen konnte, Flüsse, die andere Menschen gesehen hatten, andere Menschen als Anton.

Vielleicht war es Mikaels Behauptung, es sei möglich, umherzuziehen, Musik zu machen, in Kneipen zu übernachten, die den Jungknecht auf Hansed dazu brachte, sich aufzurichten und zum Tor zu schauen, Kneipen mit Mädchen, die Anton noch nicht kannte, blonden Mädchen, weich und rund und mit blanken, lachenden Augen und wiegenden Hüften, mit dicken Zöpfen, die sich lösen ließen, mit nackter Haut unter den Kleidern …

Nach der Mahd gab er seinen Posten auf.

Der Bauer nickte nur, als habe er das erwartet, und gab ihm für das letzte halbe Jahr doppelten Lohn. Mikael schenkte ihm sein amerikanisches Halstuch, die Bäuerin brachte ihm Kleider und ein Paar Schuhe und wollte seine Hand gar nicht mehr loslassen, als er sich verabschiedete.

FEENABEND UND WASSERMANN

Die Vögel sangen, und es duftete nach frisch gemähtem Gras. Antons Bündel war jetzt schwerer als auf seiner ersten Wanderung. Er dachte an Elli, seine Schwägerin. Er entfernte sich immer weiter vom Fliederhof und dachte an Elli mit dem guten Herzen. Dann dachte er an die Altenteilerin, die ihm die Haare geschnitten hatte. Sie hatte damals ein blaues Tuch um die Schultern getragen, blau wie der Abendhimmel, nicht schwarz. Nicht schwarz wie die bei ihm zu Hause.

Anton dachte an Elli, die ihn im Wald gesucht hatte, als er noch ein Kind war, er dachte nicht an seine Mutter, die sie durch das zerbrochene Fenster betrachtet hatte, als sie wieder auf dem Hof standen, er dachte auch nicht an den mageren Mann neben ihr. Er dachte an Elli, die ihm heimlich Fladenstücke zugesteckt hatte, er dachte an die Altenteilerin mit der dünnen Stimme, die zu seiner Musik Choräle gesungen hatte, Choräle über die himmlische Gerechtigkeit. Eine *gelbe* Stimme, dachte der junge Mann, eine gelbe Stimme, wie durchsichtige, vergilbte, raschelnde Ahornblätter im Herbst.

Und er dachte an Amerika.

In Fredrikstad erkundigte er sich nach dem Preis für eine Überfahrt. Er spielte mit dem Gedanken an eine Heuer, traute sich aber nicht; er wußte so wenig über die Arbeit an Bord.

Dann zog er weiter. Fredrikstad war zu nahe, er kannte schon den Marktplatz und die Hintereingänge der vornehmen Häuser, wo er Milch und Eier abgeliefert hatte. Fredrikstad war außerdem die Stadt, die der Bauer vom Fliederhof und seine Söhne ein seltenes Mal besuchten, wenn sie etwas brauchten und Geld zum Einkaufen hatten. Anton wollte andere Menschen und andere Häuser sehen. Er schlug die Straße nach Fredrikshald ein. Er kam an großen und kleinen Höfen vorbei, an brüllenden Stieren und hornlosen jungen Kühen, die ihn mit gedankenleerem Blick ansahen. Er ging durch schattige Wäldchen und entlang an Kartoffeläckern, auf denen sich die Menschen über das Unkraut bückten, er fühlte sich frei. Er konnte überall anhalten und ein Gespräch über die tieffliegenden Schwalben und den bevorstehenden Wetterumschwung führen. Er konnte auch weitergehen, in seinem eigenen Tempo, konnte gehen, wohin er wollte.

Als die Sonne ihren höchsten Punkt erreicht hatte, setzte er sich an einen kleinen Bach und aß die Wegzehrung, die Matilde

Hansed ihm in ein Stück Tuch gewickelt hatte: Schinken und gute Butter, Brot und ein kleines verschlossenes Gefäß mit dickem Sirup.

Satt und zufrieden ließ er sich zurücksinken, schloß die Augen und dachte an Frauen. Die Frauen in seinen Gedanken waren anders als die, die ihm in Wirklichkeit begegnet waren, diese Frauen hatten keine Kleider, sie strahlten vor Schönheit, waren fast durchsichtig, waren halb versteckt hinter dem grünen, duftenden Flor der Birken, sie stiegen aus dem Wasser, nackt, in knöchellanges goldenes Haar eingehüllt. Und sie sangen, mit glockenreinen Stimmen summten sie fast wortlose, lockende Melodien: »Lalala, humhumhum, Tony, Tony, zeig, daß du ein Mann bist.«

Diese Frauen nannten ihn nicht Anton, sie nannten ihn Tony, als sei er ein ganz anderer oder als sei er anderswo, in Amerika vielleicht.

Anton war der Junge aus den düsteren Kammern mit der Frau, die schlug. Anton war der Junge, den sein Bruder Steingrim als »Mörder« abgestempelt hatte. Steingrim hatte es gesehen, sein Gesicht, nachdem er seinen Holzfiguren Namen gegeben hatte und sie umbringen wollte, er wollte sie im halbdunklen Schuppen zu Spänen zerschlagen, die eine mit Rock und Kopftuch und blinden Augen, die andere lang und dünn wie ein Strich, mit starren, hängenden Armen.

Mörder?

Doch, damals wollte er sie umbringen, er hatte schon die Axt gehoben, als sein Bruder in die Schuppentür trat. Unter Steingrims Blicken hatte er es dann doch nicht geschafft.

In ihm wohnte das, was ihn dazu gebracht hatte, die beiden Figuren zu schnitzen, wie eine brennende böse Sehnsucht unter einem schweren Deckel.

Anton war der Junge, der aus dem Weg gehen mußte, um nicht von den Erwachsenen mit Füßen getreten zu werden, wenn sie durch das Zimmer gingen.

Sie hatten ihn von der dunklen Küche in den Tag vor der Tür gestoßen. Und er hatte sich mit Sonne und Licht gefüllt und die anderen nicht mehr gesehen, so, wie sie ihn nicht sahen.

Er war bei den Mahlzeiten nicht mehr anwesend gewesen. Er hatte hinter seinen Augen Bilder aus dem Wald aufbewahrt, Bilder von Ödland und Wiesen, von Moos und Heidekraut. Er hörte nicht mehr das Brummen und das laute Rülpsen des grimmigen Mannes, er hörte Vögel singen, er nahm nicht mehr den widerlich süßen Geruch von halbverfaultem Hering wahr, er war erfüllt vom Duft von Blumen und Harz, vom Geruch von Nüssen und regenfeuchter Erde.

In der Schule hatte hinter ihm das Jesusbild gehangen, und das Licht, das den guten Hirten umgab, schien auch den Jungen auf der letzten Bank zu umfangen und ihn dem Spott gegenüber, den der Lehrer mit den zusammengekniffenen Augen über sie alle ausgoß, stark werden zu lassen.

»Wechselbalg«, hatte der Lehrer ihn genannt, aber das war doch nicht möglich. Wenn die Menschen ein ausgetauschtes Kind drei Donnerstage hintereinander schlugen, dann holten es danach die Unterirdischen, das wußte er, und Anton war viel häufiger geschlagen worden, aber die Unterirdischen waren nicht gekommen.

Als er nach Hansed kam, war er noch immer Anton Steingrimsen, der Bruder von Steingrim und Steinar, Jostein und Arnstein, dem toten Hallstein, Steinunn und Karstein, einer der Mühlsteine um den Hals des fetten Lehrers, der Junge, der nichts erwartete, der allen dienstbar sein mußte, der sich alles merkte, was er sah, um gute Arbeit leisten und sich vor Beschimpfungen schützen zu können. Aber hinter den Augen, die den Bauern und Matilde hellwach anzustrahlen schienen, wohnten andere Bilder, die nichts mit seiner Arbeit zu tun hatten. Auf dem Deckel, der die böse Sehnsucht in seiner Brust nach unten drückte, stapelte er Wissen: wann Hufeisen gewechselt werden, wie neue Hufeisen angebracht werden, ohne daß man das Tier verletzt, wie ein Kalb geboren wird, wie überhaupt so ein Hof geleitet wird, Schicht um Schicht über dem, was dort schon gelagert war, Choräle und Grammatik, Rechenkunst und Bibelzitate, Gesang und Zwitschern von Dutzenden von Vögeln, die Geräusche von Hase und Fuchs, der Geruch des Elchs.

Doch an das alles dachte er nicht, als er satt und erwartungsvoll am Bach lag, nachdem er Hansed endgültig verlassen hatte. Er dachte an Frauen. An Frauen ohne dunkle Kopftücher. Er dachte an nackte Frauen mit sehendem, munterem Blick, deren Augen ihn anlachten. Und die »Tony« zu sich lockten.

* * *

Sie hieß Olava Olsen, die Sennerin, die plötzlich stehenblieb, als sie helle Klänge hörte. Sie stapfte gerade durch Heidekraut und verdorrtes Gras an diesem Sommerabend, hinter den verschmutzten Schwänzen von sechs Kühen. Sie legte die Hand an die Stirn, obwohl die Sonne hinter schweren Gewitterwolken verschwunden war. Sie schaute den Tieren hinterher, die langsam den vertrauten Weg entlangtrotteten, dann folgte sie den Klängen und ging am Bach entlang.

Hinter einem Erlengestrüpp fand sie ihn: Ein junger Mann lehnte am Bachufer an der Stelle, wo der Bach sich zum Kolk erweiterte, an einem Baum. Vor seinem Bauch hing ein Akkordeon, und daraus strömten Töne, verspielte und lockende Töne, wilde und muntere Musik. Olava Olsen bückte sich, um nicht gesehen zu werden, und schlug beide Hände vors Gesicht. Dann lugte sie zwischen ihren Fingern hindurch: War das wohl der Nöck, den sie da sah? Der Nöck, der aus dem Wasser gestiegen war? Sie sah einen nackten Jüngling, einen Jüngling mit lockigem Schopf, einen schönen Jüngling, der ihr Herz mit lockenden Tönen füllte, die sie riefen, denn so machte es der Nöck doch immer, nicht wahr? War eine ihm nahe genug gekommen, dann war keine Flucht mehr möglich. Dann hatte er sie gefangen, nicht wahr?

Olava Olsen band sich ihr Kopftuch ab und hängte es über einen Zweig. Olava Olsen löste ihre hochgesteckten Zöpfe und fuhr sich mit den Fingern durch ihre goldenen Haare. Olava Olsen band die Schürze ab, knöpfte die Bluse auf und spürte, wie heftig ihr Herz hämmerte, es schien ihren ganzen Körper zu füllen, es hämmerte im Takt der Musik, zu schöneren Klängen, als sie sie je gehört hatte, wie sie nur der Nöck spielen konnte, der wilde Wassermann, der liebessüchtige Nöck, der Frauen zittern ließ, bis sie vor Lust fast zersprangen.

Anton hörte auf zu spielen. Er legte das Instrument vorsichtig auf die Kleider zu seinen Füßen und schaute zu den von Süden heraufziehenden Wolken hoch.

Und dann kam sie. Dann tauchte sie auf, die Frau, von der er geträumt hatte, nackt und in sonnengelbes Haar gehüllt.

Anton wußte, daß er träumte. Er lächelte ihr zu und streckte die Hand aus. »Tony«, rief eine Stimme in seinem Kopf, und er lief auf sie zu, nahm sie in die Arme und hob sie hoch, küßte sie, wie er sie in seinen Träumen geküßt hatte, verteilte seine Kleider auf dem Boden und legte die Frau darauf, streichelte ihre nackte Haut und spürte, wie warm sie war, ein Frauenleib konnte wärmer sein, als er überhaupt geahnt hatte, und das so spät am Tag, bei kühlem Wind, der Regen ankündigte, aber warm war er, warm wie frisches Gebäck, und er duftete nach Sonne und Blumen, und er war erfüllt von sanften Seufzern. Und er faßte nach ihr wie in seinen Träumen, und sie faßte nach ihm und öffnete sich für ihn, küßte sein Gesicht und seufzte so sehr, daß es fast wie Weinen klang, aber das war es nicht, denn sie preßte sich weiter an ihn, klammerte sich an ihn, bis er nichts mehr hörte oder sah, nichts mehr hörte oder sah auf ihrem Lager neben dem dunklen Kolk, bis sie beide die Luft mit überraschtem Jubelschrei füllten.

Anton lag mit geschlossenen Augen auf dem Rücken. Er lag auf dem Rücken und lauschte seinem Atem, zuerst war der schwer, dann leichter, dann vergaß er das Atmen vor lauter Freude über das, was passiert war.

Er wußte: Wenn er die Augen öffnete, würde sie verschwunden sein. Und dann schlief er ein.

Am nächsten Morgen wurde er von Insekten wachgekitzelt, die über seine nackte Haut krabbelten. Anton sprang in das kühle Wasser, tauchte unter, wusch sich und dachte an die Fee, die am vergangenen Abend zu ihm gekommen war. Aber anders als die Feen in den norwegischen Märchen hatte sie keinen Schwanz gehabt.

Wieder schien die Sonne, und der Boden, auf dem er geschlafen hatte, war so trocken wie am Vorabend, das Unwetter mußte vorübergezogen sein.

Als Anton sich angezogen hatte und weiterwandern wollte, fand er an einem Zweig, nur wenige Meter von seinem Schlafplatz entfernt, ein blaues Kopftuch. Er roch daran, umarmte den Baumstamm und steckte dann das kleine Kleidungsstück voller Andacht in sein Bündel. Er zog das amerikanische Halstuch, das er von Mikael bekommen hatte, hervor und band es um den Zweig.

KAPITEL 3

Junggeselle und Spielmann

Als Olava Olsen sich am Tag nach der Begegnung am Kolk davonstahl, um ihr Kopftuch zu holen, waren das Tuch und das nackte Wesen verschwunden, und sie fand das schöne Halstuch aus roter Seide. Die junge Frau seufzte zitternd, schaute sich aufgeregt nach allen Seiten um, seufzte noch einmal und schob sich das Seidentuch unter die Bluse. Dann trottete sie hinter ihrer Herde her.

Am Vorabend war sie böse beschimpft worden, weil sie die Tiere allein nach Hause geschickt hatte. Das Schlimmste war, daß sie sich nicht rechtfertigen konnte; sie war völlig unvorbereitet auf das, was sie erwartete, als sie mit verfilzten Haaren und strahlendem Blick auf den Hof kam, sie hatte die Kühe vergessen, sie wußte nur noch von ihrer Begegnung mit dem Nöck am Bachufer. Aber darüber konnte sie nun wirklich niemandem etwas erzählen.

Obwohl, der Nöck ... glaubte sie denn wirklich noch an den? Und hatte der denn Kleider und ein Bündel wie ein ganz normaler Wanderer?

Ihre Großmutter war ihm einmal begegnet, er war schön und voller Musik gewesen, aber sie war ihm nicht so nahe gekommen, daß er sie einfangen konnte.

Einige Tage später hörte Olava, daß auf einem einige Kilometer tiefer im Land gelegenen Hof ein junger Mann aufgetaucht war, der für Kost und Logis arbeiten wollte, ein junger Mann, der die Herrschaft nach dem Essen mit seinem Akkordeon unterhalten hatte, und sie errötete vor Scham.

Einige Zeit später fand sie einen Grund, zu diesem Hof zu gehen und sich wie zufällig nach dem Namen des jungen Musikanten und vielleicht auch nach seinem nächsten Reiseziel zu erkundigen, aber dieser Versuch schlug fehl. Niemand wußte noch, ob er einen Namen genannt hatte, niemand kannte das Ziel seiner Wanderung.

Als der erste Schnee fiel, wanderte Olava Olsen bleich und mit hängendem Kopf in die entgegengesetzte Richtung, sie wollte über den Fjord setzen und dann zu ihren Eltern auf deren kleinen Hof im Binnenland zurückkehren, um geschützt vor höhnischen Blicken ihr Kind auf die Welt zu bringen.

* * *

Als der erste Schnee fiel, betrachtete Spielmann Anton große graue Steinblöcke, die mit Dynamit aus dem Fels gesprengt worden waren. Er hatte hier, am Iddefjord, haltgemacht. Er arbeitete für Lohn nach Leistung. Er konnte in einer gelb gestrichenen Baracke schlafen, wo er sich mit zwei anderen Junggesellen und Steinkumpels ein Zimmer teilte, er wollte sich nicht auf einem Hof abmühen, wollte mit seinem starken Körper Steine hauen, bis er das Geld für die Überfahrt nach Amerika zusammen hatte.

* * *

Sie wurde Hansine getauft, Antons erste und ihm unbekannte Tochter, nach ihrer Großmutter.

Aber die an Auszehrung erkrankte Frau ließ sich dadurch nicht gnädig stimmen. Sie hustete und weinte und verfluchte ihre Tochter, die zu ihrem Kind keinen Vater hatte. Auf dem kleinen Hof fehlte es an allem, sie hatten zum Leben nur das, was ihr einziger Sohn, der im Silberwerk arbeitete, sich vom Munde absparen konnte. Und viel war das nicht, denn er hatte selber eine magere Kinderschar, die sich am Mittagstisch um die Brocken prügelte.

Olava hegte und pflegte ihr Kind und war glücklich. Es muß doch hier in der Nähe einen Hof geben, dachte sie, der mich in Dienst nimmt, auch wenn ich ein Kind auf dem Arm habe.

Und als die Kleine eine Woche alt war, tauchte ein fremder Mann in einem vornehmen Mantel auf und fragte nach Olava, er hatte von dieser kräftigen Frau gehört, die kürzlich ein Kind geboren hatte. Er selber kam aus einem traurigen Grund. Die Frau eines seiner Bergwerksingenieure war vor kurzer Zeit im Kindbett gestorben, und nun saß der Vater mit einem neugeborenen kleinen Wurm da, der keine Nahrung zu sich nehmen wollte.

Die Schwindsüchtige hörte unter ihrer zerschlissenen Decke in ihrer Kaminecke auf zu husten, Olava fand sich damit ab, daß der feine Herr ihren Körper und vor allem ihre Brüste forschend musterte.

Olava wurde als Amme in ein Haus geholt, wo die Schränke von Eiern und Schinken und Speck und Sahne überquollen. Und sie durfte Hansine mitnehmen.

ANTON STEINHAUER

Anton Syrin klopfte Steine.

Er nannte sich jetzt Syrin, Flieder. Das hatte sich einfach so ergeben, als der Sprengmeister ihn bei der ersten Lohnauszahlung nach seinem Namen gefragt hatte.

»Ein Neuer, so, so«, hatte der Sprengmeister gesagt und verächtlich auf den Kai gespuckt. »Und wie nennt er sich, dieser Neue?«

»Anton …«, hatte Anton geantwortet. »Steingrimsen« blieb ihm im Hals stecken.

Für den Bruchteil einer Sekunde hatte er ihn vor sich gesehen, den Mann, dessen Namen er bisher getragen hatte, und er wollte den Namen nicht mehr, wollte sich nicht länger mit dem Schatten der starren Gestalt mit ihrem Blick wie ausgedörrte Erde herumschleppen.

Er hätte »Fliederhof« sagen können, aber auch das wollte er nicht. Denn der Fliederhof gehörte dem Mann, dessen Namen er verworfen hatte. Also nannte er sich Syrin und lachte innerlich, als er das sagte, und er lächelte den Sprengmeister an, der ebenfalls lachte, denn noch nie war ihm jemand mit einem Strauchnamen begegnet.

Und so blieb es: Für die anderen war er Anton Syrin.

Er dachte darüber nach, als er an diesem Abend neben Peder Bengtsson auf der Ausklappbank lag. Er kostete das Wort aus, und es gefiel ihm. Und es hatte wirklich nichts mit dem Fliederhof zu tun, denn der verdorrte Busch an der Hausecke hatte nie Blüten getragen, so weit er sich zurückerinnern konnte; niemand hatte ihn gegossen oder beschnitten, damit er frische Triebe entwickeln könnte. Der Fliederstrauch auf dem Fliederhof war wie die Frau und der Mann, an die er nicht denken wollte, und Blüten hatte er erst später gesehen, in den schönen Gärten von Fredrikstad, Sträucher mit Dolden von weißen und blauroten Blüten, die dufteten wie süße Frauen.

Beim Klang von Hammerschlägen gegen Fels war er erstaunt stehengeblieben. Was mochte da oben im Wald vor sich gehen? Er war dem Geräusch gefolgt und hatte einen wahren Stier von Mann und einen Jungen gefunden, die sich beide über ihre Arbeit beugten.

»Gottes Friede«, hatte Anton gegrüßt, als er nahe genug gekommen war, und der Stier Johanssen und sein jüngster Sohn drehten sich um und erwiderten den Gruß.

Anton ließ sich ungebeten im Heidekraut nieder und sah ihnen interessiert bei der Arbeit zu. Bald richteten die beiden sich auf und machten sich an einen größeren Block, der zwischen den

Bäumen lag. Der Junge steckte einen Stab in ein Loch im Stein und goß Wasser hinein, dann hielt er den Stab fest, während der Stier mit dem Hammer daraufschlug.

Sicher wollen sie den Block zerteilen, dachte Anton. Und der Block teilte sich.

»Auf Arbeitssuche?« fragte der Stier.

»Vielleicht«, antwortete Anton.

»Die Arbeit hier ist für alle«, sagte der Junge mit heller Stimme. »Du kannst einfach anfangen. Aber irgendwer muß dich anlernen.«

Die beiden tauschten einen Blick. Und Anton wurde eingestellt. Dann hörten sie zwischen den Bäumen jemanden rufen, »Bendik«, wurde gerufen, und ein weiterer Mann tauchte auf, ein langgliedriger Arbeitsmann mit groben Händen und am Hals offenem Hemd, unter dem dunkle Kräuselhaare hervorlugten.

»Für deinen Sohn«, sagte der, der gerufen hatte.

Auf diese Weise kam Anton zu Bendik Larsson, der einen Gehilfen brauchte, weil sein Sohn jetzt zur See fuhr.

Anton hielt den Bohrer, während Bendik schlug, so wie der Stiersohn und sein Vater das machten, er hatte blaue Fingernägel und Steinstaub in den Augen, er goß aus einem Holzbottich Wasser in das Loch und drehte immer wieder den Bohrer in der sogenannten »Muschi«, um den Staub aus der Öffnung zu entfernen. Dann lernte er, wie Pflastersteine behauen werden. Sie arbeiteten im Akkord, wurden für die Anzahl Steine bezahlt, die sie an einem Tag fertigstellten. Die Steine wurden im Hafen beim Sprengmeister abgeliefert, der sofort den angefallenen Lohn dafür auszahlte.

Anfangs lieh Anton von Bendik Werkzeug, Kanteisen und Krummeisen, Wendehaken und Meißel. Als er es sich leisten konnte, kaufte er alles zu einem geringen Preis; das Werkzeug hatte dem verschwundenen Jungen gehört. Später schaffte er sich auch noch Winkeleisen und Wasserwaage an. Und verschiedene Hämmer.

Er lernte den Umgang mit Dynamit, und er lernte den Granit kennen.

Die Abende verbrachte er zusammen mit den anderen Junggesellen in der gelben Baracke. Auf der engen Ausklappbank war
nur wenig Platz, aber sie konnten sich in den kühlen Herbst-
nächten, wenn sie ohne Decke auf dem Stroh lagen, gegenseitig
wärmen. Unter dem Küchentisch schlief Eilert mit dem Finger;
er hatte eine eigene Decke und wollte lieber auf dem Boden
schlafen, um sie mit niemandem teilen zu müssen.
Die Küche war für alle Hausbewohner da, morgens mußten sie
deshalb aufstehen, ehe die Männer aus den anderen Zimmern
hereinströmten, um sich eine Tasse dünnen Kaffee und einige
Stücke Brot zu holen, die sie in die hellbraune Flüssigkeit tunk-
ten. Die Morgentoilette erledigten sie an der Regentonne neben
dem Haus.
Es war ein ganz besonderes Gefühl, jeden Abend für die Ta-
gesarbeit bezahlt zu werden. Aus Hansed hatte er den Lohn für
die Arbeit von drei Jahren und die Münze mitgebracht, die er
damals auf der Landstraße verdient hatte. Vom Geld für die ersten drei Jahre hatte er nie etwas gesehen, das war zum Fliederhof geschickt worden – das war vorher so ausgemacht gewesen.
Bisher hatte er kein Geld verbraucht, nicht einmal auf seiner
Wanderung vom Hansedhof zum Iddefjord hatte er in die kleine Holzdose mit dem Geld greifen müssen; nachdem er Matil-
des Wegzehrung aufgegessen hatte, hatte er gespielt oder für
Kost und Logis gearbeitet.
Jetzt lagen Akkordeon und Bündel in der Küche in einer Ecke;
das Bündel mit der Reservewäsche und den Schuhen, der Holzdose, dem Gesangbuch und dem blauen Kopftuch der Fee vom
Kolk. Wenn er sich unter den anderen Männern umsah, ging
ihm auf, daß er wohlhabender war als die meisten unter ihnen,
und das verblüffte ihn und machte ihn stolz.

Im Herbst kaufte Anton sich einen Hut. Einige Wochen später legte er sich ein rotes Halstuch zu. Denn so kleideten sich die Steinhauer: mit einem in den Nacken geschobenen Filzhut, einem roten Halstuch, schwarzer Hose und schwarzer Jacke über dem Pullover und schwarzen Schuhen, die in der Woche vom Steinstaub grau waren und jeden Samstagnachmittag gewienert wurden, bis sie glänzten.

Und so sah der Samstagabend der Steinhauer aus: Sie versammelten sich in der Küche der gelben Baracke, mit Spielkarten und Schnaps und blanken Schuhen. Und dann sprachen sie über die Freiheit, die sie genossen, im Gegensatz zu den Fabrikarbeitern in der Stadt und den Leuten, die auf den Bauernhöfen Sklavenarbeit leisteten: Die wurden nur zu Weihnachten bezahlt, und ihr halber Lohn bestand aus neuen Kleidern, nachdem sie die alten im Dienst der geizigen Bauern verschlissen hatten. Niemand hatte ein so schönes Leben wie ein Steinhauer, der das ganze Jahr unter Baumkronen und Vogelgezwitscher arbeitete, niemand konnte so wie er das Arbeitstempo selber bestimmen. Der Sprengmeister konnte nicht mehr von ihnen verlangen, als sie leisteten, und wenn sie mehr schafften als sonst, mußte er auch mehr bezahlen.

Die Steinhauer schoben die Brust vor und hoben den Kopf, ließen die Jacke fallen und die Muskeln schwellen, wenn Bauerntöchter vorbeikamen. Niemand kam bei den Frauen so gut an wie die Steinhauer, niemand schaute so tief ins Glas.

Die meisten waren Junggesellen, es gab aber auch einige Ehemänner, wie den Stier, der mit vier Söhnen im Steinbruch arbeitete, oder den jungen Svensson, der sich aus Schweden eine schönbusige Braut geholt hatte, der er nun zu gern ein Kind gemacht hätte.

Die anderen lachten, wenn er seine Frau samstags abends allein ließ und offenbar die Kameradschaft beim Kartenspiel vorzog: »Paß ja auf, Svensson, daß sich niemand anders an deine Stelle legt!«

Dann hoben sie ihre Becher, mit Händen, denen fehlgegangene

Schläge oft einen oder zwei Finger geraubt hatten, und stießen auf Junggesellenleben und goldene Freiheit an.

Es war aber trotz allem nicht leicht, das Geld für die Fahrt nach Amerika zusammenzusparen. Denn Kost und Logis wollten ja auch bezahlt sein. Außerdem brauchte er für den Winter eine Decke, er brauchte Stiefel und Mantel, wenn Schnee und Kälte einsetzten. Aber nichts eilte. Anton hatte Zeit und fühlte sich wohl am Fjord.

Er liebte die Spätsommerabende, wenn die anderen ihn baten, sein Akkordeon zu holen; und dann tauchten sie auf wie Insekten um einen Honigkrug, die Frauen, verheiratete und ledige, mit weichen Körpern, die sich zwischen Blumen und Grashalmen im Tanz wiegten. Anton besaß den Honig, er brachte sie dazu, Polka und schnellen Walzer zu tanzen. Und viele bedachten ihn mit lockenden Blicken, war das nicht so?

Anton hatte noch nie so ein Leben geführt.

Der Stier und Bendik Larsson, Peder Bengtsson, Svensson und die anderen Männer hatten ihn in ihre Gespräche und ihr Lachen über Hammer und Bohrer hineingeholt, sie machten aus ihm einen Steinhauer. Und sie wollten seine Meinung hören, wie stand er zur Union mit Schweden, mochte er Engländer lieber als Deutsche, gefielen ihm Wanderprediger besser als die Amtskirche oder paßte ihm vielleicht beides nicht, hielt er in einer sommerlichen Scheune lieber blonde oder braune Mädchen im Arm?

Deutsche? Engländer?

Anton war noch nie welchen begegnet, aber wenn er diese Fragen nicht sofort beantwortete, dann antworteten sie selber, und Anton lauschte und bewahrte ihre Worte auf.

Er mühte sich zwölf Stunden pro Tag im Steinbruch ab, er riß Moos vom Felsen, sprengte und hämmerte, maß und feilte, und doch lag er nachts wach, horchte auf Atem und Schnarchen der anderen und fragte sich, wie seine Ansichten denn nun eigentlich aussahen.

Er nahm das Gerede der anderen in sich auf und hätte gern gewußt, woher sie ihr Wissen nahmen. Und die Antwort ließ nicht auf sich warten: Schon in der ersten Woche legten zwei ausländische Schiffe am Kai an, die Kantsteine für fremde Städte holen sollten. Anton sah, wie der Stier und die anderen sich an die Seeleute heranmachten und sie in einer findigen Mischung aus vielen Sprachen fragten, wie es draußen in der Welt denn so zuging. Anton lauschte und lernte. Und langsam verschwanden hinter seinen Augen die Wälder seiner Kindheit, wenn er sich mit den anderen über die Steine beugte. Er brauchte sich nicht mehr hinter der Haut aus falscher Aufmerksamkeit zu verstecken, die ihn als Kind beschützt hatte, er brauchte nicht mehr höflich zu warten, bis er gefragt wurde, er konnte selber fragen. Anfangs ruhig und höflich, später ruhiger und fester, wenn die anderen ihm auf die Schulter schlugen, seine Stärke lobten und ihn als ihresgleichen behandelten.

An einem Sonntagmorgen gegen Ende Oktober wanderte er zu einem kleinen See in den Bergen, in dem es nach Aussage von Eilert mit dem krummen Finger von Forellen dermaßen wimmelte, daß man sie fast schon mit bloßen Händen fangen konnte. Aber das war nur zu ganz bestimmten Gelegenheiten möglich, hatte Eilert vertraulich und aufgeregt geflüstert. Nämlich im Morgengrauen nach einer Nacht mit weißem Vollmond; eine Tante Eilerts hatte sich ein langes Leben hindurch auf solche Weise Fische geholt. Die Unterirdischen, die in solchen Mondnächten am Seeufer tanzten, lockten den Fisch an die Oberfläche, um ihn selber zu fangen. Im Morgengrauen kehrte das kleine Volk jedoch unter die Erde zurück, und wenn die Menschen sich dann beeilten, konnten sie zulangen, ehe die Fische wieder in der Tiefe verschwanden. Eilert hatte das Anton eines Abends erzählt, als sie allein in der Küche saßen; sie hatten einen Krug geleert und über alles mögliche geredet, und am Ende hatte Eilert dann diese seltsame Geschichte aufgetischt. Er selber hatte nur einmal einen Versuch gemacht, war aber zu früh gekommen; als er die Lichtung zwischen Wald und Wasser erreicht hatte, wurde er von winzigen Wesen umringt, die mit scharfen Krallen nach seinen Hosenbeinen gegriffen hatten, die wütend schrien und ihn mit stechenden, glühenden Blicken musterten.

Anton aber glaubte, vor solchen Geschöpfen keine Angst zu haben; auch wenn er sicherheitshalber ein glänzendes Messer eingesteckt hatte. Er hatte großes Verlangen nach frischem Fisch.

Der See lag blank und still im Morgenlicht, umkränzt von hohem Schilf und Seerosenblättern, ohne irgendein Anzeichen von christlichem oder heidnischem Leben. Anton stieg auf einen Felsen im Wasser, legte sich auf den Bauch und schaute in die blaue Finsternis hinab, ohne jedoch auch nur einen einzigen Fisch entdecken zu können.

Dann durchbrachen die Sonnenstrahlen den Dunst, und Anton drehte sich auf den Rücken. Er schaute zum Himmel hinauf und seufzte tief, trank Luft und stieß sie wieder aus, ließ die Handflächen über den groben Fels gleiten und schloß die Augen, und in ihm gab es nur noch Ruhe und Frieden.

Ihm fiel ein, daß er als kleiner Junge so gelegen hatte, draußen im Wald hatte er sich mit Licht erfüllt. Er wußte nicht mehr, wann er sich zum ersten Mal nackt ausgezogen und in den Sonnenschein gelegt hatte, um Sonne zu tanken, doch damals hatte er eins gewußt: Im Haus ist Finsternis. Finsternis ist böse. Finsternis ist unheimlich, Licht ist gut. Das Leuchten der glühenden Masse am Himmel sollte in ihn hineinsickern, in seine Haut hinein, durch die Fußsohlen, sollte ihn mit einer fließenden Wärme erfüllen und die finstere Kälte lindern, die irgendwo unter seinem Herzen wohnte. Vielleicht war er damals drei, vielleicht auch erst zwei, als er zum ersten Mal gedacht hatte: So muß ich es machen. Auf diese Weise konnte er sich davor retten, zu Hause in der Finsternis zu ertrinken.

Und er wußte noch, wie er damals dieses Wort wie eine sanfte

Beschwörung geflüstert hatte: »Licht. Licht, Licht. Lichtes Licht.«

Auf dem Fliederhof hatte es keinen Spiegel gegeben, deshalb erfuhr Anton erst auf Hansed, wie er aussah. Als er entdeckte, wie sehr er sich von seinen Geschwistern unterschied, lachte er glücklich und machte das Lichtbaden dafür verantwortlich.

Und daran dachte er, als er beim Seerosenweiher auf dem Rücken lag, und er lächelte ein wenig.

Sein Körper schien von dem grauen Felsen getragen zu werden, nichts Gefährliches konnte ihm hier passieren, seine Lippen formten die Wörter »Friede« und dann »Freude«, er lächelte und ließ sie auf der Zunge zergehen.

Dann hörte er in der Nähe ein leises Platschen und fuhr herum. Unter ihm glitt langsam ein Schatten am Schilf vorbei. Antons Faust schoß ins Wasser, etwas streifte seine Handfläche, er beugte sich über die Felskante, griff noch einmal nach dem Schatten und fiel, fiel, die Hand um die zappelnde Forelle geschlossen.

Anton fühlte sich am Fjord nun wirklich heimisch. Bald schaltete er sich zusammen mit dem Stier und Bekkelaget in die Plaudereien mit den Ausländern ein, die Steine holen kamen, bald verstand er einzelne deutsche und englische Wörter und konnte mit den anderen über die Witze lachen, die über die Reling hin- und herflogen.

Und die anderen zählten auf ihn, oder etwa nicht?

Noch immer konnte ihn plötzliche Angst überkommen, wenn die anderen untereinander über Dinge sprachen, von denen er keine Ahnung hatte, und dann sahen seine Augäpfel aus wie mit heller Emaille überzogen, wenn er sie ansah. Dann aber begriff er, und sein Blick wurde scharf und klar.

Nachts träumte er von Frauen, von durchsichtigen Gestalten aus Licht und Wärme, die er trotzdem anfassen, an denen er sich wärmen konnte.

Und wenn er auf dem Wall oder auf dem Weg zum kleinen

Waldweg den Frauen in die Augen schaute, erinnerten sie ihn für einen kurzen, verlegenen Augenblick an die Sennerin am Kolk. Diese Frauen hier aber waren nicht für ihn bestimmt. Sie gehörten in die wirkliche Welt, in die dunkle Küche. Diese Frauen träumten von anderen als ihm, glaubte Anton; von Männern, die mit starren Schritten durch das Zimmer gingen und für das Gewimmel von schreienden Kindern nur einen halbblinden Blick übrig hatten.

Anton träumte von der Fee.

Sein Bild vom Umgang der Menschen untereinander war tief in ihm vergraben, es war ein Bild voller Finsternis und Groll. Über dem Bild der zwei Menschen aus seiner Kindheit lag das von Hansed, der Bäuerin, der Bitterkeit zwischen den beiden, die die Küche vor Kälte klirren ließ, wenn sie sich gleichzeitig dort aufhielten.

Andere Ehen hatte er aus nächster Nähe nicht gesehen. Die Frau des Stiers schien ihren Mann nett und freundlich zu behandeln, doch wenn der Klatsch recht hatte, dann ging Svensson seiner Frau aus dem Weg.

Und dann kam sie zu Anton, Svenssons Stina, ein Jahr, nachdem er dem Klang der Hammerschläge gefolgt war und den Stier und dessen Sohn beim Steinhauen gefunden hatte.

Sie kam eines Sonntags zu ihm, als er unterhalb des Aussichtsplatzes im Wald saß und die Klänge seines Akkordeons unter das Zwitschern der Vögel mischte. Plötzlich war sie da, blond und schön, mit einem halbvollen Beereneimer in der Hand.

Vier Sonntage hintereinander trafen sie sich im Schatten der hohen Bäume, er kam zuerst, wartete mit seinem Akkordeon, kehrte dem Weg den Rücken und schaute Vögeln und Käfern zu.

Und dann kam sie nicht mehr.

Später war es die schöne Magdalena, die mit einem Pachtbauern verheiratet war und in der Nähe der Kirche wohnte. Sie bestellte ihn eines Abends nach der Arbeitszeit zu sich, ihr Bote konnte mitteilen, daß er bei einer Hochzeit spielen sollte.

Vom Spielen war schon die Rede, aber Magdalena lockte ihn von der Küche in die Stube und weiter in die Kammer mit dem Ehebett, während sie Zeitpunkt und Lohn besprachen. Der Ehemann hatte Schlachtvieh in die Stadt gebracht und würde erst am nächsten Morgen wieder zurück sein, nachdem er seinen Gaul am Straßenrand an einen Baum gebunden hatte, um im Wagen seinen Rausch auszuschlafen.

Aber nie wäre Anton auf die Idee gekommen, daß diese Stunden der Nähe, der Duft und das Seufzen der Frauen, zu mehr führen würden als zu einem Moment seltsamer Freude. Denn heiraten würde er nie, nie.

HANSINE UND IHRE MUTTER
IM DEUTSCHEN SCHLARAFFENLAND

Als Olava Olsen zum ersten Mal in der Ingenieurswohnung in Kongsberg am Küchentisch saß, ging ihr auf, daß sie sich wohl noch niemals richtig sattgegessen hatte. Vor ihr standen eine große Schüssel mit dicken Scheiben Schweinefleisch, ein Topf mit geschälten Kartoffeln und eine große Kanne Milch. Der Tisch war nur für eine gedeckt, und die Köchin stand neben ihr und sagte: »Jetzt lang zu!«

Andächtig krempelte Olava die Ärmel hoch, schaute vorsichtig zur energisch nickenden Köchin hoch, griff zu Messer und Gabel, lächelte breit und aß.

Olava leerte die Fleischschüssel, Olava leerte den Kartoffeltopf, Olava leerte die Milchkanne, alles unter dem aufmunternden und immer zufriedeneren Blick der anderen.

»Du mußt jetzt für drei essen, vergiß das nicht«, sagte die Köchin.

Sie hatte der Frau des Ingenieurs bei ihrer Niederkunft beigestanden und hörte noch immer ihre Schreie. Sie hatte den leblosen Frauenkörper gewaschen, als die Schreie längst verstummt waren, als das Neugeborene gewindelt und gewickelt, als Hebamme und Arzt gegangen waren. Stundenlang hatte sie den Kleinen auf dem Schoß gehabt und versucht, ihn mit verdünnter Kuhmilch mit Sirup zu füttern. Aber das Kind wimmerte nur, spuckte alles, was sie in es hineinzwang, wieder aus und wäre selber fast auch dabei draufgegangen.

Olava aß für drei. Viermal täglich aß und trank sie; Speck und Stippe, Spiegeleier, Pfannkuchen mit Sirup, dicke Scheiben Knäckebrot mit guter Butter, und zwischen den einzelnen Bissen lachte und lächelte sie, weil sie das durfte und weil die Schränke in diesem Haus niemals leer wurden.

Olavas Körper schien sich darauf vorbereitet zu haben, zwei Kinder stillen zu müssen, denn ihre Brüste hingen unter ihrer Bluse wie Kürbisse, und sie hatte sich noch nie so glücklich gefühlt wie dann, wenn sie in dem schönen Schlafzimmer saß und an jeder Brust ein Kind hatte. Bauch und Unterleib kitzelten, vom Nacken bis hinunter in die Zehen. Und der kleine Junge, der nicht ihr gehörte und der leicht wie ein kleiner Vogel gewesen war, als sie ihn zum ersten Mal im Arm hielt, saugte gierig neben Hansine, saugte und schmatzte und saugte um sein Leben.

Den Ingenieur bekamen sie nicht oft zu sehen. Er war den ganzen Tag und oft auch an den Abenden außer Haus. Seinen Sohn überließ er nur am Samstagnachmittag nicht der kraftstrotzenden Ersatzmutter. Am Samstagnachmittag mußte sie den Jungen baden und fein anziehen und zu seinem Vater bringen, der mit übereinandergeschlagenen Beinen und einem Krug Bier in der Hand im Sessel saß und das Bündel betrachtete, das Olava ihm hinhielt.

»Gut, gut«, sagte er dann auf deutsch. »Ein richtiger Mann.«

Die Amme knickste und sagte auf deutsch »danke schön«, das hatte die Köchin ihr beigebracht. Dann schickte der Mann sie und das Kind mit einer Handbewegung wieder aus dem Zimmer und vertiefte sich in die Aussicht hinter dem Fenster.

»Ich könnte ihm genausogut mein eigenes Kind zeigen«, schnaubte Olava später. »Er würde bestimmt keinen Unterschied sehen.«

Die beiden Frauen kamen gut miteinander aus, und obwohl Olava nur angestellt worden war, um gut zu essen, sich um den kleinen Franz zu kümmern und ihn zu füttern, hatte sie noch nie zum Müßiggang geneigt, und wenn die Kinder schliefen, half sie der anderen bei der Hausarbeit. Abends saßen sie mit ihren Handarbeiten in der Küche, und Vea, so hieß die Köchin, erzählte Olava, wie schön es im Norden sei und wie sehr sie unter Heimweh litt.

Eigentlich war sie Barackenköchin. Durch einen Zufall war sie als Kindermädchen bei einem Ingenieur gelandet und hatte in seinem Haus die feinere Kochkunst kennengelernt. Sie hatte die Familie nach Südnorwegen begleitet und war auf diese Weise ins Silberwerk gekommen. Der deutsche Ingenieur traf ein, als der andere nach einem Streit mit dem Direktor seine Kündigung erhalten hatte, und Vea hatte sich umgehört und war schließlich geblieben, nun als Haushälterin bei den Fremden. Anfangs hatten die Deutschen bei der Kirche gewohnt, nach dem Tod seiner Frau aber wollte der Ingenieur in seiner Trauer nicht mehr dort bleiben. Und da der Berghauptmann allein in Solbakken lebte, öffnete er dem Ingenieur und dessen Anhang gern seine Tür.

»Aber eigentlich möchte ich lieber im Barackenlager wohnen«, vertraute Vea Olava an. »In meiner Baracke hat es niemals Ungeziefer gegeben, nie. Und die Männer waren nett.«

Und sie fügte hinzu: »Der Vater von deiner Kleinen, hast du nicht einmal erzählt, daß der Walfänger war?«

»Nein«, sagte Olava. »Er war Spielmann.«

»Aber er ist tot?«

»Nein. Nicht daß ich wüßte.«

Olava lachte, und Vea lachte.

Olava aß und stillte, plauderte und lachte.

Nach anderthalb Jahren streckten sie vergeblich die Hände nach ihren Brüsten aus, wenn sie auf ihren dicken Beinchen einherstapften, Franz und Hansine, und an diesem Abend klopfte Hansine an die Tür des Deutschen und teilte mit, ihre Aufgabe sei nun erfüllt.

»Ich hast kein Melk mehr«, sagte sie.

»Habe«, korrigierte der Mann. »Ich habe, du hast.«

»Ich habe, du hast«, wiederholte Olava.

Der Ingenieur wollte sie behalten, und er bat die junge Frau, sich weiterhin um seinen Sohn zu kümmern. Er hatte doch gesehen, wie gut sie mit ihm umgehen konnte. Und der Junge hing doch sehr an seiner Amme. Wäre es nicht besser, dieses Band erst zu zerreißen, wenn es sich nicht mehr umgehen ließe?

Und er hatte sie gern in seinem Haus.

Und Olava Olsen wanderte üppig und zufrieden durch die Zimmer, sie genoß es, Mutter von zwei Kindern zu sein, sie genoß die Kochkunst der Köchin, sie freute sich, weil das Essen nie ein Ende nahm, sie genoß ihre kleinen Spaziergänge mit den Kindern in der Nähe des Hauses.

Manchmal suchte sie das Halstuch heraus, das sie an einem frühen Sommermorgen an einem Zweig gefunden hatte, sie fuhr mit der Hand darüber und hielt es an ihr Gesicht, roch daran und dachte an den Nöck. Denn obwohl sie es ja eigentlich besser wußte, war er in ihren Gedanken noch immer derselbe: ein schöner unterirdischer Jüngling, der sie mit seiner Musik gefangen, der sie mit einem glücklichen Zauber belegt hatte, um ihr ein gutes Leben zu sichern.

Anton Syrin haute Steine. Den Hut hatte er in den Nacken geschoben.

Anton Syrin hob den Hammer zum Schlag, pfiff und schlug.
Kniff die Augen zu schmalen Spalten zusammen, um Steinstaub
und Splittern zu entgehen. Der einäugige Deutschen-Malte war
Warnung genug, wenn er mit seiner leeren, verschrumpelten
Augenhöhle neben der Nasenwurzel einhertaumelte.

Nach einem Jahr gemeinsamer Arbeit im Steinbruch war Bendik
Larsson bettlägerig geworden. Die Auszehrung hatte auf Knie
und Arme übergegriffen; Bendik waren eiskalte Bäder empfoh-
len worden, aber die hatten alles nur noch schlimmer gemacht.
Jetzt lag er auf dem Strohsack, steif und verkrümmt, und spuckte Blut in einen Holzbottich. Seine Frau rieb ihm den Rücken
mit einem Stück steifen Stoffes ab und flehte Gott an, sich ihrer
zu erbarmen. Anton steckte ihnen gelegentlich einige Münzen
zu, als Dank für die gute Anleitung, die er von Bendik erhalten
hatte. Aber der Kranke mochte nicht mehr essen, und kurz vor
Weihnachten war dann das Ende gekommen. Nur wenige Monate später folgte ihm seine Witwe; er hatte sie mit seiner Krankheit angesteckt.

Anton brauchte einen Gehilfen. Und er entschied sich für den
vaterlosen Neffen von Krämer Elison. Der war gerade konfirmiert und galt als heller Kopf, allerdings war er klein und
schwach, und sein Gesicht war von eiternden Pickeln übersät.
Und es hieß, der Junge sei ein Dieb.

Doch Anton brauchte einen Gehilfen, und als der Junge vor ihm
stand und ihn höflich um Arbeit bat, sagte er zu.

Nach zwei weiteren Jahren war Elis ihm über den Kopf gewachsen und konnte noch saftiger fluchen als Malte. Daß er einst als
Dieb gegolten hatte, war bei den meisten in Vergessenheit geraten, nur an die Geschichte von Randi Bekkelagets Unterhose erinnerte man sich noch. Die war einige Jahre zuvor an einem

Frühlingstag von der Wäscheleine verschwunden und erst im folgenden Sommer wieder aufgetaucht, als Elis' kleine Brüder sie als Segel für ihr selbstgebautes Floß verwendeten.

Dann verschwand an dem Morgen, als ein Boot aus der Stadt neues Werkzeug geliefert hatte, ein Kasten davon vom Kai, und Elis wurde zusammengeschlagen, weil man ein Geständnis aus ihm herausholen wollte. Jønsson schlug, Jønsson und zwei seiner Freunde, denn Jønsson hatte schon einen Vorschuß auf das Werkzeug bezahlt, nachdem einer seiner Söhne sich mit dem alten Werkzeug seines Vaters nach Schweden abgesetzt hatte, weil er nicht mehr der Lehrjunge dieses jähzornigen Mannes sein wollte. Anton fand den blutenden, übel zugerichteten Elis am Straßenrand, seine Kleider waren zerrissen, sein Hut schwamm im Graben.

Elis fluchte zischelnd durch die Lücken, die drei ausgeschlagene Vorderzähne hinterlassen hatten, er schniefte und weinte und verfluchte Jønsson und einen alten Sturm. Anton verstand das nicht so recht: »Einen alten Sturm?«

Der Sturm hatte die Rückwand des morschen Schuppens vor der Baracke eingerissen, in der er mit seiner Mutter und den Geschwistern wohnte. Dabei war Randi Bekkelagets Unterhose aufgetaucht, am nächsten Morgen hatte sie weiß und leuchtend im Gras gelegen, und die Kleinen hatten das Kleidungsstück entdeckt. Elis hatte sie im morschen Schuppen hinter dem Holzstapel versteckt. Er, ein Dieb? Er war damals acht Jahre alt gewesen, und Randi Bekkelaget, das junge Mädchen, das in der Kirche putzte, war ihm als die Schönste von allen erschienen. Und etwas anderes hatte er nie entwendet, erklärte er. Schon gar nicht Jønssons Werkzeug.

Anton glaubte ihm.

Er wusch ihm das Gesicht, fischte den Hut aus dem novemberkalten Wasser, half Elis auf die Beine und brachte ihn nach Hause.

»Ein Keiljunge ist kein Dieb, ein Keiljunge ist kein Dieb«, murmelte der Junge verletzt.

Und Anton war ganz sicher, daß er die Wahrheit sagte. Er half ihm in die Baracke, wo die Mutter und die kleinen Geschwister plötzlich wie ein Bienenschwarm über sie hereinbrachen. Sie jammerten und wehklagten und stellten aufgeregte Fragen, er setzte Elis auf die Küchenbank und sah sich das Elend genau an. Es war dunkel und stank, und Anton ging auf, daß der sechzehnjährige Keiljunge sie alle versorgte: die schwarzgekleidete Frau und die fünf Kinder. Und ihm schauderte, und sein Magen und sein Kopf füllten sich mit gelber Übelkeit.

Als er durch den Wald zur gelben Baracke zurückging, schüttelte er sich, wie um sich von der Übelkeit zu befreien, er kniff die Augen zusammen, um den Anblick der verrotzten kleinen Kinder und der verängstigten Witwe vor der verrußten Wand hinter dem schadhaften Ofen loszuwerden. Er füllte seinen Blick mit abendglänzendem Fjord, atmete die frische Luft ein und dachte, daß es bald schneien würde, vielleicht noch in dieser Nacht. Murmelnd wiederholte er einige von den Flüchen, die Elis am Straßenrand gezischelt hatte, aber auch das half nichts.

Erst als er endlich mit den anderen beiden Junggesellen schlafen gegangen war, überkam ihn die gute Ruhe, die Freude darüber, Anton Syrin und Steinhauer zu sein, frei wie die Vögel unter dem Himmel.

HANSINE BEI DER GOTTESGABE

Hansine Olsens erste Erinnerungen verbanden sich mit dem gleichaltrigen Franz. Wie Zwillinge waren sie von derselben Frau genährt worden. Sie schliefen im selben Zimmer, wurden morgens zusammen wach und legten die Arme umeinander. Als sie laufen konnten, erforschten sie den Garten um das weißgetünchte Haus, untersuchten Blumen, jagten Insekten, fielen um und lachten.

Als sie anfingen zu sprechen, sprachen sie eine Mischung aus Norwegisch und Deutsch, denn der Ingenieur aß nun jeden Tag mit seinem Sohn zu Mittag, zeigte dabei auf alles, was er sah, und brachte ihm die Wörter seiner eigenen Sprache bei.

Die Kinder pflückten Sträuße aus Blomsterblumen, und eine der beiden Frauen stellte sie dann in »Wasservann« auf den »Tischbord«.

Sonst kannten sie nur Männer. Die Arbeiter, die zwischen den Gruben und den Sakkerhäusern hin- und herliefen, die in Holzkojen unter der Decke schliefen und sich selber versorgten. Anfangs waren sie nur dunkle Gestalten mit groben Stimmen. Später bekamen sie Gesichter, gefährliche oder freundliche. Und sie warfen Olava lange Blicke zu, wenn die mit den beiden Kindern spazierenging.

Einer schaute sie häufiger und länger an als die anderen, und Hansine merkte, daß ihre Mutter sich veränderte, wenn der rothaarige Schwede mit ihr sprach.

Die meisten Männer gingen an den Wochenenden heim zu ihrer Familie, Sixten aber blieb.

Hansine entdeckte zusammen mit Sixten und Franz und Olava Badesee und Wald. Und als die Kinder drei Jahre alt waren, nahm der Mann sie mit hinunter in die Grube, die Gottesgabe hieß.

Die Abreise des Ingenieurs war auf unbestimmte Zeit verschoben worden, er war einer der wichtigsten Berater des Direktors, und sein befristeter Posten wurde in eine feste Anstellung umgewandelt. Er reiste nun in regelmäßigen Abständen in die Hauptstadt, und bei seiner Rückkehr schien sein Gesicht anzudeuten, daß er den Verlust seiner Gattin überwunden hatte.

»Aber wir werden verdammt mies bezahlt!« sagte Sixten.

»Verdammt mies«, äfften Franz und Hansine ihn nach.

Wenn der Ingenieur nicht zu Hause war, dann lud Olava den Schweden manchmal in die Küche ein und steckte ihm Reste aus der Speisekammer zu. Er hatte dann beim Essen auf jedem Knie ein Kind und verbreitete sich erregt über die Lebensbedingungen der verheirateten Arbeiter, wie sie sich abmühten, wie schlecht sie ernährt waren, wieviel Krankheit es bei ihnen zu Hause in den Hütten gab, die sie an jedem Wochenende besuchten.

Und dann brach der Streit los, und Olava hoffte, daß der Ingenieur nichts von ihrem Verhältnis zum Grubenarbeiter wußte, als er eines Abends nach Hause kam und über die Aufwiegler und vor allem über den »roten Schweden« schimpfte.
Zwei Tage später erschien morgens die Polizei beim Bergwerk, uniformierte Männer, die die Häuser nach gestohlenem Silber absuchten. Hansine wurde davon geweckt, daß jemand sie berührte.
»Ganz ruhig«, sagte jemand über ihr in der Dunkelheit, und dann wurde etwas um ihren Hals gelegt.
Sie setzte sich im Bett auf und betrachtete verwundert die Umrisse, die im Zimmer langsam deutlich wurden, das leere Bett ihrer Mutter, die Vorhänge, die sich schwach im Luftzug bewegten, während die schweren Schritte langsam verhallten und verschwanden, und verwirrt betastete sie das, was nun um ihren Hals lag.
Sie fröstelte, die Haustüren schienen offenzustehen. Auf nackten Füßen stapfte sie über den kalten Boden. Und dann hörte sie von draußen die scharfen Geräusche.

Auch das gehört zu Hansine Olsens ersten Erinnerungen: eiskalter Wind und scharfe Stimmen, die wie Messer in ihre Ohren schneiden, eine offene Küchentür, die gegen die Wand schlägt. Dann ein wehrloser verzweifelter Ruf: »Nein!«, immer wieder. Ein wildes und heißes und verzweifeltes »Nein!«, das Hansine aus dem Haus treibt, ohne Schuhe, im Nachthemd, mit einer Kette aus Holzperlen um den Hals. Denn ihre Mutter schreit, und von leerer Angst erfüllt läuft das Kind auf den Lärm zu, um das Haus herum, über den Platz vor dem Haus Blåstua, und sie kommt gerade noch rechtzeitig, um ein Pferd zu sehen, das sich aufbäumt, ein sich aufbäumendes dunkelbraunes Pferd, über dessen Rücken der gefesselte schwedische Riese liegt, ein großes Pferd mit erhobenen Vorderhufen, schnaubend und gereizt, und vor dem Pferd sinkt Olava zu Boden, sie schluchzt und legt die Arme um den Kopf, und als sie Blick und Arme hebt und noch einen schrillen Schrei ausstößt, senkt das Pferd die Hufe, und die umstehenden Menschen – der deutsche Ingenieur und die Grubenarbeiter in Arbeitskleidung, die Steiger und Schichtmeister, die Hüttenmeister und Geschworenen, die Polizisten und der Direktor, der erst jetzt sein Büro verläßt – verlängern den Schrei der Frau zu einem einstimmigen und entsetzten Gebrüll.

Auf dem anderen Fjordufer läßt Anton Syrin sich zwischen hellem Granit auf schneebedecktes Moos sinken, und dabei reißt er Elis Elison mit, packt ihn an den Knien und zieht den Jungen zu Boden, und dabei brüllt er wie ein Tier. Dann bricht im Fels die Explosion los, die Blöcke werden mit gewaltiger Kraft aufgewirbelt und jagen durch die Luft. Einer zerfetzt einen Baumstamm und wird selber zerrissen, der Rest landet in Laub und Heidekraut, Menschen werden nicht getroffen.

* * *

Vor dem Bürogebäude zwischen der Ost- und Westgrube verstummten alle Geräusche. Pferde und Polizisten verschwanden mit lautlosen Schritten über den mit Gras bewachsenen Boden, Olava wurde hochgehoben und zu dem Haus getragen, in das sie als Amme gekommen war, die Männer zerstreuten sich, sie wollten fort von diesem Ort, wo alles passiert war. Am Ende waren nur noch zwei Menschen übrig: der Direktor auf der Treppe und das kleine Mädchen vor ihm auf dem Hof, barfuß und halbnackt im kalten Wind. Und sie standen ganz still da und blickten einander aus blassen, verständnislosen Augen an.

Elis hatte die Dynamitladung angebracht. Der Sprengmeister hatte während der Pause mit ihm gesprochen, hatte den Jungen beiseite gezogen und leise und ernsthaft auf ihn eingeredet.

Danach hatte der Keiljunge wortlos die beiden kalten Kartoffeln gegessen, die seine Mutter ihm mitgegeben hatte, und sein Gesicht war dabei grau wie wäßriger Brei. Er und Anton hatten zusammen mit dem Stier und dessen Sohn und mit Peder Bengtsson und Svensson, die gleich in der Nähe arbeiteten, Pause gemacht, und die anderen hatten über den Kopf des traurigen Jungen hinweg besorgte Blicke gewechselt. Danach hatte Anton Elis gebeten, die Ladung anzubringen. Elis hatte das inzwischen gelernt und schon mehrere Male gemacht. Anton selber hatte ihm den Rücken gekehrt und sein Wasser abgeschlagen, dann hatte er sich umgedreht, nicht um Elis' Arbeit zu kontrollieren, sondern weil er sich fragte, was der Sprengmeister wohl gesagt haben mochte. Und in dem Moment, in dem der Junge die Lunte ansteckte, sah Anton dann, daß Elis eine Schicht zuviel genommen hatte, er sah, daß der halbwüchsige Junge weinte und sich mit steifen Händen am Feuerzeug zu schaffen machte.

Er hätte sich dabei umbringen können. Er hätte sie beide umbringen können.

Nicht, weil er das wollte, sondern weil er mit seinen Gedanken weit weg gewesen war.

Der Sprengmeister hatte ihm zwei Tage Frist gegeben: Her mit Jønssons Werkzeugkasten, sonst wirst du angezeigt.

Zehn Tage waren vergangen, seit das Werkzeug verschwunden war, fünf Tage, seit Jønsson Elis zusammengeschlagen hatte, fünf Tage, an denen die Männer im Hafen nur leise miteinander sprachen.

Als Anton Syrin wieder auf den Beinen war und sah, daß niemand verletzt war, lachte er erleichtert, wie um den Schock zu überwinden. Der Stier, der zusammen mit den anderen Männern herbeigestürzt war, murmelte wütend etwas von »Ausschußware«, Elis blickte mit grauem Blick durch ihn hindurch, dann nahm er seinen leeren Henkelmann und taumelte benommen davon. Die anderen rannten hinterher, packten ihn an den Schultern, drehten ihn um und führten ihn zurück.

»Was zum Teufel hat der Sprengmeister denn gesagt?« brüllte Bengtsson ihm ins Ohr, er schien zu glauben, der Junge sei durch die Explosion taub geworden.

Und dann erfuhren sie alles.

Während die anderen erschrocken stehenblieben und ihre Frage ein ums andere Mal wiederholten, als ob Elis' Auskunft unbegreiflich gewesen sei, lief Anton durch den Wald. In ihm loderte und tobte rotglühende Wut.

Sein Gesicht war weiß, sein Blick scharf, die neuen Lederstiefel, die seine Ersparnisse im Holzkästchen beträchtlich verringert hatten, stapften schwer durch dünnes Eis und Schnee, knickten Moos und Heidekraut, seine Hände schoben energisch Zweige und Äste beiseite, als er die Abkürzung durch das Wäldchen einschlug.

Anton war inzwischen zweiundzwanzig, ausgewachsen und breit wie ein Bär. Die Sehnen in seinen Mundwinkeln zitterten, seine Muskeln spannten sich unter seiner Jacke an. Als er im Hafen angekommen war, nahm er sich Jønsson zuerst vor, Jønsson, der tatenlos ohne Werkzeug unter dem Wellblechdach herumstand und mit den anderen schwatzte, Anton packte den viel größeren Mann um die Hüften, hob ihn hoch und schleuderte ihn zu Boden. Dann stapfte er zum Sprengmeister weiter, warf ihn sich über die Schulter und schmiß den schreienden Mann ins Wasser, so daß das Eis zerbrach und Eissplitter um ihn herum aufstoben.

»Elis ist kein Werkzeugdieb!« brüllte Anton, und seine Augen funkelten. »Elis ist einer von uns!«

Dann blieb er noch einen Moment zitternd stehen, sein Blick wanderte vom Sprengmeister, der noch immer im Wasser herumzappelte, zu Jønsson, der sich wieder aufgerappelt hatte, sich das Blut von einer Wunde am Hinterkopf strich und das alles nicht fassen konnte.

»Denn Elis ist Steinhauer«, brüllte Anton, »und Steinhauer stehlen nicht!«

Dann machte er kehrt und ging wieder auf den Wald zu.

Die Männer waren aus ihren Verschlägen unter dem Wellblechdach geströmt, jetzt betrachteten sie in einer Mischung aus Schadenfreude und Verblüffung die beiden Männer, die Antons Zorn zu spüren bekommen hatten; keiner von ihnen schien auf die Idee zu kommen, daß sie die Schlägerei hätten verhindern können.

»Steinhauer, du meine Güte!« winselte es aus dem Wasser heraus. »Scheißkumpel!«

Als er außer Sichtweite war, fiel Anton zitternd auf die Knie und erbrach sich. Dann ließ er sich neben seinem Erbrochenen auf den Boden sinken und blieb mit geschlossenen Augen dort liegen, während der Schnee unter seinem Körper schmolz.

In ihm war alles ganz leer. Dann kamen die Bilder: graugrüne grasbewachsene Wiesen unter dunstigem Himmel, ein wütender schnatternder Bussard.

Er bohrte die Finger in den Boden, bohrte sie durch die dünne Schneedecke hindurch, in Moos und Erde. Eine Hand berührte etwas Widerliches, er zog sie heraus und roch an seinen Fingern, dann setzte er sich auf, wischte sich mit Heidekraut Kotze ab und schnitt eine Grimasse: Was hatte er da bloß getan?

Er streckte sich und säuberte seine Hand mit Schnee und Eis; hatte er den Sprengmeister wirklich ins Wasser geworfen?

Er schlug die Hände vors Gesicht und weinte. Anton wußte nicht mehr, wann er zuletzt geweint hatte, er hatte wohl noch nie erlebt, daß ihm Tränen aus den Augen rannen, aber ihm kam der Gedanke, daß das doch nur natürlich sei, er war ja schließlich im Regen geboren worden.

Er sei im Regen geboren worden, hatte sein Bruder Steingrim erzählt, und seither hatte niemand mehr Blaubeeren mit Sauermilch bekommen, hatte Steingrim das nicht gesagt? Anton weinte und weinte, weil er niemals Blaubeeren mit Sauermilch gegessen und weil er den Sprengmeister ins Wasser geworfen hatte.

Endlich stand er dann wieder auf, holte zitternd Atem und schneuzte sich in seine groben Fäuste. Und er dachte, daß er nun wohl für immer im Wald bleiben müßte, denn zum Stier und den anderen konnte er nicht mehr zurück, und im Hafen durfte er sich nicht mehr blicken lassen. Aber die Luft war kalt, seine Kleider waren durchtränkt vom geschmolzenen Schnee, er fror, er hatte eine Gänsehaut, und er konnte eben doch nicht im Wald bleiben. Also ging er landeinwärts, auf die Kirche zu, vorbei am Karrenweg, der zu dem Hof führte, auf dem Magdalena mit dem gelben Zopf wohnte, Magdalena mit dem Mann, der in der Stadt Schlachtvieh verkaufte, sich Fusel zulegte und am Straßenrand seinen Rausch ausschlief. Wo er den Fusel wohl gekauft hat, fragte Anton sich.

Er ging und ging, und langsam wurde ihm wieder warm. Vor sich sah er Bilder von Wald und Heide. Und dann tauchten neue Bilder auf, von Häusern, so, wie Häuser in Städten aussahen. Häuser mit kleinen Gärten, Häuser mit Wasserpumpen und Torwegen, Gasthäuser, bei denen der Duft guten Essens durch die sich immer wieder öffnenden und schließenden Türen strömte. Anton Syrin war noch nie in einer Schenke gewesen. Aber er hatte durch die Fenster geschaut, hatte lange Tische und Bänke gesehen, fröhliche Männer mit Bierkrügen in der Hand. Hatte er wohl Geld bei sich? Er hatte einige Münzen in der Tasche, genug für eine Mahlzeit, genug für einen Krug Wein, genug, um die Wärme drinnen auf der Bank zu erleben.

Als er die Stadt erreicht hatte, hatte er fast vergessen, was geschehen war, was er getan hatte. Er füllte sich mit dem Bild der Festung auf dem Berg, mit den grün und gelb und braun und ocker getünchten Häusern, mit dem Anblick fröstelnder Frauen und Kinder, mit dem anderer Frauen in warmen Mänteln und pelzbesetzten Hauben, mit Körben am Arm, mit dem Anblick von Männern, die Karren zogen oder auf dem Bock eines Pferdewagens saßen.

Er ging über die Brücke und hinunter zum Hafen, und dann saß er im Gasthaus, ganz hinten, gleich beim Kamin. Und seine Kleider dampften an seinem Leib, seine Wangen röteten sich im Schein des Feuers oder durch den Wein, den Wein, den ihm eine in Rot und Gelb gekleidete Frau brachte, eine Frau mit wogenden Brüsten wie zwei große saftige Äpfel. Er ruhte sich im Anblick der Frau aus, die mit heißem Essen und Krügen voller Getränke hin und her lief. Er ruhte sich aus im Anblick unbekannter Männer, die sich zutranken und lachten.

Aber dann wandten die Fremden ihre Gesichter ab, und die Frau verschwand in der Küche, und schon sah er wieder Jønsson und den Sprengmeister vor sich, den Sprengmeister im Wasser und Jønsson an Land, mit blutiger Hand am blutigen Hinterkopf, und Anton brach wieder in Zittern aus.

In der Küchentür stand Berntine Jensen, die Frau mit den roten und gelben Kleidern, und betrachtete ihn verstohlen. Sie sah sein hübsches Gesicht und spürte ihren Atem schneller gehen, sie sah seinen hellen wehmütigen Blick und die silberblonden Haare und dachte, der angespannte Zug um Stirn und Mund des jungen Mannes stamme von der Sorge her, die Münzen, die er vor dem Bestellen gezählt hatte, könnten nicht ausreichen; er hatte sie einmal und dann noch einmal gezählt, und sie hatten beide gewußt, daß er ihr alles geben mußte, was er hatte, wenn er einen Krug Wein wollte.

Aber sie brachte ihm trotzdem etwas zu essen, wortlos stellte sie einen großen Teller voll Speck und Kartoffeln vor ihn hin. Und Anton fand in der Schenke neue Ruhe und neue Unruhe. Ruhe durch das warme Essen, Unruhe durch Berntine Jensens kurzes Zwinkern, mit dem sie das Essen serviert hatte.

Erst spät in dieser Nacht fand Anton Schlaf, sein Gesicht schmiegte sich an Berntines Hals und Haare, in Duft von Bratenfett und Gewürzen, im schmalen Bett der Frau in der Kammer hinter der Gasthausküche.

Die Kumpel in Kongsberg bekamen höhere Löhne. Hansine aber hörte auf zu sprechen.

Sixten oder ihre Mutter wurden nie erwähnt, wenn das Kind dabei war, alle sprachen mit alltäglichen Stimmen über alltägliche Dinge. Und die Kleine ließ ihren Blick vom unglücklichen Franz zu seinem ernsten Vater wandern und sich auf dem Schoß der Köchin wiegen, die ihr freundlich und herzlich zuredete.

Aber sie sagte nichts. Sie war drei Jahre alt und stumm, der Anblick ihrer Mutter unter den Pferdehufen schien ihre Stimmbänder gelähmt zu haben, der Schrei, der an jenem Morgen nicht weiter als bis zu ihrem Kehlkopf gelangt war, schien erstarrt zu sein und allen anderen Lauten den Weg zu versperren.

Und geweint hatte sie auch nicht.

Als Vea sie am Morgen im Schneegestöber gesucht hatte, hatte sie das Kind vor dem Bürogebäude gefunden, mit blauweißen Füßen im Schnee, mit Armen, die hilflos herunterhingen, mit vom Schlaf zerzausten und mit Eis bedeckten Haaren. Dort stand sie und starrte noch immer aus weit offenen Augen den Direktor an, und auch er ließ die Arme hängen, und auch sein Schopf war von eiskaltem Schnee bedeckt. Und zwischen ihnen gab es Blut, ein dunkles Feld, das langsam unsichtbar wurde.

Die Köchin trug sie ins Haus und rieb den kleinen Körper warm. Sie flößte ihr heiße Milch mit Honig ein und hielt sie im Arm, und die Kleine klammerte sich an sie, jedoch ohne Tränen, ohne Worte, ohne einen einzigen Laut. Und dann seufzte sie tief und schlief ein.

Ob wirklich der Schwede das Silber gestohlen hatte?

Das wußte niemand in den Gruben. Aber irgendwer mußte das Silber ja gestohlen haben, hieß es, und der Schwede war in Verdacht geraten, weil er den Schnabel so weit aufgerissen hatte, und vielleicht auch, weil er ein Schwede war.

Ob der rothaarige Sixten den Diebstahl zugegeben hatte?

Auch das wußte niemand, aber jedenfalls kehrte er nicht zurück. Er sei auf die Festung geschickt worden, hieß es. So behandeln wir Verbrecher eben, hieß es. Es war einer der Steiger, der das sagte, und langsam wuchs der Verdacht: Der schlaue Steiger war selber der Schuldige, nicht der Schwede! Und immer, wenn die Männer das stumme kleine Mädchen sahen, spannten sich ihre Gesichtsmuskeln an, und sie tauschten Blicke aus rachsüchtigen Augen.

Als im folgenden Frühling der Schnee schmolz, flüsterte Vea Hansine zu: »Sobald er uns läßt, gehen wir von allem hier weg.«

Sie gingen mit Sommerregen im Haar, über die Berge nach Westen, zum Meer, die nicht mehr junge Frau und das stumme kleine Mädchen, beide in blauen Kleidern mit weißem Mieder, die Erwachsene schwer beladen, das Kind mit einem kleinen Bündel in der Hand und der Kette aus Holzkugeln um den Hals.
Sie waren in aller Heimlichkeit eines Morgens früh aufgebrochen. Der Ingenieur hatte sie nicht gehen lassen wollen, er hatte Vea befohlen, noch zu bleiben, nur noch ein Jahr; dann würde er die Dame aus Kristiania heiraten, um die er sich gerade bemühte, und dann würde er mit Sohn und Gattin nach Süden reisen. Bis dahin aber brauchte er sie, die Frau sollte ihn versorgen, Hansine dem mutterlosen Franz eine Spielkameradin sein.
Nach einer Stunde war das Kind müde, und die beiden setzten sich zum Ausruhen an einen Hang. Sie setzte sich auf einen mit gelben Flechten bewachsenen Hang, und Hansine legte den Kopf in den Schoß der Frau und schlief sofort ein.
Gleich darauf war Hufschlag zu hören, zuerst leise, in der Ferne, dann jagte ein Reiter an ihnen vorbei. Vea hielt dem Kind die Ohren zu, es sollte doch nicht aufwachen, sie krümmte sich über dem Kind zusammen und zitterte.
Bald darauf kam noch ein Reiter, dieser in noch wilderem Tempo als der erste, und wieder duckte die Frau sich und hielt den Atem an.

Der eine kam aus freien Stücken, dachte sie. Aber der andere ist dem ersten mit einer Nachricht hinterhergeritten. Und bald kommen sie zurück, denn es ist auf jeden Fall wichtiger, wenn in den Gruben etwas passiert, als daß eine freie Frau mit einem Kind ihrer Wege geht.

Aber so war es nicht. Als Hansine nach einer Stunde die Augen aufschlug, erklang abermals Hufschlag, doch nur von einem Tier. Der Steiger kam angejagt, und Vea sah kurz ein wütendes Gesicht, ehe sie sich wieder hinter die Bäume duckte, die sie von der Straße trennten.

Die beiden warteten, aber es passierte nichts. Die erwachsene Frau wollte ihre Angst nicht mit dem Kind teilen, das Kind drängte ungeduldig zum Weitergehen.

Also gingen sie, die Kleine richtete den Blick auf alles, was sich zwischen den Bäumen und unter dem Himmel bewegte, die Große richtete den Blick auf die Straße und horchte auf Hufschlag.

Und dann tauchte er plötzlich vor ihnen auf, der deutsche Ingenieur. Er brachte sein Pferd zum Stehen und musterte Veas verängstigtes Gesicht mit freundlichem Blick. Er stieg ab und lächelte verlegen, er war ihr doch nicht übel gesonnen, er hatte nur an sich selber gedacht. Wortlos legte er der Frau die Hände auf die Schultern. Er hob Hansine hoch und drückte sie an sich, dann stellte er sie wieder auf den Boden und zog unter seinem Hemd eine schwere Lederbörse hervor. Die reichte er Vea mit einigen Worten des Dankes. Es war Geld, das der Amme zustand, weil sie seinem Sohn das Leben gerettet hatte, es war Geld, das Vea bei der Arbeit in seinem Haus verdient hatte, es war Geld, das er ihr geben wollte, weil sie sich der mutterlosen Hansine annahm.

Das Kind sah zu, wie die Pflegemutter auf die Knie fiel und ihr Gesicht an die Kleider des Deutschen preßte, ganz dicht vor dem braunen Pferd, und sie schloß die Augen und hatte Angst, der Boden könnte ihr unter den Füßen weggleiten.

Dann waren sie wieder allein, die beiden, die durch das Gebirge wandern wollten. Franz' Vater verschwand in einer Staubwolke. Und das Bild der vor dem Pferd auf Knien liegenden Mutter löste sich, und die Kleine atmete zitternd auf.

»Sieh mal, Hansine! Sieh mal, die Wellen!« jubelte die Frau am siebten Tage, und die Kleine sah.

Von Bergen aus fuhren sie mit einem Boot gen Norden. Vea bezahlte die Passage von dem Geld, das der Ingenieur ihr gegeben hatte.

Im Herbst kamen sie in den Bergwerken von Sulitjelma an, wo die Frau in einer Barackensiedlung Arbeit fand. Die Kumpel dort waren ähnlich wie die des Silberwerks, doch die Natur war anders, und der Himmel war grauer und der Erde näher.

In ihrer Baracke wohnten acht Männer. Nachts zogen sie zwischen sich und der Küche einen Vorhang vor, damit die Frau und das Kind in Frieden schlafen konnten.

Die Kleine war noch immer stumm, aber inzwischen half sie der Pflegemutter bei der Arbeit, mit flinken Händen reinigte sie Fische, sie wusch Kleider, ohne sich über das kochendheiße Wasser zu beklagen, und sie sah genau zu, wenn Vea Nadel und Faden benutzte. Und in Gedanken formte sie Wörter, auch wenn die nicht hinausgelangten. Sie wiederholte die Gespräche der Männer in Veas singendem Akzent, sie wiederholte Veas Ermahnungen, wohin sie gehen durfte und wo es gefährlich war, zum Strand hinunter durfte sie nicht, denn dort könnte sie ins Wasser fallen und sterben.

Manchmal dachte sie an Franz und an den Ingenieur, der sie nur das eine Mal auf der staubigen Landstraße berührt hatte, und als einmal einer der Männer aus der Baracke Vea nach dem Vater des Kindes fragte, dachte Hansine, vielleicht sei er das ja, der Bergwerksingenieur. Aber Vea gab eine andere Antwort. »Ein Spielmann«, sagte die Köchin, und die Männer lachten. »Ein Tippelbruder!«

Als Anton Syrin mit dem Gesicht an Berntine Jensens Brust erwachte, wußte er nur eins: Er mußte zurück zur gelben Baracke, um sein Akkordeon zu holen.

Er stand auf, als es noch dunkel war, und er kehrte der fremden Frau den Rücken zu. Als sie die Hand nach ihm ausstreckte, wich er aus, zog sich an und stapfte zur Tür.

»Pst!« flüsterte die Stimme im Bett, aber noch immer schaffte er es nicht, sich umzusehen. Die Nacht gehörte zu dem, was am Vortag geschehen war, und Anton Syrin hielt den Atem an, um vom Gestank von Bratenfett und Schweiß nicht erstickt zu werden.

Und dann stand er draußen und konnte frei atmen.

Die Straßen waren noch menschenleer, die Fenster dunkel. Anton band sich das Halstuch fester um den Hals und knöpfte die Jacke zu. Dann dachte er an Amerika und daran, wie wenig er bisher gespart hatte.

Er ging rasch unter dem schneeschweren, dunkelgrauen Himmel dahin, und vor sich sah er Bilder von Wäldern und Seen und staubigen Straßen: Er wollte nach Osten gehen, durch die schwedischen Dörfer, wollte für Kost und Logis aufspielen. Er füllte sich mit neuen Bildern: von fröhlichen Menschen, die vor ihm tanzten, von fremden Frauen, die ihm zuzwinkerten und lachten. Es fing an zu schneien, aber in ihm schien die Sonne, und um das Bild der Tanzenden herum blühten die Hecken.

Er wollte nach Osten und nach Süden gehen, zurück zum Fjord, wo er irgendwann ein Boot finden würde. Vielleicht würde er unterwegs bei irgendeinem Steinbruch Quartier machen, wo niemand ihn kannte.

Und dann sah er die anderen vor sich, mit Hacken und Bohrern: den Stier und Bekkelaget, Elis und die anderen. Und in dem Mann verkrampfte sich alles. Er kniff die Augen zusammen, um sich von den Bildern zu befreien, er kniff die Augen zusammen,

um andere herbeizulocken, aber es gelang ihm nicht. Der Stier
musterte ihn bekümmert und schüttelte enttäuscht den Kopf:
Daß er so dumm hatte sein können, so dumm!

Als er sich dem Hafen näherte, hinter dem der ausgeschlachtete
Berg aufragte, verlangsamten sich seine Schritte. Er wollte sich
daran vorbeischleichen, das wollte er, wollte ungesehen die gelbe Baracke erreichen, wollte sein Instrument an sich reißen und
schnell weiterwandern, vorbei an Maltes Hütte und weg.
Aber es war früher, als Anton gedacht hatte, der Hafen lag einsam und verlassen vor ihm.

Er ging am Strand entlang um die Bucht, er wollte hinter dem
Schuppen warten, bis die anderen zur Arbeit gegangen waren.
Aber in dem Moment, als er um die Ecke des ungestrichenen
Schuppens biegen wollte, strömten sie heraus, und Anton war
entdeckt, und Peder Bengtsson kam als erster auf ihn zu, mit lä-
chelndem Gesicht und wie zu einer Umarmung ausgestreckten
Armen.
»Du bist ja vielleicht ein Zornteufel, Junge!« rief der Mann.
»Ja, dem Sprengmeister hast du wirklich eine Lektion verpaßt«,
grinste Eilert.
»Und Jønsson«, sagte Bekkelaget, »was für ein Denkzettel!«
»Und bei welcher Jungfrau hast du die Nacht verbracht?«
»Das war keine Jungfrau, Mann, jetzt jedenfalls nicht mehr!«

* * *

In den Augen der anderen war Anton jetzt ein neuer Mensch.
Weder der Sprengmeister noch Jønsson erwähnten je wieder,
was vorgefallen war, und niemand bezeichnete Elis mehr als
Dieb, denn »Steinhauer bestehlen sich nicht gegenseitig«.
Anton Syrin war zu einem sehr mutigen jungen Mann geworden, zu einem, der den Mund aufmachte, wenn andere schlecht
behandelt wurden.

Und sein Ruhm verbreitete sich bis zu den Steinbrüchen auf der schwedischen Seite, bis in die Baumwollspinnereien in der Stadt, bis zu Baracken und Häusern in den umliegenden Dörfern: Am Fjord gab es einen Mann, der keine Angst hatte und bärenstark war. Einen Steinhauer und Spielmann, einen Saufbruder und Kartenspieler, ein Mannsbild, das die Frauen zum Zittern brachte.

Anton lauschte diesem Gerede verwundert und musterte die Gesichter der anderen mit seinem blaßblauen Blick, seine innere Landschaft dagegen füllte sich mit zwitschernden Vögeln über Wald und Heide. Wollten die anderen ihn zum Narren halten? Nein, das wollten sie offenbar nicht. Und er erwiderte das Lächeln der Kollegen und registrierte die neue Achtung, die der Sprengmeister und Jønsson ihm erwiesen, nun war er wieder da. Aber er dachte auch an das, was der Sprengmeister im kalten Wasser mit höhnischer Stimme gerufen hatte. Anton und Elis waren zwar Kumpel, aber sie waren noch längst keine richtigen Steinhauer.

Anton und Elis, der Stier und Bengtsson, Eilert und Åmotsplassen waren Kumpel. Jønsson machte dieselbe Arbeit wie sie; sie waren freie Kumpel mit eigenem Werkzeug, sie suchten unter dem Moos und Heidekraut nach passendem Stein, sie sprengten und arbeiteten so viel oder so wenig, wie sie wollten.

Svensson und Ørnulf Bekkelaget dagegen waren etwas Besseres. Sie standen unter ihren Blechdächern im Hafen, jeder in seinem Verschlag, in zwei langen Reihen, an die fünfzig Mann. Sie arbeiteten mit Großstein, mit dicken Blöcken, die durch Dachluken heruntergelassen wurden. Sie brauchten nicht selber zu sprengen, die Blöcke kamen zu ihnen wie Segen von oben. Ihr Werkzeug wurde ihnen gestellt, sie konnten sich bei Bedarf jederzeit neues aus der Hafenschmiede holen. Sie hatten feste Arbeitszeiten und höheren Lohn. Sie arbeiteten nach Zeichnungen, sie mußten haargenau die vorgegebenen Maße einhalten. Wenn nicht, dann wurde ihre Arbeit nicht anerkannt, und sie verdienten nichts, nicht einmal nach wochenlangem Einsatz. Sie waren Steinarbeiter und keine Pflastersteinkumpel. Die fertigen Blöcke wurden in die großen Städte gebracht, wo sie in neuen Häusern Wände und Fußböden bildeten. Diese Männer waren Feinsteinhauer, sie stellten Denkmäler her, glattgeschliffene Säulen oder Standbilder bedeutender Männer.

Die Arbeit der Kumpel brachte Freiheit, aber wem war Freiheit schon wichtiger als ein höherer Lohn? Nur die tüchtigsten Arbeiter wurden vom Sprengmeister fest eingestellt, die geschicktesten, die, die am besten rechnen konnten. Anton Syrin geriet ins Grübeln.

Und die Jahre vergingen.

Er fühlte sich wohl im Wald; mehr an den hellen Sommertagen, weniger in regenschweren Herbstmonaten, wenn sie mit gebücktem Rücken im Halbdunkel standen, mit triefnassen Kleidern, mit gefühllosen, blaugefrorenen Händen, Stunde um Stunde. Nachts mußten die drei in der Küche dafür sorgen, daß die Glut im Kanonenofen niemals verlosch; überall hingen nasse Kleidungsstücke, nicht nur ihre eigenen, sondern auch die nassen Arbeitskleider der vielen anderen, mit denen sie die Küche teilten, dampfende, stinkende Klamotten, die das Atmen beschwerlich machten.

Und da tat ein Schluck Schnaps doch gut; er reinigte den Hals und hielt ihnen das Fieber aus dem Leib.

Sie waren jetzt ebenbürtig, Elis und Anton, zumindest bei der Arbeit. Der Junge war kein Junge mehr, er hatte seine Pickel verloren, hatte sich einen Vollbart stehen lassen und war zum kräftigen Mann geworden. Anton nahm ihn zu seinen Engagements mit, als eine Art Gehilfen, nachdem er festgestellt hatte, daß der Junge musikalisch war. Er überredete ihn dazu, sich eine Mundharmonika zu kaufen, und brachte ihm seine Stücke bei. Noch immer wurde nach Anton gefragt, wenn irgendwo eine Hochzeit oder sonst ein Fest zu feiern war, aber Elis ging mit ihm und legte die Mundharmonika an seine Lippen. Anton bekam das Geld, aber er teilte mit dem anderen, der schließlich seine Mutter und seine jüngeren Geschwister zu versorgen hatte.

Und nach dem Tanz gab es immer Frauen, die lockten und lachten, und der gedrungene, kräftige Mann erwiderte ihre zitternden Küsse und ließ verträumte junge Mädchen und enttäuschte Ehefrauen vor Lust und Freude aufkeuchen.

Aber später konnte Anton sich dann nur an Wärme und Geruch und Ekstase erinnern.

Und die Ehemänner schwiegen, auch wenn sie ihn im Verdacht hatten, aus ihrem Quell zu schöpfen. Anton war eben Anton, und kein Bauer wollte sich mit einem Bären anlegen, hinter dem die anderen Steinhauer standen. Auch die verheirateten Kollegen im Steinbruch wollten ihn sich nicht zum Feind machen, auch wenn sie bisweilen verstohlen in tiefem Groll zu ihm hinüberschielten. Aber der Groll legte sich rasch wieder, denn dieser Bursche konnte sie doch unmöglich hintergangen haben, schließlich schaute er ihnen immer so offen in die Augen, das konnte einfach nicht sein.

ZAHLEN UND BUCHSTABEN

Anton schaffte sich ein Schreibheft an, und seine Kollegen hatten Grund zum Staunen.

Abend für Abend saß er in der Gemeinschaftsküche und rechnete mit einem gelben Bleistift, den er beim Krämer Elison gekauft hatte, bei Elis' Onkel, der mit seinen Waren von Haus zu Haus wanderte.

Anton ärgerte sich darüber, daß sie bei der Arbeit soviel Ausschußware produzierten. Er sah ein, daß sie größeren Spielraum brauchten, und nun versuchte er zu berechnen, wie groß der sein mußte.

Außerdem übte er Schönschreiben. Er schrieb die Choräle ab, die er früher einmal auswendig gelernt hatte, er schrieb langsam immer wieder dieselbe Zeile, um schöne und gleich große Buchstaben zu erhalten. Das war nicht leicht. Er atmete schwer, und seine großen Hände waren schweißnaß, doch er ließ nicht locker. Er wollte sich auf Grabsteine verlegen. Grabsteine brachten mehr Geld. Wenn seine Schrift schön genug wäre, wollte er am Granit üben, oben im Steinbruch, wenn die anderen schon Feierabend machten.

»Schreiber Anton«, spottete Ansgar Moholt an einem warmen Frühlingsabend, als er und Julius Simonsen beim Deutschen-Malte gepichelt hatten.

»Legst du dich jetzt nicht mehr in fremde Nester?« nuschelte der Mann dann. Wenn er etwas getrunken hatte, riß er gern den Schnabel etwas weiter auf.

Ansgar Moholt beherrschte die Kunst des Schreibens nicht, Julius Simonsen dagegen hatte als ältester Sohn eines armen Kätners bei seinem sporadischen Schulgang aufgepaßt und begriff, welche Pläne Anton im Kopf hatte. Einige Abende später bat er um den Bleistift und die Erlaubnis, auf einer freien Seite im Heft ein wenig zu üben. Bald saßen sie abends zu zweit am Küchentisch, jeder mit einem Bleistiftstummel zwischen den groben Fingern, jeder mit einem gelben Schreibheft. Eilert und Peder Bengtsson brummten verärgert, weil die beiden soviel Platz brauchten, fanden sich dann aber damit ab, wenn sie vor dem Schlafengehen noch eine Runde Kartenspiel einlegen konnten.

»Ich habe mich verlobt«, vertraute eines Abends Julius beim Kartenspiel den anderen an.

Anton lachte. »Verlobt?«

»Sie heißt Inga«, erzählte der andere. »Aber vorläufig stehen wir mit leeren Händen da.«

An einem heißen Sommertag des folgenden Jahres fungierte Anton als Trauzeuge. Er unterschrieb den Trauschein, saß feierlich ganz vorn in der Kirche und lauschte den Worten, die Frau und Mann zusammenführten, in guten wie in bösen Zeiten. Fast vierzehn Monate lang war er jede Woche darüber informiert worden, wie Julius' Ersparnisse von Null auf ein bißchen und auf ein bißchen mehr anstiegen, vor allem, seit die beiden Männer glattgeschliffene Grabsteine gravierten. Mit glücklichem Blick hatte der verliebte Freund erzählt, wie Inga nach ihrer Arbeit in der Krankenstube der Stadt nähte, wie für jede zusätzliche Münze Stoff gekauft wurde, aus dem Laken und Kissenbezüge, Handtücher und ein Brautkleid wurden. Inga kam aus einer arbeitsamen Familie, ihr Vater war Klempner in der dritten Generation.

Anton hatte unfreiwillig, aber nicht unfreundlich zugehört, er hatte verwundert zugehört, ohne sich den Bericht des Freundes jedoch zu Herzen zu nehmen.

Dann saß er in der Kirche, zum ersten Mal, seit er zum Iddefjord gekommen war, er lauschte in halbherziger Freude dem Brausen der Orgel, er betrachtete das junge Paar mit dem offenen Gesicht, das gewissermaßen sah, ohne zu sehen. Wieder hatte er sich hinter seine bleichen, blanken Augen geflüchtet, geflüchtet über Wald und Seen, war unter das Himmelsdach geschwebt.

Danach griff er zum Akkordeon, mit scharfem, erregtem Klang rief er die Neuvermählten zum Brautwalzer. Und dann sah er sie, für einen Moment: Inga in hellblauem Rock und kariertem Umhängetuch, den Mann in kreideweißem Hemd, Halstuch und Weste, und ihn schauderte. Bald würden sie sich in Schwarz kleiden, oder vielleicht nicht? Bald würde ihre Jugend verweht sein, sie würden steif und eckig werden, sie würden … sie würden …

Alles in Anton verkrampfte sich, schon der erste Walzertakt fiel zu langsam aus, das Brautpaar trat sich gegenseitig auf die Füße, stand auf einem Fuß und wartete auf neue Töne, die auch kamen, aber zu spät, bis Elis plötzlich mit der Mundharmonika auftauchte und Anton einen Rippenstoß versetzte. »Schläfst du ein, Mann? Meinst du vielleicht, wir wären auf einer Beerdigung?«

Und nun steigerte sich das Tempo, Anton schüttelte die Bilder ab, trat mit den Füßen den Takt und brachte Jung und Alt dazu, zu seiner fröhlichen und festlichen Musik das Tanzbein zu schwingen.

Aber in dieser Nacht war er unzugänglich für die hungrigen Blicke der Mädchen, in dieser Nacht kehrte er früh in die Baracke zurück. Und während Gelächter und Gerede noch immer in seinen Ohren widerhallten, faßte er einen festen Entschluß: Da er nach der Auseinandersetzung im Hafen doch nicht hatte weiterziehen müssen und da er die Überfahrt nach Amerika auch noch einige weitere Jahre aufschieben konnte, wollte er sich ein neues Instrument zusammensparen. Elison hatte ihm von einem erzählt, das er in der Stadt gesehen hatte und das er ihm ohne zu große Kosten besorgen konnte, ein größeres und schöneres Akkordeon, mit mehr Knöpfen und reicherem Klang.

EIN WUNDER IM NORDEN

Mit sieben Jahren wurde die stumme Hansine in der Schule angemeldet. Sie teilte ihren Tisch mit einem Mädchen, das von einem unterhalb der Schule gelegenen Hof stammte, sie beobachtete, wie die Hand der Lehrerin mit der Kreide über die Tafel wanderte, und in tiefer Konzentration schrieb sie Zahlen und Buchstaben ab.

Dann wiederholte sie das alles in Gedanken. Und sie sprach mit sich selber, ohne hörbare Wörter, über alles, was im Laufe des Tages passiert war, und sie sang die Choräle, die sie gelernt hatten, hörte im Kopf glockenrein Text und Melodie und fragte sich, warum sie so war, wie sie war.

Im Frühjahr kam der Pastor zu Besuch, um den Kindern den Katechismus abzuhören. Als er auf Hansine zeigte, stand sie wie immer auf, ging nach vorn an die Tafel und schrieb die Antwort auf.

»Mit ihrem Verstand ist alles in Ordnung«, erklärte die Lehrerin, und es hörte sich an wie eine Entschuldigung. »Aber sie spricht nicht, das arme Kind.«

Nach dem folgenden Schuljahr kam der Pastor wieder zu Besuch, und nun hatten die Kinder kleine Texte auswendig gelernt, die sie ihm vortragen sollten. Als die Reihe an Hansines Tischnachbarin kam, verlor die den Faden und mußte immer wieder von neuem anfangen. Als alle sehen konnten, daß sie jetzt gleich in Tränen ausbrechen würde, und als einzelne Kinder schon zu lautlosem, schadenfrohem Kichern ansetzten, erhob sich Hansine, ging nach vorn zum Pult, wo ihre Nachbarin stand, und sprach ihr mit klarer, deutlicher Stimme vor: »Da sich aber die Menschen begannen zu mehren auf Erden und ihnen Töchter geboren wurden, da sahen die Kinder Gottes nach den Töchtern der Menschen, wie schön sie waren, und nahmen zu Weibern, welche sie wollten.«

Im Klassenzimmer war es ganz still geworden. Pastor und Lehrerin sahen Hansine an, die Kinder starrten sie an und konnten das alles nicht fassen.

Hansine blickte ihre Freundin an und nickte eifrig, und die Freundin fing noch einmal an: »Da sich aber die Menschen ...« Dann blieb sie wieder stecken, sie schien erst jetzt begriffen zu haben, was passiert war, daß Hansine gesprochen hatte, daß sie ja doch sprechen konnte, und Hansine versetzte ihr einen Rippenstoß, und dann sprachen die beiden im Chor:

»... begannen sich zu mehren auf Erden ...«

Der Rest ertrank in Applaus und lautem Geschrei:

»Die spricht ja!«

»Die ist ja gar nicht stumm!«

»Ein Wunder!« rief der Pastor. »Ein Wunder Gottes an diesem herrlichen Tag. Lasset uns beten!«

ANTON JENSEN, SCHENKENJUNGE

Da sahen die Kinder Gottes nach den Töchtern der Menschen, wie schön sie waren ...

Ob sie sich nun über einen Fluß beugten, auf dem der Frühling das Eis zum Schmelzen gebracht hatte, und auf flachen Steinen Kleidungsstücke sauberschrubbten, mit breiten Hüften und schön geschwungenen Rücken, ob sie sich ungesehen wähnten und ihre Kleider fallen ließen, um im schäumenden Wasser unterzutauchen.

Ob sie sich nach den zwischen weißen Bäumen gespannten Wäscheleinen streckten oder ob sie mit flinken Händen auf einem Holzbrett Gemüse kleinschnitten.

Die Töchter der Menschen waren schön bei Arbeit und Tanz, und vielleicht wurden sie noch schöner, wenn verstohlene Blicke sie musterten, zwischen den Büschen am Flußufer oder durch eine angelehnte Tür.

Oder war es doch nicht so?

Und waren die Söhne der Menschen ebenso schön?

Anton Jensen, gezeugt, als Hansine Olsen erst seit wenigen Stunden mutterlos gewesen war, saß in der Küche hinter einer Schenke in einer Ecke.

Anton Jensen, gezeugt in der Nacht nach dem Tag, an dem Anton Syrin den Sprengmeister ins eiskalte Wasser geworfen hatte, Anton Jensen, der den Namen eines Vaters trug, den er nie gesehen hatte, saß hinter einer Schenke im Hafen einer kleinen Stadt unterhalb einer Festung auf dem Küchenboden und sah durch eine halbgeöffnete Tür zu, wie ein Mann eine Frau küßte.

Anton Jensen war vier Jahre alt, und er hatte von seinem Vater keine anderen sichtbaren Merkmale geerbt als die vollen, breiten Lippen über einem weichen Kinn. Seine Augen waren dunkel und scharf, sein Gesicht schmal, seine Haare struppig und braun.

Er saß wie ein kleines dunkles Tier auf den groben Bodenbrettern und starrte das küssende Paar im Nebenzimmer an, und seine Augen funkelten dabei vor spöttischem Abscheu. Hinter ihm stand Berntine Jensen in gelber und roter Kleidung und schnitt Fleisch in Scheiben.

Der kleine Anton kroch durch die Schenke. Er kroch unter einen Tisch, an dem niemand saß, und musterte die Menschen: halb betrunken und eigensinnig, melancholisch und müde, zumeist waren es Männer. Und er folgte seiner Mutter mit den Blicken, wenn sie mit ihrem Tablett erschien, hörte das Geschirr klirren, wenn sie etwas auf einen Tisch stellte, lauschte den genuschelten Kommentaren, wenn sie sich umdrehte, lustvollen Bemerkungen von Mannsbildern mit feuchten Augen und oft fast zahnlosen Mündern. Bald würde einer versuchen, sie anzufassen, und die Mutter würde kichern und ihn zur Rede stellen, so war das immer: Ihr Mund sagte das eine, ihr Körper und ihr Gesicht sagten etwas ganz anderes.

»Aber Himmel, Anton, bist du noch immer nicht im Bett!« murmelte die Frau, die mit dem leeren Tablett in die Küche zurückging.

Anton schnitt eine Grimasse und kroch wieder in die Küche, wo die Mutter ihm ein Stück Bratenfleisch gab und ihn dann in Richtung Schlafzimmertür schob.

Aber warum sollte der kleine Schenkenjunge überhaupt schlafen gehen, wo er einige Stunden später doch wieder geweckt wurde? Das war in solchen Nächten immer so, und solche Nächte erkannte er schon früh am Abend, ja, schon nachmittags fing der Junge die Stimmung auf: Die Schenke wirkte heller als sonst, wie erfüllt von unsichtbaren Blumen und unhörbarem Flötenspiel. Selbst mitten im Winter war sie an solchen Nachmittagen vom Frühling erfüllt, die Gäste gingen mit leichteren Schritten durch den Schankraum, so, als trügen sie weiche Schuhe aus dünnem Leder statt ihrer schweren Stiefel, ihre Stimmen sangen, das Lachen saß ihnen locker und hell in der Kehle.

Aber diese Anzeichen waren schuld daran, daß Anton sich verkroch, unter einem Tisch oder in einer dunklen Ecke. Auch als er schon längst gehen konnte, kroch er an solchen Nachmittagen über den Boden, kroch über die abgenutzten Bretter, und seine Hosenbeine saugten die Nässe von feuchtem Schuhwerk in sich auf, von verspritztem Bier, Weinflecken, er zog den Kopf tief zwischen die Schultern und richtete seinen mißtrauischen, beleidigten Blick auf die Gäste.

Denn der leichte Hauch von milder und entspannter Freundlichkeit des frühen Abends wurde bald zu munterer Ausgelassenheit und dann zu aggressivem, brennendem Jubel, verzweifeltem Jubel, bis manche die Schwermut überkam, bis sie in einer Ecke einschliefen, während andere Prügeleien vom Zaun brachen und im aufgeregten Lodern von Geschrei und Gebrüll, Fausthieben, zersplitterndem Holz, Blut und Glas Stühle und Tische umwarfen.

Der kleine Anton hatte gelernt, daß hinter jeder freundlichen Stimme das Geschrei auf der Lauer lag, daß sich hinter jedem munteren Gesicht eine haßerfüllte Grimasse verbarg. Und in solchen Nächten, wenn der Wirt mit lauter Stimme fluchend Erstattung für die zerstörten Möbel verlangte, die schlafenden, beinahe leblosen Gäste zu den schreienden Raufbolden auf die Straße gejagt und die Tür verriegelt hatte, noch ehe die letzten Anfeuerungsrufe verstummt waren, dann kam die Mutter nicht allein ins Schlafzimmer, und der Junge wurde auf den Boden gelegt.

Anton wußte alles über Nacktheit.

Schon früh am Nachmittag fing er an, in den Gesichtern der Männer zu lesen: Würde dieser hier nachts in der Kammer die Hosen sinken lassen? Würde diese Hand dort, die jetzt den Bierkrug hob, sich später um die bleichen Brüste der Mutter schließen? Würden diese erwartungsvollen Augen da hinten ihn im Licht des frühen Morgens ansehen, ohne ihn wirklich zu sehen, aus einem Gesicht mit blauroten, aufgedunsenen Wangen, pochenden Adern auf der Stirn und feuchten Lippen, mit einem Blick, der etwas ganz anderes sah, etwas, das sich tief in diesem fremden Mann abzuspielen schien, etwas Unheimliches und Gefährliches, was ihn dazu brachte, zu zittern und zu beben, bis er dann wie ein Toter, wie ein Berg über der Mutter zusammenbrach.

Warum sollte der Junge schlafen gehen, wenn er wußte, daß eine solche Nacht bevorstand?

KÜCHENLIEDER. VERANTWORTUNG UND BLINDHEIT

»Alfhild«, sagte Elis eines Abends, nachdem er und Anton zusammen musiziert hatten.

Der andere räusperte sich zerstreut. Auf seinen Knien lag ein Blatt Papier, ein Blatt mit einem Küchenlied, das er bei einem Krämer erstanden hatte. Linien zogen sich über das Blatt, immer fünf untereinander, Linien mit geschlossenen und offenen Kreisen, verbunden mit dünnen, nach oben oder nach unten zeigenden Strichen. Einige Striche waren oben oder unten mit kleinen Halbbögen versehen; aus irgendeinem Grund erinnerten sie Anton an Vögel, an kleine schwarze Vögel, die gerade von einer Wasserfläche abheben wollten.

»Du kennst doch Alfhild?« fragte Elis.

Anton nickte.

Unter den Zeilen stand der Text des Liedes. Es erzählte eine kleine Geschichte von einem Mädchen, das einen Mann liebte, doch der Mann fand keine Ruhe und konnte deshalb nicht bei ihr bleiben. Das Mädchen hing an dem Wäldchen hinter dem Haus, in dem sie schon ihr Leben lang gewohnt hatte, ihr Liebster jedoch träumte von ferneren Wäldchen, von fernen Wäldern und Seen, von Straßen und Küsten, die er noch nie gesehen hatte.

Anton hätte das Lied gern gesungen, aber er konnte die Zeichen, die die Melodie angaben, nicht verstehen. Er las den Text so oft, bis er ihn auswendig wußte, er summte die Wörter vor sich hin, fand den Rhythmus und machte sich seine eigene Melodie.

»Alfhild möchte heiraten«, sagte Elis tonlos.

»Ach, möchte sie das?« murmelte Anton.

Dann griff er zum Akkordeon und ließ die Finger über die glatten Knöpfe gleiten.

Elis mochte Alfhild. Und Elis war dem blonden Mädchen an der Scheune des Hofes begegnet, auf dem sie als Stallmagd diente. Doch Alfhild hatte vor ihm schon andere gehabt, sie hatte Anton gehabt. Was sie offenbar nicht vergessen konnte. Sie sagte das nicht direkt. Aber manchmal fragte sie ihn nach dem anderen, wie zufällig, und dann verrieten ihre Augen alles übrige.

»Den kriegt bestimmt keine«, hatte Elis zu ihr gesagt.

Alfhild hatte keine Antwort gegeben.

»Verdammt!« sagte Elis.

Anton hörte auf zu spielen. Endlich ging ihm auf, daß der andere etwas von ihm wollte.

»Alfhild bekommt ein Kind«, sagte Elis und seufzte.

»Ach ja?« fragte Anton und lachte, er schien gar nicht auf die Idee zu kommen, daß daran ein anderer schuld sein könnte als der Mann mit der Mundharmonika.

Er stupste leicht die Schulter seines Freundes an. »Dahin hat es dich in den letzten Wochen also so oft gezogen. In die dunkle Scheune.«

Elis konnte es ja sehen: Anton war die Vorstellung fremd, er könne der Schuldige sein. Obwohl er doch zugegeben hatte, daß er wußte, wo sich alles abgespielt haben mußte, im trockenen Heu in der Scheune.

Elis seufzte tief. Er hatte sich auch früher schon darüber gewundert: Wie dieser Mann, der sich solche Mühe gab, alles so durch und durch zu verstehen und zu beherrschen, der es so weit gebracht hatte, daß er sogar das Schönschreiben meisterte, der nachts so lange über den Rechenaufgaben geschwitzt hatte, daß dieser Mann gleichzeitig so blind sein konnte.

Anton spielte nun wieder, Elis stand auf und ging ohne einen Abschiedsgruß.

Er ging durch den Schneematsch im Wald zur Baracke hinauf. Zwei seiner jüngeren Brüder arbeiteten jetzt auch im Steinbruch, bei ihnen zu Hause war Schmalhans schon längst nicht mehr Küchenmeister. Aber konnte er wirklich auch Frau und Kind ernähren?

Du bist so lieb, Anton, flüsterten die Frauen

Zu ihrer Hochzeit bekamen Elis und Alfhild von Anton eine Kommode.

Er hatte die Bretter auf Pump gekauft, hatte gerechnet und gemessen und in aller Heimlichkeit getischlert.

Der Bräutigam hatte in der Kirche vergeblich nach seinem Mitmusikanten Ausschau gehalten und angenommen, der habe den Termin vergessen. Aber Anton und Lofthus-Kalle nutzten die Zeit, als alle bei der Trauung waren, um das Möbelstück ins Haus zu schaffen.

Elis und Alfhild konnten in einem der weißgetünchten Häuschen am Waldrand wohnen, und als die kleine Hochzeitsgesellschaft dort eintraf, wurden sie von Akkordeonklängen empfangen, und die Augen der Braut leuchteten auf, und sie kniff den Mann hart in den Arm, den Mann, an den sie sich für das Leben gebunden hatte.

Ein halbes Jahr später wurde Elis Vater eines großen schönen Jungen, der ein wenig schrägstehende Augen hatte, wie er selber. Anton sah das sofort, als er zum ersten Mal das kleine Kindergesicht betrachtete: »Wie der Vater, so der Sohn! Seht doch nur, wie seine Augen zur Stirn hochzuwandern versuchen!«

Als er das gesagt hatte, konnten alle es sehen, und Elis und Alfhild lächelten einander über das flaumige Kinderköpfchen hinweg dankbar zu.

»Wenn ich die Probe bestehe«, sagte Anton, als er sich an diesem Nachmittag von seinem Kollegen verabschiedete.

Elis schluckte schwer mitten in aller Freude über das Kind, das er nun endlich als sein eigenes anzuerkennen wagte; er wußte schon längst, daß Anton aus ihrer Gemeinschaft hinausstrebte, wenn nicht in der Musik, so doch auf jeden Fall in der Arbeit.

»Dann bringe ich dir das Schreiben bei«, sagte Anton.

Denn Elis konnte nicht lesen, und er hatte sich sehr einsam gefühlt, als der andere zusammen mit Julius Schönschrift geübt hatte. Während der letzten Jahre hatte Anton dem Jüngeren die Arbeit an den Pflastersteinen überlassen, wenn eine Bestellung für eine Grabinschrift eingelaufen war. Und nun wollte der Sprengmeister ihn auf die Probe stellen: War Anton schon gut genug für einen Platz unter dem Wellblechdach?

Elis seufzte. Dabei hatte er schon lange gewußt, daß er seinen jüngsten Bruder anlernen müßte, sowie der konfirmiert war. Er seufzte und lächelte und nahm Antons Hand. »Ich danke dir so sehr. Für alles.«

* * *

Alfhild? Die gehörte Elis.

So wie Stina Svensson gehörte, Magdalena dem Kleinbauern hinter der Kirche und auch Elvira und Gunhild, Soffi und Kristine alle anderen gehörten.

Konnte Anton etwas dafür, daß sie zu ihm kamen?

Er lockte sie schließlich nicht zu sich. Und doch kamen sie, Verheiratete und Ledige, mit zitternden Wimpern und gesenktem Blick, so keusch unter ihren Hauben und weiten Röcken, bis sie zu ihm aufblickten, ungesehen von anderen, auf dem Weg, im Wald, im Hafen oder unten bei den Steinen am Strand, zu denen Anton abends gern einen Spaziergang machte. Wie zufällig tauchten sie auf, auf dem Weg von oder zu einer Freundin oder ihrer Mutter, um etwas zu erledigen, das durchaus Zeit bis zum nächsten Tag hatte; wie es ihm denn so gehe, wollten sie von Anton wissen. Ob er hier auf dem Felsen sitze, um sich ein neues Lied auszudenken?

Und dann setzten sie sich neben ihn. Und dann ließen sie ihren Arm zufällig seinen berühren, während heißer Duft aus der Halsöffnung ihrer Bluse strömte, heißer Duft, der ihn dazu brachte, eine Hand um einen Nacken zu legen und das Frauengesicht langsam und fest an seine Brust zu drücken, während die Frauen seufzten und jeglichen Willen einbüßten.

Er hatte sich den Frauen immer so genähert, mit einer Hand um ihren Nacken. So hatte er auch die Pferde auf Hansed beruhigt, wenn sie sich vor dem heraufziehenden Unwetter ängstigten und schnaubten. Während der ersten Jahre hatte er auf einen Schemel klettern müssen, um sie zu erreichen, später konnte er dann auf dem Boden stehenbleiben, er legte die Arme um ihren Hals und drückte ihre Stirn an seine Brust. Danach hatten sie keine Angst mehr.

Noch früher hatte er das auch mit Hasen und Mäusen so gemacht. Im Wald waren sie zu ihm gekommen, waren an seine Anwesenheit gewöhnt gewesen, daran, daß er nackt und ganz still dalag, mit ausgestreckten Armen und Beinen, in der Sonne. Sie hatten ihn beschnuppert, und er hatte sie schnuppern lassen. Sie waren auf ihn geklettert, hatten auf seiner schmalen Brust gesessen und ihn zitternd aus schwarzen Äuglein gemustert. Langsam hatte er sie dann berührt, und wenn er sie vorsichtig um den Nacken faßte und sie an sich drückte, hatte sich das Zittern im Tierleib gelegt, und sie hatten wie im Schlaf die Augen geschlossen, ohne bebende Spannung in den Gliedern. Aber sie schliefen nicht, er wußte, daß sie nicht schliefen. Und wenn er sie dann losließ, rannten sie davon. Aber sie kamen immer zurück. In seinen Händen fanden sie eine Art selbstauslöschende Lust, die der Junge nur ganz vage ahnen konnte.

Und ohne darüber nachzudenken, hatte er auch die Frauen so behandelt. Wie Pferde oder Hasen, und vielleicht waren sie denen ja auch ähnlich, denn sie schlossen ebenfalls die Augen, wie zum Schlafen, und atmeten fast unhörbar. Und wenn er sie losließ, zitterten sie wie die Mäuse, aber sie liefen nicht weg, sie warteten nur darauf, daß er noch mehr mit ihnen machte, daß er den Weg unter Blusen und Röcke fand. Und das tat er dann auch: Er hielt sie sanft und fest zugleich, hielt sie mit einer Hand, mit der anderen liebkoste er sie, streichelte sie in den Kniekehlen und an der Innenseite der Oberschenkel, denn er hatte gelernt, daß ihnen das gefiel, setzte sie rittlings auf sich und hielt sie um die Taille, drang so in sie ein, oder wenn sie auf dem glatten Felsen lagen oder an einem Hang im Wald; und dann gab es nur noch heftiges, tiefes Keuchen von ihnen beiden.

Er hatte nicht das Gefühl, daß diese Begegnungen in die wirkliche Welt gehörten, ebensowenig wie früher seine Erlebnisse im Wald. Andererseits waren diese Augenblicke erfüllter und größer als alles andere. Sie waren wie Geschenke.

Danach war der Zauber dann gebrochen, er sah sie nie an, wenn sie danach ihre Kleider geradezogen, blickte ihnen nicht hinterher, wenn sie vorsichtig und nach allen Seiten Ausschau haltend zurück zum Weg und nach Hause schlichen oder zu der Freundin, die sie ja angeblich besuchen wollten.

Anton vergaß diese Episoden nachher fast gänzlich. Für Anton spielte es keine Rolle, ob Stina oder Kristine oder eine der anderen kam, und er hatte Svensson oder Bekkelaget oder Egon Andersen gegenüber nie ein schlechtes Gewissen, weil er ihre Frauen gehabt hatte. Nicht einmal, als Britta Jønsson auftauchte, während er in der Nachmittagssonne hockte und den Stein für ein Kindergrab mit der Aufschrift »Der Herr waltet« versah, sah Anton andere Bilder als das, was vor seinen Augen lag. Er sah die Frau, er sah die Hände, die sich nervös aneinander zu schaffen machten, er sah ihr Profil, das sich seine Anwesenheit auf irgendeine Weise nicht anmerken lassen wollte, er sah ihre Waden unter ihrem Rock.

Wenn die Frauen zu Anton kamen, waren sie nicht mehr die Gattinnen ihrer Männer, sie schienen ihre Haut abzustreifen und zu einer anderen zu werden, zu einer einzigen: zur Frau an sich, wie er sie sich vor langer Zeit erträumt hatte, zu der, die damals am Kolk aufgetaucht war.

»Du bist so lieb, Anton«, flüsterten sie, wenn er sie in den Armen hielt.

Nicht mehr, nur das, »du bist so lieb«.

Manchmal ließ er sie diese seltsamen Worte später immer wieder sagen, an seinem inneren Ohr, wie mit einer gemeinsamen Stimme, die ihnen allen gehörte. Und dann lachte er laut und verdutzt zu den Baumstämmen hoch.

Die Erinnerungen an die Frauen gehörten zu seinem Traum vom Fliegen.

Aber an dem Tag, an dem er Alfhilds Sohn betrachtet und auf dessen Ähnlichkeit mit Elis hingewiesen hatte, überlegte er sich, daß er vielleicht für das Geld im Holzkästchen doch kein neues Akkordeon kaufen, sondern weiter für die Überfahrt zu den Prärien sparen sollte. Denn er würde bald genug haben, hinter ihm lagen einige gute Jahre, mit trockenem, mildem Wetter, schneelose Winter mit ungewöhnlich gutem Lohn, mit Engagements und zusätzlichen Einkünften als Gelegenheitsschreiber.

Aber nein, er wollte erst das Urteil des Sprengmeisters abwarten. Und er beschloß: Wenn der Sprengmeister ihn haben wollte, dann würde er bleiben. Wenn nicht, dann hieß es Lebewohl.

LINA UND GROSSMUTTER MARJA
IN DER ROTEN HÜTTE

Einige Dutzend Kilometer hinter der schwedischen Grenze wohnte es, das Kind, das in der Nacht geboren worden war, als Anton Steingrimsen mit dem Bündel über der Schulter den Fliederhof verlassen hatte, die kleine Lina, der eine Frau auf die Welt half, die ihr erzählte, was ihr bevorstand, die ein neugeborenes Leben sehen und ihm seinen Werdegang vorhersagen konnte und nach der im weiten Umkreis um ihre Hütte gefragt wurde.

Sie lebten dort allein, Marja und Lina, Lina war noch keine zwölf, als ihre Mutter starb, und ihren Vater hatte sie nie gesehen. Oft hatten ihre Onkel bei ihnen gewohnt, sie kamen ohne Vorankündigung, einer oder mehrere, sie aßen und tranken, spielten Karten und lachten und schliefen bis tief in den Vormittag hinein.

Sie lebten von dem, was die alte Frau für ihre guten Ratschläge bekam; ihre Ratschläge gegen Krankheit, ihre Ratschläge bei Problemen. Und für das, was sie sah.

So weit sie sich zurückerinnern konnte, hatte Lina gewußt, was sie erwartete: ein Spielmann. Ein schöner Mann, der sie festhalten würde. Sie brauchte nicht weiter darüber nachzudenken, wenn die Zeit reif wäre, würde er da sein. Aber als die Jahre vergingen und sie kein kleines Mädchen mehr war, dachte sie doch nach, und manchmal tauchte er in ihren Träumen auf, lieb und stark und gut. Aber niemals konnte sie sein Gesicht richtig erkennen.

Und während sie darauf wartete, daß er vor ihr auf dem Weg auftauchte, kratzte sie Wolle, färbte sie in einem Absud aus Blumen und Urin, spann sie und gab das fertige Garn der Großmutter, die ihr daraus Kleider strickte.

Und sie kochte nach Marjas Anleitung Brei und buk Brot, während die Alte in ihrer Kammer Besuch empfing; Brei und Gebäck, die oft anbrannten, weil Lina lieber zu Füßen der Alten saß und zuhörte und ihren Künsten zusah.

ANTON TANZT IN DER MITTSOMMERNACHT

Doch dann kam die Mittsommernacht des Jahres, in dem Lina von der schwedischen Seite siebzehn wurde, und sie und Marja wurden von Bekannten eingeladen, den Abend auf norwegische Weise mit ihnen zu feiern.

Auf den Felsen unterhalb des Granitbruches stand Anton Syrin mit dem Akkordeon in der Hand, er war neunundzwanzig Jahre alt und Junggeselle und verantwortungslos, er trug ein rotes Halstuch, ein frisch gewaschenes Hemd und eine saubere Hose an seinem frisch gebadeten Leib, sein Gesicht war frisch rasiert, und er schaute aus zusammengekniffenen Augen in die Abendsonne.

Er spielte ein munteres Küchenlied. Und dann ein anderes, und es war so wehmütig und schön, daß die Frauen, die in der Nähe saßen, ihn baten, es noch einmal und dann noch einmal zu spielen.

Und dann entdeckte er das Boot, das aus den dunklen Schatten der Berge auf dem anderen Ufer herausglitt, ein großes Boot glitt ins abendgoldene Sonnenlicht, am Steven saß wie eine Galionsfigur eine rotgekleidete Frau.

Ganz hinten saß Marja, schwarzgekleidet und klein, mit scharfen Ohren und scharfem Blick. Was habe ich gesagt? Da steht er! Der Spielmann mit den schönen Locken.

Aber niemand hörte sie, die anderen waren mit Trossen und Wassertiefe beschäftigt, und der kräftige Mann mit dem Halstuch hatte der rotgekleideten Lina schon an Land geholfen, der Mann, der sein Instrument in den Schoß der Frau neben ihm hatte fallen lassen, um loszustürzen und das in die Bucht gleitende Boot in Empfang zu nehmen.

Als der morsche Kahn am Johannisabend des Jahres 1887 auf das Ufer zuhielt und als Anton die rotgekleidete, schmächtige Gestalt im Bug entdeckt hatte, als er sein Akkordeon fallen gelassen hatte und losrannte, um das Boot in Empfang zu nehmen, hatte er nichts besonderes getan: Er war losgerannt, um ein Boot in Empfang zu nehmen. Weil es auf das Land zuhielt, weil jemand helfen mußte, weil er am nächsten stand.

Aber als er dem jungen Mädchen mit der blutroten Bluse über dem weiten Rock auf den Felsen half und zum ersten Mal in ihre funkelnden Augen schaute, nur für einen Moment, ehe sie den Blick senkte, glaubte er, eine Vertraute getroffen zu haben. Ihre Haut war blaß und zart, ihr Mund rosa, rosa wie Walderdbeeren, ihre Haare weich und wellig und so schwarz, daß sie fast blau aussahen. Doch viele junge Frauen hatten blasse, zarte Haut, viele hatten Lippen, die glänzten wie eine rosa Abendsonne, viele hatten wellige Haare, auch wenn die selten so schwarz waren, daß sie blau schimmerten.

Hinter ihr wimmelte es im Boot nur so von Menschen, von heulenden Kindern und erwachsenen Männern, von zum Fest geputzten Jungen in weißen Hemden mit Schillerkragen und Keulenärmeln, von Frauen mit geblümten Umschlagtüchern und Schals um die Schultern, und alle sprangen nacheinander an Land und füllten die Felsen mit schwedischem Geplauder und munterem Lachen.

Anton blieb stehen und half auch der letzten an Land. Die letzte war Marja, mit einem goldenen Tuch über schwarzer Kleidung, mit funkelnden Reifen an beiden Handgelenken, die klirrten und klangen, als sie ihm die Hand reichte, um sich helfen zu lassen.

Und auch sie blickte ihn an wie einen alten Bekannten, und Anton stutzte.

Später gingen alle zum Tanzen auf den Wall. Anton spielte, er stützte einen Fuß auf einen Stein, spielte und sang.

Am Rand der Tanzfläche saßen die alte und die junge Frau, und Anton spürte ihre Blicke, der eine scharf, aber nicht unfreundlich, der andere weich, wie flüssiger Honig. Er spielte und spielte und fragte sich, woher er die beiden wohl kennen mochte.

Wenn er sie ansah, nickte die Alte fast unmerklich, während die Junge verlegen die Augen niederschlug und sich an den Fransen ihres Schals zu schaffen machte.

Ein Kind, dachte Anton. Sie ist doch nur ein Kind.

Dann kam Elis, mit Frau und Sohn und der Mundharmonika in der Tasche. Und Elis spielte, damit Anton eine Pause machen konnte. Als er seinen Fuß vom Stein nahm, als Elis die ersten Töne anspielte, zeigte die Alte durch eine Handbewegung, daß neben ihr und ihrer Enkelin noch Platz war, und als er endlich, ohne das wirklich zu wollen, neben ihnen saß, zeigte sie auf einen Krug, der nur auf ihn gewartet zu haben schien. Und wieder sah sie Anton an wie einen alten Bekannten, und zum zweiten Mal schaute das Kind ihn einen Moment lang an, einen Moment, der von zitternder Freude und Vertrauen erfüllt war, dann senkte sie den Blick, stieß ein kurzes perlendes Lachen aus und errötete. Anton hob den Becher an den Mund und trank. Die süße Flüssigkeit kitzelte seinen Gaumen, sie war stark und süß, und sie duftete nach sommerwarmem Wald und blühenden Wiesen.

»Ist sie nicht schön geworden?« fragte die Alte.

Das mußte Anton zugeben, die Kleine war makellos.

»Und sie ist alt genug«, sagte die Alte dann. »Stimmt das nicht, Lina? Alt genug?«

Zu Antons Verblüffung nickte das Mädchen und blickte ihm verlegen und gleichzeitig munter ins Gesicht.

Anton trank das süße, starke Getränk bis zur Neige, und die alte Frau schenkte noch einmal ein.

»Vielleicht möchtet ihr tanzen?« fragte die Großmutter, als Anton den Becher abermals geleert hatte.

Ehe er sich's versah, befanden sie sich zwischen den anderen Paaren auf dem Wall und tanzten zur Musik der Mundharmonika einen langsamen Walzer. Anton und Lina drehten sich immer wieder, und außer ihnen beiden schien es nichts zu geben. Er achtete nur auf die Schritte, auf die leichten Bewegungen ihrer Füße, auf den Körper des Mädchens, der wie ein Teil seiner selbst war, denn sie tanzten genau im Takt. Und auf ihre Augen, die ein seltenes Mal seine anfunkelten, wie glühende Sterne vor samtschwarzer Nacht, und auf die Hand, die er hielt, so klein und heiß und doch furchtlos und fest.

Als das Boot am nächsten Morgen ablegte, war die Hochzeit von Anton und der Rotgekleideten bereits festgelegt. Denn die Kleine und die Großmutter fanden, so müsse es sein, es gab keinen Grund zum Warten, das Mädchen wurde bald achtzehn, und so weit sie sich zurückerinnern konnte, hatte sie von diesem

Mann gewußt, der sie mit sanftem Lachen und verspielten Klängen, mit festen Armen und heißen Küssen einfangen sollte. »Ein unzuverlässiger und gutaussehender Musikant«, hatte die Prophezeiung gelautet, doch das verträumte junge Mädchen hatte »unzuverlässig« gestrichen und durch schönere Eigenschaften ersetzt. In dem Moment, als sie Anton gesehen hatte, hatte sie gewußt, daß er es war. Sie hatte sich nicht einmal zur alten Marja umblicken müssen, sie hatte es einfach gewußt.

Schon mitten auf dem Fjord hatte sie die Musik gehört, weich und melancholisch, Klänge, die das Herz der jungen Lina mit weichem Weinen füllten. Und sie war aufgesprungen und im Boot nach vorn gegangen, um der Musik näherzukommen, der Musik und dem Unbekannten, der sich mit seinem ganzen zitternden Wesen ihr entgegenspielte. Nachdem sie ihm einmal ins Gesicht geblickt hatte, schlug sie die Augen nieder, denn sie wußte genug.

Sie hatten im Gras gesessen und miteinander ihren Proviant geteilt. Nach dem Tanz hatte Marja ihn nach dem Leben im Steinbruch gefragt, wieviel er in guten Zeiten verdienen konnte, wie er untergebracht war. Freundlich und doch ein wenig schroff hatte sie ihn ausgefragt, so wie einen verlorenen und endlich wiedergefundenen Sohn.

Als Anton später zusammen mit Elis weiterspielte, spielte er mit Jubel im Herzen, er lächelte den Tanzenden zu, aber sein Lächeln hatte nichts mit ihnen zu tun, es bezog sich nur auf das junge Mädchen im roten Kleid, das Mädchen mit Augen wie Veilchen und Honig, die junge Frau, die mit einem Boot über den Fjord zu ihm gekommen war, einem Boot voller Geplauder und Leben. Das Boot hätte bis auf sie selbst auch leer sein können, das fühlte er, solange sie am Bug stand, hätte es mit Hilfe des Windes den richtigen Weg gefunden, in die Bucht unter dem Felsen, auf dem er sie erwartet hatte.

Wie Zauberei, dachte er vor dem Einschlafen. Als ob seine Schritte über staubige Landstraßen gelenkt worden seien, durch die Wälder, am Fluß entlang, um ihn zum Iddefjord zu führen. Seit elf Jahren arbeitete er nun als Steinhauer. Seit elf Jahren sparte er und machte Zukunftspläne. Seit elf Jahren hatte er gespart und ausgegeben und wieder gespart und von einem Boot geträumt. Und nun schien er doch nicht auf die Überfahrt nach Amerika gewartet zu haben, sondern auf einen alten Kahn voller Festgäste und Süße.

Wie Zauberei, dachte er, als er am späten Vormittag erwachte. Hatte er ihr wirklich einen Antrag gemacht? Und hatte sie ja gesagt? Aber sie war doch noch ein Kind!
An den folgenden Tagen arbeitete er wie benommen an seinen Steinen.
»Anton ist verliebt«, grinsten die anderen zufrieden. »Endlich wird auch er zur Ruhe kommen!«
Aber war er wirklich verliebt? Seine Zunge war wie gelähmt, er konnte nicht sprechen, mochte nichts essen, konnte nur in kurzen Bildern und Bruchstücken ohne Anfang und Ende denken.

KAPITEL 4

Anton heiratet

Die Hochzeit wurde in Schweden gefeiert, Linas Großmutter wollte das so, und deshalb nahm Anton sich zwei Tage Urlaub. Er legte sein neues weißes Sonntagshemd, das er sich von Stina Svensson hatte nähen lassen, in eine selbstgemachte Kiepe, dann ruderte er über den Fjord. Als er zurückkam, saß seine Frau mit der Kiepe auf dem Schoß auf der hinteren Ruderbank. Auf dem Hemd lagen Linas Habseligkeiten: ein Kochlöffel und ein Quirl, ein Hemd und ein blauer Wollpullover.

Bei der Hochzeitsfeier hatten insgesamt sechsundzwanzig große und kleine Gäste an einem langen Tisch auf dem Hof vor der Hütte gesessen, in der die Braut aufgewachsen war. Anton hatte mit Onkeln und Tanten angestoßen, hatte kleine Kinder durch die Luft gewirbelt, hatte Schwänke erzählt, die er aus dem Steinbruch kannte, und hatte die Leute zum Lachen gebracht. Und neben ihm hatte sie gesessen, die Braut, mit weitem, knöchellangem geblümtem Rock, mit roter Bluse und breitem Gürtel, mit offenen schwarzen Haaren und klirrenden funkelnden Reifen um beide Handgelenke. Und sie lachte mit den anderen, lachte und war froh und aß mit gutem Appetit.

Die Schlafkammer war in dieser Nacht für das Brautpaar reserviert; sie war mit Blumenkränzen geschmückt, die in Spalten in der undichten Wand festgesteckt waren, im Bett lag frisches, duftendes und mit einem gelben Stück Stoff bedecktes Stroh, und auf dem Boden standen kleine Holzschalen mit getrockneten Kräutern. Nach dem ersten Walzer zu den Klängen einer russischen Geige wurde das Brautpaar bis zur morschen, heruntergetretenen Türschwelle begleitet und dann seinem Schicksal überlassen, während die Gäste draußen weitertanzten.

Verwundert hatte Anton in der Kirche vor den fremden Menschen gestanden, verwundert hatte er seine eigene Stimme auf die Fragen des Pastors antworten hören, hatte gehört, wie er der Fremden Treue gelobte. Noch hatte er es nicht gewagt, ihr ins Gesicht zu blicken, noch hatte er nicht unter vier Augen mit ihr sprechen können, aber nun waren sie allein.

Wie behandelt man ein Kind?

Hinter der verschlossenen Tür sah er sie an: dichte Wimpern über gesenktem Blick, ein kleiner Schmollmund, der sich verzog, um Weinen oder Lachen zu unterdrücken. Die Klänge der Geige draußen hallten wie ein melancholisches Lied in seinem Kopf wider, als er sah, wie sich ihre weiche Brust hob und senkte, aus Angst oder aus Spannung.

Sie setzte sich auf die Bettkante.

Und er setzte sich neben sie.

Und weil er sie so gern trösten wollte, streichelte er behutsam ihre Haare.

Und sie dachte, daß es sich so anfühlen mußte, seine behutsamen Fingerspitzen auf ihren Haaren, so mußte es sich anfühlen, sein Atem an ihrer Schläfe, in einem Kuß, der so leicht war wie eine Berührung mit einer Waldtaubenfeder. Aber er redete so seltsam; er flüsterte schöne Worte, sanft, wie mit tiefem Respekt erfüllt, er sagte, wie schön sie sei und wie schön er alles für sie machen wolle.

In der ersten Stunde erzählte Anton von dem noch nicht gestrichenen neugebauten Holzhaus oberhalb der gelben Gemeinschaftsbaracke und der Straße, in dem er für Lina und sich Platz gefunden hatte. Sie bekamen ein eigenes Zimmer und würden sich die Küche mit zwei Junggesellen teilen, ein Zimmer und eine Küche, in der Lina kochen und werkeln konnte. Ein

Herd war schon vorhanden, und er würde Kommode und Schrank und Tisch zimmern; was meinte sie, wie viele Hocker würden sie wohl brauchen? Und er würde zusammen mit den anderen das Haus von außen anstreichen, ob Lina gern in einem weißen Haus wohnen wollte, oder wäre ihr ein rotes lieber, sie war doch in einem roten aufgewachsen. Denn Lina sollte bestimmen: Wie viele Schubladen die Kommode haben und wie tief die sein sollten, sollte die Kommode so bleiben, wie sie war, und nach frischem Holz duften, oder sollte er sie blau anstreichen?

Mit dieser Beschreibung des Hauses und der Gegenstände, die zu ihrem unvorstellbaren Zusammenleben gehören würden, schien er es sichtbar und in gewisser Weise möglich zu machen.

Oder war blau vielleicht zu düster? Wollte sie die Kommode lieber hellgrün haben, wie die Birkenblätter im Frühling, oder gelb, wie die Butterblumen und das funkelnde Strahlengelb der Sonne? Und wollte sie weiße, leichte, fast durchsichtige Vorhänge vor den Fenstern, oder vielleicht schwere, ehrwürdig tiefrote, wie er sie hinter den Fenstern der Mietshäuser in der Stadt gesehen hatte? Anton wollte Stoff kaufen, dann könnte Lina nähen, sie sollte sich einfach den passenden aussuchen, er hatte Geld in einem Kästchen, Ersparnisse, die mit seinem ersten selbstverdienten Schilling angefangen hatten.

»Wann war das?« fragte die junge Frau neugierig, in der singenden Grenzlandmischung aus Norwegisch und Schwedisch.

Die zweite Stunde der Hochzeitsnacht fing damit an, daß der Bräutigam aufstand und für sie einen kleinen Jungen spielte, den kleinen Jungen, der durch den Staub stapfte und dabei über der einen Schulter den Stock mit dem Bündel und über der anderen das an einem Riemen befestigte Akkordeon trug. Er lief in der kleinen Kammer hin und her, pfiff und wirbelte mit den Füßen unsichtbare Steine hoch, und die Braut lachte, hell und klangvoll, während sie seine Hoffnung teilte, als erstes einem Reiter zu begegnen.

Danach erzählte Anton Märchen. Er spielte den jüngeren der beiden Männer, die auf ihn zugeritten waren, einen jungen verliebten Herrn, für den er unter der Vormittagssonne einen Brautwalzer spielen sollte, denn es mußte doch ein gutes Omen sein, wenn einer, der auf Freiersfüßen ging, einen Brautmarsch hörte. Danach ritt der junge Bewerber in munterem Trab über die Felder und in den Wald, und dort fand er seine Geliebte. Und er half ihr von ihrem tänzelnden Roß und breitete für sie seinen Umhang über einen moosgrünen Stein. Dann fiel er auf die Knie und bat um ihr Ja.

Und Anton fällt auf die Knie, und Lina gibt ihm kichernd zum zweiten Mal an diesem Tag ihr Ja-Wort, und Anton faßt sie überrascht um die Taille und küßt die Knie der Braut.

Dann erzählt Anton von der prunkvollen Hochzeit auf dem Gut, von Türmen von Leckerbissen und Tonnen voller Bier und Wein, von tanzenden Frauen in Brokat und Seide, von dem kleinen Musikanten, der zwischen Schüsseln und Kerzenleuchtern auf weißem Damast stand und spielte, mit weit offenen Augen, während mit Ringen besetzte, seidenweiche Hände seine Locken und seinen Jungenkörper streichelten.

»Und dann?« fragt die kleine Braut aus Schweden mit hungrigen, staunenden Augen.

»Dann verschwinden Braut und Bräutigam in einem Alkoven, um allein zu sein, in einem schön geschmückten Zimmer mit Blumen in frischen Farben, wo ein Ring aus Schalen mit getrockneten Kräutern das Bett umgibt, mit Kräutern für Fruchtbarkeit und Freude, Kräutern für Gesundheit und ein langes Leben, für Reichtum und Ehre …«

»Und dann?«

»Dann fällt der stolze junge Mann auf die Knie und bindet seiner Braut die Schuhe auf.«

Und Anton bindet Linas Schuhe auf und jammert beim Anblick dieser Schuhe, die so abgenutzt und viel zu klein sind, und er denkt, daß er ihr neue Schuhe kaufen wird, sobald er sich das leisten kann.

»Und dann?«

»Mit zitternden Händen öffnet er ihr Mieder.«

»Und dann?«

»Dann öffnet er die Knöpfe an ihrem Brautrock und löst die Bänder.«

Mit sanften, vorsichtigen Händen entfernt Anton Linas Kleidung, ein Stück nach dem anderen, bis sie nackt vor ihm steht. Er zieht sie auf seinen Schoß und streichelt sie wie ein Kind, verwundert und ernst, streichelt ihre weißen Arme, ihre runden Schultern, ihren biegsamen Rücken, streichelt und streichelt und bedeckt dabei ihre Haare und ihr Gesicht mit leichten Küssen.

»Und dann?« flüstert Lina fast unhörbar.

Der Bräutigam wird von plötzlicher Freude erfüllt, er legt sie behutsam auf das Bett, wendet sich von ihr fort und zieht sich aus, und die Braut betrachtet seinen nackten, sonnengebräunten Rücken, der nun sichtbar wird, seine muskelstarken Arme und die kräftigen Oberschenkel. Zum ersten Mal sieht sie einen ganz nackten Mann, aber sie weiß, daß ein nackter Mann so aussehen muß, genau so muß ihr Mann aussehen, ein schöner, lebendiger Körper, schön für sie, die ruhig auf dem Bett liegt und geduldig alles abwartet, was nun passieren wird.

»Willst du?« flüstert er.

Und sie zieht ihn zu sich herunter, um ihre Nacktheit an seiner Haut zu verstecken.

»Hast du den ersten Schilling in deinem Kästchen auf dieser Hochzeit verdient?« fragt Lina nachher.

»Nein, das war auf der staubigen Landstraße. Für mein Spiel bei der Hochzeit habe ich nichts bekommen.«

»Gar nichts?«

»Der Bräutigam, der mich geholt hatte, war sicher von seinem neuen Glück so berauscht, daß er nur noch an seine Braut denken konnte.«

Und Anton beugt sich über seine junge Frau und ist erfüllt von seltsamer Leichtigkeit und Freude.

DIE KINDBRAUT

Das neue Haus gegenüber der gelben Baracke wurde weiß an-gestrichen, und in diesem weißen Haus wohnten Anton und Lina.

»Er trägt sie ja auf Händen«, staunten die Männer.

»Sie benimmt sich wie ein Kind«, kritisierten die Frauen. »Und das läßt er sich gefallen, stellt euch das vor!«

Was sie meinten, war, daß Lina ihre Haare nur mit einem roten und sonnengelben Band zusammenfaßte, daß ihre Röcke blau und braun und niemals schwarz waren, so wie ihre eigenen Ehe-frauenröcke, und daß sie sich in ein geblümtes Tuch hüllte. Was sie meinten, war, daß sie barfuß und summend über den Hof lief, daß sie vormittags am Strand oder im Wald spazierenging, daß sie schöne Steine sammelte und Blumen pflückte und damit ihr Zimmer schmückte, daß sie ihrem Mann entgegentänzelte, wenn er von der Arbeit kam, daß sie ihm die Arme um den Hals schlang und ihn vor aller Augen auf den Mund küßte.

Antons Augen umfaßten liebevoll die Frau und die Blicke, die sich auf sie beide richteten. Wenn sie vergessen hatte, für ihn das Abendbrot vorzubereiten, dann kochte er selber, was hätte er denn sonst erwarten können, sie war doch noch ein Kind.

Abends spielte er für sie, und sie saß auf dem Boden und hörte mit glücklichem Gesicht zu. Im Bett berührte er sie nie, wenn sie sich nicht an ihn schmiegte und seinen Hals mit ihrer rosa Zunge, die Anton an ein Katzenkind erinnerte, mit feuchten Küssen bedeckte. Und wenn er in sie hineinglitt, dann war er ganz vorsichtig, ganz vorsichtig, um ihr ja nicht wehzutun.

Bald erwartete sie ein Kind.

Und Lina lachte und jubelte.

Als die kleine Hansine in Sulitjelma die Sprache wiederfand, fragte die Köchin sich schon längst nicht mehr, warum das Kind seine Halskette niemals ablegen wollte. In der ersten Zeit hatte sie versucht, sie Hansine immer vor dem Baden abzunehmen, aber das Kind hatte die Holzkugeln in stummer verzweifelter Angst oder Wut umklammert. Was in aller Welt ist denn so wichtig an diesen Kugeln, hatte Vea sich gefragt, dann aber hatte sie sich damit abgefunden, daß es sicher mit dem Unglück zusammenhing, vielleicht stammte die Kette von Hansines Mutter, vielleicht hing sie deshalb so daran. Aber dann mußte sie sie unmittelbar vor dem Tod ihrer Mutter erhalten haben, denn die Köchin hatte die Kette zum ersten Mal gesehen, als sie an diesem entsetzlichen Morgen das Kind aus der Kälte ins Haus getragen hatte.

Abgesehen davon, daß sie nichts sagen wollte, wies nur ihre heiße Liebe zu ihrer Holzkette darauf hin, daß Hansine noch unter dem Unglück litt, ansonsten war sie tüchtig und brav, freundlich und munter. Und als endlich wieder Wörter und Lachen über ihre Lippen kamen, unterschied sie sich in nichts von ihren Schulkameradinnen. Inzwischen war sie außerdem so groß, daß sie an Badetagen selber Wasser heiß machte und sich wusch, die Köchin brauchte sich also nicht mehr über die Kette zu ärgern, die am Körper der Kleinen geradezu zu wohnen schien.

Sie wuchs rasch in dieser Zeit, sie wurde lang und schlaksig, ihre Arme ragten aus den viel zu kurzen Blusenärmeln. Ihre Pflegemutter brachte ihr bei, Keile einzusetzen und die Kleider mit Verlängerungssäumen zu versehen, und Hansine wurde eine so gute Näherin, daß die Frau des Ingenieurs sich anbot, sie auch in Stickerei zu unterrichten. Die Frau des Ingenieurs fand im hohen Norden wohl nicht viele Zerstreuungen, von gebildetem

Umgang ganz zu schweigen, und deshalb freute sie sich nachmittags über die Gesellschaft des jungen Mädchens, dieses seltsamen Kindes, das viele Jahre lang wortlos gewesen war, bis es plötzlich sang und plauderte, und das mit einer klangvollen und angenehmen Stimme.

Bei ihrer Konfirmation trug Hansine das schönste Kleid von allen; sie hatte es unter der kundigen Anleitung der Ingenieursfrau selber genäht, den Stoff hatte sie sich dadurch verdient, daß sie nachmittags die beiden kleinen Kinder des Ingenieursehepaares gehütet hatte. Und an dem Sonntag, als die Konfirmanden als Erwachsene aus der Kirche kamen, fiel allen auf, daß Hansine einen großen Sprung gemacht hatte. Sie war nicht mehr das dünne, eckige Kind, sie hatte weiche Formen, runde Schultern und Brüste über einer schlanken Taille und runde, geschwungene Hüften unter dem Rock ihres schönen Kleides.

Die Männer in der Baracke registrierten das voller Begeisterung. Vea machte sich Sorgen. Der Ingenieur, der das Kind, das in seiner Wohnung aus- und eingegangen war, kaum bemerkt hatte, blieb plötzlich stehen und hätte sich fast nach ihrem Namen erkundigt. Und die freundliche Frau, die sie das Sticken gelehrt hatte, stellte jetzt angesichts der interessierten Blicke ihres Ehemanns fest, daß Hansine doch besser bei ihresgleichen bleiben und sich zwischen den schmutzigen Arbeitskleidern der Arbeiter und den Salzheringstonnen ihren Platz suchen sollte. Die gnädige Frau wollte nicht mehr, wie bisher geplant, das aufnahmefähige und muntere Mädchen nach ihrer Konfirmation als Dienstmädchen zu sich ins Haus nehmen.

Und so kam es dann. Hansine verließ Vea und zog in ihre eigene Barackensiedlung, sie lag hinter dem Vorhang und horchte auf das Schnarchen der Männer, so wie sie nun schon seit vielen Jahren beim Lärm der erschöpften Arbeitsmänner eingeschlafen war. Aber sie war inzwischen vierzehn, und in ihrem Körper schwelte eine neue und schmerzhafte Lust, deren Namen sie nur ahnte und die sie erst verstand, als bei den Gruben ein Fremder auftauchte, ein umherreisender Agitator mit schallender Stimme und blitzenden Augen, der von einer neuen Welt erzählte, in der die Grubenarbeiter aufrecht gehen und keine Sklavenarbeit mehr leisten würden. Er schlief in der Baracke, in der Hansine als Köchin tätig war, und nun konnte sie plötzlich nicht mehr einschlafen, viel zu stark war ihr bewußt, daß der glühende junge Mann auf der anderen Seite des verschossenen blauen Vorhangs auf dem Boden lag.

Er übernachtete dort in aller Heimlichkeit. Abends hielt er unten am Fjord seine Reden. Und in der vierten Nacht seines Aufenthaltes wanderte er unter dem hellen nordnorwegischen Himmel mit Hansine an den Bergen entlang und erzählte ihr vom kommunistischen Traum. Sie gingen bis zum Balsee, diesem schönen blaßblauen See, der mit der Luft darüber zu verschmelzen schien. Und der bleiche Wasserspiegel mit den runden, hellgrauen Felsen am Ufer war auch wie ein Märchen, war das Gegenstück der Welt des Agitators mit ihren glücklichen Menschenmassen, die in Freiheit und Gleichheit arbeiteten und spielten und liebten und lachten. Denn hier herrschten Stille und Ruhe, und die Stille war so mächtig, daß selbst der glühende junge Mann verblüfft verstummte, sich hinsetzte und die Schuhe auszog.

Neben ihm saß Hansine, auch sie barfuß auf dem glatten Stein, voller Beben erfüllt vom leuchtenden Glauben des Mannes und ihrer eigenen Sehnsucht. Sie saßen in der anderen Welt, an einem See hinter einem Wald, in dem es Pflanzen aus der Zeit gab, als die Umgebung noch nicht von den weißblauen Blöcken der Eiszeit bedeckt gewesen war. Und – aber das wußten sie beide nicht – wenn sie in den Wald hineingegangen wären, dann hätten sie Blumen gefunden, die es nur dort gab, und auf diese Weise schienen Wasser und Steine und das bleiche Licht sie in einen ewigen Hauch von Größe zu hüllen. Der junge Agitator zog seine Schuhe wieder an, er schien nun doch nicht im See baden zu wollen. Dann stand er auf und wandte sein Gesicht ab, als wolle er den hellen Wasserspiegel nicht ansehen, als gehörten See und Strand in eine Welt, in der er nichts zu suchen hatte, wie ein

Heiligtum, das er durch seine bloße Anwesenheit besudelte, wie etwas, das sein Bild von der neuen Welt schwächen könnte, zu deren Entstehung er beitragen wollte, und er floh in den Wald und lief, ohne nach rechts oder links zu schauen, zum Meer zurück, und Hansine folgte ihm, verwirrt und benommen, mit den Schuhen in der Hand.

Erst als sie sich der Barackensiedlung näherten, blieb der junge Mann stehen und sah das Mädchen an.

»Für den Kommunismus«, sagte er atemlos. »Den Kommunismus!«

Dann packte er sie an den Handgelenken und küßte sie ganz schnell mitten auf den Mund, ließ sie wieder los und duckte sich, während er zwischen Grasbüscheln und Schuppen hindurchlief, um vom Ingenieurshaus auf der Anhöhe nicht gesehen zu werden. Er verschwand in der Baracke, in der sein Schlafplatz war.

Am nächsten Morgen war er verschwunden.

Am folgenden Abend wurde Hansine vom Ingenieur angesprochen.

Er tauchte auf, als sie gerade Wäsche von der Leine nahm, er lächelte verwegen und bat sie, sich eine halbe Stunde später unten in der Bucht vor dem Bootsschuppen mit ihm zu treffen.

Dort fragte er sie nach dem Fremden aus. Als sie nicht antworten wollte, sagte er, er werde die Polizei hinter ihm herschicken. Und als er Hansines verängstigten Blick sah, nahm er sie um die Taille und meinte, es gebe ja vielleicht noch einen Ausweg, und als sich der erleichterte helle Blick des Mädchens mit seinem dunklen verschränkte, fiel er auf den teerfleckigen Steinen auf die Knie und preßte seinen Kopf gegen ihren Schoß. Und ehe Hansine überhaupt begriff, was hier passierte, spürte sie auch schon seine Hände wie kratzende, gefangene Vögel unter ihrem Rock, an ihren Oberschenkeln, und zum zweiten Mal in ihrem Leben blieb ihr Schrei ihr in der Kehle stecken. Ihr Körper wurde leblos und leer, so als habe die Seele ihn verlassen, so als wolle ihr eigentliches innerstes Selbst nicht erleben, was jetzt passierte, wolle nichts davon wissen, nichts spüren, nichts mit dieser Wirklichkeit zu tun haben.

Als sie wieder zu sich kam, war der Ingenieur verschwunden. Zwischen Steinen und Treibholz lag ihre Kette, zerrissen, die Holzkugeln waren überall verstreut.

Hansine klaubte sie auf, eine nach der anderen, zählte sie stumm und suchte weiter, denn sie hatte nur dreiundzwanzig Kugeln gefunden, also fehlte eine. Dann fand sie die letzte, die lag im Wasser und war geplatzt, zwei hohle Halbkugeln schwammen wie Korken an der Wasseroberfläche. Und sie hob sie auf und betrachtete sie verwundert, hielt sie aneinander und entdeckte Leimspuren. Sie nahm sich eine andere Kugel und klopfte mit dem Fingerknöchel darauf, schüttelte sie, klopfte, runzelte die Stirn und versuchte vergeblich, die beiden Hälften voneinander zu lösen, dann legte sie die Kugel auf die flache Felsplatte und zerbrach sie mit einem Stein.

Danach zog sie sich aus, ließ sich ins Wasser gleiten und wusch die widerwärtige Umarmung des Ingenieurs von sich ab.

Klein Marja und die anderen

Der Steinhauer vom Fliederhof hatte in den Gesichtern anderer Männer den Stolz gesehen, wenn deren Frauen schwanger waren und unter ihren Kleidern anschwollen. Dieses Anschwellen, diese Veränderung der Frauen zum Unförmigen und Unkenntlichen erschien den Männern offenbar als Heldentat, die sie selber vollbracht hatten, nicht die Frau, auf jeden Fall, wenn es um das erste Kind ging.

Anton hatte bei Svensson gesehen, wie der Mann einen kindlich verletzlichen und ein wenig törichten Zug um die Augen bekommen hatte, der seine Freude über die endlich heranrückende Vaterschaft zum Ausdruck brachte, er hatte es beim Pachtbauern gesehen, der endlich, in einem Alter von fast fünfzig, es mit seiner zweiten und viel jüngeren Frau geschafft hatte; seine erste war nach fünfzehn kinderlosen Jahren gestorben.

Anton hatte es bei Andersen und Bekkelaget gesehen, bei Julius und Viggo Hansen, hatte es gesehen, ohne es sehen zu wollen, und wenn er es dennoch gesehen hatte, hatte es ihn mit Leere und Trauer erfüllt. Wenn dann die Entbindung vorüber war und Anton, zusammen mit den anderen, früher oder später das kleine Wurm in Augenschein nehmen mußte, hatte sich die bleiche Haut aus falscher Aufmerksamkeit über seine Augen gezogen wie in seiner Kindheit, und er hatte mit offenem und freundlichem Gesicht genickt, der Raum dahinter jedoch war für das, was er sah, verschlossen gewesen.

Als Lina ihrem Mann anvertraut hatte, daß sie ein Kind erwartete, hatte er sie genauso angesehen: mit Augen aus blaßblauer Emaille. Nach dem Essen hatte er sie verlassen, war zu Malte gegangen und hatte bis spätnachts getrunken.

Als Linas Bauch immer größer wurde, arbeitete Anton immer härter, schonte sich nicht, klopfte und hämmerte und feilte an seinen Steinblöcken herum, maß aus und kniff im trüben Licht der Hafenlampen die Augen zusammen. Zu Hause sagte er nicht viel, spielte Lina aber vor, wenn sie ihn darum bat, und das tat sie häufig. Er spielte wehmütige Weisen, und sie summte dazu. Beim Schlafengehen seufzte sie glücklich und zufrieden und legte ihrem Mann vertraulich den Arm um den Hals. Und Anton streichelte ihr mit einer Hand, die nicht ihm gehörte, zärtlich den Rücken.

Das Holzkästchen mit seinen Ersparnissen war jetzt leer, ganz leer. Alles hatte er für Möbel und Hausgerät ausgegeben. Obwohl er die Möbel selber getischlert hatte, hatte er ja die Bretter kaufen müssen. Er hatte ein richtiges Bett gebaut, es war bequem und breit und füllte fast die ganze kleine Kammer aus. Dazu hatten ihn die Jahre getrieben, in denen er mit Peder die Ausklappbank geteilt hatte; endlich hatte er Platz, endlich wollte er sich beim Schlafen ausstrecken können. Anfangs hatte er außerdem an Lina gedacht, er kannte sie doch nicht, und sie war doch eine Frau, er wollte nicht aus Versehen im Schlaf mit Ellbogen oder Knien gegen ihren Bauch oder ihre Brust stoßen.

Er hatte sich ein großes Stück Stoff gekauft, um es über die Strohlage im Bett zu legen, und Lina hatte er weißen Vorhangstoff geschenkt. Den hatte sie mit unbeholfenen Stichen zusammengezurrt und über dem Fenster an der Wand angenagelt. Anton meinte, er könne doch eine Vorhangstange herstellen und über dem Fenster anbringen, dann könnten sie die Vorhänge auf- und zuziehen, aber das konnte Lina sich nicht vorstellen. »O ja«, sagte sie nur mit strahlendem Lächeln, als ob er ihr ein Märchen erzählt hätte.

Für die Küche hatte er ihr Pfanne und Kochtopf und Backtrog gekauft. Anton hatte einen Eckschrank gezimmert, den sie mit den Junggesellen teilten, und diese hatten ihrerseits Holzkasten, Regentonne und Schöpfkelle beigesteuert. Gemeinsam hatten sie Tisch und Stühle und zwei Hocker getischlert, für die Kammer hatte Anton einen weiteren Hocker und eine kleine Kommode hergestellt.

Für das Bett hatte Anton bei Elison eine dicke gewebte Decke gekauft, außerdem hatte er Tassen und Teller, Besteck und ein Paar neue Schuhe für Lina angeschafft, um die zu klein gewordenen zu ersetzen. Den Rest seiner Ersparnisse hatte dann die erste Rate für das Haus verschlungen, die er dem Pachtbauern zahlen mußte.

Billig war das nicht gewesen, er hatte viel mehr bezahlt als die Junggesellen und die Lofthusfamilie, die ins Obergeschoß gezogen war, aber nun würde er erst einmal seine Ruhe haben, die nächste Zahlung für das Haus mußte er innerhalb der kommenden fünf Jahre entrichten, also konnte er sich darüber später noch immer den Kopf zerbrechen.

Er war jetzt festangestellter Steinhauer mit einem Verschlag unten im Hafen. Der Sprengmeister war sehr zufrieden gewesen, als er ihn auf die Probe gestellt hatte, hatte seine Arbeit gelobt und ihm in der Reihe der erfahrenen Großsteinhauer einen Platz zugewiesen.

Daß er jetzt feste Arbeitszeiten hatte, hatte sein ganzes Leben verändert, er kam sich plötzlich so erwachsen vor. Und zu Hause hatte er seine eigene Frau, auch wenn sie sich noch immer wie ein Kind benahm. Und bald würde sie nun selbst ein Kind auf die Welt bringen.

Kurz vor der Geburt tauchte die alte Marja auf. Sie füllte die Kammer mit Gemurmel und dem Duft getrockneter Kräuter. Als die Wehen einsetzten, gab sie der Gebärenden etwas Schmerzstillendes zu trinken, ermahnte und tröstete und legte ihr kühlende Umschläge auf die Stirn.

In der Küche saß Anton, graubleich, erfüllt von vagem Schmerz. Marja schaute zu ihm hinüber, wenn sie hin und her lief, dann machte sie abermals Wasser heiß und brachte auch dem Mann einen Becher, etwas Braunes, Bitteres, das sie ihm zu trinken befahl. Und Anton trank, als habe er keinen Willen mehr, als gehörten Küche und Zimmer nicht mehr ihm, sondern der Alten.

Lina gebar ohne einen Schrei.

Als die Hebamme ihm das Kind brachte, war er ganz überrascht; es konnte doch gar nichts mit seiner runden Lina zu tun haben, denn schließlich hatte Anton gehört, daß Geburten immer mit Jammern und Wehklagen geschehen.

Also hat die Alte das Bündel wohl selber mitgebracht, dachte er plötzlich, doch dann mußte er über diesen Gedanken lachen.

So kam es, daß er seiner Tochter laut in ihr blaurotes, verschrumpeltes Gesicht lachte, er lachte die Kleine an. Als die Urgroßmutter sie ihm in die Arme legte, lachte er noch immer, er schüttelte sich vor Lachen. Dann sah er das Kind an, mit seinen eigenen Augen, wie um sich davon zu überzeugen, daß es aus Fleisch und Blut war und nicht ein Geschöpf aus Lehm und Ton, dem die Alte in der Kammer Leben eingehaucht hatte. Und die Kleine in seinen Armen erwiderte seinen Blick, ernst und fragend, sie sah den lachenden Mann an, und so wurden sie eins, Tochter und Vater, und ihre Blicke blieben ineinander verschränkt.

»Sie soll meinen Namen haben«, sagte die Alte.

Und Anton nickte. Marja, Maria, die Frau, die das bessere Teil erwählte, die Frau, die zuhörte und den lichtumstrahlten Hirten liebte. Ihm war es recht. Ihm war es recht.

Anton liebte seine kleine Tochter. Ehe er im Morgengrauen zur Arbeit ging, beugte er sich über die Wiege, die er gezimmert und in der Kammer über die Kommode gehängt hatte, und betrachtete das schlafende Kind.

Als sie einige Monate alt war, ging er mit ihr an die frische Luft; er wickelte sie in Linas geblümten Schal, ging langsam und vorsichtig, um nicht zu stolpern, durch den Wald und am Strand entlang, setzte sich ruhig auf einen Stein oder eine Baumwurzel, mit dem Kind auf dem Schoß, zeigte ihm die Himmelsrichtungen und nannte ihm die Namen der Vögel.

Als sie anfing zu laufen, nahm er sie an der Hand und machte mit ihr Sonntagsspaziergänge; oft schauten sie bei Julius und Inga oder Elis und Alfhild vorbei; er blieb eine halbe Stunde sitzen und plauderte mit strahlenden Augen und dem Kind auf dem Schoß, der kleinen Marja, in Rot und Blau und mit einer kleinen Schleife in den braunen Haaren, über Wind und Wetter.

Als sie sprechen lernte, hielt er sie abends lange wach, um ihr neue Wörter beizubringen: Hose, Jacke, Nase, Mund. Messer und Löffel und Tasse.

Und bald konnte das Kind noch viel mehr sagen: »Kaputte Tasse«, konnte es sagen. »Tasse mit Sprung«. »Henkellose Tasse«. Und Anton lächelte.

Und Lina bedachte ihn mit verliebten Blicken und kicherte wie ein kleines Mädchen und schmiegte sich an ihn, wenn die kleine Marja endlich eingeschlafen war.

* * *

Sie war kaum achtzehn Jahre alt, als sie zum ersten Mal Mutter wurde, Lina. Und ihr Gesicht hatte durch Schwangerschaft und Geburt hindurch den mädchenhaft staunenden Ausdruck beibehalten.

Sie hatte den Fjord voller Vertrauen zu diesem Mann überquert, von dem sie ihr Leben lang gewußt hatte. Sie brachte ihr Wissen über Schafswolle mit: wie die kardiert, gesponnen und gefärbt wurde. Sie konnte auch weben, doch ihr fehlte ein Webrahmen. Nähen und Stricken dagegen war die Aufgabe der Alten gewesen, das Lina-Kind stach sich mit den Nähnadeln immer nur bis aufs Blut und befleckte ihre Kleidung, und die Maschen an den Stricknadeln fielen unter ihren verschwitzten Händen immer viel zu hart und dicht aus.

Sie konnte einfaches Essen zubereiten, und für etwas anderes hatte Anton auch kein Geld.

Lesen und Schreiben konnte sie so einigermaßen, und sie schwamm wie ein Fisch und konnte auf die höchsten Bäume klettern, und sie war eine begeisterte Tänzerin.

Zu Hause hatte sie gelernt, daß Reinlichkeit in Kleidern und Haus Ungeziefer und Krankheiten verjagen, und für die alte Frau war es eine Ehrensache gewesen, daß in dieser Hinsicht niemand etwas an ihnen auszusetzen haben sollte, wenn sie bisweilen vornehme Gäste hatte, oft von weit her, die von ihr einen Rat wollten. Dieses Wissen brachte Lina mit, und deshalb war es bei Anton und Lina immer strahlend sauber, immer duftete es bei ihnen nach frischen Blumen.

Als Marja dann da war, behandelte Lina sie wie eine Puppe, zog sie an und aus, putzte sie mit Schleifen und Bändern, die sie bei Elis für Geld gekauft hatte, das für Mehl und Salz bestimmt gewesen war, sie plauderte mit ihr, legte sie weg wie ein kleines Paket, wenn sie etwas anderes machen wollte, und war überrascht, wenn das Paket nicht brav und still daliegen und die Decke anstarren wollte.

Bei der Geburt hatte die alte Hebamme gesehen, daß Lina weder einen Rocken noch einen Webrahmen hatte, und einige Zeit später kam einer von Linas Onkeln über den Fjord und brachte ihr das Benötigte. Im Sommer und Herbst sammelte Lina Blumen und Rinde, um Wolle zu färben; die Küche stand voll von frisch behauenen Holzgefäßen, die Anton abends hergestellt hatte, um ihr eine Freude zu machen, und unter der Decke hingen Leinen, an denen die Wolle getrocknet wurde. Sie summte und spann, summte und webte farbenfrohe Stoffe, schnitt sie zurecht und nähte mit großen Stichen: Jacken und Kleider für das Kind, Röcke für sich selber, Westen für ihren Mann, und während dieser ganzen Zeit schwoll unter ihrem Rock ihr Bauch ein zweites Mal an.

Anton fuhr ihr geduldig über die Haare; er sah ja ein, daß das Kind Kleider brauchte, aber er kam auch ohne Weste zurecht, und was wollte Lina eigentlich mit noch einem Rock und zwei weiteren Blusen? Sie gab ihm fast nichts zu essen, wenn sie überhaupt ans Kochen dachte, und morgens waren die Schränke oft leer, weil sie kein Brot gebacken oder für das ganze Geld Wolle gekauft hatte.

Als Marja gelernt hatte, ihr zu antworten, gebar Lina eine neue Puppe, und nun brachte sie ihrer Tochter das Puppenspiel bei. Wie zwei Freundinnen kümmerten sie sich um Ton-Ton, sie tanzten mit ihm durch die Küche, sangen und lachten, und die kleine Marja ahmte Linas belustigte, staunende Stimme nach. Später wurde Marja dann ruhiger und ziemlich ernst.

Denn die Kleine bemerkte, wie schwer die Hände des Vaters nach unten hingen und wie müde sein Gesicht war, wenn er sah, daß die Mutter schon wieder Zeit und Aufgaben vergessen hatte, und dann erinnerte sie Lina an alles, was noch zu erledigen war.

Dann nannte Lina sie »Mütterchen« und strahlte und seufzte abwechselnd: »Daß es aber auch so schwer sein muß, diese Kleinen auf die Welt zu bringen!«

Dann legte sie sich mit dem Baby Ton-Ton in den Armen in die Kammer und zeigte Marja, wie sie ihr das Kreuz streicheln sollte, so wie sie es von der alten Marja gelernt hatte, sie kabbelte sich mit ihrer Tochter, wenn die das nicht gut genug machte, und erzählte Märchen, um sie bei der Stange zu halten. Marja lauschte und massierte mit ihren Patschhändchen, bis die Mutter verstummte, weil sie eingeschlafen war. Dann goß Marja Wasser in einen Bottich und holte Kartoffeln, und sie rieb mit den Händen die erdigen Schalen sauber, um ihrem Vater eine Freude zu machen.

»Kleine Lina«, so nannte Anton seine Frau.

»Leine Lina«, äffte Marja nach und zog sie am Arm, um sie zu wecken. »'toffen, leine Lina. 'toffen un Ahmdessn.«

* * *

»Du darfst nicht ans Wasser gehen, Marja«, sagte Lina eines Tages, in plötzlicher Erregung, weil sie ein Bild von einer Gefahr vor sich gesehen hatte, über die sie sich bisher nicht im klaren gewesen war. Von nun an blieb Marja nahe beim Haus.

»Du darfst nicht ans Wasser gehen«, wiederholte die Kleine ein Jahr später, aber Ton-Ton stapfte neugierig davon, den Weg hinunter und über die Straße, auf nackten Füßen und nur mit einer hinten verknoteten Windel bekleidet.

Marja stand neben dem frisch gepflanzten Fliederbusch, den Lina besorgt hatte, und schaute hinter dem Jungen her, bis er in einer Baumgruppe verschwunden war. Dann lief sie ihm nach, denn es interessierte sie sehr, was Ton-Ton passieren würde, wenn er das gefährliche Wasser erreicht hätte. Als sie bei den Bäumen war, sah sie, wie er den Hang hinunterrutschte. Als der Junge bei den gelben Steinen ankam, fiel er ins Wasser, und als sie ihn an dem weißen Knoten auf seinem Hintern wieder herausfischte, heulte und spuckte und würgte er schlimmer als zu Ostern, als er an einer Magengrippe erkrankt gewesen war.

»Nicht zum Wasser!« brüllte Ton-Ton im nächsten Jahr Angel an, und als sein Bruder dennoch loszog, stürzte Ton-Ton hinterher und zog ihn an den Haaren, bis der Kleine freiwillig kehrtmachte.

In den ersten Jahren brachte Lina selber ihrem Mann in einem grauen Henkelmann das Mittagessen zur Pausenbaracke im Hafen – wenn sie es nicht vergaß und wenn Essen im Haus war –, denn eigentlich gefiel ihr dieser Spaziergang. Schlank und lachend und schön im Herbst, runder in ihrem langen Mantel, wenn der Winter näherrückte, dick und unförmig, mit unbeholfenen Schritten zwischen den Steinabfällen im Frühling.

Als Marja drei Jahre alt war, wurde ihr diese Aufgabe übertragen, und sie stapfte glücklich und erfüllt von ihrer Verantwortung mit dem dünnen Henkel in ihrer sonnengebräunten kleinen Faust die Straße entlang. Und ihr Vater sprang in der Baracke von der Bank auf, lief ihr entgegen und gehörte nur ihr, er hob die Kleine hoch und küßte sie auf die Stirn: »Meine Marja! Heute kommst also du?«

Dann durfte sie auf seinem Knie sitzen und das Essen mit ihm teilen, während er ihr die Steine zeigte, die schon fertig waren und auf ihre Schiffe warteten.

»Da haben wir Polen«, konnte er sagen. »Und das da sind Portugiesen. Und siehst du das Schiff da, kleine Marja, das ist ein Deutscher, der holt Kantsteine und ein Denkmal, das in Hamburg stehen wird«, konnte er sagen, während er auf einen Koloß unter dem Blechdach zeigte.

Lange hielt Marja Polen und Portugiesen für kleine Steine und einen Deutschen für ein Boot.

Nach der Mittagspause drehte der Vater den Deckel auf den leeren Henkelmann, die Kleine packte den Henkel und ging unter den schattigen Bäumen wieder nach Hause, sie lauschte dem Gesang der Vögel und sah zu, wie die Schmetterlinge von einer Blüte zur anderen flatterten.

Im Winter war es schwieriger, das Essen zum Hafen zu bringen. Im Winter schien alles schwieriger zu sein.

Ihr Vater verfluchte den Frost, der bis in die Steine hineinreichte. Die Männer hatten manchmal Wochen und Monate keinerlei Einkommen, und dann saß Anton in der Küche und sah seinen

Kindern zu, ohne sie zu sehen, während Lina sich blaß und schwanger über ihre Arbeit beugte, über ihre eigene Ungeschicklichkeit kicherte und fast unhörbar über ihre Rückenschmerzen jammerte, wenn sie hin und her lief.

Und dann sah er sie doch, Anton: die verrotzte Hilda, die auf dem Boden hin und her krabbelte, sich Holzsplitter in den Mund steckte, ohne daß irgendwer versucht hätte, sie davon abzuhalten, den ein Jahr älteren Angel mit den engstehenden Augen und dem Eichhörnchenschopf, der die ganze Zeit stumm und mit dem Daumen im Mund in einer Ecke saß, Ton-Ton mit seinem Spitznamen, der brüllte, um seinen Willen durchzusetzen, und Marja. Marja, die ihrer kleinen Schwester den Rotz unter der Nase wegwischte und die ihr Splitter und Fussel aus dem Mund holte, die die anderen in der Kammer zum Leisesein ermahnte, wenn die Männer, mit denen sie die Küche teilten, sich etwas zu essen machen wollten, die ihre Mutter mit ernstem Blick betrachtete und sie an ihre Versäumnisse erinnerte.

Es war Marjas Blick, den Anton über den Köpfen der anderen auffing; mit ihr wäre er gern nach draußen gegangen, um dem Gewinsel des kleinsten Kindes und dem Gebrüll des ältesten zu entgehen, sie wollte er an der Hand nehmen und mit ihr einen Spaziergang durch die winterliche Kälte machen. Aber Marja mußte der Mutter helfen, Marja mußte die kleinen Geschwister bändigen, damit Lina waschen und putzen und Kartoffeln schälen und Heringe braten konnte.

Also ging er allein, er bohrte die Hände in die Hosentaschen, wollte weg von Lärm und Untätigkeit, wollte zum Hafen oder zu Malte, wo er dann ein Glas billigen Fusel trank.

Wie kam es nur, daß Lina jeden Winter rund wurde? Bei den anderen Männern war das doch nicht so!

Anton schnupperte im Gehen an der Luft und fluchte noch einmal, noch immer konnte er den Frost riechen.

Urgroßmutter Marja tauchte vor jeder neuen Geburt auf, braute einen Kräutertrank und kochte Wasser, streichelte Linas Stirn, half der Enkelin beim Pressen, rhythmisch und langsam, ließ sie zwischendurch tief aus- und einatmen und nahm das alljährliche neue Wesen in Empfang, kappte die Nabelschnur, wusch den nackten Körper, wickelte das Kind und legte ein Silberstück zwischen die Windeln, betrachtete im Schein einer Talgkerze das kleine Gesicht und *sah*.

»Für sie wird ihre Schönheit das schönste Geschenk sein«, sagte sie zu Anton, als sie ihm das erste Kind zeigte.

»Hier haben wir einen kleinen Wandersmann, den kannst du nach dir selber nennen«, sagte sie, als sie ihm das zweite reichte.

»Ein verträumter kleiner Wicht«, lautete ihre Weissagung für den dritten, den Anton deshalb Angel nannte, aus der unklaren Vorstellung heraus, daß dieser Name dem Jungen helfen könnte, sich an das zu halten, was zählte, statt sich in die Unwirklichkeit zu flüchten.

»So viele Arten von Reichtum«, murmelte die alte Marja, als sie ihm die zweite Tochter brachte, und Anton nickte zufrieden. Am nächsten Tag, als die Alte schon aufbrechen wollte, fragte er sie, ob sie gemeint habe, das Kind werde auf verschiedene Weise Reichtum erwerben, aber da schüttelte die alte Frau skeptisch den Kopf: »Reichtum liegt genauso in einer großen Kinderschar wie in Geld und Gold. Es ist schon möglich, daß sie beides bekommt.«

»Du kannst sie nach meiner ältesten Tochter nennen«, fügte sie dann ein wenig zögernd hinzu und stieg in den morschen Kahn. »Die ist schön und liebenswürdig, gut verheiratet ist sie auch, und sie hat viele Kinder. Aber sie ist auch steinhart, und ich habe sie seit ihrer Hochzeit nicht mehr gesehen.«

Anton Syrin war nun Familienvater, und das Leben bedeutete harte Arbeit, wenn er den Hunger aus dem Haus jagen wollte.

Sein Leben war zum Schicksal geworden. Zu Linas Schicksal. Anton wußte von der Vision, die die Großmutter bei Linas Geburt gehabt hatte, sie hatte ihn gesehen, einen wandernden Jungen, der an einem Riemen ein Akkordeon über der Schulter trug. Und es vermittelte ihm eine Art Sicherheit, daß er *gesehen* worden war, daß die beiden auf ihn gewartet hatten, bis er endlich gekommen war, bis er an jenem Johannisabend vor ihnen auf den Felsen gestanden hatte. Also war sie wohl für ihn bestimmt, schließlich war das prophezeit worden. Auch wenn sie ein Kind war. Auch wenn sie ihm noch immer wie ein Kind entgegenlief, ein Kind, oder nicht?

Und Anton schuftete und mühte sich ab und brachte Geld nach Hause, damit Lina kaufen konnte, was sie brauchte.

Vier Jahre lebte die ständig wachsende Familie in der einen Kammer und der Küche, die sie mit anderen teilten. Das kleinste Kind lag in der Wiege, die anderen mußten mit den Eltern im Bett schlafen: Anton am Fenster, er hatte Angst, im Schlaf eins der Kleinen zu ersticken, neben ihm Lina, sie kehrte ihm den Rücken und den Kindern und der Wiege das Gesicht zu.

Aber wenn die anderen schliefen, kam es vor, daß die Kindbraut aus Schweden sich vorsichtig umdrehte und dem schlafenden Mann die Arme um den Hals legte, seine Haare streichelte und seinen Hals küßte. Halb im Traum griff der Mann dann nach ihr, machte sich mit den Händen unter ihrem Nachthemd zu schaffen und befriedigte ihre Triebe.

Im Spätherbst, als Hilda zum dritten Mal aus der Wiege gefallen war und Lina wieder dick wurde, legte Anton sich auf die Küchenbank.

Und manchmal saß er dann dort mit Bleistift und Papier und rechnete und rechnete, rechnete und rechnete, und auf irgendeine Weise ging die Rechnung schließlich auf.

Als Anfang Februar milderes Wetter einsetzte, arbeitete er bis zu sechzehn Stunden am Tag; vor der normalen Arbeitszeit im Hafen klopfte er im Wald Pflastersteine zurecht. Abends arbeitete er an Grabsteinen, jetzt zusammen mit Elis, der inzwischen schreiben konnte, und zwar so schön, daß er so viele Aufträge bekam, wie er nur wollte.

Und ehe der Schnee geschmolzen war, hatte er die Junggesellen ausbezahlt, mit denen sie die Küche teilten, und ihnen weiter oben im Wald eine Unterkunft besorgt.

Jetzt lebten in dem weißen Haus nur noch zwei Familien: unten die Familie Syrin, oben die Familie Lofthus.

Als die alte Marja zusammen mit den ersten Frühlingsboten auftauchte, lagen Marja, Ton-Ton, Angel und Hilde in einem warmen Nest aus miteinander verschlungenen Gliedern und Decken in der einen Kammer, in der anderen spreizte die jetzt zweiundzwanzig Jahre alte Lina die Beine und hatte ein Stück Stoff im Mund, für den Fall, daß die Wehen unerträglich würden.

Aber sie schrie diesmal nur so leise, daß die Kinder weiterträumen konnten, auch wenn Anton, der am Küchentisch saß, nervös mit den Fingern auf der Tischkante herumtrommelte und den Zichorienkaffee in sich hineinschüttete, zusammenfuhr.

»Der fünfte wird sicher ein Bauer«, lächelte die Hebamme, als sie ihn endlich brachte, und Anton blickte in zwei helle, schwimmende Augen. Er nahm das Kind auf den Schoß, strich ihm mit einem großen groben Finger über die Stirn und atmete den Duft von süßem neugeborenen Leben ein.

»So so«, brummte Anton. »Er soll also den Bauerntöchtern hinterherlaufen. Üppigen Erbtöchtern mit dicken Zöpfen und buttergelben Haaren, mit breitem Hintern, mit Schinken und fettem Speck gemästet, das würde dir also passen?«

Marja trug den Jungen zurück zu seiner Mutter, und Anton ging hinaus auf den Hof.

»Du da oben«, murmelte er und schaute zu den Sternen hinauf.

»Du da oben«, sagte er noch einmal, aber mehr brachte er dann nicht heraus. Statt dessen ging er zum Schuppen, um sein Wasser abzuschlagen.

Als er dieses Mal die alte Frau zu ihrem Boot brachte, faßte er Mut und stellte ihr eine Frage, die er nur mühsam über die Lippen brachte. Aber die alte Marja nickte ernst und nahm seine eine Hand zwischen ihre beiden sehnigen kleinen.

»Bis zum Herbst mußt du schon noch durchhalten«, sagte sie freundlich.

* * *

In derselben Nacht lag Hansine in einem eiskalten Bootsschuppen und brachte in aller Einsamkeit ihr Kind zur Welt. Monatelang hatte sie ihre Umstände unter langen Röcken und weiten Schürzen versteckt, und sie war überall dicker geworden, hatte runde Wangen und runde Arme und Wasser in den Beinen bekommen, und die Barackenbewohner waren ihren Blicken ausgewichen.

Sie hatte ihre Arbeit getan und ansonsten geschwiegen, und nach dem Besuch des Agitators waren Arbeiter und Betriebsleitung immer wieder aneinandergeraten, die Männer hatten ihren Mut zusammengenommen und um höheren Lohn gebeten, der Ingenieur, der sich bisher als jovialer und gutmütiger Mann gegeben hatte, war am ganzen Leib erstarrt, so als habe eine seltsame Düsterkeit sich in ihm ausgebreitet.

Sie hatten schon gesehen, daß Hansine in alle Richtungen auseinanderquoll, aber auch früher hatte sie sich schon verblüffend schnell verändert, sie war noch keine vierzehn gewesen, als sie vom Kind zur reifen Frau geworden war, und vielleicht hing ja auch alles mit ihrer Krankheit zusammen, die ihr ein zweites Mal die Sprache gestohlen und sie zur stummen Außenseiterin gemacht hatte.

Vea hörte die Schreie aus dem Bootsschuppen, als sie im Morgengrauen Wasser holen wollte. Es war das wahnwitzige Geheul eines Menschen, der den Verstand verloren hatte, ein anhaltendes Gebrüll, das ebenso von einem Tier stammen konnte wie von einer Frau. Aber die alternde Köchin hatte etwas Ähnliches noch nie gehört, und mit hämmerndem Herzen stürzte sie zum Bootsschuppen und riß die Tür auf, um Hansine auf dem Boden zu finden, und unter Hansines schwerem Oberschenkel steckte ein zappelndes Etwas fest.

Vea ließ sich fallen, packte das Kleine, biß die Nabelschnur durch und wickelte das Kind in ihre eigene Jacke. Erst jetzt betrachtete sie die Mutter. Hansine war totenblaß und starrte die undichte Decke an.

»Es war der Steiger«, sagte sie mit glasklarer Stimme. »Der Steiger hat das Silber gestohlen!«

Dann schloß sie die Augen und lag ganz still da.

Zum zweiten Mal war Vea Pflegemutter für eine Nachkommin von Anton Syrin, einem Mann, von dem sie nur wußte, daß er nicht Walfänger war, sondern Spielmann. Zum zweiten Mal gelobte sie, das zu hüten, was ihr auf solch unerwartete Weise zugefallen war, diesmal weinte sie aber noch mehr als beim ersten Mal, weil sie nichts gesehen und nichts begriffen hatte, sie, die doch eine Frau und im Grunde auch eine Mutter war.

»Agitatorenkind«, nannten die Männer die Kleine. »Die kriegt bestimmt eine genauso große Klappe wie ihr Vater.«

Doch dann verstummten sie, denn ihnen fiel ein, daß die Mutter zwischen der Verführung und der Geburt kein einziges Wort gesagt hatte.

Das Kind aber konnte sprechen, auch wenn es Vea nie zu gelingen schien, ihr ein verständiges Wort zu entlocken. Sie wurde auch nie trocken wie andere Kinder, diese neue Hansine: Vea hatte sie nach der toten Mutter getauft.

Sie wurde drei und sie wurde vier; ein großes Kind, munter und ruhig, und sie war auch ein hübsches Kind, doch immer mit einer Windel um den Hintern und ohne die Fähigkeit, wie andere Menschen ihre Nahrung in sich aufzunehmen.

Vea seufzte und blickte gen Norden; sie mußte weiter, sie mußte

zu ihrer Schwester in die Finnmark, ehe es zu spät war, sie
mußte Verwandte aufsuchen, die sich nach ihrem Tod um die
Kleine kümmern würden.

* * *

»Blut und Kacke«, schluchzte der Schenkenjunge Anton Jensen.
»Blut und Kacke und zum Teufel, zum Teufel!«
Er klammerte sich am Hals des Schecken an, der dem Schank-
wirt gehörte, rieb sein Gesicht am Fell des Tieres und weinte,
ließ sich ins Stroh sinken, rollte sich in einer Ecke zusammen
und schlief ein. Im Haus nebenan hatte die Mutter ihm gerade
eine Schwester geboren, ebenso zufällig und vaterlos wie er selber.

* * *

In diesem Frühling litt Lina unter Brustschmerzen und Kind-
bettfieber. Sie stapfte benommen umher und schaffte nichts anderes, als Wasser mit Sirup und einigen Tropfen Kuhmilch
warm zu machen, in das sie dann einen Tuchzipfel tunkte, um
das Kind damit zu füttern. Marja wusch in lauwarmem Wasser
Kleider und legte sie noch halb schmutzig draußen über die
Büsche zum Trocknen, weil sie die Wäscheleine noch nicht erreichte.
Marja wechselte die Windeln der heulenden Hilda und des dau-
menlutschenden Angel, die beide noch nicht trocken waren,
schickte Ton-Ton Brennholz holen und kochte nach den verwirrten Anweisungen ihrer Mutter Brei.
Anton sah es und sah es nicht.
Er arbeitete vierzehn und fünfzehn und sechzehn Stunden im
Hafen und im Steinbruch und kam mit vor Erschöpfung grauem
Gesicht nach Hause. Er brauchte Geld für ein neues Bett, bisher
schliefen die Kinder auf dünnen Decken auf dem Holzboden.
Er brauchte Geld für Wolle; Marja und der älteste Bruder trugen Jacken, deren Ärmel ihnen nur noch bis zu den Ellbogen

reichten, die Kleider der Kleineren bestanden entweder nur noch aus Flicken oder waren so fadenscheinig, daß ihre Haut hindurchschimmerte.

Er sah ja, wie elend Lina war, aber er begriff nicht, wie schlimm es um sie stand, und die Wochen vergingen.

Dann kam Marja eines Tages zu ihm, als er gerade am Schleifstein einen Meißel scharf machte. Er arbeitete an einem Block, der in der Hauptstadt in der Mauer eines stattlichen Gebäudes sitzen sollte.

»Du mußt die Alte holen«, sagte Marja.

Anton nannte die schwarzgekleidete Frau mit den Kräuterbeuteln so, aber nur, wenn sie nicht dabei war.

»Die Alte?« fragte der Mann.

Aber sie hatte doch versprochen, im Herbst zu kommen, konnte er ihr denn wirklich eine zusätzliche Reise zumuten? Gab es keine andere Lösung?

»Geh zu Stina Svensson«, sagte er schließlich, und Marja ging.

Stina bestrich Linas Brüste mit Brei. Aber das machte die Entzündung nur noch schlimmer. Dann versuchte Stina es mit eingeweichten Rindenstücken und schließlich mit Wacholderabsud. Das schien zu helfen, denn für einige Tage verschwand das Fieber. Doch dann setzte es wieder ein, schlimmer noch als zuvor, und Anton erkannte, daß die Lage vielleicht ernst war. Sowie er sich freimachen konnte, brach er auf.

Und die Alte kam, mit Kräutern und Gemurmel und scharfem Blick, der dem Mann galt, weil er sie erst jetzt holen kam.

»Daß du nicht gemerkt hast, daß etwas nicht stimmt, wo du doch sonst alles siehst«, sagte Anton zu ihr.

»Solche Kleinigkeiten sieht man nicht«, schimpfte die Alte auf diese Unverschämtheit hin und machte Lina wieder gesund.

Bei ihrem Aufbruch steckte sie dem Mann das Versprochene zu: einen Stoffbeutel mit Mitteln, von denen Lina einen Absud kochen und trinken sollte, wenn sie ihre Lüste nicht steuern konnten.

KAPITEL 5

Der Vogelmann

KARTOFFELN, KUH UND KALTER BRAND

Im Winter, der auf Linas Krankheit folgte, beschlossen Anton und Lofthus-Kalle, in Zukunft Vorsorge zu tragen, um den Hunger gar nicht erst ins Haus zu lassen. Kaum war der Schnee geschmolzen, da entfernten sie die Steine vom Feld unterhalb des Hauses, sie legten Entwässerungsgräben an, gruben alles um und bekamen vom Bauern, dem der Pachtboden gehörte, zwei Kästen Saatkartoffeln. Als Gegenleistung mußten sie versprechen, zur Heumahd eine Woche einzuspringen, zu rechen und das Gras zum Trocknen auf Heureuter zu hängen.

Bald darauf brachte der Spielmann dann eine junge Kuh nach Hause, die er auf einer Bauernhochzeit beim Pokern gewonnen hatte. Er fand jetzt nur noch selten solche Engagements; seit seiner Hochzeit schien das Interesse an seiner Musik gesunken zu sein. »Als ob früher immer geile Frauenzimmer dahintergesteckt hätten, wenn wir angeheuert wurden«, sagte Elis und grinste.

Aber diesmal war es doch passiert, es war ein großes Fest auf einem auf halbem Weg zur Stadt gelegenen Hof gewesen. Anton hatte aufgespielt und sich wirklich amüsiert, Essen und Trinken waren ausreichend und gut gewesen, und er war einen langen Abend von Lärm und Gequengel der Kinder befreit. Für die Blicke der Frauen war er jetzt blind, er ließ sich von einer Bande angetrunkener Männer einfangen, die nach dem Tanz noch eine Runde pokern wollten.

Das hellbraune Kalb wurde vor dem Haus angebunden, und

dort fraß und fraß es und blickte Marja und ihre Geschwister aus traurigen Augen an.

»Wie soll sie heißen?« fragte Lina glücklich.

»Vielleicht Frida?« schlug ihr ältester Sohn vor.

»Frida?« Der Vater lachte. »Wie kommst du denn auf die Idee?«

»Die sieht aus wie Bottolfs Frida«, erklärte der Kleine.

Lina kicherte, und Anton sah sie an. Konnten sie ein Tier denn nach einer Frau nennen?

»Sie hat genauso schöne Augen«, sagte Ton-Ton nun noch.

Niemand erwähnte, daß die Frau auf Bakke auch die gleichen dünnen X-Beine hatte.

»Aber was machen wir im Winter mit ihr?« fragte die kleine Marja.

»Ich dachte, vielleicht …«, fing ihr Vater an und blickte zum Häuschen hinüber.

»Kein Platz«, erklärte Angel.

Marja lachte ihren Bruder aus.

»Das wird teuer«, sagte sie.

Anton seufzte und fuhr seiner Ältesten über den Kopf.

Marja setzte das Kalb zum Kinderhüten ein. Sie trug Angel und Hilda auf, dafür zu sorgen, daß das Tier auch fraß, und darauf hockten die beiden stundenlang auf der Wiese und sahen zu, wie Frida Grasbüschel ausriß und sich sattfraß.

Als der Frost kam, mußte sie dann aber geschlachtet werden. Sie konnten sich einfach keine Bretter für einen Stall leisten, für Anton war es schwer genug gewesen, ein Bett und eine neue Kommode für das Kinderzimmer zu tischlern. Alles Geld, das sie nicht unbedingt für Lebensmittel brauchten, hatten sie für Wolle ausgegeben, und Lina kratzte und spann und summte zufrieden bei der Arbeit vor sich hin. Sie hatte versucht, ihrer Ältesten die Kunst des Strickens beizubringen, und Marja saß mit angezogenen Beinen und aus einem Mundwinkel hervorlugender Zunge auf dem Brennholzkasten und versuchte ihr Glück an einer grauen Socke.

Lina und Angel weinten bitterlich, als ihnen aufging, daß Frida sterben sollte. Ton-Ton tröstete Mutter und Bruder, der Vater zerrte das Tier hinter das Klohäuschen und schnitt ihm die Kehle durch.

Aber als sie am nächsten Sonntag von dem Fleisch aßen, dachten nur die beiden ältesten Kinder daran, wo es hergekommen war. Marja und Ton-Ton begnügten sich mit Kartoffeln und Soße und gingen früh schlafen, Lina dagegen langte bei dem guten Essen gierig zu.

Im nächsten Frühling wurde Hilda mit dem Henkelmann losgeschickt, und den Männern fiel auf, daß Anton dieses Kind nie auf den Schoß nahm und ihm erzählte, was es im Hafen alles zu sehen gab. Er ließ sie auch nicht warten, bis der Henkelmann leer war, sondern schickte sie direkt wieder nach Hause. Den Henkelmann nahm er dann abends mit.

»Süße Kleine«, sagte Julius Simensen, der jetzt den Arbeitsplatz neben Anton hatte.

Anton gab keine Antwort, er betrachtete aus zusammengekniffenen Augen den Deutschen, der gerade an der Brücke anlegte.

Nun stand immer warmes Essen auf dem Tisch, wenn Anton von der Arbeit kam, im Herbst dünne Kohlsuppe, dazu vielleicht Knäckebrot oder Hering mit selbstgezogenen Kartoffeln. Im Spätwinter gab es nur wenige Bissen, die in einen dünnen Brei gerührt waren. Nach den vielen Monaten in der Lake allzu salzigen und halbverfaulten Hering. Der widerliche, Übelkeit erregende Heringsgestank hing in den Wänden. Anton haßte diesen versalzenen Fisch. In seinem Dasein als Familienvater hatte er so gut wie nie mehr Eier oder Speck bekommen, und Anton sehnte sich nach Geschmack und Duft von in der Pfanne brutzelnden Spiegeleiern mit Speck. Ob sie sich eigene Hühner zulegen sollten? Oder Schweine?

Kalle Lofthus nickte, ihm lief das Wasser im Munde zusammen.

»Nächsten Sommer, vielleicht? Nächsten Sommer …«

Aber der Winter setzte früher ein als sonst, und der Frost verbiß sich im Berg. Ab Ende Oktober waren sie arbeitslos, und Lofthus-Kalle litt in einem erfrorenen Fuß am kalten Brand. Schlachter-Ola hatte Lungenentzündung, deshalb mußten Anton und der Stier das kranke Bein abhacken. Julius und Bekkelaget hielten den Kranken fest, während Anton und der Stier beide blitzschnell mit frischgeschliffenen und im Feuer erhitzten blanken Äxten zuschlugen. Stina stand mit Schnaps und Verbandszeug bereit, Kalles Frau putzte das Blut weg und erbrach sich zum tierischen Gebrüll ihres Mannes im Eimer.

DER MANN VON DER FESTUNG

Anfang Februar ging Anton Syrin zum Sprengmeister.
Die anderen hatten ihn darum gebeten, sie hielten ihn weiterhin für besonders mutig, für stark genug, um für alle zu sprechen.
Viele von denen, die früher mit Anton im Steinbruch gearbeitet hatten, wurden jetzt wie er unter dem Wellblechdach eingesetzt. Anton sollte bessere Löhne für sie alle verlangen.
Die Kälte hatte Leben gekostet, vor allem kleine. Die Männer waren mager und hohläugig, als sie wieder zur Arbeit kamen, sie waren nicht warm genug angezogen, kaum einer hatte einen Mantel, mehrere husteten, bis sie sich erbrechen mußten. Keiner hatte etwas zu essen bei sich, keinen suchte zur Mittagszeit eine Frau oder ein Kind mit gefülltem Henkelmann auf. Es gab nichts, womit sie den Henkelmann hätten füllen können.
Und nun sollten sie mit neuen Blöcken anfangen, sie würden erst nach vollendeter Arbeit bezahlt werden, und die Arbeit konnte durchaus zwei Wochen dauern. Mit frosttauben Händen machten sie sich über den Stein her, maßen aus und hämmerten. Wenn sie falsch trafen, war der Block nicht mehr zu gebrauchen, und sie standen ohne Verdienst da.

Anton fühlte sich nicht wohl in seiner Haut, er wollte diese Verantwortung nicht, die die anderen ihm auferlegt hatten, wieso hielten die ihn eigentlich für dermaßen mutig? Aber irgendwer mußte ja mit dem Sprengmeister sprechen, und vielleicht war er ja doch der Richtige, überlegte er beim Anblick der gebeugten Rücken in den verschlissenen Jacken; er richtete sich auf, schlang die Arme um den Leib, hielt nach dem Sprengmeister Ausschau, schluckte und räusperte sich dann.

Der Sprengmeister stand in der Schmiede und unterhielt sich mit Olsen, dem Schmied. Er trug einen dicken, warmen Mantel und hohe, geräumige Stiefel.

»Wir bräuchten einen besseren Standplatz für die Winterarbeit«, sagte Anton.

Der Sprengmeister blickte ihn verständnislos an. Anton schaute ihm ruhig in die Augen, bis der Blick des Sprengmeisters zwischen der Glut in der Esse und dem Werkzeug in den Händen des Schmiedes hin- und herirrte. Dann verließ er die Schmiede, Anton folgte ihm.

»Wenn wir nur Wände hätten«, sagte der Steinhauer. »Und Heizung.«

Der Sprengmeister schüttelte unsicher den Kopf: »Manche Blöcke sind doch viel zu groß ...«

Er zeigte auf die Kräne und die Schienen, so als sei es unmöglich, die Blöcke zu bewegen.

»Und wenn der Chef ein wenig Verantwortung für seine Leute spürte«, sagte Anton jetzt, »dann würde er für die Winterarbeit einen Schuppen für sie bauen lassen.«

Der Sprengmeister starrte ihn an, als sei diese Vorstellung wirklich unmöglich.

»Jetzt sterben die Leute«, sagte Anton hart.

»Und der Akkordsatz ist zu niedrig«, warf er noch über die Schulter, als er ging.

»Verdammt«, murmelte Anton, als er an diesem Abend nach Hause ging.

»Verdammt«, wiederholte er beim Anblick von Lofthus-Kalle, der unsicher auf seinem Holzfuß über den Hof humpelte und bei jedem zweiten Schritt vor Schmerz die Zähne zusammenbiß. »Du bräuchtest wirklich einen Arzt«, sagte Anton.
Aber wer konnte sich das schon leisten?

Dann tauchte ein wütender rothaariger Schwede auf und sprach über Gerechtigkeit und Gleichheit.
»Diese verdammten Schmarotzer!«
Der Mann sprühte Funken. Er hatte zehn Jahre wegen eines Diebstahls, den er gar nicht begangen hatte, in der Festung gesessen, er war einem Komplott zum Opfer gefallen, zu diesem Schluß war er hinter den feuchten Mauern gekommen, einem Komplott zwischen einem boshaften Steiger und einem habgierigen Schichtmeister.
»Ja, zum Teufel!« riefen die Steinhauer.
»Muß man sich so was gefallen lassen?« brüllte der Schwede.
»Nie im Leben!« antworteten die Steinhauer.
Der Schwede Sixten saß unterhalb der gelben Baracke auf einem Felsblock, er trank Schnaps und wütete in der Kälte. Er erzählte von Amerika, wo sich Gewerkschaften gegründet hatten und wo die Arbeiter für Gerechtigkeit und höheren Lohn streikten. Dann sprach er über den Steiger und den Direktor, die ihn des Silberdiebstahls bezichtigt hatten. Und dann jammerte er noch über seine verlorene Liebste.
Amerika, dachte Anton und erinnerte sich an Mikaels Schilderungen dieses gelobten Landes. Gewerkschaften, dachte er und wollte vom Schweden noch viel mehr hören. Doch der war inzwischen sternhagelvoll und mußte in die Küche des weißen Hauses getragen werden. Dort war nämlich am meisten Platz.
Als Dank für Unterkunft und das aus trockenem Brot und Wasser bestehende Frühstück schenkte der Fremde Anton ein Heft, ein Heft über Solidarität und Arbeitermacht, ein Heft, das er las, bis er es auswendig konnte, und für das er ein Bücherregal zimmerte, in dem die dünne Schrift neben dem Gesangbuch, das er

zur Konfirmation bekommen hatte, und einer grünen Blumenvase mit Goldrand stand, die Lina einem Hausierer abgekauft
hatte, weil sie so schön war.

Der Kleinste schlief seit seiner Geburt bei seinen Eltern. Anfangs, weil er klein und kränklich war, Lina hatte für ihn ja keine
Milch gehabt. Später, weil er nicht von seiner Mutter fort wollte
und wie ein gestochenes Schwein schrie, wenn die Eltern versuchten, ihn zu den anderen zu legen. Nachts schlang er sogar
im Schlaf einen Arm um Linas Brust, er schien trotz allem das
haben zu wollen, was er niemals hatte kosten dürfen. Auf diese
Weise hatten sie kaum Verwendung für das Mittel der Alten.
Aber nun verließ das Mamabübchen endlich das Ehebett, denn
Anton wollte Lina jede Nacht erzählen, was er im Heft des
Schweden Sixten gelesen hatte. Laut und erregt sprach er über
die Besitzenden und die Habenichtse, über die Ungerechtigkeit,
daß manche hungerten und leiden mußten, egal, wie sie sich ab-
arbeiteten, während andere sich an Sahne und Braten gütlich tun
konnten, ohne auch nur einen Finger zu rühren.
»Was für Schweine!« rief Anton.
»Was für verdammte Schmarotzer!« erklärte er mit den Worten
des Schweden.
Und Andreas schnaufte und kroch zu den anderen hinüber. Der
Mann schlug die Decke beiseite und zog seine Frau an sich.
»Würdest du etwas für mich nähen?« flüsterte er.
»Nähen?« kicherte Lina verwundert und zitterte schon erwar-
tungsvoll am starken Körper ihres Mannes.
»Ja, nähen«, wiederholte Anton und sah sie mit dem Blick eines
Mannes an, der soeben in einem Heft etwas Wichtiges gelesen
hat. »Eine kleine Stickerei, die man an die Wand hängen kann.«
»Eine Stickerei?«
»Mit bunten Farben und schönen Worten.«
Lina lachte in der Dunkelheit, schmiegte ihr Gesicht an seinen
Hals und leckte seine dünne Haut weich und feucht, wie Kat-
zenkinder das tun.

Das milde Wetter hielt sich, und der Himmel war klar und schneefrei; der Berg sang unter den Hammerschlägen, die Männer wurden bezahlt und konnten sich bei Elis Mehl und Hering kaufen. Die kleinen Kinder schrien bei den Explosionen in furchtsamer Freude auf, und an einem Apriltag brachte Anton ein großes weißes Huhn mit nach Hause, obwohl der Mehlsack leer war und es in der Heringstonne nur noch Lake gab. Lina kicherte beim Anblick dieses flatternden Vogels, der bis zum Frühling in der Küche wohnen sollte, und Marja bedachte ihren Vater mit einem ungläubigen Blick: »Hast du das *gekauft?* Und wo soll es *kacken?*«

Anton hatte es gekauft. Es war ein ungeheuer gutes Angebot gewesen, das er einfach nicht ablehnen konnte. Und er hatte noch mehr Geld in der Tasche, Geld für einen Block, den er an diesem Tag vollendet hatte, Geld, mit dem er Mehl und Graupen bezahlen konnte, Sirup und Salz für die Eier, die das Huhn legen würde.

Ton-Ton wurde zum Hühnerhirten ernannt. Er machte unter dem Ofen ein kleines Nest aus Heu und Holzspänen, er wich nicht von der Seite des Huhns und wischte alles weg, was es fallen ließ, er verteilte kleine Kornrationen auf dem Boden und gab dem Huhn erst mehr, wenn es alles aufgepickt hatte.

»Sie heißt Anna«, sagte Ton-Ton eines Tages beim Essen, während das Huhn unter dem Ofen gackerte.

»Nein, sie heißt Gulla«, widersprach der Vater.

»Anna«, wiederholte Ton-Ton starrsinnig.

Es war ein liebes Huhn. Es trippelte einfach nur umher, fraß und legte große, schöne Eier. Das erste Ei teilten sie sich, alle sieben. Später warteten sie, bis sie drei oder vier hatten, die Lina dann aufschlug. Sie vermischte Dotter und Eiweiß und briet Eierkuchen mit Salz. Und sie fühlten sich wie an der königlichen Tafel.

Als es draußen warm genug war, durfte Annagulla hinaus, und Anton baute für sie einen Laufstall aus Stöcken und Tannenzweigen.

Und dann wurde er zum Bildhauer, Anton Syrin.

Einige Monate, nachdem der Sprengmeister ihm auf seine Bitte nach Wänden und höherem Lohn die Antwort schuldig geblieben war, trat er mit einem Brief in der Hand neben Anton.

»Du arbeitest doch so akkurat und schnell«, sagte er verlegen. »Und machst so schöne Grabsteine.«

Dann hatte er den Text des weißen Bogens vorgelesen und in beiläufigem Ton gefragt: »Kannst du das übernehmen?«

Es ging um eine für Argentinien bestimmte Skulptur. In einigen Tagen würde ein Künstler mit einem Gipsmodell erwartet, der dann das Fortschreiten der Arbeit überwachen sollte.

Ebenso beiläufig hatte Anton genickt und um die Maße gebeten. Danach suchte er zusammen mit dem Sprengmeister einen passenden Block aus. Und ehe der Pachtbauer Feierabend machen konnte, war Anton zur Stelle und erbat sich auf Pump Bretter und außerdem zwei frisch geschlüpfte Küken und einen jungen Hahn. Annagulla legte fast keine Eier mehr, und Anton bildete sich ein, daß die Anwesenheit eines Hahns ihre Produktion wieder steigern würde.

Am nächsten Vormittag kam der Bauer mit den Brettern angefahren, und nach dem Essen machte Anton sich an den Anbau. Nach drei Abenden war er fertig, und als das Boot mit dem Künstler im Hafen anlegte, nahm ihn ein aufgeregter Steinhauer in Empfang, der an einem schönen, hellen Block schon die Grobarbeit verrichtet hatte, ein Steinhauer, der glaubte, die schönste Frau im Dorf zu haben, und der außerdem fünf Kinder, Hühner und einen Anbau vorweisen konnte. Der Anbau war zweigeteilt, die eine Hälfte enthielt den Hühnerstall und konnte einer Kuh oder einem Schwein Platz bieten, in die andere wollte Anton einen Arbeitstisch und einen Hocker stellen und sich Aufgaben widmen, von denen die anderen keine Ahnung hatten. Und jetzt sollte er eine Skulptur herstellen.

»Good day«, sagte der Argentinier und streckte eine behaarte Hand aus.

»Selber good day«, antwortete Anton, hob den Filzhut und nahm die Hand.

»El Hombre«, sagte der Fremde und zeigte ihm eine Skizze, auf der ein Mann die Hand zum väterlichen Gruß hob.

Die Skulptur sollte einen argentinischen Präsidenten darstellen.

Die Älteste war das einzige Kind, das das neue Zimmer betreten durfte, wenn der Vater dort bei der Arbeit saß. Marja durfte sich neben ihn auf einen Hocker setzen und ihm zuhören, wenn er erzählte, was er sich gerade ausdachte und zeichnete und auf einem Stück Papier berechnete.

»Vier Zentimeter zwischen den Augen«, murmelte der Mann. »Er ist kleinwüchsig, sagt Alvarez, aber wir machen ihn ein bißchen größer, zwei Meter zehn auf dem Sockel. Und dann sind die Schultern ...«

Auf diese Weise lernte Marja die Zahlen schon, als sie noch gar nicht zur Schule ging. Und auf diese Weise waren ihr die Gesichtszüge dieses südamerikanischen Staatsmannes vertrauter als die irgendeines anderen Mannes, den sie kannte. Und auf diese Weise konnte sie auch an der anderen und viel geheimeren Tätigkeit ihres Vaters Anteil nehmen.

Deshalb war sie die einzige, die wußte, was jetzt passieren würde, als ihr Vater in der Mittsommernacht zwei große gebogene längliche Holzrahmen, in denen mit kräftigen Riemen ein gespanntes Tuch befestigt war, zum Badeplatz hinter der gelben Baracke brachte.

»Geh zu den anderen nach unten, da siehst du besser«, sagte Anton, und Marja lief zu den Steinen am Strand, wo die Steinhau-erfamilien mit Essen und Getränken in der Sonne saßen.

»Wo ist denn Papa?« fragte Lina.

»Das wirst du gleich sehen«, sagte Marja mit strahlenden Augen.

»Bringt er sein Akkordeon mit?« fragte Kalle mit dem Holzfuß.

Marja gab keine Antwort, sie schaute nur erwartungsvoll zu der bewaldeten Anhöhe hinauf, wo Anton jeden Moment auftau-chen konnte.

Und dann stand er plötzlich dort, eine seltsame Gestalt mit seit-wärts ausgestreckten Riesenarmen.

»Schaut!« rief Marja, und alle blickten auf.

Aber niemand hatte begriffen, wen oder was sie da sahen, als der Mann wie ein riesiger Vogel mit gewaltigen Flügeln vom Felsen sprang, dann wie ein Stein herunterstürzte und im dunklen Wasser verschwand.

»Papa!« brüllte Ton-Ton und rannte um die Bucht herum.

»Anton?« flüsterte Lina verwirrt und schaute ihrem Sohn nach. Die anderen wechselten verdutzte Blicke. Und dann fing ir-gendwer an zu lachen.

Während des restlichen Sommers verbesserte er sein Modell, und Mitte August, am Tag vor Marjas erstem Schulbesuch, machte er seinen nächsten Versuch. Auch diesmal war nur seine älteste Tochter darüber informiert, doch als er sich bereit mach-te, bat er Marja, mit der Mutter zum Aussichtspunkt im Wald hinter dem Haus zu gehen.

»Warum denn?« fragte Lina, die gerade Teig rührte.

»Weil Papa dir etwas zeigen will«, sagte ihre Tochter geheimnis-voll.

Und Lina ließ Teig Teig sein, wusch sich die Hände, trocknete sie an ihrer Schürze ab und ging mit Marja hinaus. Zwischen Bäumen und Steinabfall liefen sie durch den Wald, zwei schmale Gestalten mit tanzenden nackten Füßen auf dem Heidekraut.

Dann hatten sie den Aussichtspunkt erreicht, und als Anton sie vom Wald her sehen konnte, nahm er bis zur Absprungstelle

Anlauf und ließ sich fallen. Und er segelte los, sein Körper auf einem schmalen Brett ausgestreckt und seine Arme an einem Rahmen mit straffgespanntem Tuch zwischen kräftigen Speichen befestigt. Er segelte mit dem Wind über das Wasser und auf das Land zu, beschrieb einen leichten Bogen und legte dann auf den Steinen eine Bauchlandung hin.

Und oben, im Schein der tiefroten Abendsonne, standen eine kleine und eine etwas größere Frau, deren Herzen diesem seltsamen Mann zujubelten.

Am Nachmittag des nächsten Tages, als der Künstler sich über den Zustand des Präsidenten informieren wollte, lächelte er über sein ganzes dunkles Gesicht und machte vor dem Steinhauer eine tiefe Verbeugung. Dann zog er aus einer tiefen Manteltasche eine Flasche Wein und zwei Gläser aus einer anderen, entkorkte die Flasche und winkte Anton zu sich auf eine umgedrehte Kiste.

»Very good«, sagte er und zeigte auf die Skulptur, wo inzwischen das Gesicht Form annahm. »More beautiful than reality.« Er tippte Anton auf die Stirn und sagte noch einmal: »Very good.« Alvarez machte eine hilflose Handbewegung, weil ihm die Worte fehlten. Dann füllte er die Gläser, reichte Anton das eine und sagte: »Beautiful bird.«

Der Fremde bewegte die Arme wie Flügel, und Anton begriff, daß der andere ihn am Vorabend in der Luft gesehen hatte.

Der Argentinier umarmte ihn unbeholfen, und dann tranken sie.

MARJA UND FRÄULEIN KURLAND

Die Schule bestand aus zwei Abteilungen. Im einen Zimmer unterrichtete Schulmeister With die größeren Kinder. Im anderen regierte Fräulein Kurland. Sie war groß und weich, ihr Körper unter ihrem Kleid schien aus runden Kissen zu bestehen. Ihr Gesicht strotzte vor freundlicher Energie, und sie trug eine Brille.

Als sie beim Aufrufen der Namen am ersten Schultag bei Marja angekommen war, stutzte sie über den seltsamen Nachnamen, ließ ihren Blick über die Klasse wandern und fragte vorsichtig:
»Marja?«
»Ja«, antwortete das barfüßige Mädchen, das sich ganz hinten an die Tür gesetzt hatte.
»Wie heißt dein Vater?« fragte die Lehrerin.
»Anton«, antwortete Marja wahrheitsgemäß.
»Syrin-Anton!« brüllte ein etwas größerer Junge aus den Baracken.
»Anton Syrin«, korrigierte Marja.
»Der Vogelmann«, fügte der Junge zufrieden hinzu.
Marja schaute ihn an, um festzustellen, ob er ernst dreinsah oder sich über sie lustig machen wollte, und der Junge sagte rasch:
»Der Feinsteinhauer mit dem Präsidenten.«
»Sei jetzt still«, sagte Fräulein Kurland ruhig. »Warum nennt er sich Syrin?«
»Weil wir einen Fliederbusch vor dem Haus stehen haben«, sagte Marja lebhaft.
»Jaja«, murmelte die Lehrerin.

Fräulein Kurland war daran gewöhnt, daß die armen Kinder bis in den Spätherbst hinein barfuß liefen. Sie war daran gewöhnt, daß sie verrotzt und schlecht angezogen waren, daß sie die Hausaufgaben oft ausfallen ließen, weil immer kleinere Kinder gehütet oder Beeren gepflückt werden mußten und in den Häusern so wenig Platz war, daß die Kinder nur selten eine Stelle fanden, wo sie in Ruhe ihre Rechenaufgaben lösen und ihre Sätze hinschreiben konnten.
Aber ihr fiel auf, daß Marjas Kleider immer sauber und ordentlich geflickt und ihre Haare ordentlich gekämmt waren, auch wenn sie barfuß ging, und sie dachte voller Wärme an die Mutter des Kindes, die offenbar ein genügsamer und fleißiger Mensch war, der in Einklang mit Gottes Gebot lebte, mit den Talenten zu wuchern, die Er geschenkt hatte. Und als sie fest-

stellte, daß das Kind bereits die Zahlen kannte und im Kopf addieren und subtrahieren konnte, war die Frau von Dankbarkeit erfüllt. Denn sie hatte wirklich reichlich Kinder, von Bauernhöfen und aus den Baracken, deren Gedanken anderswo waren, Kinder, bei denen es fast unmöglich war, ihnen auch nur das geringste Schulwissen zu vermitteln.

Nachdem sie die größeren Kinder mit Lesen beauftragt hatte, holte sie die kleineren ans Pult, um ihnen die Buchstaben beizubringen. Sie zeigte ihnen A und B, C und D und bat sie, alle Buchstaben so schön abzumalen, wie sie das nur konnten, und sie bis zum nächsten Schultag zu lernen.

Als sie am folgenden Tag Marja abhören wollte, reichte die Kleine ihr stolz und zuversichtlich ein Blatt Papier mit dem Satz: »Tu deine Pflicht und fordere dein Recht.«

Fräulein Kurland sah erst das Papier und dann das Kind an, las den Satz mehrere Male und fragte dann: »Hast du das selber geschrieben?«

Marja nickte.

»Kannst du das auch lesen?«

Marja las vor.

Die Lehrerin zeigte auf einen Buchstaben nach dem anderen, und jedesmal gab Marja die richtige Antwort.

»Ich habe das gestern begriffen«, sagte die Kleine.

Nach dem Unterricht saß Ragnhild Johanne Kurland noch lange am Pult und zerbrach sich den Kopf über Marjas Text. Sie spielte mit dem Gedanken, Schulmeister With das Blatt zu zeigen, entschied sich aber dagegen. Sie überlegte auch, mit dem Pastor darüber zu sprechen, aber auch diese Möglichkeit schlug sie sich aus dem Kopf.

Ob es wirklich stimmte, daß Marja das Geheimnis der Buchstaben durchschaut hatte, nachdem ihr A, B, C und D beigebracht worden waren, und daß sie dann zu Hause diesen Text gelesen hatte, der offenbar wie eine Art Bibelzitat bei der Familie Syrin an der Wand hing?

»Tu deine Pflicht und fordere dein Recht.«
Aber das stand doch ganz bestimmt nicht in der Bibel?
Fräulein Kurland hatte die Bibel mehrmals gelesen und konnte
sich an nichts Ähnliches erinnern. Dort stand zwar viel über
Pflichten, darüber, im Schweiße des Angesichtes seine Pflicht zu
tun und sich dem Herrn zu beugen und Seinen Geboten zu ge-
horchen. Aber das mit dem Recht?
Allerdings kam es oft vor, daß unaufgeklärte Menschen die
Worte der Schrift falsch verstanden und sie auf originelle Weise
deuteten …

Lina saß summend und barfuß und mit offenen Haaren vor der
Tür und flickte die Arbeitskleidung ihres Mannes, als Fräulein
Kurland um die Ecke des weißen Hauses bog. Lina sprang beim
Anblick der Fremden erstaunt auf, sie kannte sie zwar vom Sehen und vom Namen her, hatte aber noch nie mit ihr gespro-
chen.
»Ist das eine Schwester von Marja?« fragte die Lehrerin freundlich.
Lina kicherte und schüttelte den Kopf. »Ich bin ihre Mutter.«
Fräulein Kurland errötete, streckte eine Hand aus und stellte
sich vor. Lina nahm ihre Hand, nickte fragend und blieb dann
hilflos mit ihren nackten Füßen im plattgetrampelten, trockenen
graugrünen Gras stehen. Ihre Näherei hielt sie noch immer in
der Hand.
»Stimmt irgendwas nicht?« fragte sie in plötzlicher Angst.
»Ganz im Gegenteil«, antwortete ihr Gast. »Aber manchmal
mache ich solche Besuche, um die Eltern meiner Schüler ken-
nenzulernen.«
»Marja!« rief Lina, und ihre Tochter kam aus dem Haus gestürzt. »Schau mal, wer zu Besuch gekommen ist!«
»Anton!« rief Lina dann, und nun kam auch Anton, aus dem
Anbau, wo er an einer neuen Erfindung gearbeitet hatte.
Dann standen sie einander gegenüber auf dem Hof: Fräulein
Kurland allein, dem Wald den Rücken zugekehrt, ein hellblaues

langes Kleid über ihrem üppigen Körper, die braunen Haare zu einem Dutt hochgesteckt – und die drei anderen dicht aneinandergedrängt vor der Tür.

»Aber dann bitte sie doch herein«, lachte Anton und blickte ins rundliche Gesicht der Obrigkeit. »Hereinspaziert, hereinspaziert, Fräulein Kurland, einen Schluck Kaffee können wir immerhin anbieten.«

Marja lief ins Haus und setzte Wasser auf. Nervös stieg sie auf einen Stuhl, um die Kaffeemühle zu erreichen, die oben auf dem Eckschrank stand, vielleicht lagen ja noch einige Bohnen darin. Als ihre Eltern und die Lehrerin ins Haus kamen, öffnete sich die Kammertür, und Hilda, Angel und Andreas wimmelten in ihren Nachthemden durch die Küche.

»Ins Bett, Kinder!« rief Anton, und kichernd verschwanden sie wieder und zogen die Tür hinter sich zu.

So viele, dachte die Besucherin. Diese junge Mutter soll vier Kinder haben! Aber was für eine ordentliche und saubere Küche!

»Sie werden sie nach und nach alle kennenlernen«, sagte Anton und bot ihr einen Stuhl an.

»Aber als ersten bekommen Sie Ton-Ton«, teilte Marja mit. »Der ist nächstes Jahr an der Reihe.«

»Ton-Ton?« fragte die Lehrerin.

»Mein Bruder. Der ist gerade nicht hier.«

Fräulein Kurland setzte sich, und Lina ging ins andere Zimmer, legte ihre Näherei weg und band sich die Haare zurück. Marja mahlte die wenigen Kaffeebohnen, die sie gefunden hatte, und folgte der großen Frau die ganze Zeit mit neugierigem Blick.

»Wenn alle so begabt sind wie die Älteste, dann wird es mir das reine Vergnügen sein«, sagte die Besucherin.

»Ach was?« sagte Anton.

»Sie kann ja schon rechnen«, erzählte die Lehrerin.

»Ach, das«, murmelte Anton verlegen.

»Und sie sagt, sie hat nach nur einem Unterrichtstag schon lesen gelernt?«

»Aber das kann doch nicht sein«, sagte Lina und blickte ihre Tochter überrascht an.

»Ich glaube schon«, sagte Marja.

Alle vier sahen sich in dem kleinen Zimmer um, als ob sie nach einem geschriebenen Wort suchten, und nun entdeckte Fräulein Kurland die Stickerei an der Wand, sie hing neben der Tür, in einem Holzrahmen, hinter Anton, der sich noch nicht gesetzt hatte, schwarze und ein wenig unbeholfen geformte Buchstaben auf weißem Grund. Sie fing den Blick des Kindes auf, sie tauschten ein Lächeln, das verriet, daß mehr dazugehörte als nur das.

»Moment mal«, rief Anton und stürzte davon.

Und dann kam er mit einer Zeitung zurück, der einzigen Zeitung, die er je gekauft hatte. Sie war mehrere Monate alt, Elison hatte sie ihm für den halben Preis gelassen, weil sie niemand gekauft hatte, solange sie noch aktuell war.

»Ich kann nicht alle Buchstaben lesen«, sagte Marja.

Aber sie las.

»Blut floß«, las Marja.

Langsam stammelte sie sich durch einen kleinen Artikel über streikende Ziegelbrenner in Wien hindurch.

»Wie berichtet, haben an die viertausend Arbeiter …«, las sie.

In Wien war gegen die Streikenden Polizei eingesetzt worden, hieß es, und obwohl sie sich ruhig verhalten hatten, war Blut geflossen.

Anton und Lina beugten sich zu ihrem Kind vor und sahen zutiefst verwundert aus.

»Was für eine Lehrerin!« rief der Mann, als Marja endlich mit heißem, rotem Gesichtchen aufschaute.

»Daß Sie ihr diese Kunst an einem einzigen Tag beibringen können!« rief er.

»Ach, nein«, Fräulein Kurland lächelte, leicht erstaunt angesichts der Tatsache, daß der Steinhauer den *Social-Demokraten* hielt. »Das ist wohl eher Marjas eigenes Verdienst.«

Und dann tranken sie den dünnen Kaffee.

* * *

Marja wurde zum Augenstern ihrer Lehrerin. Wenn die Schüler mit gesenkten Köpfen über ihrer Arbeit saßen, ließ die Frau am Pult Marjas kleine Hände, ihre eifrigen Patschhändchen mit dem Bleistift, die im Buch blätternden Finger und die schönen Haare, die das Gesicht der Kleinen einrahmten, nicht aus den Augen. Wie das Mädchen auf dem Bild, dachte Fräulein Kurland verblüfft. Marja sah aus wie das Zigeunermädchen auf dem kleinen Bild, das in ihrer Kindheit über Fräulein Kurlands Bett gehangen hatte: ein dunkelhaariges Mädchen, dem weiche Locken auf die Schultern fielen, ein rundes Kindergesicht mit vollen rosa Lippen und großen wehmütigen Augen. Sie hatte dieses Bild geliebt. Es war nicht das, was andere als große Kunst bezeichnen würden; ihr Vater hatte es in einem Café in Kopenhagen gekauft, das wußte sie, aber das Mädchen war so schön und zart und traurig. Als Kind hatte die Lehrerin sich in dieses Bild hineingeträumt, sie hatte darin Trost gefunden, wenn sie selbst traurig war, und der Anblick dieses kummervollen Zigeunermädchens, das sich doch über irgend etwas zu freuen schien, hatte ihr eigenes Glück vergrößert.

Die Lehrerin sah Marja an und dachte an den alten Traum, einen Traum, den sie tief im Bereich der verlorenen Möglichkeiten verborgen geglaubt hatte, den Traum von einem eigenen Kind. Fräulein Kurland war unverheiratet und fast fünfzig Jahre alt. Sie hatte ihr Glück in Bildung und Arbeit gesucht, in modernen Romanen und Bibelworten.

Es hatte einmal einen Mann gegeben, einen flotten Offizier zur See in fescher Uniform, er hatte am Salontisch ihrer Mutter gesessen und sich mit Plätzchen und Tee bewirten lassen, und dabei hatte er ihr den Sternenhimmel über fernen Ozeanen geschildert. Als er dann wieder unterwegs war, hatte Ragnhild Johanne sich bisweilen das Gefühl vorgestellt, die Hände eines anderen Menschen auf der eigenen Haut zu spüren, die Hand eines Mannes an ihren heimlichsten Stellen, und dabei hatte sie voller Angst und Freude geseufzt und war dann schamrot angelaufen. Später, nachdem sie nie mehr von ihm gehört hatte, war sie eigentlich zufrieden damit, daß diese Erfahrung ihr erspart geblieben war. Denn sie konnte Nacktheit bei Erwachsenen nicht leiden. Sie mochte nicht einmal ihren eigenen unverhüllten Leib ansehen, sie wusch sich abends und morgens schnell und gründlich, wandte dabei aber den Blick ab und dachte an etwas anderes. Sie mochte schöne Kleider und gutsitzende Kostüme. Der Anblick der Nacktheit ihrer Mutter, die auf dem Sterbebett lag und gepflegt werden mußte, hatte die Tochter mit Ekel erfüllt, und einmal wäre sie fast mit einem Betrunkenen zusammengestoßen, der hinter einer Parkbank stand und sein Wasser abschlug. Es war entsetzlich gewesen.

Immer wieder hatte sie sich im Laufe der Jahre darüber gefreut, daß ihr das intime Beisammensein mit einem Mann erspart geblieben war. Aber ein Kind hätte sie doch zu gern gehabt.

Einen Großteil dieser Sehnsucht hatte sie ihren Schülern zufließen lassen, für sie war sie eine Art zusätzliche Mutter, sie war warm und liebevoll, sie lobte lieber, statt zu tadeln, sie kümmerte sich um jedes Kind, gab Nachhilfestunden, wenn das nötig war, sie füllte die Schüler mit Buchstaben und Zahlen und Selbstvertrauen, um ihnen für die späteren Schuljahre, die sie bei dem trockenen und strengen Schulmeister verbringen würden, den Weg zu ebnen. Kindern, die tagelang ohne Pausenbrot gekommen waren, steckte sie von ihrem eigenen Proviant etwas zu, wer im Winter barhäuptig ging, bekam von ihr eine Mütze. Arme, kinderreiche Witwen besuchte sie mit einem Korb voller Lebensmittel und schaffte es, den zu überreichen, ohne ihr Gegenüber in Verlegenheit zu bringen.

Und doch hätte sie sehr viel dafür gegeben, selber Mutter sein zu können.

MARJALENA UND DER ZUG

Am Morgen, nachdem Fräulein Kurland sie besucht und ihnen vorgeführt hatte, daß Klein Marja bereits lesen konnte, kam Anton zu Lina, als diese noch schlief. Anton erschien das wie eine

Fortsetzung seines Traumes; seine Tochter hatte darin eine Rolle gespielt, und Fräulein Kurland. Die Hansedbäuerin hatte in der Stalltür gestanden und ihr armseliges, zahnloses Lächeln gelächelt, und hinter ihrem Rücken lehnte die Witwe auf Flaten lockend vor einem Seerosenteich an einer hellen Birke. Aber dann war sie es doch nicht, sondern eine Bäuerin von einem der Höfe bei der Kirche; Magdalena hieß sie, und sie hielt ihr Kopftuch in der Hand und hatte sich ihren buttergelben Zopf um den Kopf gewickelt. Ihr Gesicht war rund und fröhlich, ihre Augen zogen ihn in den Sonnenuntergang hinter dem weißen Wohnhaus. Und dann waren ihre Haare nicht mehr golden, sondern dunkel und lang und wogten ihr über den Rücken. Ihre Augen waren nicht von Lachen und Kichern erfüllt, sie waren groß und erwachsen, und sie hieß nicht Magdalena, obwohl er doch wußte, daß sie so hieß, sondern Marjalena, und Anton beugte sich über die Frau, die neben ihm auf dem Strohsack lag. Mit brüsken Bewegungen schob er der schlafenden Frau das Nachthemd bis zu den Armen hoch und vergrub sein Gesicht in ihrem Geschlecht, und dabei flüsterte er: »Marjalena, Marjalena …«

Er leckte sie feucht und heiß und umfaßte ihr Hinterteil mit zitternden Händen. Lina wand sich im Halbschlaf, Anton schob sich weiter hoch, und sein kräftiger Bohrer glitt zwischen ihre Schenkel.

»Marjalena«, flüsterte er wieder und schmiegte sein Gesicht an ihren Hals.

Lina wurde von seinem Gewicht, seinen Händen und seinem keuchenden Atem und von diesem seltsamen Namen geweckt, der in ihren Gedanken noch nachhallte, so als habe ihn ein fremder Mann mit einer fremden Stimme gesagt. Was hatte er gesagt? Warum waren seine Hände so hart?

Erschrocken blickte sie auf und begegnete im Halbdunkel seinem Blick, einem starren, forschenden Blick, der nicht richtig zu wissen schien, wer da unter ihm lag.

»Aber Anton«, flüsterte Lina. »Was ist denn mit dir los?«

»Lina?« flüsterte er darauf, fast verwundert, mit brüchiger Stimme.

»Lina!« wiederholte er laut und scharf, seine Stimme klang jetzt tiefer, und schüttelte sie dabei an den Schultern.

»Sei doch still, Anton«, flüsterte sie.

Dann faßte er ihre beiden Handgelenke und preßte sie am Kopfende gegen das Bettgestell. Die andere Hand legte er ihr um den Nacken und drückte auf diese Weise ihr Gesicht gegen seine behaarte Brust.

»Ich krieg keine Luft«, jammerte Lina.

Anton stieß zwischen ihren Oberschenkeln zu, tief, tief, zog sich dann fast ganz zurück und stieß wieder zu. Die Haut in seinem Gesicht war schwer und rot, seine runden Augen starrten die Wand hinter dem Bett an, und er stieß beim Ausatmen zu und zog sich beim Einatmen zurück, stieß zu und zog sich zurück.

Wie der Zug, das wußte Anton.

»Au!« wimmerte Lina.

Wie der Zug, wenn er in der Stadt den Bahnhof verläßt, das wußte Anton, schneller und schneller.

Er drückte Mund und Nase in die dunklen Frauenhaare, ließ ihre Hände los und schob die freie Hand unter ihren Hintern, bohrte die Fingerspitzen in das weiche Frauenfleisch und stieß wieder zu.

»Nein«, jammerte Lina.

Das Zugherz hämmerte in seiner Brust.

Und dann ließ er los.

Danach kniete er im Bett und betrachtete im grauen Morgenlicht Linas bleichen Körper. Und Lina krümmte sich zusammen, starrte die Wand an und zitterte. Anton zog die Hose über und taumelte auf den Hof hinaus, um gegen die Wurzel des Fliederbusches zu pissen, den Lina gepflanzt hatte, ohne ihn zu fragen. Sein Glied lag rot und schwer wie ein Stein in seiner Faust, und der gelbe Strahl verschwand zwischen grünen Grashalmen im feuchten Boden.

»Kleine Lina«, murmelte der Mann dem gelben, ungestrichenen Holz der Scheune zu, und eine unklare Sehnsucht durchschnitt seinen Körper wie ein Messer.

Als er wieder in der Kammer stand, lag sie noch immer zusammengekrümmt auf der Seite. Aber nun hatte sie die Decke über sich gezogen.

Anton streckte eine Hand aus, um ihre Haare zu streicheln, doch dann erstarrte er mitten in dieser Bewegung.

»Ich wollte dir nicht wehtun«, sagte er nur, tonlos und trocken, wie aus einem Mund ohne Speichel.

»Du warst … ein ganz anderer«, sagte Lina mit Kinderstimme.

»Ja«, antwortete Anton. »Vielleicht war ich das.«

Im Laufe des Herbstes gingen sie einander aus dem Weg und behielten sich verstohlen im Auge, beide waren erfüllt von vager Angst und unklaren Gedanken, die sie unterdrückten, noch ehe sie sie zu Ende gedacht hatten. Doch als der Mann erkannte, daß seine Frau wieder schwanger war, zog er sie unbeholfen in die Arme und sagte dabei kein Wort. Und Lina schluchzte und klammerte sich wie ein Kind an ihn.

Im Hafen war der südamerikanische Präsident inzwischen mit klaren Zügen und einer wallenden Mähne versehen worden, und der Künstler versprach Anton für den Tag ein Festmahl in einem Restaurant in der Stadt, an dem der Granitmann seine Schuhe anziehen könnte, wie er sagte.

Es war eine schwierige Arbeit gewesen, die dem Steinhauer alles an Geduld und Konzentration abverlangte. Um besser zu begreifen, wie ein Menschenkopf geformt war, hatte er zu Hause die Köpfe seiner Kinder umfaßt, eins nach dem anderen zu sich gerufen, ihnen die Hände um den Kopf gelegt, sich zu den verschiedenen Gesichtsknochen vorgetastet, Haaransatz und den Sitz der Ohren studiert, sie gebeten, zu lächeln und Grimassen zu schneiden, um die Bewegungen der Muskeln um Mund und Augen beobachten zu können. Wenn er mit erwachsenen Männern zusammen war, beobachtete er sie heimlich, und manchmal mußte Julius Simensen so posieren, wie es für den Präsidenten geplant war, ein wenig breitbeinig, mit geradem Rücken, hocherhobenem Kopf und grüßender Hand. Eines Sonntagvormittags schließlich, als Alfhild in der Kirche war, ging er zu Elis und bat ihn, sich auszuziehen. Elis ließ sich die Bitte begründen, grinste verlegen und schickte seinen Sohn vor die Tür.

»Gut, daß gestern Waschtag war«, sagte er dann und ließ seine Hosen zu Boden fallen.

Anton musterte Elis' nackten Körper, zählte Rippen und Rückenwirbel, bat ihn, sich zu bewegen, durch das Zimmer zu gehen und die Arme zu schütteln, denn er wollte Muskeln und Knochen, Sehnen und Fleisch studieren.

Als er wußte, wie der Präsident darunter so ungefähr aussah, fiel es ihm leichter, die Kleider richtig anzubringen, fand er, und er ging die weitere Arbeit mit größerer Zuversicht an. Ansonsten hatte er ja seinen Punktierapparat, den Apparat, den er an das Gipsmodell des Künstlers hielt, um Tiefe und Breite, Höhe und Länge zu messen. Und dann brauchte er nur zu multiplizieren, um die gewünschten Maße zu erhalten.

KLARA UND AUGUSTA. KLARA

Als die Großmutter auftauchte, um das neue Kind in Empfang zu nehmen, war Antons Kinderschar rundlicher und fröhlicher als sonst, vor allem Andreas. Der watschelte wie eine gutgenährte Gans über den Hof. Der Junge stahl Eier. Es stimmte nämlich nicht, daß Annagulla weniger legte, der Knabe Andreas wurde von so ungeheurem Hunger gequält, daß er so viele von den weißen Eiern an sich brachte, wie er sich nur traute. Er lief damit in den Wald, schlug sie an einem Stein auf und schlürfte ihren rohen Inhalt.

Dabei wurde er schließlich von Hilda ertappt, und sie stürzte sich voller Wut auf ihn, als er in einer kleinen Senke zwischen den Bäumen stand und sich an schleimigem Eiweiß gütlich tat.

Ton-Ton hörte sie schreien, stürzte in den Wald und riß die beiden auseinander.

Es war für Anton eine gute Saison gewesen. Nach der Arbeit am Präsidenten war ein weiteres Denkmal in Auftrag gegeben worden, diesmal ein schlichteres. Er sollte eine Säule herstellen, mit quadratischem Sockel, achtkantig, oben mit einer Kugel, in deutscher Schrift und mit seltsamen Figuren graviert. Es war ein milder Winter gewesen, sie hatten fast jede Woche arbeiten können. Und einzelne Engagements als Musiker hatte es auch gegeben.

An jedem Tag hatte Essen auf dem Tisch gestanden, und alle Kinder hatten neue Winterkleider bekommen. Linas Bauch schließlich war noch dicker als sonst. Und das lag an dem guten Essen, hatte der Mann gedacht.

»Das sind ja zwei«, sagte die Alte.

Die beiden, die zwischen Linas Schenkeln zum Vorschein kamen, waren mager und blau und sagten keinen Pieps. Die eine war tot. Und sie wäre eine Mißgeburt gewesen, sie hatte nur einen Arm. Das andere kleine Mädchen öffnete die Augen und lugte vorsichtig ins Licht. Die Hebamme faßte ihre Fußknöchel und klopfte ihr behutsam den Rücken, um ihr einen Schrei zu entlocken. Die Kleine sabberte und gurgelte. Die alte Marja schlug fester, und die Kleine sabberte noch mehr. Dann nahm die Alte das Kind auf den Arm und lauschte auf seinen Atem, der ging ruhig und regelmäßig, und damit war es gerettet.

Die tote Schwester wurde ohne eigenen Grabstein zusammen mit einem fremden Mann begraben. Aber einen Namen hatte sie bekommen, und wenn sie später über den Friedhof gingen, dann wußten sie, daß Augusta Syrin zusammen mit Haldor Mørk in der Erde lag.

Die andere Schwester wurde Klara getauft.

Linas Brüste schmerzten nicht und gaben sehr viel Milch, und Klara trank nicht nur, sie soff. Im Fjord wimmelte es von Wittlingen, und Ton-Ton war nun groß genug, um auf einem selbstgebastelten Floß zum Angeln hinauszufahren.

Die kleineren Kinder rannten halbnackt umher, jäteten auf dem Kartoffelfeld Unkraut, gaben den Hühnern Wasser und liefen in die Bucht, um im seichten Wasser zu planschen.

Lina hielt das Bündel Klara auf dem Arm, sie spielte nicht mehr mit Puppen, sie tanzte auch nicht mehr durch die Küche. Sie schien dieses letzte Kind nicht weglegen zu können, sondern es immer an ihrem Herzen haben zu müssen. Vielleicht mußte sie auf dieses besonders gut aufpassen, weil sie das andere verloren hatte, überlegte Marja.

In der Erntewoche band sie sich Klara mit einem Schal auf den Rücken. Das tat sie auch, als sie Anfang August gebeten wurde, im Haus eines kinderreichen Witwers auszuhelfen, der in der Stadt im Krankenhaus lag. Als er wieder gesund war, schenkte er ihr zum Dank zwei Apfelbäumchen. Sie waren noch klein und trugen keine Frucht, aber wenn sie in guten Boden kamen und anfangs gegossen wurden, konnte das schon im nächsten Jahr der Fall sein, versprach er.

Marja und Ton-Ton hatten sich während der Abwesenheit der Mutter zu Hause die Verantwortung geteilt. Sie waren jetzt gleich groß und verstanden einander, ohne viel sagen zu müssen. Sie hoben gemeinsam den schweren Stein vom Brunnendeckel, sie vergruben am Waldrand die Abfälle. Marja sah, was getan werden mußte, und Ton-Ton las es ihr von den Augen ab und brachte die anderen auf Trab. »Angel! Der Holzkasten!« – »Hilda! Die Kartoffeln!«

Abends im Bett tuschelten die beiden immer lange miteinander, wenn die anderen schon schliefen; in diesem Sommer sprachen sie über Augusta, die kein eigenes Grab erhalten hatte.

Und dann fing die Schule wieder an, und diesmal machten sich zwei auf den Weg dorthin.

Schon nach dem ersten Schuljahr wußte Marja genug, um auf die andere Seite des Flurs zu Schulmeister With umzuziehen, aber Fräulein Kurland behielt sie doch noch ein Jahr bei sich und setzte sie als Hilfslehrerin für die Neuen ein.

Einer von den Neuen war Ton-Ton, und als der Schnee kam, erschienen er und Marja nur noch abwechselnd in der Schule.

»Wo steckt denn Marja?« fragte die Lehrerin den Jungen am ersten Tag, an dem seine Schwester fehlte.

»Mama ist krank«, lispelte der Junge, der gerade zwei Milchzähne verloren hatte, und richtete die schönen Augen, die denen seiner Schwester glichen, auf die Bodenbretter.

Am nächsten Tag kam Marja, und Fräulein Kurland fragte: »Muß sich heute der kleine Anton um eure Mutter kümmern?« Marja nickte und schluckte.

Erst nach einer Woche konnte die Lehrerin aus ihr herauslocken, was wirklich das Problem war: Sie hatten nur ein Paar Stiefel. Wenn einer von beiden in die Schule gehen wollte, mußte der andere zu Hause bleiben.

An diesem Abend weinte Fräulein Kurland abends im Bett über die unerforschlichen Ratschlüsse des Herrn. Am nächsten zählte sie ihr Vermögen. Ihre Mutter war im vergangenen Frühling gestorben, und das Vermögen bestand aus dem Erlös für das kleine Haus, das die Mutter in der Stadt besessen hatte. Aber was sollte Fräulein Kurland mit dem ganzen Geld?

Ohne Rücksprache mit den Eltern der Kinder verabredete sie mit Marja, daß sie pro Woche nur einen Tag zur Schule kommen sollte, die anderen waren für Ton-Ton reserviert. Doch sie gab jetzt der Kleinen Bücher aus ihrem eigenen Bücherschrank mit. Reiseschilderungen aus fremden Ländern, religiöse Betrachtungen und einzelne Gedichte, die Marja wohl schon verstehen konnte, wie sie glaubte.

Marja las beim Kochen. Die feinen Bücher lagen in ein Stück

Stoff eingeschlagen, damit sie nicht schmutzig wurden, vor ihr auf dem Küchentisch, und Marja verschlang den Text, während sie Kartoffeln schälte und Heringe kochte. Sie deckte mit dem Buch in der einen Hand den Tisch. Sie las mit einem Auge und bewachte gleichzeitig eins der kleinen Geschwister, das versuchte, sich am Holzkasten aufzurichten. Sie las im Halbdunkel auf dem Klo und saß mit dem Buch auf dem Schoß neben ihrem Vater im Schuppen, wenn sie sich ein seltenes Mal von ihren Pflichten freimachen konnte.

Abends erzählte sie flüsternd ihrem Bruder, was sie gelesen hatte, und Ton-Ton konnte niemals genug über fremde Städte hören.

Ragnhild Johanne Kurland fand es seltsam, daß ein simpler Steinhauer ein so schönes und begabtes Kind hatte. Aber dann schämte sie sich, denn warum hätte er schließlich kein solches Kind haben sollen? Gott entschied, ob ein Mensch Steinhauer oder Gutsbesitzer wurde, Lehrerin oder Kapitänsgattin. Und die kräftige Frau senkte demütig den Kopf und bat um Vergebung, weil sie den charmanten Anton und die junge, dunkelhaarige Lina um ihre Tochter beneidete.

* * *

Dann kam der Frost, und beißender Wind fegte durch Kleider und Wände.

Klara wurde krank. Die Kleine war glühend heiß, und der Atem röchelte in ihrem verstopften Hals. Lina machte ihr heiße Umschläge mit Wacholderbeerabsud, und die Eltern trugen nachts abwechselnd das weinende Kind durch das Zimmer; es gab keine Arbeit, der Mann konnte schlafen, wann er wollte.

Anfangs schrie Klara. Dann war sie so schwach, daß sie nur noch leise jammern konnte. Dann schrie sie wieder, wütend schrie sie einmal rund um die Uhr. Danach quoll aus beiden Ohren gelber Eiter, und sie war wieder ruhiger.

In der folgenden Nacht erfror ein Huhn.

Und am nächsten Abend kam Fräulein Kurland zu Besuch.

Unter den Männern hatte sich herumgesprochen, daß die Schweden Gewerkschaften gegründet hatten und für ihre Pflastersteine besser bezahlt werden wollten. Der Stier lud zu einer Versammlung in die gelbe Baracke, doch als die anderen dort eintrafen, lag er mit gurgelnder Brust und hohem Fieber da und brüllte seiner Frau sinnlose Befehle zu. Die Versammlung mußte ausfallen.

Die Männer saßen trotzdem noch eine Weile in der Küche und tauschten Neuigkeiten aus. Aus Fredrikshald kamen Gerüchte über Kündigungen und Not, und in Schweden brauten sich Konflikte zusammen, hieß es.

»Konflikte?«

»Konflikte.«

»Was bedeutet das?«

»Streik. Arbeitsniederlegung.«

Sie blickten einander mit aufgerissenen Augen an.

Anton fröstelte, als er nach Hause ging. Er dachte an die Stiefel, die er für Marja nun doch nicht kaufen konnte, an Annagulla und die anderen Hühner, die sie vielleicht schlachten mußten, weil sie sonst verhungern würden, und an den Sprengmeister, der ihre Forderung nach einem winterfesten Arbeitsplatz noch immer nicht ernst nahm. Und als er das weiße Haus erreichte, stand die Lehrerin auf der Vortreppe und klopfte an die Tür.

Sie trug einen langen warmen Mantel mit Pelzkragen und hohe Stiefel, dazu eine Pelzmütze und einen Muff, der ihre Hände versteckte.

»Entschuldigen Sie die Störung«, sagte die Frau und blickte Anton ernst und erwartungsvoll an.

»Immer herein«, sagte der Mann höflich, öffnete der Lehrerin die Tür und ließ sie eintreten.

»Lina ist zum Laden gegangen, sie brauchen Hilfe bei einem toten Kind«, erzählte der Mann.

Er schaute zu den Kammertüren hinüber. Hinter der einen lag Klara, hinter der anderen spielten Hilda, Angel und Andreas unter den Decken ihr Bärenspiel.

»Marja hilft oben bei Petra aus, die hat vorgestern etwas Kleines bekommen«, erklärte er seinem Gast.

»Sagen Sie, wie viele Menschen wohnen eigentlich in diesem Haus?« rutschte es aus Fräulein Kurland heraus.

»Fünfzehn«, antwortete Anton, ohne erst nachdenken zu müssen. »Fünfzehn, wenn wir das Jüngste oben mitrechnen.«

Er bot ihr einen Stuhl an, und die Lehrerin legte ihren Muff auf den Tisch und zog ihren Mantel gerade.

»Sie dürfen das nicht falsch auffassen«, sagte sie dann.

In diesem Moment fing die kleine Klara an zu weinen, und Anton fuhr hoch, riß die Kinderzimmertür auf und rief Hilda zu: »Reiß dich jetzt zusammen, Mädel, hast du Mama nicht versprochen, daß du dich um die Kleine kümmerst?«

Fräulein Kurland biß sich auf die Lippen, und Anton lächelte verkrampft: »Entschuldigen Sie den Lärm. Sie ist nicht wie Marja, unsere Zweitgrößte. Marja kann alles und tut alles. Keine ist wie sie.«

»Es geht ja gerade um Marja … ich wollte mit Ihnen über Marja sprechen«, sagte die Besucherin. »Genau darüber. Daß sie alles kann. Alles, was sie will.«

»Ja?«

»Wenn sie nur die Möglichkeit erhält.«

Sie blickten sich über den Tisch hinweg an. Klara weinte jetzt nicht mehr, und nur Hildas leises Gemurmel war durch die Wand zu hören.

Zwei fremde Menschen, die nur die eine Gemeinsamkeit hatten, daß ihnen dasselbe Kind wichtig war, blickten einander fragend an, im Blick der Frau lag eine Bitte, eine Bitte um Verständnis für das, was sie sagen wollte, eine Bitte, nicht falsch verstanden zu werden. Doch in ihrem Blick lag auch Stärke, die Stärke der nach vielen durchgrübelten Nächten und Tagen erreichten Überzeugung. Im Blick des Mannes lagen Konzentration, der Wille, alles zu verdrängen, was ihm Sorgen machte: wie eng sie wohnten, die Not in der Stadt, die neuen schwedischen Gewerkschaften, die Kälte, die Sturheit des Sprengmeisters, die kleine Klara, die noch immer so böse hustete.

»Lassen Sie mich Marja adoptieren«, sagte Fräulein Kurland. Anton starrte sie an.

»Ich kann mir das leisten. Ich habe von meiner Mutter geerbt. Ich kann sehr viel für Marja tun, kann ihr warme Kleider geben, sie kann lernen, was sie will, dieses Mädchen verdient ... verdient ... sie ist so tüchtig, Herr Syrin, sie ist etwas ganz Besonderes ...«

Wovon redete die Frau da?

Anton begriff es nicht. Er hatte ihre Worte gehört, klar und furchtlos hatte sie gesprochen und schnell, um nicht unterbrochen zu werden, aber er begriff den Inhalt ihrer Worte nicht, wußte nicht, was sie von ihm wollte.

Jetzt hatte sie sich erhoben, sie stand mitten im Zimmer und knöpfte sich ihren schönen Mantel zu, setzte die Pelzmütze auf und schob eine Hand in den weichen Muff – wenn doch Lina so einen hätte oder einen Mantel mit Pelzkragen ...

»Sie brauchen mir jetzt noch keine Antwort zu geben, und bitte, nehmen Sie es mir nicht übel«, stammelte die kräftige Frau, die vor ihm stand.

Und Anton schüttelte den Kopf und spürte dabei, wie etwas Heißes, Dunkles von seinem Bauch her in seine Brust aufstieg, etwas Gewaltsames und Erschreckendes, das er nicht im Griff hatte; die Frau mußte jetzt sofort gehen, ehe es zu spät war, sie mußte sein Haus verlassen, fort, fort, und die Lehrerin ging, rückwärts durch die Tür, hinaus in Schnee und Dunkelheit.

KAPITEL 6

Hunger und Sehnsucht

AUSZEHRUNG UND TOD

Lofthus-Kalle starb im Februar 1898. Ein Wind schien durch das Haus geweht zu haben, sagten sie später, ein scharfer Wind, der das müde Lachen und die einsilbigen Bemerkungen des Kranken mit hinaus in den sternklaren Abend genommen hatte. Seine alte Wunde hatte sich entzündet. In der letzten Zeit hatte er im Bett gelegen und die Luft mit widerlichem, süßlichem Gestank erfüllt.

»Alte!« hatte er gemurmelt, zum Erstaunen seiner Frau, denn er hatte sie noch nie so genannt.

Er wiederholte das noch einmal, als Lina bei ihm war, aber er sagte es so leise, daß Lina, die in der Kammertür stehengeblieben war, es nicht verstand.

Er wurde mit seinem Hut und seinem roten Halstuch in den Sarg gelegt.

Er hatte fast bis zum Schluß im Steinbruch gearbeitet, war auf seinem Holzfuß zwischen den Blöcken einhergestapft, hatte sich auf das gesunde Knie gestützt und gehämmert, das aber mit geringerer Kraft als früher, als er noch auf zwei Füßen stehen konnte.

Sein ältester Sohn war zur See gegangen. Der zweitälteste, ein sehniger Bursche, der König Oscar genannt wurde, weil er nach dem schwedischen König getauft worden war, zog ebenfalls los, als sein Vater zwei Tage unter der Erde war. Der dritte hatte im vorigen Herbst bei seinem Vater als Keiljunge angefangen. Die beiden Mädchen gingen noch zur Schule, und der Kleinste fing gerade erst an zu laufen.

Petra konnte einfach nicht mit dem Weinen aufhören. Rund um die Uhr hörte die Familie im Stockwerk darunter, wenn die eigenen Kinder nicht zuviel Krach schlugen, durch die Decke das zitternde Schluchzen. Der Tod ihres Mannes schien ihr den letzten Mut genommen zu haben. Lina gab den Kindern zu essen und tröstete die Witwe, so gut sie konnte. Anton zimmerte Schlitten, um ein wenig Freude ins Haus zu bringen, einen für seine eigenen und einen für die Lofthuskinder. Auf diese Weise vermischte sich das Weinen von oben mit dem Jubel der Rodelbahn, auf der die Kinder zwischen den Bäumen dahinsausten.

Im Frühling hörten sie dann ebensoviel Husten wie Weinen, und im Herbst starben Petra Lofthus und ihr kleiner Sohn an Auszehrung.

Sie beschlossen, daß der fünfzehn Jahre alte Keiljunge im Haus wohnen bleiben und seine Wohnung mit zwei jüngeren Steinhauern teilen sollte, die beiden Mädchen sollten auf Höfe im Binnenland gegeben werden. Aber Hilda wollte ihre beste Freundin nicht hergeben und versuchte, ihre Eltern dazu zu überreden, daß sie die magere Kleine mit den strähnigen Haaren zu sich nahmen. Hilda und Lofthus-Sara gingen jetzt in die Schule, saßen am selben Tisch und kicherten. Die ältere Schwester war in Marjas Alter.

Anton und Lina überlegten sich die Sache.

GEIZIGE BAUERN

Mann und Frau saßen sich am Küchentisch gegenüber, nachdem die Kinder ins Bett gegangen waren; sie lehnte mit dem Rücken am warmen Ofen, er saß auf der Bank vor der Wand. Beiden war anzusehen, wie wenig sie es gewohnt waren, zu zweit zusammenzusitzen und die Hände untätig in den Schoß oder auf den Tisch zu legen. Anton war einige Monate zuvor vierzig geworden, Lina war zwölf Jahre jünger. Seine Haare waren noch immer voll und lockig, und in den letzten Jahren hatte er sich auf der Oberlippe einen schmalen dunklen Schnurrbart stehen lassen, der seinen weichen Mund ein wenig fester aussehen ließ. Lina hatte nie etwas dazu gesagt. Er dagegen hatte kein Wort darüber verloren, daß sie im Herbst nach der Geburt der kleinen Klara aufgehört hatte, wie ein junges Mädchen ihre Haare offen zu tragen, sondern sie jetzt zum Zopf flocht und um den Kopf wickelte.

So saßen sie einander gegenüber, er mit seinem feschen Schnurrbart und sie mit der Haartracht der verheirateten, gebundenen Frau. Während der letzten beiden Jahre hatte sie auch ein wenig zugenommen, und Anton kam es so vor, als sei sie jetzt von einer neuen Art von Verantwortungsgefühl erfüllt. Sie vergaß nicht mehr am Webrahmen die Zeit, immer waren die Kleider der ganzen Familie sauber und geflickt. Wenn die Wäsche draußen aufgehängt werden konnte, bewegten sich fast immer farbenfrohe Kleidungsstücke im Wind hin und her, die Fußböden in den kleinen Kammern waren immer sauber gefegt. Diese Arbeit erforderte wohl auch Planung und Konzentration, überlegte Anton sich und musterte seine Frau mit scharfem, tiefblauem Blick.

»Glaubst du nicht, daß die Lofthuskinder es auf einem Hof besser haben werden als hier, wo ohnehin schon so viele satt werden müssen?« fragte Lina vernünftig und setzte sich gerade hin.

»Tja, schwer zu sagen«, meinte Anton.

»Das stimmt«, sagte Lina. »Hof ist ja auch nicht gleich Hof, manche haben nur eine kleine Kate, andere besitzen gefüllte Scheunen, sie haben Fleisch und Speck, Tonnen voll Mehl und Salz und im Stall wohlgenährtes Vieh.«

Anton schwieg und blickte sie aufmerksam an.

»Aber schließlich ist es der Geiz, der die Bauern reich macht, während Sparsamkeit die Baracken vor dem ärgsten Hunger bewahrt«, sagte Lina nun.

Ihr Mann konnte sich nicht erinnern, von ihr je einen so langen, umständlichen Satz gehört zu haben, aber auf jeden Fall mußte er ihr recht geben.

Plötzlich lachte seine Frau, und nun war sie ihm wieder vertrauter.

»Sie ist schon eine Last, die kleine Sara«, flüsterte Lina. »Schlecht erzogen, faul und frech, die wollen wir doch nicht im Haus haben. Wir haben wirklich mit Hilda genug!«

Anton lachte leise. »Wir haben wohl keinen Kaffee?«

»Was sagst du da?« rief Lina empört.

»Ich hatte mir vorgestellt, daß du mir gleich einen Kaffee anbietest, wo du doch jetzt so klug und fremd daherredest.«

Lina sprang auf den Schemel und nahm die Kaffeemühle vom Schrank. Sie schaute hinein, mahlte einige wenige Bohnen und setzte Wasser auf.

»Es wird sofort serviert, Herr Syrin«, sagte sie und quoll vor Vergnügen fast über.

Bald saßen sie wieder gemeinsam am Tisch, Lina hatte die Beine übereinandergeschlagen und spreizte wie eine feine Dame beim Trinken einen Finger ab.

»Es ist mir eine Ehre«, sagte Anton und fügte hinzu: »Gnädige Frau.«

»Bei der Schwester ist das schon etwas anderes«, sagte Lina. »Die ist fleißig und lieb. Die hätte ich viel lieber hier.«

»Aber das geht doch nicht«, antwortete ihr Mann.

»Nein«, sagte Lina und spitzte die Lippen. »Das geht wohl nicht. Also müssen wir sie beide in die Fremde schicken, zu den geizigen und fetten Bauern.«

Anton stand auf und ging um den Tisch herum. Lina hielt noch immer die dampfende Tasse in ihrer schmalen Hand. Der Mann kniete sich vor sie hin, lachte leise und schlang die Arme um ihren Leib.

»Aber Syrin, wollen Sie guten Kaffee in die Haare haben?«

Er nahm ihr die Tasse weg und stellte sie auf den Tisch. Dann zog er sie zu sich auf den Boden und küßte sie, weich und lange, gierig und lange. Und Lina erwiderte seinen Kuß und legte die Arme anders um ihn, als er das je erlebt hatte, und ihr Körper war stark und bei allem dabei, und Anton wurde von Kopf bis Fuß von heißer Freude erfüllt.

Lina legte beide Hände um seinen Kopf und sah ihn an.

»Ich bin jetzt erwachsen, Anton«, sagte sie. »Ich bin jetzt erwachsen.«

DER TOD IST EIN EISIGER WINDHAUCH.
DER TOD IST EIN LAGER, AUF DEM DIE ANDEREN KEINEN ATEM MEHR HÖREN

»Die alte Marja hätte Lofthus-Kalle retten können«, sagte Klein Marja voller Überzeugung zu ihrem Bruder. »Bei Petras Auszehrung wäre das schon schwieriger gewesen.«

Sie hatten inzwischen vier Leichen erlebt, vier leblose Körper hatten sie gesehen, und sie sprachen über den Tod. Abends unterhielten sie sich darüber flüsternd, über die schlafenden Geschwister hinweg, sie bildeten auf dem Schulweg die Nachhut hinter Angel, Hilda und den Lofthus-Schwestern.

Schwarze Erde, dachte Ton-Ton schaudernd. Voller Käfer und Würmer. Weiße Ameiseneier.

Eine düstere, tiefe Stille, dachte seine Schwester, ohne die klammernden Arme des kleinen Andreas unter den Decken. Seit der Junge im Kinderbett schlief, war die Schwester an die Stelle der Mutter getreten; er konnte nicht schlafen, wenn er nicht einen Arm um Marjas Brust gelegt hatte.

Aber während die Vorstellung der tiefen Stille Marja vor allem eine mit Angst vermischte Wollust eingab, ließ der Tod sie an die Heilmittel der Alten denken.

»Die alte Marja hätte den Eiter aus Kalles Fuß geschnitten und ihm Salbe auf die Wunde geschmiert.«

Er hatte nach der alten Frau gefragt, das wußte Marja, aber niemand hatte seine Bitte verstanden. Die ältere Schwester hatte es ihr später erzählt, hatte lachend erzählt, daß ihr Vater die Mutter plötzlich »Alte« genannt hatte.

Klein Marja freute sich auf den Tag, an dem die Urgroßmutter sie in ihre Künste einweisen würde, sie war überzeugt davon, daß dieser Tag kommen würde.

Kurz nach der Beerdigung von Kalles Frau lieh Fräulein Kurland Marja ein Buch von Amalie Skram, das die Erzählung »Karens Weihnachten« enthielt.

Die beiden Geschwister lasen sich diese Geschichte gegenseitig vor, sie lasen über Karen, die mit ihrem Kind in den Armen in einer eiskalten Nacht in einem Schuppen im Hafen von Kristiania erfriert. Sie schluchzten vor Mitleid mit der jungen obdachlosen Mutter.

»So ist die Armut«, seufzte Marja.

»So ist die Armut in Kristiania«, seufzte Ton-Ton.

»So ist der Tod«, sagte Marja. »Wie ein eiskalter Windhauch durch undichte Wände.«

»Ich würde so gern mal eine Gaslaterne sehen«, seufzte Ton-Ton.

»Vielleicht war es ja nur gut, daß ihr Kind auch gestorben ist«, sagte Marja altklug und dachte an Karen und an Petra und deren jüngstes Kind.

»Und einen Polizisten würd ich auch gern mal sehen«, rief Ton-Ton.

Denn Karen wurde von einem Polizisten gefunden. Er stand unter einer Gaslaterne und betrachtete die Kräne im Hafen, als er entdeckte, daß sich im Schuppen jemand aufhielt. Und er hatte Karen nicht weggejagt, obwohl es eigentlich verboten war, im Schuppen zu sitzen, schließlich hätte sie nicht gewußt, wo sie sonst hingehen sollte.

»Glaubst du, in Fredrikshald gibt es auch so große Kräne?« fragte der Junge.

Amalie Skram hatte auch einmal in Fredrikshald gewohnt, das wußte Marja von Fräulein Kurland, sie hatte zwei Häuser weiter gewohnt als Fräulein Kurlands Mutter. Und sie war unbeschreiblich schön gewesen.

»Haben Sie noch mehr von Amalie Skram?« fragte Marja zaghaft, als sie den Band mit der traurigen Weihnachtsgeschichte zurückbrachte.

»Hat dir das Buch gefallen?« fragte Fräulein Kurland erfreut.

»Ja, sie schreibt so schön über den Tod«, antwortete Marja.

ANTON VERSUCHT, DEN ANBAU ZU TÖTEN

Ja, Lina ist erwachsen, dachte der Steinhauer, als er einige Tage später zur Arbeit ging. Nach sechs Geburten war seine Frau jetzt erwachsen. Er lachte ein kurzes, trockenes Lachen und versetzte einem Stein einen Tritt. Lina lief nicht mehr mit wehenden Haaren und roten Bändern herum, eine Angewohnheit, die die anderen Männer und vor allem ihre Frauen zum Glotzen und Tuscheln veranlaßt hatte. Anton hatte sie so gefallen, ihre Tanzschritte und ihr Summen hatten ihm gefallen, ihre flatternden, geblümten Tücher und auch die neidischen Blicke seiner Kollegen hatten ihm gefallen. So hatte Lina ihm gefallen.
Aber jetzt war sie erwachsen, und das erfüllte den Mann mit Unruhe.

Anton ging im milden Herbstwind zum Hafen, einem Wind, der nach Erde und Nüssen roch. Aber darauf achtete er nicht. Er richtete seinen Blick auf das Morgenlicht über den Baumkronen, ohne es zu sehen.
Er war vom Bild seiner Kindbraut erfüllt, die wie ein kleines Mädchen über den Hof rannte, von ihrer Freude, wenn sie ihm schöne Steine zeigen konnte, von ihren vertrauensvollen Armen, die sie in den ersten Jahren um seinen Hals gelegt hatte, von ihrem fröhlichen Kichern, wenn sie vergessen hatte, Brot zu backen.
Hatte sie ihm so wirklich gefallen?

Am Tag, nachdem er und Lina Kaffee getrunken und über die Zukunft der beiden Lofthus-Schwestern gesprochen hatten, zog Lina dunkle Kleider an, wie andere Ehefrauen sie trugen. Sie flocht sich nicht nur die Haare zum Zopf, sie bedeckte ihren Zopf auch noch mit einem schwarzen Tuch, wenn sie das Haus verließ.

Lina war erwachsen.

Lina kleidete sich grau und schwarz. Wie Svenssons Stina. Wie die Frau des Stier und wie Julius' Inga und alle anderen. Schwarz.

Schwarz, wie die verschlossenste Frau, die ihm je begegnet war.

Er atmete schwer, gab es denn wirklich keine andere Möglichkeit?

Fräulein Kurland war eine Ausnahme, diese unverschämte Person. Sie trug Hellblau und Braun. Und sie hatte eine geblümte Bluse. Das unverheiratete Fräulein Kurland. Aber auch seine Schwägerin, Elli, hatte Braun und Blau und Gelb getragen, obwohl sie verheiratet war.

Wieder gingen seine Gedanken in eine Richtung, die ihm nicht recht war, gingen zu dem Hof mit dem Haus, in dem alles angefangen hatte.

Er trat nach Steinen, jagte sie in hohem Bogen durch die Luft, aber das war auch kein Trost. Sie saß in seinem Kopf fest, seine Mutter, und dann tauchte auch der andere auf, der schielende Mann mit den viel zu langen Armen.

Dann fiel ihm etwas ein, und er blieb stehen: Einmal hatte sie ihn ja doch in den Arm genommen, sie, die eigentlich seine Mutter sein sollte. Doch, das hatte sie. Einmal hatte sie ihn umarmt, wie aus heimlicher Zuneigung. Ein einziges Mal hatte sie ihm etwas anderes gezeigt als ihre harten Hände, das Gesicht mit den zusammengekniffenen bleichen Lippen und dem blinden Blick. Im Laufe der Jahre hatte er dieses Erlebnis vergessen, hatte es verdrängt als etwas, das doch eigentlich gar nicht möglich gewesen war. Aber es war passiert, das wußte er sicher, und als er jetzt wieder den Hafen und die Verschläge unter dem Blechdach ansteuerte, trat es aus dem Nebel seiner Erinnerung heraus und wurde deutlich und nah. Er war damals vielleicht vier oder fünf gewesen. Sie standen in der kleinen Küche, nur er und die Mutter, und die Sonne schien durch die weit offene Tür. Das war seine Erinnerung: die von Sonne erfüllte Kammer und die Mutter, die ihn umarmt, die ihn küßt und umarmt, die seine Haare streichelt und weint, die ihr Gesicht in seinem Haar vergräbt, die ihn mit seltsamer, fast erschreckender Heftigkeit an sich drückt. Ihre Augen waren groß und ängstlich und feucht, und sie glänzten fiebrig. Aber auch jetzt *sah* sie ihn nicht, sie schaute über ihn hinweg oder an ihm vorbei. Und dann ließ sie ihn los und ging. Am selben Nachmittag hatte sie ihn grundlos geohrfeigt, und ihr Blick war düsterer denn je durch ihn hindurchgewandert.

Aber es war trotzdem passiert.

Als er den Hafen erreichte, blieb Anton stehen, fünfunddreißig Jahre später, und er begriff. Und was er zu begreifen glaubte, erfüllte den Mann mit einer so schwarzen und roten und so gewaltigen Wut, daß er davon wie geblendet war. Er hatte das Gefühl, daß seine Muskeln seine Kleidung zu sprengen drohten, und er kehrte den verdutzten Männern, die plauderten und dabei ins Wasser spuckten, den Rücken und lief den Weg zurück, den er gekommen war. Er hielt den Atem an und rannte, spreizte dabei die Finger und spannte die Hände an, er rannte mit harten, steifen Oberschenkeln und Waden, sein Körper schien zu einem rennenden Stein geworden zu sein. Er rannte und rannte, sein Gesicht wurde blaß und weiß und dann fast grün, weil er noch immer den Atem anhielt. Er keuchte und röchelte, holte Atem und rannte. Er stürzte davon, erfüllt von einem Haß und einem Zorn, die er immer schon geahnt hatte. Er hatte gewußt, daß sie in ihm steckten, hatte es gewußt und sich davor gefürchtet.

Aber als er den Hof erreicht hatte und die Haustür aufreißen wollte, machte er wieder kehrt, und statt die Türschwelle zu überschreiten und seine Wut an der Frau mit dem dicken Zopf und dem schwarzen Rock unter der Schürze auszulassen, an der Frau, die nicht mehr mit wehenden Locken über den Hof tanzte, sondern wie die anderen geworden war, änderten seine Füße ihre Richtung. Statt diese strömende Flut über diese eine unter allen Frauen in schwarzen Kleidern auszugießen, Frauen mit verhüllten Schultern und Armen und Knöcheln, Frauen, die die Augen niederschlugen und alles verbargen, ging er um den Anbau und schlug dort mit den Fäusten gegen die Rückwand. Er schlug zu, bis seine Finger bluteten, hämmerte, bis Späne splitterten, bis er durch die inzwischen entstandenen Löcher die verängstigten Augen der Hühner sehen konnte, und brüllte dabei wie ein riesiges waidwundes Tier.

Dann lief er wieder den Weg hinunter, diesmal jedoch am Fjordufer entlang, und nicht zur Arbeit an einem neuen Block. Er lief an der gelben Baracke vorbei und weiter durch den Wald, und dann stürzte er in die karge Hütte des Deutschen-Malte, der neben dem Kamin in der Ecke saß und selbstgebrannten Fusel soff.

Erst als am nächsten Tag die Sonne hoch am Himmel stand, hatte er seinen Rausch ausgeschlafen und ging wieder nach Hause.

LINA WIRD FRAU UNTER FRAUEN.
ZWEI NEUE MÜNDER WOLLEN ESSEN

»Männer!« sagten die Frauenblicke in Elisons Laden mitfühlend zu Lina, und Lina spürte ihre Wärme wie fließenden, süßen Honig.

»Usch, Männer«, sagte Stina, als sie einander auf dem Heimweg begegneten, und Lina zog ihr Kopftuch fester zusammen und starrte verlegen und froh zu Boden.

Weder der Sprengmeister noch die Arbeiter sagten etwas, als Anton nach zweitägigem Fehlen in der Morgendämmerung auftauchte. Das ganze Dorf wußte, wo er gewesen war. Die Frauen hatten durch die Fenster der gelben Baracke nach ihm Ausschau gehalten, Lina hatte ihn gesehen, erst durch das Küchenfenster, als er um die Ecke gestürzt war, um den Anbau umzubringen, später durch das Kammerfenster, als er davongestürzt war. Und dabei hatten sie sich doch erst vor wenigen Abenden so gut verstanden?

Inzwischen hatte Lina ihren Mann besser kennengelernt. Inzwischen war sie gewachsen, hatte sich von ihrer Hülle aus Licht und Spiel und Träumen vom Spielmann befreit. Inzwischen hatte sie begriffen, daß seine Augen, die ihren so strahlend und aufmerksam begegnet waren, sie gar nicht sahen, sondern eine Art dünne Haut zwischen ihnen bedeuteten, wie blaßblaue Vorhänge, hinter denen er sich versteckte. Wenn er die dunkleren, schärferen Augen auf sie richtete, die Augen, vor denen sie sich anfangs kichernd und verlegen geduckt hatte, dann sah er.
Sie entdeckte das, als sie ihn zusammen mit den Kindern beobachtete. Sie konnten vor ihm stehen und eifrig auf ihn einreden, wollten ihm vielleicht irgend etwas zeigen, und er schien sie mit seiner freundlichen Aufmerksamkeit zu wärmen. Aber später stellte sich dann heraus, daß er nichts gehört oder gesehen hatte. Nach der Nacht, in der sie Klara und die tote Augusta empfangen hatte, hatte Lina angefangen zu verstehen. Als er im Traum mit ihr geschlafen hatte. Als er ihr einen fremden Namen gegeben hatte. In dieser Nacht hatte er sie klar und scharf und verwundert angesehen. Hatte er sie bisher liebkost, ohne sie zu sehen, war das möglich?
Und langsam hatte sie eingesehen, daß seine Art, seine vorsichtige Art, mit ihr umzugehen, gar nicht seine Art war, sondern eine Art, mit der man zerbrechliche Dinge behandelt, damit sie nicht zerbrechen.
Er hatte sie wie ein Kind behandelt. Noch nach so vielen Geburten hatte er sie wie ein kleines Mädchen behandelt.
Und deshalb wollte Lina jetzt erwachsen werden.

Sie hatte angefangen, sich umzuschauen, hatte Stina und Fred-rikke und Berte gesehen, hatte die anderen Frauen gesehen, wenn sie von Haus zu Haus gingen, wie zogen sie sich an, wie verhielten sie sich?

Und sie dachte, daß sie wie die anderen Frauen werden wollte, eine erwachsene Frau, um die Haut zu zerreißen, die sich über den Blick ihres Mannes gezogen hatte.

Deshalb hatte sie sich die Haare zum Zopf geflochten. Deshalb hatte sie den grauen Rock und das schwarze Tuch gewebt.

Und in der Nacht, nachdem sie mit dem Kaffee in der Küche gesessen hatten, hatte er sie behandelt wie damals, als er sie mit einem anderen Namen gerufen hatte, und er hatte sie gesehen, stark und nah.

Doch danach war er wie verhext gewesen.

Auch als er von Malte zurückkam, hatte er sie so angesehen, mit seinen eigenen Augen. Beschämt zwar, aber blau und scharf. Und er hatte die Kinder betrachtet, so als ob er sie zählen wollte, hatte sie verwundert gedacht, als ob er sie endlich sähe und an-nähme, nicht nur Marja, sondern auch die anderen.

War es wirklich so?

War es so, daß er er selber sein konnte, jetzt, wo sie erwachsen war? Konnte er nun ein erwachsener Mann sein wie die anderen, der ab und zu eine Atempause brauchte, der Kartenspiel und Schnaps brauchte?

So muß es sein, dachte Lina, und sie war fast stolz, als sie an den folgenden Tagen bei Elison die mitfühlenden Blicke der Kopf-tuchfrauen auf sich lenkte; doch, Lina hatte sicher auch ihre Sor-gen, wie Frauen sie zu allen Zeiten gehabt haben, ach ja …

»Heute abend ist Versammlung bei Berte«, zwitscherte Alma und nickte mit ihrem großen Kopf. »Kommst du auch?«

Lina zuckte verwirrt mit den Schultern, Versammlung? Wovon redete die andere denn bloß?

»Ach, du hast sicher im Moment andere Sorgen«, sagte Alma dann. »Aber vielleicht das nächste Mal? Ich sage dir Bescheid.«

* * *

Anton hatte seinen glühenden Körper mit Schnaps gefüllt, hatte sich den Mund ausgespült und in Maltes kalten Kamin gespuckt, er hatte miesen Fusel und wütenden Hohn über alle Frauenzimmer der Welt in die grauweiße Asche gespuckt. Den Rest hatte er verschluckt, die trübe, scharfe Flüssigkeit und die neue Erkenntnis.

»Aber ist das nicht Anton?« hatte Malte genuschelt. »Der Vogel persönlich?«

»Mit Anhang«, Anton krümmte sich dramatisch und spuckte noch einmal. »Siehst du den nicht?«

»Wo denn?«

»Auf meinem Rücken. Und an meinen Flügeln. Verdammte geile Frauenzimmer und blöde Hahnreis, wenn du nur hinschaust, Malte!«

»Nein, nein, du bist ganz allein, das sehe ich doch.«

»Ganz allein«, wiederholte sein Gast. »Ganz allein. Nur weil dir ein Auge fehlt, kannst du sie nicht sehen.«

»Darf es noch ein Schnäpschen sein?« fragte der Wirt und setzte sich in seiner Ecke auf.

»Ja, vielen Dank«, sagte Anton und griff wieder nach der Flasche.

Und langsam schmeckte der Fusel immer besser, und das Gespräch kam ihm klüger und viel ergiebiger vor, und hatte Anton denn jemals einen besseren Freund gehabt als den alten Malte?

Doch als Anton am nächsten Tag beschämt und verwirrt und mit dröhnendem Schädel zu Hause auftauchte, kam er Lina auch nicht anders vor als die Onkel, die sie zu Hause aus ihrer roten Kate kannte, die Onkel, die umhertorkelten und ihren Rausch ausschliefen, die sich danach schämten und mit widerstrebenden Lippen, die nicht für das Sprechen an solchen Tagen geschaffen waren, vor sich hinbrummten, die Onkel, die nur flach liegen und eimerweise Wasser in sich hineinschütten mochten, um ihren inneren Brand zu löschen.

Sie hatte die Kinder früh ins Bett geschickt und ihnen befohlen, ganz still zu sein. Zur Verwunderung des Mannes hatte sie ihn angelacht, hatte mit den Augen gelacht, statt zu kichern oder Fragen zu stellen. Und er hatte das Wasser getrunken, das sie ihm immer wieder einschenkte, und die Welt wäre leicht und schön gewesen, wenn er nicht solche Kopfschmerzen gehabt hätte. Und als sie dann in der hinteren Kammer im Bett lagen, schlief Anton mit der erstaunten Erkenntnis ein, daß eigentlich gar nichts Schlimmes passiert war. Obwohl sich alles verändert hatte, war nichts passiert.

Neben ihm lag Lina und lächelte in die Dunkelheit und dachte an die Frauen, die sie plötzlich für ihresgleichen hielten.

* * *

Am nächsten Nachmittag bereitete sich Anton auf einen Besuch bei Fräulein Kurland vor. Er zog seine gute Hose und seine feine Jacke an, Kleider, die er eigentlich nur benutzte, wenn er irgendwo zum Tanz aufspielte. Und er feuchtete seinen schwarzen Filzhut an, damit der besonders dunkel aussah und glänzte, setzte ihn auf und band sich das rote Halstuch um.

Nach seiner Rückkehr ging er mit Hilda und ihrer Freundin Lofthus-Sara in seine Arbeitskammer im Anbau und schlug sie mit der flachen Hand auf den nackten Hintern. Die Mädchen jaulten wie mutterlose Kätzchen, denn sie wußten noch nicht, wofür sie bestraft wurden.

»Damit ihr lernt, euch anständig zu benehmen«, sagte Anton danach.

Sie schauten ihn aus verwunderten, tränennassen Augen an.

»Fräulein Kurland ist ein guter Mensch«, sagte er nun.

Und die kleinen Mädchen erröteten und starrten zu Boden.

Der Mann schickte sie weg und reparierte die Löcher, die er in die Rückwand geschlagen hatte. Dann ging er die Treppe hinauf und bot Lofthus-Sara und ihrer älteren Schwester an, weiter in dem weißen Haus wohnen zu bleiben.

Am nächsten Tag wurde bei ihm ein neues Denkmal in Auftrag gegeben.

ALS MANN UND FRAU.
ALS MANN UND FRAU UNTER FRAUEN UND MÄNNERN

Anton maß, hämmerte, schliff und meißelte.

Er kaufte für die drei ältesten Kinder neue Winterstiefel. Die drei nächsten erbten die zu klein gewordenen und ziemlich ausgelatschten Stiefel ihrer großen Geschwister. Andreas mußte in Holzpantinen über den vom Schnee befreiten Weg zum Anbau laufen, und die kleine Klara trippelte in handgenähten Stoffschuhen mit Ledersohlen durch das Haus.

Hilda und Lofthus-Sara benahmen sich in der Schule ordentlich und lernten eifrig; es war schon Monate her, daß sie hinter Fräulein Kurland hergeschlichen waren, sich hinter ihrem Haus im Gebüsch versteckt und »du fetter Pavian!« geheult hatten, als die Lehrerin über den Hof zur Toilette gegangen war. Jetzt halfen sie zu Hause und kicherten nur, wenn sie allein waren. Saras große Schwester Jensine kümmerte sich um die Hühner und verkaufte Eier an die Männer aus der gelben Baracke.

Sie hatten jetzt drei Kammern. In der Kammer oben schliefen Marja und Jensine auf einer auf dem Boden liegenden Strohmatratze, während Hilda und Sara sich die Ausklappbank teilten. Sie mußten ihr Zimmer selber rein halten und aufräumen. Die Nachbarkammer teilte sich Saras und Jensines Bruder mit zwei Junggesellen, die auch die Küche oben im Haus mit benutzten. Im Kinderzimmer unten sorgte Ton-Ton bei Angel, Andreas und Klara für Zucht und Ordnung, und die Eltern hatten nun ein Zimmer für sich. Aber Marja und Ton-Ton sehnten sich nacheinander. Obwohl Marja und die freundliche, stille Jensine gleich alt waren, besprach sie wichtige Dinge doch lieber mit Ton-Ton, und manchmal schlich er sich nach oben, wenn die kleinen Geschwister eingeschlafen waren. Wenn die Männer die

Küche nicht benutzten, schmiegten sie sich auf der Küchenbank aneinander, um in ihren Nachthemden nicht allzusehr zu frieren, und tuschelten über Australien. Marja hatte von Fräulein Kurland zuletzt einen Reisebericht über diesen Kontinent voller Schafe und Kaninchen, Känguruhs und Sträflinge, Goldgräber und Kakteen, Korallenriffe und Steppen, Lagerfeuer und Buschleute, lose Frauenzimmer und Whiskyfluten geliehen.

Die Wochen verstrichen, und Anton ging nicht noch einmal zu Malte. Lina dagegen wanderte mit klappernden Stricknadeln in den Händen den Weg entlang, wie die anderen Frauen das machten, wenn abends die Arbeit getan und die Kinder im Bett waren. Sie ging zu Berte, um sich den Prediger anzuhören, der irgendwo im Westen geboren und zu Fuß den ganzen Weg von Fredrikhald hergewandert war, um mit den Steinhauerfrauen Gottes Wort zu teilen.

Anton gefiel das überhaupt nicht. Sein einziger Trost war, daß er dieses Schicksal mit dem Stier und Gustav dem Schweden teilte, mit Bottolf und Ottar und noch anderen Männern vom Steinbruch. Alle hatten eine Frau, die plötzlich fromm geworden war und litt und jammerte, wenn die Männer sich samstags abends auf einen Schnaps und eine Kartenrunde trafen. Anton machte das nicht, damit hatte er an dem Tag aufgehört, als die Siebzehnjährige aus dem schwedischen Boot ihn mit ihren langen Haaren und ihrer Schönheit verhext hatte. Wollte Lina denn, daß er sie samstags abends allein ließ? Nein, das wollte sie nicht, dann wollte sie mit ihm zusammensein, und sie war lieb und warm. Der Prediger kam mitten in der Woche, und Lina verließ das Haus, während ihr Mann im Anbau bei der Arbeit saß und das nicht sah.

Aber er sah sie ja doch, die Frauen auf dem Weg, wenn er über den Hof ging; wie schwarze Schatten mit funkelnden Stricknadeln und langen Strümpfen über der Brust. Und dabei haßte Lina das Stricken doch so!

Nach den Andachten winkten die Frauen dem Prediger noch

lange hinterher und blieben dann im dunklen Abend stehen und klatschten. Und Lina, die sich nie dafür interessiert hatte und die auch nie aufgefordert worden war, sich an diesen Gesprächen zu beteiligen, stand im Mondlicht und genoß alles, sie lachte herzlich und hörte sich mit mitfühlendem Gesicht die Neuigkeiten an. Der Pastor hatte nämlich schon seit Jahren keinen Zugang mehr zur Pastorin, erfuhr sie, und wenn er ganz besonders darunter litt, dann schlich er durch den Wald und schaute bei der jungen Witwe an der Wegbiegung durchs Fenster. Und Elisons Ältester hatte es im letzten Sommer oben am See mit einer seiner Schwestern getrieben.

»Stimmt das wirklich?«

Es stimmte wirklich, Berte hatte es mit eigenen Augen gesehen. Und Erna wußte mit ziemlicher Sicherheit, daß das jüngste Kind von Bauer Dal nicht vom Bauern stammte, sondern vom Schulmeister.

»Von diesem trockenen Stock von Mann?«

»Ja, von With, und stellt euch vor, er hat es im letzten Jahr auch bei Hanna versucht!«

Lina lauschte mit großen Augen und schüttelte den Kopf.

»Ach, die Männer!« sagte Stina.

»Ja, die Männer«, seufzten Alma und Johanne wie aus einem Munde.

Und als Anton Feierabend machte und sein Arbeitszimmer im Schuppen verließ, saß Lina mit einer Handarbeit in der Küche und summte mit geheimnisvoller Miene Kirchenlieder. Denn was sie gehört hatte, war Frauengerede und nicht für Männerohren bestimmt.

Anton fühlte sich gar nicht wohl in seiner Haut. Mußte das nach seinem Tag bei Malte so sein? Aber Lina half ihm aus der Jacke und hängte sie auf, und das hatte sie noch nie gemacht. Und sie machte ihm abends Reste vom Mittagessen warm und massierte nach dem Essen seine steifen Schultern und seinen schmerzenden Rücken.

Doch Anton fühlte sich nicht wohl in seiner Haut.

Und er dachte an den argentinischen Künstler, der ihn nach Buenos Aires eingeladen hatte. Wie schön wäre es, dort das Denkmal des Präsidenten auf seinem Sockel zu sehen!

Die erste Seefahrt

Es war Vollmond und Samstagnacht. Auf einem kleinen Hinterhof stand ein Holzschuhe tragender Junge und schaute durch ein Fenster. Die Schuhe waren zu klein, und der Junge war zu dünn angezogen. Hinter ihm tropfte eine Wasserpumpe auf einen Eisbuckel, der Junge drehte sich mehrere Male gereizt um und starrte den Buckel an, auf den in regelmäßigen Abständen die Tropfen aufklatschten. Dann schaute er wieder durch das Fenster, und durch einen schmalen Spalt zwischen der verdreckten Scheibe und einem dunkelblauen Stück Stoff sah er eine halbnackte Frau, die ihre Füße in eine Waschschüssel tunkte. Sie saß im Licht einer trüben Petroleumlampe auf einem groben Hocker und spreizte die Knie. Der Junge sah sie von der Seite, ein rundes Knie über einer dicken Wade, ein Arm hing schlaff nach unten und erreichte fast den Boden.
Der Junge fröstelte und ging in die Hocke. Aus der Ferne hörte er leise Akkordeonmusik.
Nach einigen Minuten erhob er sich wieder und sah zu, wie die Frau die Füße aus der Schüssel nahm und die Schüssel vorsichtig unter das Bett schob. Hinter ihr konnte er auf dem Boden eine Matratze und zwei schlafende Bündel sehen. Dann verlosch das Licht.
Der Junge wartete. Er fror und schlug sich die Arme um den Leib, zog den Kragen seiner Jacke höher und klapperte mit den Zähnen. Dann legte er das Ohr an die Fensterscheibe und atmete erleichtert auf.
Er schloß eine Tür auf, die ein Stück vom Fenster entfernt war, ließ die Holzschuhe draußen stehen und schlich ins Haus. Bald stand er im Zimmer der Frau, in der Wärme und den Geräu-

schen der Kinder, die unter ihrer Decke auf der Matratze atmeten, und der schlafenden Frau im Bett. Er bückte sich, griff unter einen kleinen Tisch, bekam etwas zu fassen und verließ das Zimmer.

Auf dem Hof blieb er einige Sekunden stehen und schaute den Schlüssel an, mit dem er die Tür versperrt hatte, dann steckte er ihn in die Tasche, stieg in seine Schuhe, schwang sich den Leinensack, den er aus dem Zimmer der Frau geholt hatte, auf die Schulter und ging.

* * *

Am nächsten Morgen brachte die Sonne eine feine Schicht Neuschnee zwischen den Häusern in Fredrikshald zum Funkeln. Der Spielmann, der in Madame Fossens Vorzimmer auf dem Sofa übernachtet hatte, wurde vom Licht geweckt, schaute verwundert das Porträt des verstorbenen Anwalts an, das vor ihm an der Wand hing, und erinnerte sich dann, wo er hier war. Mit müden, rot unterlaufenen Augen musterte er die Gesichtszüge des Mannes, die scharfen Konturen, den wachsamen Blick hinter dem Kneifer auf der breiten Nase. Ein guter Kopf für ein Denkmal aus Granit, dachte er. Und dann fiel ihm ein, daß der Anwalt die Doppelhochzeit seiner Töchter nicht mehr erlebt hatte. Beide hatten gute Partien gemacht, die eine hatte einen Reederssohn geheiratet, die andere den eines Bauunternehmers. Der eine ein kleiner, trockener Mann mit Ausschlag an den Händen und auf der Stirn, der andere groß und kräftig, laut und immer zum Lachen aufgelegt. Auch die Schwestern waren sehr verschieden; die, die den Reederssohn geheiratet hatte, war üppig und kräftig, mit roten Lippen und breitem Lächeln, die andere fast durchsichtig bleich und still.

»Zwei passende Paare«, hatte während des Festmahls ein junger Mann belustigt seinem Nachbarn zugeflüstert.

Der Spielmann erhob sich und nahm seine Kleider von der Stuhllehne, zog sich an und hielt Ausschau nach seinem Instrument. Das lehnte am Sofa, auf dem er geschlafen hatte.

»Aber gehen Sie ja nicht vor dem Frühstück«, hatte Madame ihn gebeten.

Doch das Haus war still und tot, und der Mann hatte einen weiten Weg vor sich. Vorsichtig öffnete er die Wohnungstür und schlich sich die Treppe hinunter. Dann merkte er, wie hungrig er war, er blieb stehen, dachte kurz nach und sah die vielen Leckerbissen von der Tafel am Vorabend vor sich: Immer neue Schüsseln mit verziertem Geflügel und französischen Pasteten, Lammfleisch und Schweinebraten, überladene Teller, die fast noch genauso voll aussahen, als die Gäste endlich satt waren, und ihm lief das Wasser im Munde zusammen.

Es wäre dieser großzügigen, gastfreundlichen Witwe bestimmt nicht recht, wenn ich mit leerem Magen aufbrechen müßte, dachte der Mann. Denn sie war doch anders als andere wohlhabende Menschen, die er bisher kennengelernt hatte. Oder etwa nicht?

Und es ist ja auch egal, dachte er stolz, denn ihm waren für die Zeit seines Engagements Kost und Sofa versprochen worden, und sein Engagement würde erst beendet sein, wenn er gegangen war.

In der blau gestrichenen großen Küche bedeckten Stapel von sauberen Tellern, Gläsern und Besteck Tische und Bänke. Die Mädchen hatten bis zum Morgengrauen arbeiten müssen. Der Musikant ließ seine Blicke über kleine und große Schranktüren schweifen und dann bei einer anhalten. Die machte er auf.

Die Straßen waren still und sonntäglich leer. Er pfiff vor sich hin, schob sich den Hut in den Nacken, das Akkordeon hing über seiner Schulter, und seine Taschen waren mit Lebensmitteln vollgestopft. Er wollte sich an den Anleger setzen und beim Frühstücken den Schiffen zusehen.

Die Sonne wärmte sein Gesicht, obwohl es noch früh im Winter war, und im Hafen wiegten sich kleine und große Schiffe auf der glitzernden Wasseroberfläche. Der Mann blieb stehen und las ihre Namen, schaute sich nach allen Seiten um und schlug sein Wasser ab.

»Verdammt!« rief unter ihm jemand.

Er fuhr zusammen und knöpfte seine Hose wieder zu, dann beugte er sich verwundert über die Kaimauer und blickte in ein Paar dunkle, wütende Augen.

»Hab ich dich getroffen?« fragte er.

»Fast«, antwortete eine empörte Jungenstimme, und ein mageres, kleines Gesicht verzog sich zu einer zornigen Grimasse.

»Ich habe dich nicht gesehen«, lachte der Mann.

Der Junge hatte vor der Kaimauer in einem schmalen Ruderboot gelegen. Er war zur Hälfte mit einer fettigen Plane zugedeckt, und sein struppiger Schopf stand nach allen Seiten ab.

Ein Spielmann, dachte der Junge im Boot. Ein armer Waisenjunge, dachte der Mann auf der Kaimauer.

»Hast du Hunger?« fragte er, wie um auszugleichen, daß er mit seinem gelben Strahl fast getroffen hätte.

Der Junge sprang mit gierigen Augen aus dem Kahn auf die Mauer, schaute ängstlich zur Hafenschänke hinüber, zog den Kopf ein und lief zu einem Bretterstapel vor einem Schuppen, der als Sitzplatz geeignet zu sein schien.

Der Erwachsene leerte seine Taschen, und der Junge betrachtete Brot und Fleischstücke voller Verwunderung.

»Hast du das geklaut?« fragte er mit hoffnungsvoller Stimme.

Der andere schüttelte den Kopf. »Bitte sehr.«

Sie kauten und beobachteten die Möwen, die ein Stück weiter draußen auf den Wellen schaukelten.

»Schwein«, sagte der Mann und zerteilte ein großes Stück Fleisch.

Der Junge nickte.

»Huhn«, sagte der Mann.

»Nein, Truthahn«, sagte der Junge, nachdem er einen großen Bissen verzehrt hatte.

»Truthahn?«

»Das kannst du dem Fleisch ansehen. Es ist trockener. Und auch weißer.«

»Woher weißt du das?« fragte der Mann und betrachtete die schmale Gestalt in der dunkelblauen Jacke über dem verschlissenen Wollpullover erstaunt.

»Hehe«, lachte der Junge. »Feine Quetsche«, sagte er dann mit dem Mund voll weißem, trockenem Vogelfleisch.

Er durchwühlte seine Taschen und zog dann eine kleine Holzflöte hervor. Der Mann mit dem Filzhut nahm sie und betrachtete sie. Es war eine schöne kleine Arbeit.

»Spielst du auch?« fragte er.

Der Junge zuckte mit den Schultern und aß weiter.

»Sie herzustellen macht mir mehr Spaß«, sagte er.

Der andere musterte ihn von der Seite und wunderte sich über das ironische Lächeln, das das Gesicht des Jungen nie zu verlassen schien. »Du mußt doch spielen können, damit sie gut werden?« fragte er.

Der Junge nickte.

»Hast du denn kein Zuhause?« rutschte es aus dem Mann heraus.

Der Junge mit dem struppigen Schopf sah ihn an und schluckte, nahm noch ein großes Stück Fleisch, diesmal Schneehuhn, schloß die Augen und lehnte sich an die Schuppenwand.

»Es geht mich ja nichts an«, sagte der Mann. »Du brauchst mir keine Antwort zu geben.«

»Ich fahre morgen los«, sagte der Junge. »Ich habe auf einem großen Schiff angeheuert.«

Er zeigte auf den Fjord, so als liege das Schiff vielleicht am anderen Ufer.

»Meine Mutter hat mich als Hofknecht an einen Bauern verkauft, aber das kommt nicht in Frage.«

»Sie hat dich verkauft?«

»Hat ein Jahr Lohn als Vorschuß bekommen. Sie brauchte das Geld, um … um …«

Er seufzte hilflos und fuhr sich mit der Hand durch seinen wirren Schopf.

»Sie hätte mich immerhin fragen können. Aber das hat sie nicht getan. Und ich will nicht zu diesem Bauerntrottel. Zu diesem alten Schwein unter all den anderen Schweinen. Ich will weg hier!«

Der Mann hielt sich die Flöte an die Lippen und spielte eine kleine Melodie. Der Junge lächelte mit weichen Kinderlippen, aber nicht einmal dabei wich der ironische Zug aus seinem Gesicht.

Sie hörten Stimmen, und der Flötenmacher schaute sich wachsam um. Er sprang auf, stupste unbeholfen die Schulter des Mannes an, lief davon und sprang in sein Ruderboot.

Der Erwachsene erhob sich ebenfalls und machte sich marschbereit. Dann fiel ihm auf, daß er noch immer die Flöte in der Hand hielt, und er stapfte zur Kaimauer, um sie zurückzugeben. Doch der Junge schaute noch einmal über die Kante und rief: »Danke!«

Als er das Holzrohr mit den kleinen Löchern sah, fügte er rasch hinzu: »Die kannst du behalten. Ich habe noch mehr.«

Dann war sein kleiner Kopf wieder verschwunden, und der Mann nahm an, daß er sich unter der verdreckten Plane versteckt hatte. Er schob die Flöte in die Tasche, lud sich das Akkordeon auf die Schulter und ging los.

* * *

Als am nächsten Vormittag die Fortuna aus Sandefjord den Fjord verließ, lag der frischgebackene Schiffsjunge Anton Jensen auf den Knien und scheuerte das Deck.

Als er zur ersten Wache antrat, hatten sie das offene Meer erreicht, und die schmale Gestalt im dunkelblauen Troier stand an der Reling und schaute zum Himmel hinauf. Er dachte nicht an seine Mutter, die bestimmt vor Zorn außer sich gewesen war, als sie ihn weder in der Schenke noch auf seiner Schlafstatt im Stall fand, als der Bauer ihn holen wollte. Er dachte an den Mann, der das gute Essen mit ihm geteilt hatte. An den Mann, der sich Zeit gelassen hatte, um an einem winterkalten Sonntagmorgen mit ihm vor der Sonnenwand zu sitzen und ihn zu fragen, wie es ihm ginge.

Spielleute sind anständige Menschen, dachte der Junge, zog eine Flöte aus der Tasche und spielte ein Lied für Meer und Himmel und den Fremden mit dem besorgten Lächeln.

MADAME FOSSENS MAKEL

Sie sah besser aus als seit langem, das war den Hochzeitsgästen aufgefallen. Vor allem die herausgeputzten Kavaliere an der Festtafel hatten die Gastgeberin aufmerksam betrachtet und sich über ihr strahlendes Lächeln gefreut.

Der Reeder aus Sandefjord, der für seinen Sohn eine Rede gehalten hatte, hatte spontan von seinem vorbereiteten Text aufgeschaut und sie in seine phantasievollen Betrachtungen über Jugend und Liebe einbezogen. »Wenn die Braut ihre Schönheit und Anmut ebenso lange behält wie ihre Stiefmutter«, dann würde sein Sohn sie zweifellos ein langes Leben lang auf Händen tragen.

Margrete Fossen errötete hold, und als der Reeder ihr später zuprostete, schaute er ihr mit bewegter Miene in die Augen.

Aber nicht dieser Mann hatte die junge Witwe zum Glitzern gebracht.

Sie hatte sehr früh geheiratet.

Rechtsanwalt Fossen war eine gute Partie gewesen, aber er war viel älter als sie, ein Witwer mit zwei Töchtern. Doch das junge Mädchen hatte ihn erwählt und keinen von den jungen Männern, die sie umschwärmten. Sie hatte weder ihn noch einen anderen geliebt, sie hatte noch keinen getroffen, der ihre Jungmädchenseele mehr als nur ganz leicht berührte, und deshalb konnte sie mit den Geschenken des reifen Mannes besser umgehen als mit Rosen und den erwartungsvollen Blicken der Jünglinge.

Für den Rechtsanwalt war sie nicht die erste. Er hatte eine Erfahrung, die den anderen fehlte, und er würde sich nicht so leicht enttäuschen lassen wie ein junger Mann, hatte sie gedacht.

Nach acht Jahren war er von ihr gegangen. Ohne ihren Makel je entdeckt zu haben. Sie hatten sich im Dunkeln geliebt, er hatte das, was er für ihre wundervolle Keuschheit hielt, gern akzeptiert, hatte sich damit abgefunden, daß er sie niemals nackt sehen durfte. Mit den Händen hatte er ihren Körper ja doch kennengelernt, ihre weiche Haut über den runden Formen.

Und ihr Leben war gut gewesen. Freundschaftlich und voller Geborgenheit. Der Mann war sehr beschäftigt gewesen, und deshalb hatte er seiner Gattin die Verantwortung für den Haushalt und die beiden halbwüchsigen Töchter überlassen. Sie aßen zusammen und plauderten abends, er legte seine Patience und trank ein Glas Portwein, sie stickte.

Dann starb er plötzlich, und Margrete war mit knapp sechsundzwanzig Jahren mit den schwärmerischen jungen Mädchen allein in dem großen Haus.

Sie sehnte sich nach der warmen Hand, die er ihr auf die Schulter gelegt hatte, wenn sie zusammen im Erker standen und aus dem Fenster in die Abendsonne schauten. Und sie sehnte sich nach dem Gefühl von Vertrautheit, wenn er ihr ein seltenes Mal etwas über seine Arbeit anvertraut hatte.

Aber sie war noch keinem Mann begegnet, der sie tief berührt hatte, und sie stellte sich schon längst nicht mehr vor, was das für ein Gefühl sein würde.

Als ein Jahr später einer der besten Freunde ihres Mannes aus der Hauptstadt anfing, sich um sie zu bemühen, nachdem er den Töchtern seines verstorbenen Kollegen schon Höflichkeit und vielleicht auch Verantwortungsgefühl entgegengebracht hatte, empfing sie ihn bei seinen nachmittäglichen Besuchen mit sanfter Freude. Sie saßen bei Tee und Gebäck im Klaviersalon und hörten den jungen Damen beim Singen und Spielen zu, sie plauderten über gemeinsame Bekannte und die Zeichen der Zeit. Und als der Mann sie einige Monate später um ihr Jawort bat, nahm sie seinen Antrag mit derselben kühlen Resignation wie damals an.

Zum zweiten Mal würde Margrete einen verwitweten Anwalt heiraten, nur hatte dieser zweite aus seiner ersten Ehe keine Kinder.

Er machte ihr seinen Antrag, als das Datum für die Doppelhochzeit der Stieftöchter bereits festgelegt und Margrete mit dem Versenden der Einladungen und der übrigen Planung vollauf beschäftigt war. Alles sollte im Geiste des verstorbenen Anwalts und womöglich noch besser geschehen. Die Brautkleider wurden von einem der tüchtigsten Schneider der Hauptstadt genäht, sie verpflichtete Musiker, bestellte ein Meer aus Blumen für den Tisch und geflochtene Girlanden, und sie plante die exklusivsten Gerichte.

Und alles klappte wie am Schnürchen, nur mußte die kleine Kapelle aus Krankheitsgründen plötzlich absagen. Aber hatte sie nicht von einem tüchtigen Akkordeonspieler gehört, der einmal, als sie und ihr Mann im Ausland unterwegs waren, bei Dr. Alme aufgespielt hatte?

Als sie am Morgen nach der Hochzeit aufwachte, dachte sie als erstes an diesen Mann. Syrin hieß er, wie eine von Margretes Lieblingsblumen. Und war seine Musik nicht auch so? Wie Dolden des Überflusses. Nein, sie kicherte, was für ein Unsinn. Musik ist Musik, und Blumen sind Blumen. Und wie jemand heißt, ist nun wirklich ein Zufall.

Sie zog sich rasch an und ging in die Küche zum Mädchen, das bereits die Tellerstapel in die Schränke räumte.

Dann ging sie durch die Wohnzimmer, nur um zu sehen, daß die Tür zum Vorzimmer offenstand und das Sofa leer war. Erfüllt von einer Enttäuschung, der sie noch keinen Namen zu geben wagte, ging sie in die Küche zurück.

»Hat er denn wenigstens noch gefrühstückt, der Spielmann?« fragte die Madame gereizt.

Aber das wußte das Mädchen nicht, sie hatte nach Tagen und Nächten der Plackerei tief und fest geschlafen.

Er hatte sie berührt, der Mann mit dem Hut und dem roten Halstuch. Schon als er ihr bei seinem Eintreffen die Hand gegeben hatte, hatte er sie berührt, mit seinem festen, starken Händedruck und den Augen, die ihre kaum loslassen wollten. Sie hatte es im Bauch gespürt, hatte das Gefühl gehabt, daß er sie in ein Kraftfeld hineinzog, dort, wo sie standen, mitten in der Küche.

Als sie ihm erzählte, was von ihm erwartet wurde, klang ihre Stimme anders als sonst, atemlos, ihr Mund war plötzlich wie ausgedorrt. Sie hatte ein Mädchen gebeten, dem Mann etwas zu essen und zu trinken zu geben, dann war sie geradezu in ein anderes Zimmer, zu anderen Aufgaben geflohen.

Allein seine Anwesenheit hatte an diesem Abend ihre Wangen glühen und ihre Augen strahlen lassen, so als werde hier ihre eigene Hochzeit gefeiert.

EINE DUFTENDE ROSE

Margrete Fossen ging durch ihre Zimmer. Sie blieb vor dem Porträt ihres ersten Anwaltes stehen. Dann trat sie an die Kommode, in der ein kurzer Brief lag, den sie morgens erhalten hatte. Er stammte von ihrem zweiten Anwalt, dem Verlobten, der sich in Kopenhagen aufhielt. Er schrieb, wie sehr er bedaure, nicht zur Hochzeit der Mädchen gekommen zu sein, er freue sich jedoch darauf, sie in Dänemark zu treffen. Die vier waren an diesem Morgen auf Hochzeitsreise gefahren, Margrete hatte ihnen nachgewunken, und ihr Zukünftiger würde sie in Kopenhagen erwarten und in ihr Hotel bringen. Am nächsten Tag wollten die jungen Paare dann weiterreisen, das eine nach Italien, das andere nach England.

Margrete wiegte den dünnen Briefumschlag in der Hand und versuchte, den Absender vor sich zu sehen.

Aber das gelang ihr nicht. Es gelang ihr ganz einfach nicht. Statt seiner sah sie Anton Syrin.

Einen, der körperliche Arbeit verrichtet, dachte sie ärgerlich. Ob die Muskeln unter seinen Kleidern sie so beeindruckt hatten? Aber sie hatte doch schon häufiger Muskeln gesehen, bei Schreinern und Schlachtern, Schmieden und Fischern. Hatten seine verspielten und sicheren Hände auf dem Akkordeon sie so bezaubert oder einfach seine Musik? Aber sie wußte, daß es auch das nicht war, denn noch ehe er zu seinem Instrument gegriffen hatte, hatte dieser Mann ihr Herz bereits zum Hämmern gebracht. In der Erinnerung ging sie nun ganz langsam sein Gesicht durch und kommentierte jedes Detail: Was für ein fescher Schnurrbart. Und was für ein weiches Kinn, war es nicht fast schon ein bißchen unmännlich? Und was für weiche Lippen, feuchte Lippen, fast wie bei einem Betrunkenen. Und seine Nase, war die nicht zu scharf, um schön genannt werden zu können?

Sie versuchte, über das zu lachen, woran sie sich nur zu gut erinnerte: über die Nase und den Mund, die eigentlich zu zwei verschiedenen Personen zu gehören schienen. Denn eine scharf geschwungene Nase paßte zu einem Mann mit straffen, schmalen Lippen, ein weicher, fülliger Mund brauchte eine breite Nase mit weichen Nasenlöchern, stimmte das denn nicht?

Aber die Augen, welchen Platz hatten die in diesem seltsam zusammengesetzten Gesicht?

An den Augen hatte sie nichts auszusetzen, sie waren groß und ausdrucksvoll, stark und klar in der Küche, später lachend über seinem Instrument, ab und zu melancholisch, immer änderten sie ihren Ausdruck im Takt der Musik, die seine starken, geschmeidigen Finger dem Instrument entlockten. Madame Fossen mußte sich auf den kleinen Rokokostuhl vor der Kommode setzen. Bei der Erinnerung an den funkelnden Blick des fremden Mannes jagte eine Hitzewelle durch ihren Leib. Und seine Haare, seine wilden Locken, schrien die nicht geradezu danach, zerzaust zu werden?

Herrgott, rief Madame sich zur Ordnung, er ist doch ein erwachsener Mann, kein Kind, dem man die Haare zerzaust!

Sie hatte nur selten gewagt, ihn direkt anzusehen, aber ihr Blick war ihm diskret über die Köpfe der Tanzenden hinweg gefolgt oder zwischen ihnen hindurch, wenn sie selber auf der Tanzfläche war. Sie hatte mit dem Reeder aus Sandefjord und mit beiden Bräutigamen getanzt, der Bauunternehmer tanzte nicht einmal mit seiner Frau, er hielt sich an seinen Schnaps.

Aber dieser Anton Syrin, dachte sie, was geht ihm wohl durch den Kopf, wenn er die Festgäste so aufmerksam mustert?

Am nächsten Tag lud sie die Frau des Arztes zum Tee ein. Sie unterhielten sich über das Hochzeitsfest und die beiden Paare, sie plauderten darüber, wie verschieden die beiden Schwestern doch waren und daß jede einen Mann gefunden hatte, der zu ihr paßte. Und wie zufällig erwähnte Margrete den Musikanten, als ihr Gast schon wieder nach Haus gehen wollte.

»Ja, ist er nicht tüchtig?« fragte Frau Alme.

Ihre Gastgeberin dankte ihr noch einmal für die Vermittlung und fragte scheinbar zerstreut, was er eigentlich für ein Mann sei und ob er vom Fjordinneren herstamme.

»Auf jeden Fall wohnt er da schon seit vielen Jahren«, antwortete Frau Alme. »Mit Frau und Kindern.«

»Viele leiden ja wirklich große Not«, sagte Margrete nun mit abgewandtem Blick. »Vielleicht habe ich für seine Kinder abgelegte Kleider?«

»Du denkst wirklich immer an andere.« Ihr Gast lächelte, bedankte sich für die Bewirtung und ging.

Mit Frau und Kind, dachte Madame. Natürlich, was hatte sie denn erwartet?

Und sie wanderte durch ihre Zimmer, ohne Rast und Ruh, hin und her, ohne Ziel und Zweck.

* * *

Dann bekam Anton Syrin einen Brief.
Er war mit der Fähre gekommen, und der Sprengmeister überreichte ihn höchstpersönlich.

* * *

Am nächsten Wochenende gab Madame Fossen ihren Bediensteten frei, und am frühen Samstagabend wurde an ihre Tür geklopft. Sie öffnete mit zitternden Händen und ließ Anton in die spärlich beleuchtete Diele. Rasch schloß sie hinter ihm die Tür und führte ihn durch die Zimmer, warf im Vorzimmer einen verstohlenen Seitenblick in den großen Spiegel und registrierte, daß der Mann keinen Mantel trug. Aber er hatte ein rotes Halstuch, dasselbe fröhliche Halstuch wie auf der Hochzeit. Erst im hintersten Zimmer blieb sie stehen, trat vor ihn und reichte ihm die Hand. Ihre Augen waren hell und grau unter ihrer blassen Stirn und den blonden Locken. Sie trug ein blaues Kleid aus weichem Stoff, und der Rock reichte ihr bis zu den Knöcheln. Ob er für Lina wohl je so ein schönes Kleid kaufen könnte, fragte Anton sich. Aber warum sollte er, Lina ging jetzt ja doch nur noch in Schwarz. Es war immerhin ein schönes Kleid. Ganz zu schweigen von der Silberspange, die die Witwe im Haar trug.
»Danke, daß Sie gekommen sind, Herr Syrin«, sagte die Frau mit leiser, melodischer Stimme.
Ihre Hand verschwand in seiner. Was für eine warme kleine Hand, dachte Anton. Wie stark und kalt, dachte Margrete, ob er wohl keine Handschuhe hat? Dann ließen sie einander los und traten beide einen Schritt zurück, sie wie benommen von seinem Duft, der sie an Wald und Pilze und frischen Harz und kräftige Männer denken ließ, die vor umfangreichen Tannenstämmen

ihre Äxte schwangen, ihn dagegen erinnerte ihr leichtes Parfüm an süße Walderdbeeren mit rosa Fruchtfleisch.

»Bitte, setzen Sie sich!«

Anton schaute sich nach einer Ablagemöglichkeit für seinen Hut um, den er in der Hand hielt, seit er an die Tür geklopft hatte; bei dem Tischchen vor dem Fenster, auf das die Frau eine Flasche Wein und zwei Gläser gestellt hatte und wo sie ihn nun zum Sitzen aufforderte, standen nur zwei Stühle.

»Bitte«, sagte die Gastgeberin eifrig, und ihr Gesicht errötete leicht. Sie nahm seinen Hut, ging ins Vorzimmer und legte ihn aufs Sofa. Als sie zurückkehrte, stand er am Kamin, und obwohl er scheinbar in die Betrachtung des großen Bildes über dem Kaminsims vertieft war, hatte sie den Verdacht, daß er sich die Hände über den Flammen gewärmt hatte. Madame Fossen erbebte leicht beim Anblick der kräftigen Schultern und des breiten Rückens des Mannes.

»Ich weiß nicht, ob ich Sie richtig verstanden habe«, sagte Anton höflich abwartend, als sie sich gesetzt hatten.

Er war den weiten Weg gewandert, weil er mit einem neuen Engagement gerechnet hatte, davon hatte zwar nichts im Brief gestanden, aber warum hätte sie ihn denn sonst herbeten sollen? Die Frau feuchtete sich die Lippen an und schenkte ein.

»Ich glaube, Sie gehören zu denen, die gut zurechtkommen«, fing sie an.

»Ach?«

Anton blickte sie überrascht an.

»Aber es gibt sicher viele andere ... vielleicht Witwen und Waisen ... bald ist Weihnachten, und für viele kann der Winter hart sein.«

Der Steinhauer dachte an die Damen von der Freiwilligen Armenfürsorge, die die Baracken besuchten und deren Bewohner demütigten, gehörte die Madame auch zu ihnen? Er musterte sie mit scharfem Blick, und sie schlug die Augen nieder. Ihre Wangen glühten, aber das Feuer im Kamin war ja auch sehr heiß.

»Ich dachte nur ... wenn Sie vielleicht jemanden kennen«, stammelte die Frau. »Meine Stieftöchter haben so viele Kleider hinterlassen, die jetzt nur noch Platz wegnehmen ...«

Das wollte sie also, ihn zum Laufburschen machen. Lag denn schon alles bereit? Und sollte er kistenweise ausrangierte Kleider durch die Winterkälte schleppen? Kleider für andere, denen es schlechter ging als ihm?

Anton seufzte, enttäuscht, weil doch von keinem neuen Engagement die Rede war, verärgert, weil er mit falschen Hoffnungen den weiten Weg gewandert war. Seine Gastgeberin hörte sein Seufzen und sah, wie ein Schatten über sein Gesicht huschte, und für einen Moment zitterte sie vor Angst – er durfte nicht böse auf sie sein, hatte sie denn etwas Falsches gesagt?

»Sind Sie ... meinen Sie ... vielleicht sollte ich nicht ...«, sie blickte hilflos auf den bunten Teppich.

»Bringen Sie die Sachen nur, dann nehme ich sie mit«, antwortete er so freundlich, wie er konnte. »Es ist wirklich nett von Ihnen, viele frieren um diese Zeit.«

Das verwirrte die Frau nur noch mehr. »Aber ich bin doch noch gar nicht soweit. Ich muß erst alles heraussuchen, Kartons holen und packen.«

Und plötzlich bereute sie, daß sie ihn herbestellt hatte, sie kannte den Mann doch gar nicht, stimmte es, daß er als Steinhauer arbeitete? Was hatte sie da bloß angerichtet? Und was war es für ein Gefühl, an einem staubigen Hang zu stehen und mit einem Hammer gegen einen Stein zu schlagen? Unglücklich schloß sie die Augen, als ob ihn das wieder fortschaffen könnte, und vor sich sah sie das Bild des Spielmannes mit dem ruhigen, frohen Gesicht über dem Akkordeon, sah die Bewegungen seiner breiten Schultern und seiner schmalen Hüften, und Margrete Fossen lief schamrot an.

Ohne zu überlegen, streckte Anton eine Hand aus, denn er sah eine Frau vor sich, die hart mit sich kämpfte. Er begriff nicht so recht, warum sie kämpfte, aber er sah, wie sehr sie litt. Er sah eine Frau, die sich nicht in schwarzen Kleidern versteckte und ihre Haare unter einem häßlichen Kopftuch verbarg, sondern die sich bloßgestellt hatte und jetzt vor Verlegenheit den Kopf senkte. Er sah eine Frau, die schöne Kleider trug, weil die Kleider schön waren, und für einen Moment überkam ihn Wehmut. Und er hörte eine Stimme, die etwas sagte, etwas über Kleider, ob er vielleicht helfen könne. Und nun hatte er sie in Verlegenheit gestürzt. Weil er sich darüber geärgert hatte, daß es keinen anderen Grund gab, hatte er sie unsicher und traurig gemacht, aber er konnte doch nichts dafür, daß er mit einem Engagement gerechnet hatte!

Anton streckte eine Hand aus und legte sie vorsichtig auf ihre. Denn sie war durchaus nicht wie die Wohltäterinnen von der Freiwilligen Armenfürsorge mit ihrem widerlichen Lächeln. Madame Fossen war wohl nur ein Mensch, der an andere dachte.

Doch als seine Hand ihre erreichte, zog sie ihre blitzschnell zurück, so als habe die Berührung sie verbrannt. Und als Anton sich verblüfft über die glatte Tischplatte beugte, wo eben noch ihre Hand gelegen hatte, schaute die fremde Frau mit einem Blick auf, der sie entblößte, mit einem so nackten und schwarzen und verzweifelten Blick, wie Anton ihn noch nie bei einer Frau gesehen hatte. Und Mitleid überkam den Mann, denn vor ihm saß ein Mensch in Not.

Anton griff zu dem eleganten Glas und trank. Er wandte den Blick ab, ließ ihn über die Tischchen mit den Ziergegenständen wandern, die überall im Zimmer verteilt waren – eine kleine Dose aus ziseliertem Silber, ein schön geschnitzter Vogel, ein Pferdekopf aus schwarzem Glas und ein kleines Schachbrett mit Figuren aus Speckstein – er sah die Bilder an den Wänden an, die schweren dunkelroten Samtportieren, die das Zimmer vor Blicken von außen schützten, und fühlte sich ratlos.

Anton Syrin war noch nie mit einer Frau in einem so schönen Zimmer allein gewesen. Er hatte in den Salons reicher Leute aufgespielt, hatte an der Wand gestanden und Tanzende unterhalten, die ihn nicht kannten und die er nicht kannte. Er hatte in großen, reich ausgestatteten Küchen gesessen und gegessen, hatte in Vorzimmern gesessen und den Preis für seine Musik besprochen. Doch nie war er bisher mit einer Frau in einem großen Zimmer mit Kamin, mit Rosentapeten aus Brokat an der Wand, mit Samtportieren vor den Fenstern unter vier Augen zusammengewesen.

»Ich bin mit einem Anwalt aus Kristiania verlobt«, flüsterte Madame leise.

»Auch wieder ein Witwer?« fragte Anton halblaut und starrte das Schachbrett an, verblüfft über seine Freimütigkeit.

Margrete Fossen nickte.

Witwe Fossen nickte, und der Steinhauer und Spielmann wußte und wußte nicht, was sie ihm da eigentlich sagte. Und die Frau ahnte, daß er es jetzt verstanden, daß sie sich jetzt zu erkennen gegeben hatte. Sie zitterte, als sie ihr Glas hob und trank.

Anwälte, dachte Anton, was macht so ein Rechtsanwalt eigentlich?

Ihre Blicke begegneten sich über dem Tisch, ein blaßblauer Blick und ein wachsamer, grauer.

Sie verwalten das Recht, dachte der Mann. Er wußte es also doch.

Plötzlich sah er den alten Malte vor sich. »Vogel«, hatte Malte ihn genannt. Und der Argentinier hatte ihm nach dem Schwebeflug in der Bucht guten Wein angeboten. So machten das die Künstler: In ihren tiefen Taschen hatten sie Weinflaschen und feine Gläser. Anton ließ sich zurücksinken und dachte daran, was es für ein seltsames Gefühl gewesen war, über dem Wasser zu fliegen. Jetzt wollte er sich einen kleinen Motor bauen. Er hatte in der Zeitung gelesen, wie eine Dampfmaschine funktioniert, er wollte eine bauen, wenn er nur alle Teile beschaffen könnte, eine kleine Maschine, die er dann unter dem Flügel befestigen wollte, damit sie ihn über den Fjord trug …

»Aber welcher Makel bringt Sie dazu, einen alternden Mann nach dem anderen zu nehmen?« fragte Anton und schaute in den Kamin.

Sicherheit, dachte er. Frauen wollen versorgt und geborgen sein. Bei einem Bauern oder Anwalt, das kommt darauf an, aus welcher Familie sie kommen. Sie wollen die Bodenbretter und die Wandbretter putzen und sich aneignen, dachte er. Und mit dem Strickzeug in der Hand kleine Runden durch das Haus drehen. Oder in leichten Schuhen durch schöne Zimmer mit seltsamen Gegenständen auf kleinen runden und viereckigen Tischen wandern.

»Den hat niemand je gesehen«, flüsterte Margrete Fossen.

Die meisten Männer sind wohl auch so, dachte Anton, seßhaft, gebunden, an ärmliche Häuser, an Hämmer und Sensen, aber es gibt auch andere. Die fliegen. Die wandern mit ihrem Akkordeon die Straßen entlang.

Was hatte Madame da gesagt?

Anton blickte sie verblüfft an, sie hatte den Mund noch immer halb geöffnet, wie vor Entsetzen über das, was sie soeben gesagt hatte.

»Nein!« rief sie, und ihr Gesicht glänzte wie im Fieber. »Sie müssen wirklich entschuldigen ... ich begreife einfach nicht ...«, sie wand sich, als ob ihre Kleider zu eng säßen, als ob sie ihren Sessel verlassen wollte, das Zimmer, aber sie blieb doch sitzen, als wisse sie nicht mehr, wohin.

Abermals legte Anton seine Hand über ihre, und diesmal zog sie ihre nicht zurück. Aber sie biß sich die Lippe blutig und schlug die Augen nieder, und der Mann wußte plötzlich mit seltsamer Leichtigkeit, daß er sie um den schmalen Nacken fassen und an sich ziehen könnte und daß sie dann seine Brust mit Tränen bedecken würde, während sein Halstuch den kleinen Blutstropfen an ihren reizenden Lippen aufsaugte.

Und doch blieb er sitzen.

Ein Makel, überlegte er verwundert.

»Einen Klumpfuß haben Sie nicht«, sagte er in Richtung Schachbrett.

»Und einen Buckel auch nicht«, teilte er dem gläsernen Pferdekopf mit.

Margrete Fossen schloß die Augen, und alle Anspannung glitt von ihr ab. Als sie wieder ihren Gast ansah, war ihr Blick voller

Zuneigung und Belustigung, und Anton, der sich immer noch den Kopf über mögliche Makel zerbrach, hatte das Bild der Bäuerin auf Hansed zu fassen bekommen und ahmte jetzt deren lispelnde Sprechweise nach: »Zähne haben Sie auch noch genug, starke, schöne Zähne ...«

Jetzt lachte sie laut und herzlich, und Anton sah sie an, plötzlich, mit scharfem blauem Blick, und auch er lachte, tief und laut, weil sie ihn wieder voller Offenheit und Freude anschaute, weil er sie aus der Peinlichkeit ihrer Bemerkung gerettet hatte, weil Lachen einfach Spaß machte.

»Ach«, sagte Margrete lachend, zog ihre Hand zurück und wollte wieder Wein einschenken.

»Soll ich denn nicht gehen?« fragte Anton vorsichtig.

»Jetzt schon? Sie sind doch gerade erst gekommen. Schmeckt Ihnen der Wein? Er kommt aus Frankreich.«

»Französische Weine sind ausgezeichnet«, erwiderte Anton. »Fast so gut wie argentinische.«

»Wie argentinische? Ich glaube, ich habe noch nie argentinischen Wein getrunken.«

Margrete Fossen lächelte fröhlich. Dann fügte sie mit sachlicher Stimme hinzu: »Aber Sie haben schon recht, ich bin weder lahm noch bucklig, mein Makel ist von anderer Art.«

»Und kein Mensch hat ihn je gesehen?«

»Nein.«

Wieder zitterte ihre Stimme, und ihre Augen wurden feucht. »Ich wünschte, Sie hätten Ihr Akkordeon mitgebracht«, sagte sie vor sich hin.

Anton zog die Flöte aus der Jackentasche, und die Frau strahlte. »Spielen Sie etwas? Spielen Sie für mich? Darauf?«

Anton hielt sich das kleine Instrument an die Lippen und füllte das Zimmer mit sanfter Trauer. Er dachte an den jungen Flötenmacher und hätte gern gewußt, ob alle Flöten in Moll waren oder ob er auch welche in Dur herstellte.

»Wie schön«, Margrete Fossen lächelte wehmütig, als er fertig war. »Herzlichen Dank.«

Dann schwieg sie, und Anton wartete. Der Schein der Flammen im großen Kamin ließ die goldenen Haare der Witwe glühen, und Anton wußte, daß er weder gehen noch bleiben konnte. Plötzlich dachte er an den Morgen, als er vor dem Anbau gestanden und auf den Fliederstrauch uriniert hatte. »Marjalena«, hatte in ihm eine Stimme gesungen, Marjalena, Marjalina, so als wolle er Frau und Tochter auf einmal lieben, seine Frau als Frau, aber mit dem altklugen Blick seiner Tochter, was für eine seltsame Vorstellung.

Diese Gedanken jagten durch seinen Kopf, als er in dem eleganten Sessel saß, einen Moment lang war er erschüttert, dann wurde das Bild vage und unklar und hinterließ nur noch eine Spur der Sehnsucht, die er damals empfunden hatte.

»Glauben Sie an das Schicksal, Herr Syrin?« fragte Madame Fossen.

Anton runzelte die Stirn. »An das Schicksal?«

»Oder glauben Sie an den freien Willen?«

»Ich weiß nicht, ob ich Sie richtig verstehe«, sagte der Mann verwirrt.

Die Gastgeberin sprang auf, wie nach einem raschen Entschluß. Dann beugte sie sich über den Tisch, als wolle sie sich gleich wieder setzen. Sie schloß die Augen und schluckte schwer, dann holte sie tief Luft, richtete sich auf und schaute ins Kaminfeuer. »Bleiben Sie nur sitzen«, sagte sie zu den Flammen.

Dann verließ sie mit raschen, kleinen Schritten und hocherhobenem Kopf das Zimmer, und der Anblick ihres biegsamen Rückens erfüllte Anton mit schwerer Trauer, so als brauche er Hilfe und nicht sie. Und er dachte verblüfft: Hast du in deinen Visionen auch Margrete Fossen gesehen, alte Marja, ehe du mich verheiratet hast?

Der kräftige Mann erschauerte.

»Jetzt können Sie kommen ...«

Ihre Stimme war hell wie klingendes Silber, und der Mann erhob sich aus dem Sessel, ging zum Kamin und legte ein neues

Holzscheit hinein. Er blieb einen Moment stehen und sah zu, wie die Flammen das trockene Holz zerfraßen.

»Kleine Lina«, flüsterte er dem Feuer zu, dann richtete er sich auf und folgte der hellen Stimme.

Er betrat ein großes Schlafzimmer, das nur von einer kleinen Nachttischlampe beleuchtet wurde. Das Bett war breit, mit schön geschnitzten Beinen und Pfosten, es war mit Leinen bezogen. Vor den geschlossenen Vorhängen stand die Frau am Fenster, jetzt in einem rosa Morgenrock aus Seide. Der Stoff war schwer und dicht und bedeckte sie vom Hals bis zu den Zehen, und doch war sie unvorstellbar ausgezogen. Ihre Haare wogten ihr über den Rücken und glänzten im schwachen Licht.

»Keine Angst«, sagte er mit hellem, aufmerksamem Gesicht.

»Ich glaube … ich habe keine Angst«, antwortete sie, jetzt mit tieferer Stimme, die zu zittern schien.

Sie drehte sich zu ihm um und starrte zu Boden.

»Wenn du dich umdrehst, ziehe ich den Morgenrock aus.«

Anton drehte sich um, trat schwer mit dem Fuß auf, schaute die Wand an und hörte die Seide fallen.

»Jetzt darfst du sehen.«

Und der Mann drehte sich um, und Madame Fossen sah seinen blassen, blauen Blick, freundlich und beruhigend.

In ihm war das Bild der Feenbraut im Gebirge, so wie Mikael sie beschrieben hatte, wenn er damit prahlte, auf der Alm in der Dämmerung solche überirdisch schönen Unterirdischen gesehen zu haben. Der Junge war im Weiher unterhalb der Almhütte geschwommen. Und dann war sie am Ufer aufgetaucht, weiß und nackt, wie aus Mondlicht geschaffen. Wie die Fee am Kolk.

»Bin ich ganz abscheulich?«

Sie flüsterte diese Worte, und dabei standen ihr Tränen in den Augen. Doch tapfer blieb sie stehen, schaute ihm ins Gesicht und wartete auf seine Antwort.

»Abscheulich?«

Und dann sah er sie doch, scharf und klar, und Madame Fossen keuchte auf.

Er sah und sah, Brüste, Schultern, Bauch, Oberschenkel. Er sah und sah.

»Deinen Körper würde ich gern aus Stein formen«, sagte Anton.

»Aus Stein?«

»Aus hellem Granit.«

»Dann wäre er vielleicht makellos.«

Auf ihrem Bauch hatte sie ein Muttermal, einen großen roten Fleck, der vom Nabel bis zum rechten Oberschenkel reichte.

»Der sieht aus wie eine Rose«, sagte Anton lächelnd. »Siehst du das nicht?«

»Eine Rose?«

»Eine schöne Heckenrose, ein Blütenblatt neben dem anderen.«

Sie weinte, hob den Seidenmantel vom Boden auf und hielt ihn vor sich.

»Liebes, nicht weinen.«

Sie drehte sich um, zog den Morgenrock wieder an, und Anton schluckte.

Das Bild, wie sie halb weggewandt vor ihm stand, prägte sich seiner Erinnerung ein, ihre weichen Schultern, die goldene Haarflut über dem matten Glühen des Stoffes. Dann verließ er das Zimmer.

Als sie ins Wohnzimmer zurückkehrte, trug sie wieder das blaue Kleid, sie hatte sogar ihre Haare mit der schönen Spange aufgesteckt.

Anton griff zum Weinglas und leerte es, nahm die Flöte und schob sie in die Jackentasche. Sein Emailleblick glitt durch das Zimmer mit den vielen seltsamen Gegenständen, und er dachte an den Heimweg durch die Dunkelheit.

Frau Fossen brachte ihn zur Tür.

Anton nahm den Hut und setzte ihn auf. Dann streckte er die Hand aus. Die schöne Frau nahm sie mit beiden Händen, mit festem Griff, ließ sie los, trat einen Schritt zurück und schaute zu Boden.

»Ich danke Ihnen.«

»Und ich Ihnen«, sagte Anton freundlich und mit leichter Verbeugung.

Dann stand er draußen, im Mondschein.

Und Madame Fossen ließ sich auf das grüne Sofa im Vorzimmer
sinken, wo der Spielmann nach der Hochzeit ihrer Stieftöchter
übernachtet hatte. Und in ihr tauchte sein Blick auf, nicht der
helle, freundliche, sondern der dunkle, intensive, den er plötzlich auf sie gerichtet hatte, als sie ohne Kleider dastand. Und sie
weinte in ihrem dunklen Begehren.

Anton wanderte an Mauern mit leeren, trüben Fensterscheiben
vorbei. Er spürte den Wind durch seine Jacke, knöpfte sie zu
und dachte an das Schicksal und den freien Willen der Menschen.

KAPITEL 7

Neue Zeiten

MARJA UND MARJA
MIT KÖRBEN UND MESSERN IM WALD

Die magere vogelhafte Urgroßmutter kam im nächsten Frühling früher als erwartet. Die Geburt war erst in einigen Wochen fällig, aber die Alte fand sich trotzdem schon ein, mit ihrem Kleiderbündel und ihrer Kräutertasche.

Ohne ein Wort der Erklärung stellte sie ihr weniges Gepäck in der Küche ab, schickte die Kinder hinaus und setzte Wasser auf. Lina saß bleich und verquält auf der Bank und sah ihr dabei zu. Bald hielt sie einen Becher in der Hand, Andreas' hellblauen, henkellosen Lieblingsbecher, und die Alte befahl ihr zu trinken. Das Getränk war bitter und würzig, und die Schwangere schnitt Grimassen, aber brav trank sie jeden Tropfen der gelbbraunen Flüssigkeit.

»Jetzt mußt du ganz ruhig sein«, sagte der Gast. »Und an die denken, die du unter dem Herzen trägst.«

Lina spürte schon die Wirkung des Tranks. Er entspannte ihre verkrampften Schultern und dämpfte die Schmerzen in ihrem Kreuz. Jeden Morgen bekam sie nun einen Becher, und immer fühlte ihr Körper sich danach leichter an, obwohl er doch eigentlich schwerer wurde. Die Schwangere schloß die Augen und betrachtete die frühstückenden Kinder durch einen schmalen Spalt. Dann schloß sie die Augen ganz, ließ sich an die Wand zurücksinken und stellte sich schlafend. Klein Marja legte sie behutsam auf die Bank und schob ihr ein Kissen unter den Kopf, ehe sie in die Schule ging. Die alte Marja mahnte die kleine

Klara, das einzige Kind, das noch nicht bei Fräulein Kurland und Schulmeister With angefangen hatte, leise zu sein, zog sie an, ging mit ihr hinaus, setzte Klara auf den Schlitten und zog sie zu Elison, wo sie Mehl und Speck kaufte, gute Butter und echten Kaffee und außerdem ein großes Stück braunen Kandiszucker, für blanke Münzen aus dem kleinen Lederbeutel, den sie immer unter ihrem Rock trug.

So füllte sie das Haus mit satter Freude. Sogar der Lofthus-Bruder und seine beiden Mitbewohner wurden zwei Abende hintereinander zum Festschmaus eingeladen, und Lina, die mit geschlossenen Augen im Hinterzimmer lag und Geplauder und Gelächter hörte, dachte, ohne Geld sei wirklich kein Glück möglich.

Dann schmolz der Schnee, und eine Woche darauf fingen Marja und Marja an, im Wald spazierenzugehen, wenn die junge Marja aus der Schule kam. Die alte brachte der jungen die Namen von Büschen und Bäumen bei, sie schnitt mit einem scharfen Messer Rindenstücke von einem Baum und legte sie in ihren Korb. Nachmittags benutzten sie die Küche oben im Haus, die Junggesellen gingen bereitwillig für einige Stunden in die gelbe Baracke, sie freuten sich, die Großzügigkeit der Alten auf irgendeine Weise erwidern zu können. Die Alte erzählte, wozu die verschiedenen Rindenstücke dienten, wie sie zu behandeln waren und womit man sie mischen konnte.

Später befreite sie den Boden von Schneematsch und grub Wurzeln aus, schnitt Stücke davon ab und füllte die Körbe. Klein Marja hörte und schaute zu, wenn die andere sie dazu aufforderte. Sie mußte sich alles merken. Nichts durfte aufgeschrieben werden. An jedem Tag lernte das Mädchen neue Sprüche, die mitteilten, wie Eiterwunden geheilt werden, was gegen Atembeschwerden hilft, gegen wehe Füße, steifen Nacken, anhaltende Schwermut und Schlafmangel.

»Und wo habt ihr schon wieder gesteckt?« murmelte Anton verärgert, als sie aus dem Wald auftauchten, während er gerade von der Arbeit kam.

»Wir waren spazieren«, sagte die schwarzgekleidete alte Frau.
»Ach«, brummte der Mann. »Ich wußte gar nicht, daß wir uns solchen Luxus leisten können.«
»Aber Papa«, wandte Klein Marja verwundert ein. »Ich weiß doch jetzt, wie ich bei stillenden Frauen Brustschmerzen heilen kann.«

»Hör mal«, sagte die Urgroßmutter nach dem Essen zu Hilda und gab ihr ein Stück Kandiszucker. »Du übernimmst den Abwasch und steckst danach Klara ins Bett.«
Die Kleine griff nach dem süßen Bissen und schob ihn gierig in den Mund, während Marja und Marja die Treppe zur Junggesellenküche hochstiegen und Anton über den Hof zum Anbau stapfte.

Ein gieriger kleiner Wicht, meinte die Alte

Bei dieser Geburt hatte Lina zwei Helferinnen. Die Alte erteilte leise Befehle und erklärte, warum und wie und was, die Elfjährige holte in sauberen Schüsseln abgekochtes Wasser, brachte Laken und Wäsche, hielt Messer und Schere über die Flammen und machte in der untersten Kommodenschublade ein Bett für das Neugeborene; die Wiege war schon zu Hildas Zeiten in Stücke gegangen.
Lina lag bleich und still da, ihre offenen dunklen Haare bildeten den einzigen Kontrast zum vielen Weiß, und sie dachte, daß das hier ihre letzte Geburt sein würde. Und sie dachte erstaunt: Wenn meine eigene Tochter mich so sehen darf, dann habe ich kein Schamgefühl mehr, dann bin ich ein Tier.
Aber sie brachte es nicht über sich, das Kind wegzuschicken.
»Die Geburt ist der Anfang aller Dinge«, verkündete die Alte mit leiser Stimme und grauen Zähnen. »Die Geburt ist heilig. Heilig.«

Sie hat wirklich noch alle ihre Zähne, dachte Lina.

»Kleine Lina«, flüsterte das Marja-Kind. »Soll ich gehen?«
Lina schloß in tiefem Schmerz die Augen, öffnete sie wieder und blickte in die dunklen, ernsten ihrer Tochter.

»Jetzt kommt das Wasser«, teilte die Hebamme mit.
Die Kleine ging in die Küche, feuchtete in kaltem Wasser einen Lappen an, kam damit zurück und legte ihn der Mutter auf die Stirn. Hinter ihr sprach die krummgebeugte Alte, sie solle Lina den schmerzstillenden Trank geben, solle ihr beim Pressen helfen, Lina solle tief und gleichmäßig atmen, tief und gleichmäßig. Lina leerte willenlos den Becher, bekleckerte ihren roten Hals, atmete und stöhnte und hielt den Blick ihrer Tochter fest, hielt ihn während der Wehen fest, glasig und ängstlich, atmete und wimmerte leise wie eine verletzte Katze, schluchzte zweimal schmerzlich auf und preßte wieder, preßte, bis sie Blut im Mund hatte, preßte, um es hinter sich zu bringen, um ihre Bürde loszuwerden, um wieder leicht und leer zu werden. Im Hintergrund war die Stimme der Alten, psalmodierend, eindringlich, antreibend, fordernd über dem dicken Bauch, der jetzt zur Hälfte entblößt im breiten Bett saß, und der kleinen Gehilfin erklärte sie: »Wenn das Wasser kommt, hat die Geburt eingesetzt. Das Kind schwimmt drinnen herum. Jetzt erweitert sich die Öffnung, eigentlich ist es eine ziemlich kleine Öffnung, aber jetzt hat sie Platz genug für ein ganzes kleines Leben, und sie wird immer weiter und weiter. In ein paar Tagen ist sie wieder so klein wie vorher, stell dir das vor. Wenn sie trotzdem nicht groß genug ist, dann müssen wir mit der Schere nachhelfen. Und wenn das Kind falsch liegt, dann müssen wir vielleicht … Aber Linas Kinder kommen immer mit dem Kopf zuerst, immer kommen sie mit dem Kopf zuerst, mit kleinen Köpfen, die leicht herauskommen. Jetzt sehe ich es! Komm her, Marja. Dann siehst du es auch!«

Aber Klein Marja stand am Kopfende ihrer Mutter und streichelte ihr die Stirn.

Und als Lina während der letzten Minuten die Augen schloß,

tat die Tochter es ihr nach. Sie hörte alles, was gesagt wurde, und sie prägte sich alles ein, Wort für Wort.

Es war ein Junge. Obwohl die Alte Lina ein Mädchen prophezeit hatte. Er war rotblau und naß und zappelte zwischen den Händen seiner Urgroßmutter. Die Schwarzgekleidete schnitt die Nabelschnur durch und wusch ihn mit lauwarmem Wasser. Dann ließ sie den Kleinen von seiner Schwester wickeln und legte sich selber auf Linas Bauch, um ihr bei der Nachgeburt zu helfen, die klatschend in einen Eimer fiel.
»Katzen essen so was«, teilte Mutter Marja mit. »Die müssen das, um Milch zu bekommen.«
Der Junge zwinkerte seine Schwester schläfrig an, und sie lächelte in das runzlige Gesicht mit den Veilchenaugen.

»Ein gieriger kleiner Wicht«, sagte die Alte, als sie das Kind zu Anton brachte, der die ganze Zeit in der Küche gewartet hatte. Später, als Mutter und Kind eingeschlafen waren, saßen die drei anderen in der Küche und feierten mit Kaffee und Kandis. Sie schwiegen und dachten sich ihr Teil, als sie ihre müden Köpfe gegen die Wand lehnten.
Als Ton-Ton von Marja am nächsten Abend wissen wollte, was sie gesehen hatte, weigerte sie sich. Zum ersten Mal hatte sie etwas erlebt, das sie nicht mit ihrem Bruder teilen wollte.

DIE FREMDEN KLEIDER

In der Kammer lag die Mutter mit dem Säugling und schaute durch das Fenster in den hellen Himmel; sie dachte an den Prediger. Und sie dachte an Stina und Berte und die anderen Frauen, die bei den Andachten die Hände im Schoß falteten und ab und zu aufsprangen und wie von Sinnen losschrien, um namenlose Sünden zu bekennen, die weinten und nach Jesus riefen. Anfangs hatte Lina darüber gestaunt und gelacht.

»Überkommt dich denn nie der Geist?« fragten die anderen auf dem Heimweg.

Aber Lina glaubte nicht, daß sie irgendwelche Sünden zu bekennen hätte.

»Wir sündigen doch alle«, wies Johanne sie zurecht.

»Und es ist so schön«, seufzte Berte.

Im Herbst hatte Lina Gerede und Klatsch dann satt gehabt. Außerdem behauptete die Frau des Pastors, daß der Prediger Irrlehren verbreitete.

»Gehst du denn auch dahin, Lina?« fragte sie vorsichtig und sanft, wenn Lina zum Putzen ins Pfarrhaus kam.

Lina lag in der Kammer und hielt ihren Jüngsten im Arm. »Gierig«, hatte die Alte ihn genannt. Lina hatte es gesehen und gehört, hatte gesehen, daß die Alte den Säugling in Klein Marjas Armen kurz betrachtete, während der vorsichtig nach ihren Fingern griff. Dann hatte sie ihn zu Anton gebracht und ihn gierig genannt.

Siebenmal hatte sie das nun schon erlebt: den Blick, den die alte Frau dem Neugeborenen zuwarf. War es immer so schnell gegangen? Hatte Marja sich früher Zeit gelassen, hatte sie mehr gesehen?

Lina drückte den Kleinen an sich. Gierig? Der doch nicht. Sie mußte ihm ihre Brüste fast aufzwingen. Lieb und still lag er in der Wärme unter dem Teppich und schlief und schlief. Wenn sie bisweilen sein flaumiges Köpfchen streichelte und ihn mit leichten Küssen bedeckte, zwinkerte er mit den Augen und blickte sie mit blaßblauer Geduld an.

Lina war von leiser Unruhe erfüllt. Die bösen Gedanken, mit denen sie sich seit Weihnachten herumquälte, murrten weiterhin immerzu vor sich hin.

Sie versuchte, an die Kinder zu denken; das hatte sie in letzter Zeit oft getan, wenn sie abends neben ihrem schon schlafenden Mann lag, es war eine Art Trost. Sie versuchte, sie vor sich zu sehen, jedes für sich: Klaras freundlichen Blick und ihr ruhiges Wesen. Die liebevollen Arme, die sie der Mutter oft um den Hals legte, wenn Lina am Webrahmen saß. Und dann Andreas: Lina geriet beim Gedanken an den O-beinigen kleinen Dickwanst immer in gute Laune. Er wird seinem Vater sehr ähnlich sehen, hatte sie zufrieden gedacht; er hatte Antons helle Augen und das breite Gesicht mit einer Nase, die ein wenig über die Oberlippe zu hängen schien. Wenn er wütend wurde, sah er aus wie ein komischer kleiner Ochse.

Bei Hilda stellte Lina sich in der nächtlichen Dunkelheit das hübsche Gesicht vor. Hilda, wenn sie lächelte und froh war. Bei Angel war es die Dienstwilligkeit. Die Fürsorge, die er seiner Mutter erwies. »Kann ich dir irgendwie helfen?« fragte er, wenn er aus der Schule nach Hause kam. »Ist noch Brennholz da?«

Aber jetzt, wo sie mit dem Neugeborenen im Arm in der Kammer lag, jetzt war alles anders. Sie hörte von Angel keine freundlichen Fragen, sie hörte nur seinen Husten. Und plötzlich ging Lina auf, was für große Ohren der Junge hatte, wie Henkel, ja. Und warum hatte er in der Schule solche Schwierigkeiten? Marja und Ton-Ton waren schon nach zwei Jahren zu Schulmeister With versetzt worden, Angel ging nun schon seit drei Jahren zu Fräulein Kurland.

Und die Göre Hilda, sie lächelte fast nie das hübsche Lächeln, an das sich Lina erinnern wollte, Hilda war immer unzufrieden und hatte nur Unsinn im Kopf, sie zog Angel auf und drückte sich vor ihren Pflichten. Und die kleine Klara, die immer schrie und brüllte; warum konnte die Kleine nicht normal reden wie andere Leute?

Lina schniefte, als sie dort in der Kammer lag, die Bilder, die sie sehen wollte, wurden verzerrt, Andreas war nicht mehr mollig und fröhlich, er war gierig und ewig hungrig; Ton-Ton sah aus wie ein geprügelter Hund, wenn er hinter seiner geschäftigen älteren Schwester herzockelte. Und Marja! Marja hatte Lina gebären sehen.

Sie ließ sich im Bett zurücksinken und legte sich den Kleinen an die Brust, ohne daß der erwachte. Sie schloß die Augen und dachte, es sei vielleicht doch nicht passiert, das, was sie sich vorgestellt hatte, zwischen Anton und der Frau, die die abgelegten Kleider geschickt hatte. Vielleicht war es doch nur eine zufällige Bekanntschaft, die er als Spielmann gemacht hatte, eine Frau mit gutem Herzen, eine, die Anton durch ihre Fürsorge für andere eine Freude gemacht hatte. Sie seufzte und schlief ein und träumte von einer roten Kate am Ende eines fast unwegsamen Trampelpfades im schwedischen Wald.

Acht Menschen hatten dort gelebt, als Lina noch ein Kind war: Ledige Onkel und zwei Tanten mit vaterlosen Kindern. Jetzt war die alte Marja dort allein, auf den Fensterbänken und an den Wänden hingen Kräuter zum Trocknen, zwischen steifen Buchdeckeln waren geheime Rezepte notiert, Gäste kamen von weit her, um sich die Zukunft weissagen zu lassen. Die Tanten hatten schließlich doch noch geheiratet, die Onkel zogen als Kramhändler von Dorf zu Dorf.

Der Wald zu Hause war erfüllt von Sonne und mildem Regen und süßem und bitterem Duft von Bäumen und Blumen. Es roch dort anders als hier am Fjord. Und die Vögel und die anderen Tiere waren fast zahm. Ein Waldtaubenpaar war zu ihnen in die Küche gekommen, und Großmutter Marja hatte ein Fuchs aus der Hand gefressen, während sie ihm freundlich zuredete.

Das Leben war wie ein langsamer Fluß gewesen und Lina ein Boot ohne Ruder und Steuer. Die Strömung hatte sie in eine Bucht geführt, wo der Musikant sie erwartete. Schön und fesch war er gewesen, er hatte nach ihrer Hand gegriffen, und nie wäre Lina auf die Idee gekommen, daß er nicht so auf sie gewartet hatte wie sie auf ihn. Mit ihm würde sie leben, ihn würde sie lieben, mit ihm würde sie Kinder bekommen. Mehr hatte sie nicht gewußt, mehr hatte sie nicht zu wissen brauchen.

Und er würde sie auch lieben, er würde sie anstrahlen wie …
wie …

Lina fuhr aus dem Schlaf und sah ihren Mann so vor sich, wie er an jenem Dezemberabend gestrahlt hatte.

Am Tag vor Weihnachten hatte plötzlich jemand an ihre Tür geklopft.
Draußen stand ein fremder Mann mit zwei großen Kisten. Drinnen saß die ganze Familie, zu der auch die beiden Lofthus-Schwestern gehörten, beim Abendessen.
»Ich soll das hier abliefern«, sagte der Fremde und zeigte mit einem Finger in einem Wollhandschuh auf die Fracht.
Dann ging er.
Und später konnte Lina nicht vergessen, wie Antons Augen beim Öffnen der Kisten ausgesehen hatten. Trotz ihres eigenen Staunens über das, was ausgepackt wurde, registrierte sie das Gesicht des Mannes, seine Augen, die über etwas leuchteten, was sie nicht begriff, eine Glut, die nichts mit den schönen Kleidern in den Kisten zu tun hatte, eine Wärme, die nicht ihr oder den Kindern galt.
Sie selber packte auch aus. Vor allem enthielten die Kisten Kinderkleidung, schöne Kleider und Schürzen, Strümpfe, Wolljacken und Mäntel. In der zweiten Kiste fanden sie einen dicken Männermantel und einen schwarzen Anzug. Und ganz unten lagen Schuhe und Stiefel in verschiedenen Kindergrößen.
Lina nahm ein Teil nach dem anderen, hielt es hoch, legte es auf den Hocker, auf dem sie vorher gesessen hatte, und schaute ins Gesicht ihres Mannes. Sie achtete nicht auf die Kinderblicke, auf Erstaunen und Aufregung, auf die Enttäuschung der Jungen, als sie erkannten, daß für sie nichts dabei war, höchstens vielleicht bei den Schuhen.
Sie sah Anton an. Antons funkelnde Augen, die ihrem Blick auswichen.

In diesem Herbst war so viel passiert: Antons plötzliche Wut, deren Ursprung sie noch immer nicht kannte, alles, was dann doch ganz anders war, wenn Lina glaubte, etwas begriffen zu haben. Kaum hatte sie sich ihrem Mann auf neue, reichere Weise nah gefühlt, als er sich auch schon wieder von ihr abwandte und über Nacht ausblieb. Und diese Frauen, die sich bekehrt hatten – was für eine Art Erlösung war denn das … Es war doch nur … war doch nur … sie hatte keine Worte oder wollte sie nicht aussprechen. Aber nach den Andachten hatte sie immer das seltsame Gefühl, daß die anderen sich vor dem Prediger gewissermaßen ausgezogen hatten, daß das kleine Zimmer für ihn und die Frauen eine Art gemeinsames Lager bedeutete und daß das Gerede am Wegesrand, das Gerede über andere, die sie bei geilem Frevel beobachtet hatten, eigentlich nur ein natürlicher Abschluß für das war, was sie früher an diesem Abend getrieben hatten. Kein Wunder, daß die beiden Mannsbilder, die neben der Tür saßen, nie so recht dazuzugehören schienen.

Gute Freundinnen? Hatten sie sie in ihren Kreis aufgenommen und ihr ihre Geheimnisse anvertraut, um dann auch Linas Geheimnisse zu erfahren?

Als Lina glaubte, nichts zu erzählen zu haben, verschafften es ihr die anderen: Denn wußte sie wirklich nicht, daß Magdalena, die bei der Kirche an der Wegbiegung wohnte, vor ihrer Zeit etwas mit Anton gehabt hatte?

Nein, das hatte sie wirklich nicht gewußt.

Und hatte sie nicht gesehen, welche Blicke Magdalena und Anton noch immer tauschten, wenn sie sich begegneten?

Nein, das hatte sie wirklich nicht gesehen.

Kurz danach war Anton aus der Stadt nach Hause gekommen und hatte sich mit Kleidern und Stiefeln ins Bett gelegt und die Decke angestarrt. Zuerst hatte Lina ihn für betrunken gehalten, aber seine Schritte waren sicher, und er roch auch nicht nach Schnaps. Er war lange so liegengeblieben, dann war er leise aufgestanden, hatte sich ausgezogen und seine Kleidungsstücke ordentlich zusammengefaltet auf den Hocker gelegt. Seine Augen leuchteten im Mondlicht, hell wie zwei blanke Münzen, und als er zum zweiten Mal den Kopf auf das Kissen legte, berührte er ihre Schulter, und das Licht in seinen Augen erlosch, und er schlief ein wie ein gedankenleeres Tier.

»Ist das für uns?« hatte Hilda gierig gerufen und dabei die Kleider angestarrt.
»Von wem kommt das?« fragte Marja voll Erstaunen und mit dem Interesse des größeren Kindes.
»Das ist nicht für uns«, antwortete Anton, und das Licht in seinen Augen war das jener Nacht.
Nach dem Essen trug der Mann die Kisten aus dem Haus und packte sie auf einen Schlitten. Zusammen mit Ton-Ton ging er dann von Tür zu Tür und verteilte die Kleider unter denen, die sie am dringendsten brauchten.
Am Weihnachtsmorgen ging Lina in die Kirche.
Das tat sie sonst nie.
Aber sie wußte nicht, wie sie den lärmenden Kindern und dem ruhelosen Mann anders entrinnen sollte.
Sie saß ganz hinten, mit den Händen im Schoß, und sie füllte sich mit Orgelklängen und Gesang. Nach dem Gottesdienst reichte die Frau des Pastors ihr die Hand und wünschte »Gesegnete Weihnachten«, und Fräulein Kurland und der Schulmeister erzählten ihr draußen im Schnee freundlich etwas über ihre begabten ältesten Kinder. Die Stimme des Pastors war tief und warm, sein Gesicht milde und beherrscht, ganz anders als der temperamentvolle Prediger mit dem Mund, der anzuschwellen schien, wenn er auf die Versammlung einredete.

Lina weckte das schlafende Kind und gab ihm die Brust. Dann dachte sie wieder an die alte Marja, die ihr eine Tochter prophezeit hatte, doch dann war ein Sohn gekommen, und gleich darauf hatte die Urgroßmutter den Kleinen für gierig befunden.
Und eine Angst überkam sie, und das Kind ließ ihre Brust los und schaute ihr verwundert ins Gesicht. Und in Lina stieg eine wilde Wut auf, die sich gegen die Großmutter richtete.

An diesem Abend wandte Lina sich an Jesus. »Hilf mir«, bat sie trotzig und sah dabei die höhnischen Augen der alten Marja vor sich. Und in ihr antwortete eine Stimme: »Keine Angst, Kind, verlaß dich auf mich.«

Die Jahrhundertprophezeiung

Manchmal kamen Kranke zu Besuch, während die Alte bei ihnen wohnte. Sie litten unter Steinsplittern im Auge, unter eiternden Wunden und Rückenschmerzen, und die alte Marja trug Salben auf und machte Umschläge aus allerlei Absud.

In den ersten Jahren hatte Anton das gefallen, die Weisheit der Alten hatte ihn mit einer Art Stolz erfüllt, Stolz, weil Menschen in sein Haus kamen, um Hilfe zu suchen. Und er hatte doch auch gesehen, daß die schlimmen Augen besser wurden. Daß Leute, die sich über die Schwelle geschleppt hatten, aufrecht wieder aus dem Haus gingen.

Er hatte gesehen, was er sehen wollte. In den ersten Jahren hatte er sich auf die sichtbaren Erfolge konzentriert. Und er hatte gehört, wie dankbar die Leute erzählten, daß die Ratschläge der Alten ihnen geholfen hatten.

Er war mit Kobolden und Unterirdischen aufgewachsen, nicht, daß er sie selber gesehen hätte, aber er hatte von anderen davon gehört, vom Spielmann Artur zum Beispiel, der hatte ein Männlein mit grauer Mütze gut gekannt, das selber entscheiden konnte, ob es sichtbar sein wollte oder nicht, einen kleinen Wicht, der Artur Münzen in die Tasche steckte, wenn er ganz und gar abgebrannt war.

Matilde und die Altenteilerin auf Hansed hatten Warnrufe ausgestoßen, wenn sie im Gras Waschwasser ausgossen, und Lina machte das auch, sie murmelte zwar nur leise, aber sie sagte Bescheid, für den Fall, daß hier Unsichtbare herumstanden, daß jetzt heißes, schmutziges Wasser kam.

Kobolde waren angeblich gefallene Engel, die Unterirdischen

dagegen sollten von Evas Kindern abstammen. Gott hatte sie einmal nach ihren Kindern gefragt, und sie hatte ihm nur Kain und Abel gezeigt. Sie hatte die anderen Kinder vergessen, die sich hinter einem Strauch versteckt hielten. Gott wurde wütend und sagte: »Was versteckt ist, soll versteckt bleiben.« Seither waren die Unterirdischen durch Gottes Wort unsichtbar.

Die Weissagungskraft der alten Marja paßte zu Antons Vorstellungen davon, was möglich und wahr war, und die Vision der Frau an Linas Wiege, so wie sie ihm geschildert worden war, hatte Anton Syrin das Gefühl vermittelt, etwas wert zu sein.

Einer von Marjas ersten Patienten im weißen Haus war der Stier gewesen. Er klagte schon seit langem über Augenschmerzen, und die Alte machte ihm einen Umschlag um die Stirn und besprach seinen Kopf. Drei Tage hintereinander kam er zu ihr, aber es half alles nichts. Darauf gab die Alte dem Mann eine Wurzel, die er in Stücke schneiden und langsam zerkauen sollte, und eine rote Schnur, die er sich sechs Nächte lang um die Stirn binden sollte. Aber die Schmerzen hatten sich erst viele Jahre später gelegt.

Und dann war da noch die Sache mit dem wütenden Küster. Sein Dienstmädchen war zu Marja gekommen, und die hatte ihr geraten, ein ganzes Jahr hindurch in jeder Vollmondnacht um das Haus zu wandern und einen unbegreiflichen Text aufzusagen, um sich von einem Knoten in der Brust zu befreien. Doch das Jahr war noch nicht um, als das Mädchen schon im Grab lag. Anton hatte mit den Schultern gezuckt, wenn der Stier und der Küster über die Alte hergezogen waren.

Dann kam der Abend, an dem er Madame Fossen in der Stadt besucht hatte, der Augenblick, als er vor dem Kamin stand, nachdem sie ihn zu sich gerufen hatte. In diesem Augenblick hatte er voller Zorn an die Alte gedacht und sie dafür verantwortlich gemacht, daß er sich ein Kind zur Braut genommen hatte. So, als habe die Alte ihn in jener Mittsommernacht auf dem Wall verhext. Ihn mit Blicken gebannt und mit einem Zaubertrank gefangen. War es so gewesen? Genau so?

Auf dem Heimweg von der jungen Witwe dachte er daran, was sie gesagt hatte über Schicksal und Willen. Während er noch durch die Straßen der Stadt wanderte, dachte er, daß sicher das Schicksal ihn und sie zusammengeführt hatte, auf diese Weise, allein. Dann blieb er stehen und fragte sich, ob er sich gegen das Schicksal aufgelehnt hatte, weil er nicht mit ihr zusammengewesen war. Denn wenn ihm das Schicksal eine so schöne Frau schenkte, die sich noch dazu für ihn auszog, dann hatte es ihm Margrete Fossen doch sicher zuteilen wollen?

Oder hatte sie ihn mit ihrem Willen zu sich gelockt und sich auf diese Weise ihrer beider Schicksal widersetzt: seinem bei Lina und ihrem bei diesem Witwer, mit dem sie verlobt war?

Auf jeden Fall hatte er seinen Willen benutzt, um sie nicht anzurühren.

Darüber hatte er sich lange den Kopf zerbrochen, auf dem Weg aus der Stadt hinaus und in die Berge.

Aber als er sich seinem Haus näherte, war er nur noch von Freude über diesen Abend erfüllt, von tiefer Dankbarkeit und Staunen über das, was er erlebt hatte.

In den folgenden Monaten versuchte er, sie zu vergessen. Und immer wieder las er das Heft, das der Schwede aus der Festung ihm geschenkt hatte, in dem stand, die Arbeiterklasse sei für ihr eigenes Schicksal verantwortlich. Und er kaufte sich Zeitungen, wann immer er sich das leisten konnte, oft waren sie mehrere Wochen alt und deshalb billiger, um sich auf diese Weise neues Wissen zu erwerben.

Als die alte Marja das nächste Mal zu ihnen kam, sah er sie mit neuen und wachsamen Augen. Ob sie wohl etwas über die Anwaltswitwe wußte?

Es sah nicht so aus.

Und nun brachte er den Gästen, die sich einstellten, wenn die

Alte im Haus war, aufmerksame Skepsis entgegen. Denn die Wahrsagerin irrte sich jetzt häufiger, als er das früher hatte sehen wollen.

Obwohl sie vereiterte Finger und Gicht heilen konnte.

* * *

Die Kinder dagegen liebten die ungebetenen Gäste.

Als Anton zwei Tage nach der Geburt des Sohnes, den die Wahrsagerin als kleinen Gierschlund bezeichnet hatte, von der Arbeit kam, war am Fliederstrauch auf dem Hof eine schöne, glänzende Stute angebunden. Überrascht blieb er stehen und streichelte den schlanken Hals des schönen Tieres. Als er die Küche betrat, drängten sich die Kinder vor der Tür des einen Schlafzimmers zusammen und horchten.

»Was ist denn jetzt los?« fragte er schroff.

»Ein feiner Mann«, flüsterte Ton-Ton. »Ein General.«

»Ein Oberst«, sagte Hilda, der das noch feiner vorkam.

»Ein Offizier in Uniform«, fügte Ton-Ton hinzu.

»Mit funkelnden Knöpfen und einem Schwert am Gürtel«, rief Angel aufgeregt, seine struppigen, rotbraunen Haare standen nach allen Seiten ab.

Marja zog sich beschämt von den anderen zurück, lächelte ihren Vater zaghaft an und sagte, das Essen sei fertig.

Sie hatte genug gesehen: die Urgroßmutter in ihren schwarzen Kleidern, die dem Fenster den Rücken und dem vornehmen Fremden ihr Gesicht zukehrte. Alles an ihr war an diesem Tag schwarz: Rock und Strümpfe, Bluse und Schuhe, das Tuch über Kopf und Schultern, das ihre grauen Haarsträhnen verbarg, und eine Kette aus schwarzen Glasperlen. Die alte Marja hatte eine Decke über das große Bett gebreitet und den Gast bei der Tür auf einem Hocker Platz nehmen lassen.

»Sie sagt das neue Jahrhundert voraus«, flüsterte Marja.

»Ja, darüber weiß sie sicher alles«, murmelte Anton unsicher.

Marja deckte den Tisch, aber der Mann wandte sich ab und ging wieder hinaus.

»Ströme von Blut«, hatte die Alte gesagt. »Immer neue, gefährlichere Waffen.«

Der Fremde hatte etwas gemurmelt, und die Frau schüttelte den Kopf. »Nonon.«

»Das Jahrhundert der Bosheit«, hatte sie gesagt und den Mann aus blanken schwarzen Augen angesehen. »Das Jahrhundert der fehlgeschlagenen Aufstände.«

Diese letzte Bemerkung hatte das Interesse des Offiziers erweckt. Dann hatte er noch eine Frage gestellt, und die alte Frau hatte gemurmelt: »Fortschritt? Nonon. Scheinbar vielleicht – in Wirklichkeit Niedergang und Dummheit. Ströme von Dummheit. Ströme von Blut.«

Ab und zu hatte sie so leise gesprochen, daß es unmöglich war, sie durch die Tür zu hören, aber Marja hatte ihr durch den Spalt zwischen Tür und Wand die Worte von den Lippen abgelesen.

Sie lächelte, während sie im Suppentopf rührte. Sie hörte nun schon zum zweiten Mal, daß die Urgroßmutter das seltsame Wort »nonon« benutzte; beim ersten Mal hatte sie Besuch von einer feinen Dame aus der Stadt gehabt, die seit Jahren nichts von ihrem Sohn gehört hatte und wissen wollte, ob er überhaupt noch lebte. Die Alte hatte ihr Hoffnung gegeben und zum Dank ein gutes Stück Geld bekommen. »Aber im Land ist er nicht, nonon, ist er nicht.«

Dann dachte Marja über die Weissagungen der Alten nach und beschloß, mit Ton-Ton darüber zu sprechen, wenn die anderen schon schliefen.

Sie saßen tuschelnd in der Küche. Sie wiederholten die Worte der Urgroßmutter, drehten und wendeten sie, kosteten sie aus; hatte sie sagen wollen, daß ein blutiger Krieg kommen würde? Ton-Ton blickte seine Schwester aufgeregt an.

Dann fiel ihm etwas ein, das Schulmeister With einige Wochen zuvor gesagt hatte. Der Lehrer hatte über das gesprochen, was er altmodischen Aberglauben nannte. Er hatte seinen Schülern eingeschärft, daß sie ihren Großmüttern den Glauben an Wichtel und Unterirdische ausreden müßten.

Als Ole Bekkelaget die Unsichtbaren erwähnte, die bei Mondlicht am Hang Idesletta spielten, hatte With ihm spöttisch mit dem Zeigestock auf den Kopf getippt und gefragt, ob noch andere ebenso dumm und unwissend seien wie Ole. Und dann hatte er sich über alle lustig gemacht, die zu weisen Frauen gingen, wenn sie Schmerzen hatten, und nicht zu modernen Ärzten.

»Ist die Urgroßmutter so eine?« fragte Ton-Ton.

Marja starrte zu Boden und malte mit dem großen Zeh kleine Kreise auf die Bretter.

»Papa will nicht, daß sie mir ihre Kunst beibringt«, sagte sie traurig.

»Aber die Alte hat Mama doch damals wieder gesund gemacht, oder?«

»Ja, das schon«, antwortete seine Schwester.

Am nächsten Tag brachte Anton eine neue Zeitung mit nach Hause.

Er versteckte dahinter sein Gesicht, als er der Alten gegenüber am Küchentisch saß, er räusperte sich und ließ die dünnen Seiten rascheln, und er brachte seinen Sohn zum Verstummen, als der wissen wollte, was er gerade las.

Dann stand Lina auf. Auf leisen Sohlen kam sie in die Küche, sie hatte ihre Haare geflochten und wie einen dunklen Gürtel um ihren Kopf geschlungen, sie trug ein schwarzes Kleid mit weißem Kragen, das Anton noch nie an ihr gesehen hatte.

Sie lehnte sich neben dem Eisenofen an die Wand und betrachtete Mann und Großmutter mit ernstem Blick. Die Kinder waren draußen, bis auf Marja, die am Herd stand, und Angel, der gerade neues Holz in den Ofen legte.

»Es war kein Mädchen«, sagte Lina ruhig. »Es war ein Junge. Und gierig ist er auch nicht.«

Sie schwieg. Anton blickte sie aufmerksam und abwartend an, und er ertappte sich bei dem Gedanken: Wer ist sie denn nun geworden? Lina, Lina … Die Alte starrte auf die Tischplatte, und der Mann fing an zu lachen.

Dann schaute Lina ihren Mann an und sagte: »Der Junge soll Johannes heißen. Und er soll Pastor werden.«

Erst jetzt sah Anton, daß sie das Gesangbuch an ihren Leib preßte.

Und Lina fügte hinzu und sah dabei noch immer Anton an: »Denn manche brauchen den Pastor zur Hilfe, wenn sie den richtigen Weg einschlagen und den gerechten Weg rein halten wollen.«

Dann machte sie auf dem Absatz kehrt und ging zurück in die Kammer, denn sie merkte plötzlich, daß ihr Kleid an der Brust warm und feucht geworden war; sie hatte vergessen, sich Lappen darunter zu schieben.

»Verdammt!« sagte Anton und schlug lachend mit der Faust auf den Tisch. »Jetzt hat sie's dir aber gegeben!«

»Mir?« rief die alte Frau mit jugendlichem Jähzorn. »Das hat doch wohl eher dir gegolten!«

Am nächsten Tag brach die alte Marja auf. Die junge stand auf einem Felsen und winkte. Sie blieb dort stehen, bis das Boot in den Schatten am anderen Ufer verschwunden war.

»Nonon«, murmelte sie vor sich hin. »Die kommt schon zurück.«

Aber sie glaubte es nicht. Denn ehe sie ins Boot gestiegen war, hatte die Urgroßmutter ihre Schultern umfaßt und ihr lange und nachdenklich ins Gesicht geschaut, und statt sich wie sonst von ihr zu verabschieden, hatte sie ihr ins Ohr geflüstert: »Jetzt ist deine Zeit gekommen, Kind.«

Die alte Marja starb acht Monate später zusammen mit dem Jahrhundert.

Die uralte Frau hatte sich in der Silvesternacht hingelegt. Am nächsten Morgen war sie tot aufgefunden worden, von Menschen, die von weit her gekommen waren, um ihren Rat einzuholen. Der Pastor war geholt worden, und er hatte einen Nachbarn gebeten, über den Fjord zu rudern und die Verwandten zu informieren. Aber dann war ein Unwetter aufgekommen, und schließlich hatten sie die Alte ohne ihre Familie unter die Erde bringen müssen.

Die Menschen in dem weißen Haus begriffen erst, was geschehen war, als in der hinteren Kammer ein weiteres Kind auf die Welt kam. Das geschah, ohne die Hilfe der alten Hebamme, in einer milden Nacht Ende Februar.

Anton fuhr hoch, als Lina brüllte: »Maaaarja! Hilf mir, ach, Marja!« Der Mann sprang aus dem Bett und lief verwirrt die Treppe hinauf, nur mit seiner gelbweißen Unterhose bekleidet, um seine Älteste zu holen: »Komm, Kind, deine Mutter hat den Verstand verloren.«

Unten krümmte sich Lina zusammen und preßte die Hände auf ihren dicken Bauch. Die Tochter füllte sofort den Kessel mit Wasser und machte Feuer im Ofen. Lina schrie wieder, und der Mann stürzte zu ihr in die Kammer.

»Wo ist Marja?« hörte die junge Marja ihre Mutter fragen.

»Die kommt bald«, war die verzweifelte Antwort des Vaters.

»Die alte Marja ist tot«, sagte das Mädchen ruhig, als sie bald darauf mit einem Becher und einem beruhigenden Mittel darin neben ihnen stand.

»Aber warum hast du nichts gesagt!« schluchzte Lina. »Wir hätten sie herholen sollen ...«

Eine heftige Wehe brachte sie zum Verstummen, sie bäumte sich unter der Decke auf, und Anton wandte den Blick ab.

Marja streichelte ihr behutsam die Haare und half ihr, sich auf-
zusetzen, damit sie den Kräutertrank zu sich nehmen konnte.
Lina trank die bittersüße Flüssigkeit, schluckte atemlos, dann
ließ sie sich wieder rückwärts fallen und schrie.

Die Geburt dauerte lange. Anton stand zitternd in der Türöffnung. Klein Marja saß auf der Bettkante und hielt die Hand ihrer Mutter. Ton-Ton und die anderen wurden von Linas Schrei-
en geweckt, plötzlich drängten sie durch die Tür, schlaftrunken
und verängstigt, mußte Lina sterben? Wo sie doch so schrecklich schrie? Der Vater schickte sie mit scharfer Stimme wieder
ins Bett, und dort schluchzten die Kleinen um die Wette, während Ton-Ton hilflos versuchte, sie zu trösten.

Nichts war so, wie es sein sollte. Normalerweise war die alte
Frau immer rechtzeitig gekommen, hatte sich oft mehrere Tage
vor der Geburt eingestellt und sich um die angehende Wöchne-
rin gekümmert, dafür gesorgt, daß alles vorbereitet war.

Nichts war so, wie es sein sollte. Lina schrie ihre Tochter an, sie
habe sie zum Narren gehalten, habe ihre Pflicht versäumt.
»Warum hast du nichts gesagt?« warf sie ihr immer wieder vor.

»Ich glaube, du mußt Svensson-Stina holen«, murmelte die
Tochter dem Vater zu. »Ich fürchte, hier stimmt etwas nicht.«
Und erst jetzt erwachte der Vater. Erst jetzt begriff er, daß seine
Tochter überfordert war. Erst jetzt zog er mehr an als nur die
gelbweiße Hose, sprang in seine Stiefel und verschwand in der
Dunkelheit.

Lina sah die Gestalten um ihr Bett wie durch einen roten Nebel:
den unvollständig bekleideten Mann, das Mädchen, dessen kleine Hand streichelte und streichelte, obwohl Lina versuchte, sich
von dieser Hand wegzudrehen. Diese unverschämte Göre!

Lina spürte, wie Wellen der Übelkeit durch ihren Leib jagten.
Das Kind schien nach oben zu wollen, nicht nach unten, und ihr
war glühend heiß, wie im Fieber, und plötzlich bildete sie sich
ein, daß Kinder vielleicht auch in der falschen Richtung geboren
werden konnten.

»Versuch jetzt zu pressen«, hörte sie Marja sagen, aber es war ja doch nicht Marja, es war Svensson-Stina, was hatte die denn wohl hier zu suchen?

»Versuch jetzt zu pressen«, sagte Svensson-Stina energisch, aber Lina wollte nicht pressen, sie wollte sich erbrechen, denn dieses Kind wollte durch ihren Mund geboren werden und nicht da unten.

Das Kind stellte sich erst mit der Morgendämmerung ein. Stina hatte sich über Linas Bauch gelegt, sie schob und schob im Takt der Wehen, der Wehen, die kamen und kamen, die kamen und sich wieder legten, ohne daß die Frau im Bett mithalf. Anfangs hatte sie versucht, die andere wegzuschieben. Schließlich war sie so erschöpft gewesen, daß sie nur noch dalag, blaß unter den schwarzen Haaren, mit blutleeren Lippen.

Das kleine Mädchen war blau, wie Augusta und Klara, und es war stumm. Aber seine Augen leuchteten ein wenig, und als Stina ihm einen Klaps auf den Hintern gab, stieß es einen ganz kurzen Schrei aus.

Am ersten Tag legten sie das Kind an die Mutterbrust, als Lina noch nicht wieder bei Bewußtsein war. Aber sie hörte Stimmen. Sie hörte jemanden beten. »Lieber Gott«, hörte sie. »Mach, daß diese arme Frau überlebt.«

Und sie hörte Klein Marja weinen. Warum weinte sie?

»Ich wußte doch nicht, daß die alte Marja tot ist«, wiederholte ihre Tochter immer wieder. Doch als Lina die Hand ausstreckte, um ihren Kopf zu berühren, griff sie ins Leere.

Zwei Sonntage darauf saß sie mit dem Kind auf dem Schoß in der Kirche; es sollte getauft werden.

»Wie soll sie heißen?« hatte Ton-Ton gefragt.

Anton hatte Lina ratlos angesehen. Bei den ersten Kindern waren ihm die Namen ganz spontan eingefallen, sonst hatte die Hebamme geholfen. Und beim letzten Sohn hatte Lina entschieden.

»Die Pastorin hat vorgeschlagen, daß sie wie Oma heißen soll«, sagte Hilda. »Wir haben doch noch nie …«

»Oma?« rief Anton wütend. »Du kennst doch keine, die du Oma nennst. Niemand soll heißen wie meine Mutter!«

»Sie soll heißen wie Fräulein Kurland«, sagte Lina leise.

»Wie Fräulein Kurland?«

»Ja. Denn Fräulein Kurland hat hier gesessen und für mich gebetet, als ich beinah gestorben wäre.«

Marja und ihr Vater tauschten Blicke, ihnen war die Lehrerin jedenfalls nicht aufgefallen.

Der Neuankömmling wurde am folgenden Sonntag in der Kirche auf den Namen Ragnhild Johanne getauft. Anton saß mit dem Hut auf den Knien und seinem roten Halstuch auf der Bank. Lina trug Schwarz und hatte die Hände um das Taufkind gefaltet.

* * *

Jetzt wollten sich im weißen Haus zwölf Münder sattessen, wenn sie die beiden Lofthus-Schwestern dazuzählten. Und obwohl Anton genug Aufträge hatte, konnte von Sattessen doch nur selten die Rede sein.

Im folgenden Jahr war die Lage noch schlimmer, und als auf der schwedischen Seite ein großer Streik ausgerufen wurde, riefen der Stier und seine Söhne die anderen zur Beratung zusammen. Sie wollten über Möglichkeiten sprechen, wie sie höhere Löhne durchsetzen könnten.

»Man könnte doch streiken«, sagte der große Mann herausfordernd.

Er meinte damit die Feinhauer, die im Hafen arbeiteten, er war noch immer ein Tagelöhner im Steinbruch; wenn er mit Arbeiten aufhörte, dann bedeutete das nur, daß er nichts mehr verdiente.

»Tja«, murmelte Julius Simensen.

»Ach was«, spottete ein Junggeselle, der erst seit kurzer Zeit am Fjord arbeitete. »Der Feinhauer denkt also nur an sich selber?«

»Wir haben hier mehrere Feinhauer«, sagte Anton. »Und wir arbeiten auf eigene Verantwortung.«

Der andere schwieg, denn auch er hatte jetzt verstanden. Nur wenige Monate zuvor war ein fertiges Denkmal umgestürzt und zerbrochen, als sie es vom Gerüst befreit hatten; Simen Paulsen hatte fast ein halbes Jahr daran gearbeitet und mußte jetzt von vorne anfangen, ohne deshalb auch nur eine Krone mehr zu verdienen.

»Ich meine nur, wir sollten zuerst alle anderen Möglichkeiten abklopfen«, sagte Anton Syrin.

»Einer für alle, alle für einen«, rief der Stier, und Anton nickte zustimmend.

»Was für andere Möglichkeiten denn?« brummte der Junggeselle ungeduldig, und Anton spürte die Blicke der Männer, einige zweifelnd, andere voller Erwartung und Vertrauen.

Am nächsten Tag ging Anton zum Sprengmeister, um sich nach den Steinpreisen in anderen Ländern zu erkundigen.

»Warum willst du das denn wissen?« fragte der Sprengmeister unsicher.

»Es muß doch ein Verhältnis zwischen unserem Lohn und dem Preis bestehen, für den die Steine verkauft werden«, meinte Anton.

»Na und?« fragte der Sprengmeister.

»Die Leute hier leiden schließlich Not«, antwortete der Feinhauer kurz.

Der Sprengmeister kratzte sich am Ohr.

»Es sind schlechte Zeiten«, murmelte er.

»Wie schlecht denn?« fragte Anton hartnäckig.

»Überall sind schlechte Zeiten, das siehst du doch«, sagte der andere mit einer Handbewegung, die die gerade noch sichtbaren Baracken umfaßte.

»Ich frage doch nur nach Zahlen«, sagte Anton. »Du sitzt schließlich hier mit Kredit und Debet«, fügte er hinzu, diese Wörter hatte er aus der Zeitung gelernt.

Die Männer warteten eine Weile ab. Syrin-Anton wartete auf die Übersicht über »Kredit und Debet«. Und bald kam die Antwort: Der Sprengmeister nannte ihm die Preise, für die ihre letzten Denkmale verkauft worden waren.

»Ach«, sagte Anton. »Und wieviel hat damals der argentinische Präsident gekostet – ich möchte nur damals und heute vergleichen können.«

Der Sprengmeister nannte eine Summe, die sich von den anderen kaum unterschied, und Anton trat einen Schritt näher und stützte sich schwer auf den Tisch in der kleinen Verwaltungshütte.

»Hast du dir das alles aus den Fingern gesogen, oder wie war das?« fragte er gereizt, denn er wußte ganz genau, was der Argentinier gekostet hatte, viel mehr nämlich, als hier behauptet wurde.

Der Sprengmeister ließ unsicher den Blick sinken, und Anton schüttelte den Kopf.

Dann schlug er mit der Faust auf den Tisch, zwar nicht richtig wütend, aber doch so gereizt, daß der Sprengmeister zusammenfuhr.

»Versuch doch nicht, uns zum Narren zu halten«, sagte Anton leise. »Es sind vielleicht für alle schlechte Zeiten, aber sie sind trotzdem mehr oder weniger schlecht. Für uns bedeuten schlechte Zeiten Hunger und Not.«

Dann fiel ihm ein, daß Bottolfs Jüngstes am Vorabend gestorben war, und seine Wangen wurden heiß.

»Hunger und Tod in den Baracken«, sagte er.

Und das Bild der weinenden Hanna, der die Schwindsucht erst vor wenigen Monaten die Mutter genommen hatte, die Vorstellung, wie sie zwischen den undichten Wänden saß und nicht einmal Brennholz hatte, vermischte sich mit dem Bild von Madame Fossens Zimmern; von Madames schönen Zimmern, in denen er zur Hochzeit aufgespielt hatte; er dachte an die von Leckerbissen überquellenden Tische und an den Bauunternehmer, der mit seiner Braut getanzt hatte, und die Wut stieg in ihm auf, und er brüllte den Sprengmeister an, der hinter seinem Schreibtisch aufgesprungen war:

»Schlechte Zeiten für die Armen sind das eine. Für die Reichen bedeuten sie nur, daß die ihre Ersparnisse angreifen müssen. Ihre Ersparnisse, für die die Arbeiter sich abgeschuftet haben.«

Wenige Tage darauf wurde der Akkord für Pflastersteine ein wenig angehoben, und alle, die unter dem Wellblechdach arbeiteten, erhielten für ihre Blöcke einen neuen Preis. Die Männer jubelten.

»So großartig war das nun auch wieder nicht«, murmelte Anton. Als er an diesem Abend nach Hause kam, saß er lange allein in der hintersten Kammer, mit der Flöte, die ihm der Junge im Hafen geschenkt hatte, und er versuchte, sich an die Melodien zu erinnern, die er für die Frau mit den Goldhaaren und der Silberspange gespielt hatte.

In Schweden endete der Streik mit einer Niederlage, mit Massenentlassungen und Haftstrafen für die Streikführer. Hunger und Armut auf dem anderen Fjordufer wüteten schlimmer denn je, die Schwindsucht grassierte, Säuglinge und alte Leute starben. Anton und seine Kollegen sammelten, um die ärgste Not zu lindern.

Bald darauf gründeten sie eine Gewerkschaft. Anton wurde zum Kassenwart ernannt.

* * *

In dieser Zeit sah das Ehepaar nicht viel voneinander. Anton hatte einen Zehnstundentag, er machte sich in der Morgendämmerung auf, schob sich den Hut in den Nacken und stand bei jedem Wetter mit offenem Hemd in seinem Verschlag. Wenn er nicht gerade an seinen Stein dachte, dann dachte er an seine Verantwortung als Kassenwart und an Worte, die bei den Diskussionen in der Gewerkschaft gefallen waren. Manchmal dachte er an den internationalen Klassenkampf. Oder an reiche Fettwänste mit vollen Truhen und an ehrliche, anständige Arbeiter. Und die Arbeiter litten überall Not, das wußte er, da spielten die Grenzen keine Rolle.

Zu Hause war alles so eng. In der Küche hatten nicht alle am Tisch Platz, deshalb aßen sie in Gruppen. Die beiden Kleinsten schrien und krabbelten umher, Hilda und Sara kicherten und zogen Angel auf, Andreas knurrte, weil er immer Hunger hatte, und Lina huschte wie ein Schatten zwischen ihnen durch die Kammern; sie hatte alle Hände voll zu tun und war jetzt immer still und ernst. Der Mann fühlte sich hier nicht wohl. Er aß und schlief zu Hause, ansonsten war er anderswo, bei der Arbeit, auf Gewerkschaftstreffen oder im Anbau. Er versorgte die Familie mit Essen und Kleidern; war es nicht das, was von ihm erwartet wurde?

Auch Lina versuchte, an anderes und andere zu denken als an sich. Immer mußte Wäsche gewaschen werden, bei schlechtem Wetter war in der Küche kaum ein Durchkommen, weil so viele nasse Kleidungsstücke unter der Decke hingen. Und der Flickkorb wurde auch nie leer.

Am Samstagnachmittag verwandelte die Küche sich in eine Badeanstalt; Wasser wurde heißgemacht, die Wanne gefüllt, und dann kamen sie aus den Kammern zum Vorschein, eins nach dem anderen, und platschten und schwitzten unter Linas oder Klein Marjas Händen. An solchen Tagen war sie fast wie früher: lustig und freundlich, trotz der ganzen Mühe.

Wenn sie abends ins Bett ging, war sie so müde, daß sie sofort einschlief; sie schlief unter dem nachdenklichen Blick ihres Mannes ein, unter den Gedanken, die noch immer ihr Bewußtsein bis zum Rand füllten, Gedanken, die sie gern an den Gott weitergeschoben hätte, an den sie sich gewandt hatte, seit sie ihre Großmutter durch loses Gerede in Gefahr gebracht und seit die Nachbarinnen sie mit Klatsch überschüttet hatten.

Nur während der Predigt am Sonntagvormittag kam Lina zur Ruhe. Aber dann mußte sie in den Alltag des weißen Hauses zurückkehren, wo der Mann ruhelos und mit blindem Blick zwischen den Kindern hin und her lief oder zu Tätigkeiten, von denen sie keine Ahnung hatte, im Anbau verschwand.

Berührungen kamen zwischen ihnen jetzt nicht mehr vor; Lina legte ihm nicht mehr vertrauensvoll die Arme um den Hals, und sie wartete vergeblich auf eine Annäherung von seiner Seite.

Und dann floh sie, wenn sie ein seltenes Mal die Zeit fand, wanderte unter den Winterbäumen, blickte auf den vereisten Fjord hinunter, wo die fertigen Steine mit Pferd und Schlitten zu den Booten in der Fahrrinne gebracht wurden, und dabei weinte sie. Als der Frühling kam, fing sie an, einmal die Woche im Pfarrhaus zu putzen und zu backen. Sie genoß es, geheimnisvoll über die Wege zu laufen, genoß es, ein wenig eigenes Geld zu verdienen, genoß die ruhigen Gespräche mit der Pastorin in der großen, hellen Küche.

Sie war jetzt zweiunddreißig, und obwohl die vielen Geburten ihren Körper gezeichnet hatten, war sie noch immer jugendlich schön. Die Männer drehten sich nach ihr um, und Lina schlug nicht mehr die Augen nieder, sondern schaute allen offen und freundlich ins Gesicht.

Als sie einmal ihrem Mann sein Essen brachte und über eine muntere Bemerkung Simens lachte, sah sie zu ihrem großen Erstaunen, daß Anton sich mit wütender Miene abwandte.

* * *

»Haltet den Rand!« konnte der Mann brüllen, und dann fuhren die Kinder in der Küche zusammen. »Verdammte Schreihälse!« konnte er die beiden kleinsten anfahren. Und langsam gewöhnten sie sich an die neuen Launen ihres Vaters; die kleineren verstummten mit großen Augen, wenn er zur Tür hereinkam, Andreas jammerte nicht mehr vor Hunger, Hilda zog Angel nicht mehr auf, wenn der Vater in der Nähe war, Klara versuchte, sich unsichtbar zu machen. Lina beobachtete ihn ratlos, und die beiden ältesten Kinder tuschelten über diesen neuen Vater, wenn die anderen Geschwister schon schliefen.

Marja durfte noch immer bei ihm im Anbau sitzen, wenn er die geringen Summen der Gewerkschaftskasse zusammenzählte oder Denkmalsmaße und Steinpreise notierte – er war in den Rechnungsausschuß gewählt worden, der Sprengmeister hatte ihn darum gebeten, einige Wochen nachdem Anton auf den Tisch gehauen hatte. Der Rechnungsausschuß war ein sehr wichtiges Gremium, neben Anton und dem Sprengmeister selber gehörte ihm nur noch ein weiterer Mann an: der junge Hjalmar Bekkelaget, der angeblich richtiger und schneller gerechnet hatte als Schulmeister With, ehe er die Schule verließ, um Keiljunge zu werden.

»Wo du dich doch mit den Zahlen so gut auskennst, Anton«, hatte der Sprengmeister gesagt und düster die Wand mit den Auftragslisten angestarrt.

Der Mann saß im Arbeitsraum im Anbau und murmelte und schrieb und zerbrach sich den Kopf über die komplizierte Welt der Zahlen, und manchmal starrte er auch lange und wütend seine älteste Tochter an, die einen von Fräulein Kurlands Romanen oder ein Schulbuch auf den Knien liegen hatte.

Wenn sie fragend seinen Blick erwiderte, wandte er sich zumeist ab. Einmal fuhr er ihr mit düsterem Gesicht durch die Haare und flüsterte, sie solle sich vor den jungen Männern in den Steinbrüchen hüten.

* * *

Dann fand in der Schule ein Basar statt, dessen Erlös der Hilfskasse der Steinarbeiter zufließen sollte. Alle hatten Schubladen und Schränke durchgesehen und irgendeine Kleinigkeit gefunden, die doch noch so brauchbar war, daß andere dafür vielleicht Geld bezahlen würden. Die Frauen hatten Handschuhe und Schals gestrickt, der alte Malte hatte zwei seiner Holzpferde gestiftet, die er in seltenen, nüchternen Momenten schnitzte und gegen Lebensmittel und die Zutaten zu seinem selbstgebrannten Schnaps eintauschte. Sie hatten bei den Bauern zerbrochene Geräte erbettelt und diese dann selber repariert, Fräulein Kurland hatte eine wunderschöne Stehlampe mit Löwenfüßen und einige Bücher beigesteuert, und ein Bauer aus dem Binnenland hatte ihnen ein Bild überlassen, das er selber scheußlich fand. Es war ein Gemälde von zwei hungrigen Bettelkindern mit tränennassen Wangen.

An diesem Samstag zu Anfang April herrschte gute Stimmung, und sogar aus der Stadt kamen Besucher, um sich unter die Menschen vom Fjord zu mischen. Denn wenn alles verkauft war und die schönsten Gegenstände verlost waren, dann sollte zum Tanz aufgespielt werden.

Anton war der Spielmann, und er war in bester Laune, als er mit dem Akkordeon zwischen den Fäusten den Raum betrat, nachdem er zuerst das bisher verdiente Geld nach Hause gebracht und in der Gewerkschaftskasse verstaut hatte.

Lina stand hinter einem Tresen, der aus vier aneinandergeschobenen Schultischen bestand, zusammen mit Augusta und Anna und Stina, und verkaufte Kuchenfladen und hellbraunen Kaffee; Anton ließ seine Frau nicht aus den Augen, aber seine Blicke waren anfangs, als die ersten jungen Leute auf die Tanzfläche stürmten, freundlich und aufmerksam. Sie stand da in ihrem schwarzen Kleid mit dem weißen Kragen und ihrem schwarzen Kopftuch, obwohl sie doch im Haus waren. Die anderen Frauen sahen aus wie sie, in Kopftuch und schwarzen Kleidern. Er sah, wie sie plauderten und lachten: Stina und Augusta, Anna und Lina. Und plötzlich fuhr der Spielmann zusammen, denn wieder erfüllten ihn Bilder, Bilder, um die er nicht gebeten hatte, Augusta und Anna und Stina vor über fünfzehn Jahren. Vor über zwanzig Jahren, als die beiden ersten noch unverheiratet gewesen waren. Stina hatte damals schon Svensson gehabt. Und jetzt tauchte auch noch Magdalena am improvisierten Tresen auf, um Fladen und dünnen Kaffee zu kaufen, Magdalena mit dem gelben Zopf; den versteckte sie jetzt unter einem Tuch, aber immerhin hing ihr eine lustige Locke in die Stirn. Sie war schon verheiratet gewesen, als sie ihn ins Haus hinter der Kirche gelockt hatte. So sah das Bild in seiner Erinnerung nämlich aus: daß sie geheimnisvoll und hinreißend lächelte, ihn zu sich lächelte, ihn zu sich zog, wie Honig und heißes Hefegebäck gierige Insekten anlocken. Da standen nun fünf Frauen zusammen und unterhielten sich über Tellern und Tassen so munter miteinander, und er hatte von jeder die Formen unter ihren schwarzen Kleidern gekannt.

Aber wer stand denn jetzt bei ihnen? Ein Fremder. Einer aus der Stadt, in Jacke und Weste. Und er sprach mit Lina, obwohl Stina dichter bei ihm stand, der Fremde bat Lina um Kaffee, den er sicher mit dem Inhalt der Flasche vermischen wollte, die er in der Jackentasche stecken hatte. Anton spielte schneller, und die Tanzenden jagten über den Bretterboden von Fräulein Kurlands Klassenzimmer. Der Raum gegenüber war abgeschlossen, und der Schulmeister ließ sich nicht blicken.

Anton sah, wie Lina den Fremden bediente und seine Münzen entgegennahm. Und dann sprach sie wieder mit den anderen Frauen, während der Mann aus der Stadt mit der Tasse in der Hand davonging. Aber schaute sie ihm denn nicht hinterher? Behielt sie nicht seinen Rücken im Auge, als er sich der Tür näherte?

Anton spielte.

Lina und die Frauen kicherten und lachten.

Dann war der Kaffeekunde plötzlich wieder da, wollte er seine leere Tasse loswerden? Nein, er wollte noch mehr, und das von Lina, obwohl Augusta dichter bei ihm stand. Und er beugte sich zu ihr vor und sagte etwas, sagte etwas, das Lina ein munteres Lächeln entlockte, und er blieb stehen und redete und lachte, mit seiner nun wieder vollen Tasse in der Hand, und Lina antwortete darauf und schlug dann die Augen nieder.

In der Pause ging der Spielmann nach draußen und nahm die Männer, die am Wegesrand in Gruppen zusammenstanden, sorgfältig in Augenschein. Dann ging er zu dem Stadtfritzen mit der Weste und schlug ihn zu Boden.

»Das kriegst du dafür, daß du dich an meine Alte ranmachst!«
fauchte Anton und kehrte wieder ins Haus zurück.

Er marschierte mit seinem Instrument durch das Zimmer, überquerte die Tanzfläche in Richtung Tresen, packte Lina am Arm
und zog sie mit sich, hinaus in die kalte Frühlingsluft und nach
Hause.

»War das der letzte Tanz?« fragte einer der Johanssen-Söhne
und feixte, während einer seiner Brüder dem Fremden auf die
Beine half und dem verwirrten Mann den Staub von den Kleidern wischte.

»Ich werde ...«, sagte der Westenträger mit dünner Stimme und
wollte hinter Anton herlaufen, aber die anderen hielten ihn zurück.

»Es ist besser so«, sagten sie.

»Der Vogel ist heute sauer«, sagte einer.

»Was hast du von seiner Alten gekriegt?« fragte ein weiterer.

»Kaffee«, sagte der Mann aus der Stadt und blickte mit dämlicher Miene in seinen leeren Schnapskrug.

Er ließ sie erst los, als die anderen sie nicht mehr sehen konnten.
Zu Hause stellte er das Akkordeon in die Kammer und ging
über den Hof.

Als die Kinder bald darauf verwundert nach Haus kamen, saß
Lina allein in der Küche, den Kopf über die Bibel gesenkt, die
der Pastor ihr geschenkt hatte. Die Schamröte hatte ihre Wangen jetzt verlassen. Als Angel sie vorsichtig fragte, ob er etwas
für sie tun könne, schüttelte sie nur den Kopf. Aber Marja und
Ton-Ton tauschten über die Köpfe der anderen hinweg Blicke –
denn da saß ihre Mutter doch tatsächlich und lachte.

Nach ihrer Schulzeit fand Marja eine Stelle im Pfarrhaus.
Die Pastorin war mit Fräulein Kurland befreundet, und die Lehrerin hatte ihr diesen Vorschlag gemacht. Der Pastor war damit einverstanden, schließlich hatte er der Steinhauertochter Konfirmationsunterricht gegeben und wußte die fromme Lina zu schätzen.
Doch was war mit Lina, die für sie putzte und buk? Konnten sie die Mutter wegschicken und statt ihrer die Tochter einstellen?
Die Pastorin wußte Rat: Lina konnte in Zukunft in der Kirche putzen. Außerdem wußte sie, daß Lina wunderschön webte, und sie und Fräulein Kurland bestellten bei ihr immer wieder gemusterte Stoffe in schönen Farben.

Still und freundlich widmete Marja sich ihren Aufgaben, und wie ihr Vater damals auf Hansed hielt sie Augen und Ohren offen, um immer zu wissen, was von ihr erwartet wurde, und es dann auch schnell und zufriedenstellend auszuführen. Sie wischte mit einem Wedel aus grünen Federn Staub und putzte den Boden mit einem modernen Schrubber.
»Was ist sie für ein reizendes Wesen«, seufzte die Pastorin, als sie mit der Lehrerin beim Nachmittagskaffee saß.
Was für eine reine Seele, dachte der Pastor, und ihm wurde warm ums Herz, wenn er das emsige Mädchen mit den anmutigen Bewegungen sah.
»Was für ein … für ein … Herrjesus, hilf mir«, stöhnte der Sohn des Hauses abends im Bett.
Er besuchte das Gymnasium in der Stadt.
Marja schälte Kartoffeln und pulte Zuckererbsen, sie schüttelte die Betten aus und stand am Waschtrog. Auf leichten Füßen lief sie hin und her, wie eine Fee, dachte der Siebzehnjährige mit dem pickligen Gesicht, wie ein Engelchen, dachte seine Mutter und lächelte der schmiegsamen Gestalt freundlich hinterher.

»Was singst du denn da?« fragte der Pastor, als er eines Tages durch die Küche ging, wo Marja den Abwasch erledigte.

»Habe ich gesungen?« fragte das Mädchen verlegen.

»Du hast vor dich hingesummt, und das erinnert mich an … das war doch ein Choral?«

»Ja, bestimmt. Viel anderes kann ich nicht …«

»Hör mal!« flüsterte er einige Wochen später seiner Frau zu. Marja saß im Vorzimmer auf einem Schemel und nähte, und durch die Tür konnte das Ehepaar hören, wie sie mit glockenreiner Stimme »So nimm denn meine Hände« sang.

Die beiden Erwachsenen tauschten einen bewegten Blick und lächelten.

Später in diesem Herbst bat der Pastor Marja in das kleine Arbeitszimmer, in dem er seine Predigten verfaßte. Er wollte ihr etwas erzählen, was ihm seit einiger Zeit durch den Kopf ging. Er wollte einen Kirchenchor gründen und sie fragen, ob sie mitmachen würde.

Marja blickte ihn aus großen, dunklen Augen an. Doch, das wollte sie gern, wenn er ihren Gesang gut genug fand.

Bereits im Weihnachtsgottesdienst in diesem Jahr brachte der Chor vier dreistimmige Lieder. Und zu Ostern sang Marja als Solistin »Das Grab ist leer, der Held erwacht«. Ihre Stimme war so schön, daß Fräulein Kurland die Tränen über die Wangen strömten, und sie weinte wirklich nicht als einzige.

»Ich wußte nicht, daß die Kleine wirklich singen kann«, sagte Lina später.

»Gesungen hat sie ja immer schon«, sagte der Vater. »Aber daß sie eine Stimme hat!«

An Marjas fünfzehntem Geburtstag brachte Fräulein Kurland ein Heft mit Liedern von Robert Schumann ins Pfarrhaus.

Marja bedankte sich gerührt, ohne so recht zu wissen, was sie mit dem Geschenk anfangen sollte; sie konnte keine Noten lesen, und Deutsch konnte sie auch nicht. Im Chor übten sie die verschiedenen Stimmen ein, indem der Organist vorspielte, immer wieder, bis alle sie auswendig wußten. Verzweifelt betrachtete sie die kleinen schwarzen Punkte, die auf den Strichen tanzten. Zum Glück begriff die Spenderin dann nach einigen Tagen, daß sie Marja in Verlegenheit gebracht hatte, und mit ihrer üblichen Tatkraft überredete sie den Organisten, dem Mädchen gegen einen kleinen Betrag Unterricht zu geben, den Fräulein Kurland aus ihrem mütterlichen Erbe bestritt. Aber als sie dem Pastor dann anbot, Marja Deutschunterricht zu erteilen, kam dem Mann die glänzende Idee, damit doch seinen Sohn zu beauftragen. Cristoffer war nämlich sehr gut in der Schule und würde noch besser werden, wenn er sein Wissen auf diese Weise weitervermitteln konnte.

Von nun an hatte Marja jeden Donnerstagnachmittag frei, um an der Kirchenorgel zu sitzen und Noten zu lernen. Und der Pastor brachte seinen Sohn in eine Lage, die dem liebeskranken Knaben über den Kopf zu wachsen drohte.

Im Pfarrhaus fand Marja Zeit zum Nachdenken. Und an einem schönen Herbsttag, als sie auf der Küchentreppe saß und Steckrüben schälte, ging ihr auf, daß sie nie gespielt hatte. Sie lauschte dem leisen Rauschen der Bäume und des Windes, und sie sehnte sich nach dem Lachen ihrer kleinen Geschwister, nach ihrem Jubel auf der Rodelbahn im Winter, dem glücklichen Planschen, wenn sie in der Bucht badeten, und ihr wurde bewußt, daß sie nicht ein einziges Mal auf dem vom Vater gezimmerten Schlitten gesessen hatte und als einzige unter den Geschwistern nicht schwimmen konnte.

In der ersten Zeit im Pfarrhof hatte sie sich immer sofort nach neuer Arbeit umgesehen, wenn sie eine Aufgabe erledigt hatte, sie war nicht an Untätigkeit gewöhnt, und auch nicht daran, daß nur eine einzige Arbeit anlag. Zu Hause hatte sie gekocht und Kinder gehütet und Kleider gewaschen, und zwar gleichzeitig, und sie hatte sich immer konzentrieren müssen, um alles im Griff zu behalten. Ihre Blicke waren von den Töpfen, in denen das Essen nicht anbrennen durfte, zu den Kleinen geeilt, die

nicht auf Tische oder Schemel klettern und herunterfallen durften. In Gedanken hatte sie Choräle gebüffelt und die Zutaten
zum Brotteig wiederholt. Abends war sie so erschöpft gewesen,
daß sie sofort eingeschlafen war, falls sie nicht zuerst noch etwas
Wichtiges mit ihrem Bruder besprechen mußte, während Hilda
und die Lofthus-Schwestern noch lange kichernd in der Dunkelheit liegen konnten.

Im Pfarrhaus hatte sie ihr eigenes Schlafzimmer, ein gelb gestri-
chenes kleines Mansardenzimmer mit Bett und Kommode und
einer Jungfrau Maria in Öl an der Wand. Hier war sie von Andreas' Klammerarmen befreit, die sie aus dem großen Bett im
Kinderzimmer zu Hause noch so gut in Erinnerung hatte, hier
roch sie nicht Urin und Schweiß der anderen, hörte ihren Atem,
ihr Schnarchen und Andreas' ewigen Husten nicht, nicht das
Gekicher von Hilda und den Lofthus-Schwestern; nichts von
dem, was ihr Leben so erfüllt und worin sie geschlafen hatte wie
in einer Decke aus Leben, konnte sie hier erreichen. Jetzt war sie
allein, in sauberem, sonnenduftendem kühlem Bettzeug, und
konnte nicht schlafen. Sie horchte auf die Stille, sie horchte auf
ungewohnte Geräusche aus dem Haus und das Rauschen der
Bäume. Anfangs hatte sie Heimweh. Dann gewöhnte sie sich
langsam an das Alleinsein, und als in ihrem ersten Dienstjahr die
Weihnachtstage näherrückten, freute sie sich schon auf die
Abende, an denen sie sich ungestört ihren Gedanken widmen
konnte.

Und während sie anfangs von Bildern ihrer Eltern und Geschwister erfüllt gewesen war, während sie sich sorgte, wie es im
kleinen Holzhaus wohl aussehen mochte, ob Hilda der Mutter
jetzt eifriger half, ob der Vater neue Aufträge erhielt, ob Lina
nicht bald wieder summen würde, kreisten ihre Gedanken dann
später zusehends um sie selber. Denn Marja gehörte nicht mehr
zum Leben im weißen Haus, sie würde nie mehr dort wohnen.
Marja war von zu Hause weggezogen.

Das wurde ihr in einer Nacht zu Anfang Dezember wirklich bewußt, und am nächsten Nachmittag bat sie die Pastorin, ihr ei-

nen Besuch zu Hause zu erlauben. In einer dicken Jacke und mit einem blauroten Schal um den Kopf lief sie den Weg entlang. Sie stürzte ohne anzuklopfen in die Küche und ließ sich atemlos auf den Deckel des Holzkastens neben dem Herd fallen, den einzigen freien Sitzplatz im ganzen Raum. Die anderen saßen beim Abendessen, und noch ehe sich ihr Erschrecken gelegt hatte, sah Marja sie so, wie sie vor ihrer Ankunft dagesessen hatten. Sie lachte. Sie lachte und lachte. Die anderen starrten sie verwundert an, und Marja lachte.

»Was ist denn los, Herzchen?« fragte Lina.

»Nichts«, keuchte das Mädchen. »Bloß – ihr.«

»Jetzt hör aber auf«, sagte Ton-Ton halb verärgert mit seiner neuen, brüchigen Stimme.

Die kleine Ragnhild kletterte auf den Schoß ihrer Schwester und legte ihr die Arme um den Hals, und Marja hörte auf zu lachen, umarmte die Kleine und schnupperte den süßen Duft ihrer Stirnfransen.

»Kleine, feine Ragnhild«, flüsterte Marja. »Wer paßt denn auf dich auf, wenn ich nicht da bin?«

»Klara«, antwortete die Kleine.

Lina kochte Kaffee, wie für einen fremden Gast, Angel holte den besten Becher. Hilda und Lofthus-Sara verzogen sich nach oben, Ton-Ton brachte die vier Kleinsten ins Bett, dann setzte er sich burschikos mit übereinandergeschlagenen Beinen auf die Bank und sah seiner Schwester beim Kaffeetrinken zu. Jetzt saßen sie zu fünft am Tisch: Anton und Lina, Marja, Ton-Ton und Angel. Die drei Mannsbilder fragten Marja nach dem Leben im Pfarrhaus aus, Lina sagte nicht viel.

Ehe sie ging, schlich Marja sich in die Kammer, um die kleinen Geschwister zu umarmen. Ton-Ton folgte ihr wie zufällig, und als sie sich im Halbdunkel wieder erhob, flüsterte er ihr zu:

»Kannst du dich an Anna erinnern?«

»An Anna?«

»Ja. Svensson-Anna?«

Marja nickte. Dann schaute sie ihren Bruder an und begriff. Verwundert merkte sie, wie er in letzter Zeit gewachsen war, als sie sich reckte, um ihn auf die Wange zu küssen.

»Sieh an«, sie zwinkerte ihm zu. »Svenssons Anna.«

Der Vater wollte sie zurückbegleiten.

Zuerst plauderten sie über dies und jenes. Dann fragte Anton, warum sie so gelacht hatte, als sie in die Küche gekommen war.

»Alles war ja genau wie früher«, sagte Marja.

»Nichts ist wie früher, ohne dich«, rutschte es dem Mann heraus.

Dann riß er sich zusammen, legte ihr einen Arm um die Schulter und lachte. »Nein, du brauchst dir keine Sorgen zu machen.«

»Hilda ist so schlecht gelaunt wie immer, und Andreas hat noch immer Hunger«, kicherte Marja. »Aber Ton-Ton ist schon fast erwachsen.«

»Und Klara ist groß und tüchtig«, sagte der Vater.

»Und Mutter?«

Plötzlich war Marja ganz ernst.

»Sie webt für Geld«, sagte der Mann.

»Und du?« fragte das Mädchen und blickte verstohlen zu ihm auf.

»Ich?« fragte er.

Marja faßte Mut: »Du schlägst keine Männer aus der Stadt mehr nieder?«

Er erbebte. Dann faßte er sie an den Schultern und zog sie an sich.

»Du nimmst dir ja ganz schön viel heraus«, flüsterte er.

Aber sie hörte das Lachen in seiner Stimme. »Nur, wenn es unbedingt sein muß.«

Er hob ihr Gesicht und küßte sie auf die Stirn.

»Versprich mir …«, sagte Marja.

»Ja?«

»Versprich mir, lieb zu Mama zu sein und die Kleinen nicht mehr so anzubrüllen«, sagte sie rasch und atemlos.

Anton schob sie sanft weg und brummte etwas Unverständliches.

Nebeneinander wanderten sie schweigend weiter.

Als sie vor dem Pfarrhaus stehenblieben, sagte der Vater: »Versprochen.«

Jetzt war sie es, die ihn umarmte und sein rauhes Kinn küßte.

»Meine Marja«, sagte Anton.

»Meine Marja«, dachte er dann, als er nach Hause ging.

So gewann Marja ihre Freiheit.

Die Familie kam ohne sie zurecht. Sie brauchte sich keine Sorgen zu machen. Jedenfalls nicht um Alltagsdinge.

Und diese Freiheit nahm sie mit in die Kirche, wo sie in dem großen, leeren Raum neben dem Organisten saß, neben diesem grauhaarigen, freundlichen Mann, der sie in die Geheimnisse der Noten einführte. Marja nahm alles Neue voller Freude in sich auf, und die Musik füllte einen Raum in ihr, von dem sie noch nichts geahnt hatte.

Die ganze Woche freute sie sich auf den Nachmittag in der Kirche: auf die brüchigen Töne der alten Orgel, auf die Schatten zwischen den leeren Bankreihen, auf die Kanzel, die sie im Vorübergehen berühren konnte, auf das Taufbecken, den Altar mit der schwarzen Bibel, auf das Bild von Jesus, das fast nur für sie dort hing. Sie hatte das Gefühl, daß der alte Mann ihr sanft über die Haare strich, wenn er ihr langsam über Achtzehntel und Sechzehntel erzählte, über G-Schlüssel und F-Schlüssel und Vorzeichen. Ab und zu erhob er sich dann, um ihr seinen Platz zu überlassen. Und sie berührte die Tasten mit den Fingern und die Pedale mit den Füßen, alles in der richtigen Reihenfolge, und schuf damit Töne.

Die neue Freiheit erfüllte sie mit Sehnsucht statt mit Sorge, mit einer guten Sehnsucht, die sich bis auf weiteres mit der Musik in der leeren Kirche verband.

Ganz anders war es, mit Cristoffer im Vorzimmer zu sitzen, wenn er ihr in wildem Tempo deutsche Merksätze aufsagte.

* * *

»Daß du nicht einmal versuchst, ein bißchen zu sein wie deine Schwester«, sagte Schulmeister With resigniert zu Hilda.

Nachdem Anton Syrin Fräulein Kurland den Vorschlag gemacht hatte, die beiden mutterlosen Lofthus-Schwestern zu adoptieren, und dann nach Hause gegangen war, um den beiden Mädchen eine Tracht Prügel zu verpassen, hatten sie sich in der Schule zwei Jahre lang sehr gut benommen. Aber damit war nun Schluß, und als sie zum Schulmeister ins Zimmer gegenüber umzogen, gab es nur noch Unfug und lange Blicke aus dem Fenster.

Lehrers Liebling, dachte Hilda über ihre Schwester. Verwöhnte Kuh.

Lieber Gott, ich danke dir für Klara, dachte Lina manchmal und ließ ihren Blick von Hilda, die nie sah, was getan werden mußte, zu der anderen wandern, die sah.

* * *

»Ich liebe – diesen – süßen – Schatz«, sagte Cristoffer mit schweißnasser Stirn, und das zwei Jahre jüngere Mädchen blickte ihn lachend an.

Auf Marjas Aufforderung hatte er mit den Lehrsätzen aufgehört und übersetzte nun Wort für Wort Liedertexte. Ab und zu unterbrach sie ihn:

»Was ist eigentlich der Unterschied zwischen lieben und mögen?«

Der Junge schluckte schwer und versuchte, ihr den Unterschied auseinanderzusetzen.

»Und Liebe, was heißt das auf norwegisch?« fragte sie und versuchte, dabei ein ernstes Gesicht zu machen.

»Ich muß mich um mein Latein kümmern«, rief der Pastorensohn und stürzte zur Tür.

Im folgenden Sommer machte der Junge am Gymnasium in Fredrikshald sein Abitur, im Herbst nahm er in der Hauptstadt sein Theologiestudium auf.

Als er zum nächsten Johannistag nach Hause kam, hatte er die Ungeschicklichkeit des Jünglings verloren, er war groß und breitschultrig und lief nicht mehr rot an, wenn er ein junges Mädchen sah. Das Studium hatte ihn ernst und nachdenklich werden lassen, und während des ganzen Jahres hatte er gespürt, daß er sich dem Herrn immer mehr näherte. Er wollte rein und sündenfrei, pflichtbewußt und uneigennützig leben. Cristoffer würde noch viele Jahre auf eine Pfarrstelle warten müssen, und er konnte sich noch lange keine Frau suchen, die sein Leben mit ihm teilen wollte.

Er grüßte Marja abwesend und zerstreut, als er seine Reisetasche im Flur abstellte. Nachdem er seinen Eltern die Hand gegeben und mit ihnen auf der Veranda gegessen hatte, saß er nachmittags im Schatten eines Baums im Garten und beugte sein bleiches Gesicht über ein dickes Buch.

Als die Mutter ihn auf das Fest aufmerksam machte, das an diesem Abend auf dem Wall stattfand, und als sie ihm erzählte, daß Marja vor dem Tanz im Schulhaus Lieder von Schumann singen würde, zuckte er lebenssatt mit den Schultern, er wollte lieber zu Hause bleiben.

Als das junge Mädchen aber zusammen mit der Pastorin aufbrach, saß er noch immer unter dem Baum und schaute ihr hinterher, und ohne es zu wollen, spürte er, wie ihm eine Hitzewelle durch den Leib jagte.

Danach konnte er sich nicht mehr konzentrieren, und er machte die anstrengende Reise dafür verantwortlich. Er wollte einen kleinen Spaziergang durch vertraute Gefilde unternehmen. Doch aus irgendeinem Grund führte dieser Spaziergang ihn zur Schule, zum Lachen, zum Gewirr von zahllosen, fröhlichen Stimmen. Dann war alles still, und der junge Mann, der inzwischen den Schulhof erreicht hatte, blieb stehen und horchte.

Er hörte Marjas Stimme, schön und reich sang sie die deutschen Wörter, deren Aussprache und Bedeutung er ihr einmal beigebracht hatte. Der junge Student blieb wie versteinert stehen. Als die Sängerin eine Pause einlegte, schluckte er und faltete die

Hände. Nach dem zweiten Lied sprach er ein kurzes Gebet. Nach dem dritten brach der Jubel los, und der angehende Pastor drehte sich um und stürzte in den Wald; er wollte von niemandem gesehen werden. Er rannte zwischen Bäumen und Steinabfall dahin, er rannte und rannte, und dann ließ er sich auf den Boden fallen und drückte sein Gesicht in den feuchten Boden.

Hilda und Sara kehrten derweil vom Weiher zurück, wo sie sich mit Elisons zwei jüngsten Söhnen getroffen hatten. Jetzt wollten sie zum Fest, auf Marjas Gesang hatte Hilda gut verzichten können. Die Elison-Söhne wollten auch zum Wall, hatten aber einen anderen Weg eingeschlagen.

Plötzlich hörten Sara und Hilda durch das Unterholz seltsame Geräusche. Sie sahen sich an und schlichen näher. Und dann entdeckten sie Cristoffer, der auf Knien lag und die gefalteten Hände hoch über seinen Kopf erhoben hatte.

»Hilf mir, Herr Gott«, schluchzte er. »Nimm diesen unseligen Fluch von mir!«

Die Mädchen wollten schon losprusten, konnten sich aber doch noch beherrschen.

»Es ist nicht ihre Schuld«, sagte nun der junge Mann. »Aber mußtest du ihr eine so schöne Stimme schenken?«

Hilda fuhr zusammen.

»Ich komme mir vor wie verhext. Ich sehe sie immer vor mir, o Herr, mit sündigerem Blick, als ich zugeben mag. Dein demütigster Diener fleht dich an, läutere meine sündhafte Seele …«

Und dann schlug er die Hände vors Gesicht und weinte heftig. Danach zog er ein weißes Taschentuch hervor und putzte sich die Nase. Schließlich stand er auf und lief mit raschen, entschiedenen Schritten davon.

* * *

»Marja hat den Sohn des Pastors verhext«, erzählte Hilda an diesem Abend Ton-Ton.

»Verhext?« fragte der Junge ärgerlich.

»Mit Kräutern, das hat sie von der Alten gelernt.«

»Laß den Quatsch!« fuhr der Bruder sie wütend an.

Zwei Tage darauf brach Cristoffer seinen Besuch ab und kehrte in die Hauptstadt zurück.

»Da siehst du's«, sagte Hilda.

»Du blöde Klatschtante!« sagte Ton-Ton. »Wenn du wenigstens halb so lieb wärst wie sie!«

»Wißt ihr, warum Cristoffer schon wieder weg ist?« fragte Hilda die Elison-Söhne.

»Nein?«

»Weil Marja ihn verhext hat. Weil sie ihm einen Zaubertrank gegeben hat.«

»Kann Marja denn so was?« fragte der eine Junge skeptisch.

»Habt ihr die Alte vergessen, die früher so oft bei uns war?«

Nein, an die konnten sie·sich erinnern.

»Alles, was sie konnte, hat sie an meine Schwester weitergereicht. Nur an sie. Marja kann Gicht und Eiterwunden heilen, wenn sie das will. Sie kann Getränke brauen, von denen mein Vater gute Laune kriegt und von denen meine Mutter keine Kinder mehr bekommt.«

»Ja, verdammt«, sagte der ältere Elison-Bruder.

* * *

Marja hatte so ihre Ahnung, was dem jungen Mann zusetzte. Aber sie begriff nicht, warum er sich so seltsam verhielt.

Er schien während der wenigen Tage, die er zu Hause verbrachte, ihren Anblick einfach nicht ertragen zu können. Wenn sie das Zimmer betrat, in dem er über seinen dicken Büchern saß, dann sprang er auf, als ob sie die Luft verpestete, die er atmen wollte. Und wenn sie hereinkam, während er sich mit seinen Eltern unterhielt, wurde seine Stimme flach und ausdruckslos.

Er ist verliebt in mich, dachte sie, aber das zeigt er auf seltsame Weise. Und eine lachende Freude erfüllte ihren Körper. Dann verschwand er, ehe sie überhaupt festgestellt hatte, was sie vielleicht für ihn empfand.

* * *

Die Eltern sorgten sich um den Jungen. Auch sie wußten, womit er sich herumquälte, doch sie machten der jungen Frau keine Vorwürfe. Denn sie verhielt sich nun wirklich nur gut und richtig, mit ihrer fleißigen Art und ihrer schönen Stimme.

Dann tauchten eines Abends die Elison-Brüder auf und wollten sie sprechen.

»So spät noch?« fragte die Pastorin.

»Ich habe einen vereiterten Finger«, stammelte der Ältere und hielt ihr seine schmutzige Hand vor das Gesicht.

»Einen vereiterten Finger? Und was hat Marja damit zu tun?«

»Sie kann ihn reparieren«, sagte der Jüngere. »Sie kann so was – alles.«

»Jetzt haltet aber den Mund«, sagte die Frau. »Macht, daß ihr nach Hause kommt. Marja tut so etwas doch nicht!«

Dann schlug sie ihnen die Tür vor der Nase zu, und die beiden trotteten niedergeschlagen zu dem Gebüsch zurück, hinter dem Hilda und Sara auf sie gewartet hatten.

Als die Pastorin ihrem Mann von dieser Episode erzählte, schüttelte der zuerst über die Dummheit der Jungen den Kopf. Dann verdrängte er die ganze Sache, denn erstens glaubte er nicht an solche Künste, und zweitens konnte er sich nicht vorstellen, wo Marja sie erlernt haben sollte.

Seine Frau jedoch erinnerte sich an die schwarzgekleidete Greisin, die die Familie Syrin besucht hatte, und sie konnte die Behauptung der Jungen nicht vergessen.

* * *

Marja hörte erst viele Jahre später von dieser ganzen Angelegenheit. Als die Pastorin sie bat, sich zu ihr aufs Sofa zu setzen, überkam sie deshalb nur eine tiefe Dankbarkeit, als die ältere Frau sagte: »Du singst wunderschön, Marja.«

»Wenn das stimmt, dann ist das Ihr Verdienst«, antwortete Marja höflich.

»Wir glauben, daß du es mit der Musik weit bringen kannst.«

Marja errötete verwundert und wußte nicht, worauf die Pastorin hinaus wollte.

»Mein Mann hat eine Bekannte an der Kopenhagener Oper.«

An der Oper? Der Kopenhagener Oper? Marja konnte sich darunter nichts vorstellen; was in aller Welt war die Kopenhagener Oper?

»Mein Mann meint, du sollest ihr vorsingen.«

Marja schluckte.

»Sie ist im Moment in Kristiania. In drei Tagen fährt sie zurück. Wenn ihr Zug auf dem Bahnhof in Fredrikshald Zwischenstation macht, dann gehst du in ihr Abteil und singst ihr vor. Sie erwartet dich.«

* * *

Marja kleidete sich in ihren besten Staat. Zusammen mit dem Pastor fuhr sie mit Pferd und Wagen in die Stadt; zitternd und stolz saß sie neben ihm und blickte durch die Bäume auf den blanken Fjord hinab. Der Himmel war bewölkt, aber es regnete nicht. Und dann sah sie zum ersten Mal die Stadt unter der Festung.

Sie sollte einer Sängerin von der Kopenhagener Oper vorsingen. Nach ihrem Gespräch mit der Pastorin war Marja abends zu Fräulein Kurland gelaufen. In tiefer Verlegenheit hatte sie die Lehrerin nach diesem seltsamen Wort gefragt, und Fräulein Kurland hatte ihr erklärt, daß eine Oper eine Art Theater war, ein musikalisches Theater, in dem die Schauspieler sangen.

»Aber ich bin doch keine Schauspielerin!« hatte Marja erschrocken gerufen.

Fräulein Kurland hatte ihr Tee und Plätzchen angeboten. Sie streichelte den Arm des jungen Mädchens und blickte sie verträumt an: »Das ist eine große Chance, Marja, eine ganz unglaublich große Chance.«

Daß der Pastor eine so berühmte Frau kennt! Und daß er die Möglichkeiten erkannt hat, die in diesem Kind schlummern, dachte die Lehrerin gerührt.

Marja saß lange vor ihr im Sessel und brachte kein Wort heraus. Ob der Pastor sie nach Kopenhagen schicken wollte? Aber wovon in aller Welt sollte sie dort leben? Und wollte sie das überhaupt? Wollte sie diese Gegend verlassen, in der sie immer gewohnt hatte und wo sie alle kannte?

Dann brachte Fräulein Kurland sie zurück zum Pfarrhaus, obwohl es schon spät war, und am Ende saßen alle vier dort im Wohnzimmer und sprachen über die Oper.

Sie wollten sie also doch nicht nach Kopenhagen schicken. Sondern nach Kristiania, falls diese Sängerin fand, sie sei es wert, ihre Begabung reiche dafür aus.

Aber auch bei dieser Vorstellung wurde ihr schwindlig – fortzugehen, in eine große Stadt, in der Tausende von fremden Menschen lebten.

Aber vielleicht würde die Sängerin sie ja doch nicht empfehlen, und dieser Gedanke war Marja fast ein Trost, als sie abends ins Bett ging.

Verwirrt und aufgeregt von den vielen neuen Eindrücken unterwegs wurde sie in den Zug geschoben, als der in den Bahnhof eingefahren war und die Türen sich geöffnet hatten. Die Sängerin winkte ihnen durch das verrußte Fenster zu, und dann standen sie vor ihr und ihrer Begleitung. Zwei Männern und zwei Frauen, zwischen Schachteln und Reisetaschen.

Marja sang Schumann und Schubert und starrte dabei den großen Federhut der Sängerin an. Es war wie ein Traum, Marja verstand das alles nicht so recht, sie verhielt sich einfach so wie fast immer: Sie tat, worum sie gebeten wurde.

Einige Tage später traf im Pfarrhaus ein Telegramm der Hutträgerin ein: »Diesem Mädchen muß geholfen werden.«

Drei Wochen später betrat Marja zum zweiten Mal in ihrem Leben ein Zugabteil. Sie sollte in die Hauptstadt fahren, um dort Gesang zu studieren.

* * *

»Aber warum tun sie das alles für Marja?« fragte Lina verwundert, als sie nach dem Abschiedsbesuch ihrer Ältesten am Abendbrottisch saßen.
»Um sie loszuwerden«, rutschte es aus Hilda heraus.
»Was sagst du da, Kind!« rief Anton.
»Sie hat den Pastorensohn verhext, wißt ihr das denn nicht? Und deshalb …«
Mehr brachte sie nicht heraus, dann schlug Anton zum zweiten Mal eins seiner Kinder. Und wieder war Hilda dieses Kind. Diesmal begnügte er sich mit einer Ohrfeige, die sie vom Stuhl fegte.
»Du Teufelsbalg!« brüllte er. »Raus mit dir!«
»Aber Anton!« rief Lina bestürzt.
Hilda erhob sich schluchzend und blickte ihre Mutter an.
»Raus!« wiederholte Anton, jetzt mit etwas ruhigerer Stimme. »Und hier läßt du dich erst wieder blicken, wenn du versprechen kannst, daß du nie wieder solche Gemeinheiten über meine Marja sagst.«
Er schlug mit der Faust auf den Tisch, nicht sehr hart zwar, aber doch so, daß Becher und Teller laut klirrten.
Am nächsten Morgen ging er zum Pfarrhaus, um ein letztes Mal mit ihr zu sprechen. Aber er kam zu spät. Sie war vor einer halben Stunde aufgebrochen.
Und nun bezahlte Anton Syrin dafür, daß jemand ihn mit dem Boot brachte. Einen solchen Luxus hatte er sich noch nie gegönnt.

256

Als Marja sich in ihrem Abteil gerade ans Fenster gesetzt hatte, rannte er über den Bahnsteig, mit offener Jacke und mit dem Filzhut in der Hand. Marja sprang auf und versuchte, das Fenster zu öffnen. Das war schwer, und der Mann, der ihr gegenübersaß, mußte ihr dabei helfen. Dann beugte sie sich zu ihrem Vater hinaus, und der zog ihren Kopf an seine Brust.

»Meine Marja«, flüsterte er. »Meine liebe, gute Marja.«

»Papa!« flüsterte die junge Frau.

Dann ließ er sie los und versuchte, ein strenges Gesicht zu machen. »Paß auf dich auf. Und laß dich nicht betrügen! Von keinem!«

Dann fuhr der Zug, und Vater und Tochter winkten, solange sie einander noch sehen konnten. Beiden strömten dabei die Tränen über das Gesicht.

KAPITEL 8
Der Traum von Amerika

KÖNIG OSCAR
UND DER »KRIEG DES BÜRGERTUMS«

Dann wurde der sechzehnjährige Ton-Ton zum Grenzschutz einberufen.

Marja war erst vor wenigen Monaten gefahren; der Bruder stand in einem neuen Steinbruch, fast oben beim Weiher, als zwischen den Bäumen der Sprengmeister auftauchte, der nur gekommen war, um die Briefe zu übergeben, die die Fähre gebracht hatte. Anton Syrin junior sollte zum Grenzschutz. Er sollte sich am nächsten Morgen früh in der Festung einfinden.

Als der Sprengmeister gegangen war, senkte sich Schweigen über den Steinbruch. Ton-Ton und der junge Mann, der »König Oscar« genannt wurde, starrten einander über einen großen, freigesprengten grauen Block an. Jeder hielt einen Brief in der Hand. Auch Espen Hansen war einberufen worden, der junge Svensson oder dessen Vater jedoch nicht. Der alte Schwede spuckte ausgiebig aus. Ton-Ton schluckte. Das hier war der erste Brief seines Lebens. Er war mit einem Stempel und einer unleserlichen Unterschrift versehen. Uniform und Waffen würden gestellt werden, stand im Brief.

Nach seiner Konfirmation hatte Ton-Ton bei Oscar Lofthus, der das Seemannsleben aufgegeben hatte, als Keiljunge angefangen. Oscar hatte die Welt gesehen und war zum Revolutionär geworden. Als sich ein Jahr zuvor der Ortsverein der sozialdemokratischen Partei gegründet hatte, war der junge Lofthus in den Vorstand gewählt worden.

An dem Tag, an dem sie ihre Einberufung erhalten hatten, saßen die beiden nach Feierabend mit dünnem Kaffee in zwei Bechern und den Briefen im ersten Stock des weißen Hauses in der Küche.

»Nie im Leben!« sagte Oscar.

»Aber können wir uns denn davor drücken?« fragte Ton-Ton.

»Bist du kein Pazifist?«

Das wußte Ton-Ton nicht. Pazifist? Was in aller Welt sollte das denn sein?

»Oder findest du es richtig zu töten?« fragte Oscar.

»Es ist doch gar nicht sicher, daß es überhaupt zum Schußwechsel kommt?«

»Aber wenn doch! Und wer steht uns dann gegenüber? Das hier ist der Krieg des Bürgertums, mein Lieber!« erklärte Oscar. »Und die Jungs auf der schwedischen Seite sind Leute wie wir. Steinhauer und Kleinbauern.«

Ton-Ton dachte daran, was Schulmeister With zwei Jahre zuvor in der Schule gesagt hatte. »Selbständigkeit«, hatte er gesagt. Der magere Mann hatte den Kopf gehoben, und sein großer Adamsapfel war auf- und abgehüpft. »Erst wenn wir das schwedische Joch abgeschüttelt haben«, hatte er gesagt. »Erst dann können wir freie, norwegische Luft einatmen.«

»Du bist doch selber ein halber Schwede, Mann!« rief König Oscar.

Ton-Ton errötete bis zu den Haarwurzeln.

»Verdammt!« murmelte er und fuhr sich durch die dunklen Locken.

Plötzlich war Linas Volk zum Feind geworden. Wenn Urgroßmutter Marja noch gelebt hätte, dann wäre sie jetzt seine Feindin. Linas Onkel und Tanten gehörten zum Feind. Und Lina selber? Er konnte diesen Gedanken nicht zu Ende führen, denn in diesem Moment wurde unten die Tür aufgerissen, und sie hörten Stina Svensson schreien.

»Sie schleppen Albert weg!« schrie Stina.

Seit über zwei Jahrzehnten lebte Albert Svensson jetzt schon hier. Doch nun hatten die beiden Ältesten aus der großen Kinderschar von Krämer Elison den Mann in einen morschen Kahn gezerrt, um mit ihm über den Fjord zu rudern. Stina stand verwirrt und verängstigt in der Küche, als Ton-Ton und Oscar nach unten gestürzt kamen.

»Na los!« rief der junge Lofthus. »Wir leihen das Boot vom gelben Haus.«

Sie jagten den Hang hinab zur Hafenbaracke. Und bald setzten sie dem anderen Boot nach, wo Svensson gefesselt auf der hinteren Ruderbank saß und so laut schwedische Flüche brüllte, daß sie sicher noch auf der Festung zu hören waren. Auf dem schwedischen Ufer folgte dann eine Prügelei, Ton-Ton und der eine junge Elison landeten im Wasser. Als Oscar jedoch Albert von seinen Fesseln befreit hatte, waren sie drei gegen zwei, und bald waren alle fünf auf dem Rückweg, der morsche Kahn im Kielwasser des Boots aus dem gelben Haus.

»Dafür werdet ihr morgen bezahlen«, riefen die Brüder Elison rachsüchtig und schadenfroh. »Morgen werdet ihr von den Generälen erschossen!«

* * *

Und dann kehrte wieder Ruhe ein, so plötzlich und unerwartet, wie die Krise eingesetzt hatte. Schulmeister With und Fräulein Kurland kauften von der Erbschaft der Lehrerin eine Fahnenstange und hißten die schwarz-weiß-rote norwegische Flagge, die sich auf dem Schulhof wirklich gut machte. Viele der bisherigen Schweden nahmen die norwegische Staatsbürgerschaft an, um bei der nächsten Wahl für die Sozialdemokraten stimmen zu können.

Die beiden Elison-Brüder, die die Schweden über den Fjord hatten jagen wollen, suchten sich Arbeit in der Stadt und verschwanden. Die, die in der Zwischenzeit stolz zum Laden bei der Kirche gewandert waren, kauften wieder beim alten Elison ein. Die Schulkinder rauften sich weniger als früher, und die »Bastard«-Rufe verstummten so schnell, wie sie aufgekommen waren. Die Mitgliederzahl der Sozialdemokraten wuchs, Pazifisten und ehemalige Grenzschützer traten der Partei bei, Menschen, die die Auflösung der Union mit Schweden als ersten Schritt auf dem Weg zu einer neuen Ordnung im eigenen Heimatland auffaßten, andere, die über alle Grenzen hinweg für den weltweiten Sozialismus kämpfen wollten.

Die Steinpreise stiegen, und man baute ein Versammlungshaus und gründete einen Sanitätsverein. Anton Syrin abonnierte den *Socialdemokraten*. Er gehörte jetzt an Stelle des verschwundenen Oscar Lofthus dem Parteivorstand an.

»Aber warum kommt Ton-Ton nicht zurück?« fragte Lina unglücklich.

In der Nacht nach dem Ausflug nach Schweden war er zusammen mit seinem älteren Freund geflohen.

SPIELLEUTE WIE SAND AM MEER

Ein neuer Winter jagte die Kinder ins Haus und ließ die Steinbrüche veröden. In Gewerkschaft und Partei wurde über Streik gesprochen, aber nach dem Aufschwung der letzten Monate waren die Versammlungen jetzt weniger gut besucht. Viele Männer begleiteten jetzt ihre Frauen auf der Suche nach Trost und Erbauung auf ihren Wallfahrten zum Prediger im Versammlungshaus.

Der Stier und seine wütenden Söhne wollten jedoch für höhere Löhne streiken und schlugen vor, die Andachten zu sprengen und die frisch bekehrten Kollegen zur Vernunft zu bringen. Daraus wurde jedoch nichts; niemand hatte den Mißerfolg des schwedischen Streiks kurz nach der Jahrhundertwende vergessen.

»Bonzen!« brummte Anton, der im Bett lag und die Zeitung las. »Verdammtes Pack.«

Lina blickte ihn von der Seite her an.

»Vielleicht bezahlen die ja sogar die Prediger, damit die umherziehen und die Arbeiter vergessen lassen, daß wir um unser Geld betrogen werden«, sagte er.

»Lieber Gott«, flüsterte Lina zu den Deckenbalken hoch. »Mach, daß Ton-Ton wieder nach Hause kommt.«

Am nächsten Morgen wurden sie davon geweckt, daß jemand an die Tür klopfte. Der Stier war in der vergangenen Nacht gestorben.

* * *

Seit er Marja sein Versprechen gegeben hatte, schrie Anton die Kinder kaum noch an, und abgesehen von Hildas Ohrfeige hatte er seither auch niemanden geschlagen, weder Männer aus der Stadt noch seine Kinder.

Im Frühling nach der Beerdigung des Stiers schien den Mann außerdem eine neue Ruhe überkommen zu haben; er konnte im Vorübergehen Frau und Kindern über die Haare streichen, er lobte die Farben in Linas Webrahmen, er kommentierte Klaras schöne Schrift oder die Fortschritte der Kleinsten. Manchmal griff er zum Akkordeon oder zu der kleinen Flöte und spielte an schönen Sonntagnachmittagen den Kindern vor. Am liebsten saß er dabei auf dem trockenen Baumstumpf oben am Waldrand, der von der alten Eiche übriggeblieben war, wo er den Fjord sehen und den Duft der Bäume und Blumen riechen konnte.

Neben ihm saß dann jeweils eins der jüngsten Kinder, Ragnhild oder Johannes, die Kleine hatte immer eine vertrauensvolle Hand auf seinen Oberschenkel gelegt, ein Patschhändchen, das ihn freundlich streichelte, immer wieder, fast schien es das aus eigenem Antrieb zu tun. Sie war ein reizendes Kind, seine Ragnhild Johanne, das sah er ja selber: mit runden, staunenden blauen Augen und Apfelbäckchen. Johannes war stiller, sein müder Blick hatte fast etwas Ältliches, wenn er mit einem Grashalm zwischen den Zähnen dem Spiel seines Vaters zuhörte. Doch die

Musik brachte ein wenig Farbe in seine blassen Wangen, und ab und zu summte er verlegen mit.

Manchmal begleiteten sie auch die größeren Kinder: Die schwerhörige Klara konnte die Musik zwar hören, ansonsten aber schob sie ihr Gesicht in das der Leute, die leise sprachen, eine Unsitte, die Anton ihr früher auszutreiben versucht hatte. Und Andreas; er legte sich dann mit geschlossenen Augen auf den Boden und lauschte den Melodien seines Vaters. Sogar der schlaksige Angel kam manchmal angetrottet; er blieb ein Stück entfernt stehen und unterdrückte seinen argen Husten, bis der Vater eine Pause einlegte.

Nur Hilda interessierte sich nicht für Musik.

Lina hörte sie durch das offene Fenster, die munteren Klänge und das fröhliche Geplauder in den Pausen.

Sie saß am Webrahmen. Sie trug einen schwarzen Rock und eine schwarze Bluse und hatte sich gegen den Zug ein schwarzes Tuch um die Schultern geschlungen. Die Wolle im Korb neben ihr jedoch war in Rot und Gelb und verschiedenen blauen Farbtönen gehalten. Sie webte gegen Bezahlung Bettdecken und Tischdecken und Kleiderstoffe. Sie webte Läufer und Kopftücher. Jede freie Stunde verbrachte sie mit dieser Arbeit, sie kratzte Wolle und spann, sie färbte und webte, sie erfand neue Muster und experimentierte im Farbbad mit Nuancen, und bei allem dachte sie an ihren ältesten Sohn.

Wenn nur die alte Marja noch lebte, dachte sie dann oft. Sie könnte vielleicht sehen, wo er ist und wie es ihm geht. Sie sah Ton-Tons dunkle Augen vor sich, seinen ernsten Blick, der nur selten aufleuchtete und dann ganz intensiv strahlte in seiner Freude. Und sie dachte: Solange ich ihn so vor mir sehen kann, so lange lebt er noch.

Lina hatte das neue Verhalten ihres Mannes bemerkt, seine Ruhe und Freundlichkeit, doch sie hatte das nur vage registriert. Als er sie mit Gewalt vom Basar nach Hause gezerrt hatte, hatte sie gedacht, daß er sie doch noch liebte, denn ein Mann mußte eine Frau doch lieben, wenn er ihretwegen dermaßen eifersüchtig wurde!

Aber dann passierte nichts mehr, und Lina wurde von einer Enttäuschung erfüllt, die schwer wie Granit auf ihr lastete.

Dann kam ein Vormittag, an dem die großen Kinder in der Schule waren und die kleinen oben im Wald spielten. An diesem Vormittag tauchte ein Fremder bei ihr auf, der ihr Holzlöffel verkaufen wollte. Sie bat ihn in die Küche, um seine Waren genauer anzusehen, und dort entdeckte sie, daß ihm eine Geige über den Rücken hing.

Aus einem Impuls heraus bot sie ihm zu essen an, wenn er für sie spielen würde.

Sie waren allein im Haus, die schwarzgekleidete Frau und der Musikant, und Lina ertappte sich dabei, daß sie insgeheim sein Gesicht musterte. Die Geigenklänge zitterten schmerzlich, und ernste Schatten huschten über das Gesicht des Mannes. Seine Kleider waren verschlissen, ein Jackenärmel war zerrissen, und sein weißer Pullover hätte gewaschen werden müssen.

Plötzlich brach Lina in Tränen aus.

Der Mann hörte auf zu spielen und blickte sie aufmerksam, aber nicht überrascht an. Dann aß er den Rest der Mahlzeit, die sie ihm aufgetischt hatte, trank sein Wasser und ging.

Lina brachte ihn nicht zur Tür und sagte ihm auch kein Abschiedswort, und erst viel später fand sie auf ihrem Küchentisch drei Holzlöffel, für die der Mann keine Bezahlung verlangt hatte.

Spielmänner, dachte sie beim Weben, die gibt's doch wie Sand am Meer.

Aber hatte sie die alte Marja nicht mehr als nur einmal bei einem Irrtum erwischt?

»Gib mir Erkenntnis«, betete sie oft, zumeist dann, wenn sie einen Gedankengang abschnitt, ehe er vollendet war.

Und dann versuchte eine tiefe Stimme in ihr sie zu trösten. »Er trinkt nicht, so wie andere, dein Mann«, sagte die Stimme. »Und siehst du nicht, wie sanft er in letzter Zeit geworden ist?«

»Aber er sieht mich nicht, lieber Gott, und er rührt mich nie mehr an, nicht so.«

»Ist das denn nicht besser so? Denn eigentlich hast du doch Kinder genug«, fragte ihre innere Stimme dann.

Und sagte: »Vielleicht leidet er ebensosehr wie du? Du weißt doch sicher noch, daß er es war, der damals die kleine Tüte mit den Kräutern besorgt hat, nicht du.«

»Aber auch Marja kann die Kunst, Marja in der Hauptstadt«, sagte Lina.

»Dann solltest du ihr schreiben und sie um ihren Rat bitten«, sagte Gott.

Doch Lina hatte in ihrem ganzen Leben noch keinen Brief geschrieben.

Der Fliederhof ist anderswo

Hilda wurde in einer Nähstube in der Stadt in die Lehre gegeben, und Lina begleitete sie ein Stück weit. Hilda ging schnell; Lina mußte laufen, um mit ihr Schritt zu halten. Hatte sie es denn so eilig, von zu Hause fortzukommen?

Die Tochter tänzelte vor ihr in einem weiten, geblümten Rock den Weg entlang. Lina hatte den Stoff gewebt. Sie hatte gleich nach Weihnachten damit angefangen und Hilda den Rock dann zur Konfirmation geschenkt. Sie waren zusammen konfirmiert worden, Hilda und der ein Jahr ältere Angel. Jetzt arbeitete Angel im Steinbruch, während Anton seiner Tochter die Lehrstelle in der Stadt besorgt hatte.

»Willst du in deinem guten Rock über die staubige Straße wandern?« hatte Anton sie morgens mürrisch gefragt.

Hilda hatte nur genickt und trotzig die Lippen zusammengekniffen.

»Lieber Gott, mach, daß er an ihrem letzten Tag nicht noch Streit anfängt«, hatte Lina gebetet.

Anton war wütend vom Frühstückstisch aufgesprungen, hatte den Kopf geschüttelt und war gegangen, ohne seiner Tochter ein Abschiedswort mit auf den Weg zu geben.

»Du hast es vielleicht nicht immer so leicht gehabt, Kind«, sagte die Mutter atemlos, als sie sich Fräulein Kurlands kleinem Haus näherten.

»Wie meinst du das, Mutter?« fragte Hilda verwundert und ging langsamer.

Lina feuchtete sich die Lippen an. Vor ihr auf dem Kiesweg trippelten zwei schwarzweiße Schwalben hin und her.

»Wo du doch nach Marja gekommen bist …«

Hilda zuckte zusammen.

»Es ist wohl leichter, als Älteste die Verantwortung zu übernehmen, meinst du nicht?« fragte nun die Mutter.

Hilda gab keine Antwort.

»Man soll Kinder nicht miteinander vergleichen«, murmelte die Mutter.

Hilda schluchzte auf. Lina wußte schon gar nicht mehr, wann dieses Kind zuletzt geweint hatte. Ungeschickt legte sie einen Arm um die Tochter, und langsam gingen sie weiter.

Als sie sich der Kirche näherten, sagte sie: »Du warst so ein lebenslustiges Kind …«

»Ach?« erwiderte die Tochter mit dünner Stimme.

»Du bist die einzige, die sich getraut hat, zu widersprechen … vielleicht ist es manchmal richtig zu widersprechen … ich weiß es nicht. Aber Anton hätte dich niemals schlagen dürfen.«

Hilda seufzte.

»Hast du wirklich geglaubt, Marja hätte Pastors Cristoffer verhext?«

Hilda blieb stehen und schlug die Augen nieder. Dann sah sie ihre Mutter mit vertrauensvollem Blick an: »Nein. Das habe ich wohl nicht. Auch damals nicht. Aber sie …«

» … hätte es tun können?«

»Marja konnte … Marja hatte … Marja war so …«

»Tüchtig. In allem. War das dein Problem?«

Hilda gab keine Antwort.

»Du bist genauso schön wie sie«, sagte ihre Mutter. »Und auch du hast dieses innere Licht, das habe ich wohl gesehen, Hilda, ich habe es gesehen, wenn du glücklich warst, wenn niemand auf dir herumhackte, wenn du ein Geschenk bekommen hast. Und du bist stark. Nutz deine Stärke und deine Wärme, um das Richtige zu tun.«

Bei der Kirche nahmen sie Abschied.

Mutter und Tochter umarmten einander.

»Du kleine freche Göre«, flüsterte Lina.

Aber sie lächelte, und Hilda drückte sie an sich.

»Jetzt bist du erwachsen«, sagte die Mutter schließlich, es klang wie eine Beschwörung.

Die Vierzehnjährige wanderte allein weiter, mit einem blauen Bündel in der Hand. Die Tränen strömten ihr über die Wangen, doch ihr Herz schlug froh und stolz: Sie war Hilda. Und Hilda war stark und hatte ein inneres Licht. Sie blieb stehen, wischte sich mit dem Bündel die Tränen ab, lachte und weinte und ging weiter, zur Stadt und zur Lohnarbeit.

Die andere schaute ihr hinterher, dann drehte sie sich um und ging nach Hause. »Danke, lieber Gott«, murmelte sie. »Danke dafür, daß du mir diese Worte gegeben hast.« Denn die hatte bestimmt Er ihr eingegeben. Sie selber machte sich noch immer schreckliche Sorgen, weil ihre Tochter nun allein zurechtkommen mußte.

* * *

»Bald werden wir sie wohl wieder hier haben«, sagte Anton grimmig. »Mit einem Balg auf dem Rücken.«

Seine Frau lief rot an, zum ersten Mal seit langem schaute sie ihm ins Gesicht, und ihre Augen sprühten Funken: »Wie boshaft du sein kannst, Anton Syrin!«

Diese Worte waren ihr herausgerutscht, ehe sie darüber nachgedacht hatte, aber gesagt ist gesagt, und sie stand mit erhobenem
Kopf und vor Zorn glühenden Augen vor ihm.

Boshaft? Er?

Anton starrte die Frau an, die das behauptet hatte. Dann schlug
er mit der Faust gegen die Wand und ging.

Er hatte es satt. Hatte Streit und Nörgelei satt. Hatte es satt, nie
genug zu verdienen, hatte die Rückenschmerzen nach einem
zehnstündigen Arbeitstag satt. Hatte Steinmehl in den Augen
und untaugliche Blöcke satt. Hatte Kinderweinen und klagende
Frauenzimmer satt.

Boshaft? War es denn boshaft, wenn er meinte, daß die kleine
Hilda weiterhin genau das tun würde, was sie nun schon seit
Jahren tat – nämlich den Jungen hinterherzulaufen? Ohne das
Versprechen, das seine Älteste ihm abverlangt hatte, hätte er sich
Hilda vorgeknöpft, ja, vielleicht hätte er es ja trotzdem tun sol-
len?

Viel zu lieb und fügsam war er gewesen, das war das Problem.
Auch Lina hätte er sich schon längst vorknöpfen sollen. Er hätte
ihr die dunklen Kleider vom Leib reißen sollen, jetzt schlief sie
sogar schon mit geflochtenem Zopf. Sie löste ihn morgens,
kämmte sich und flocht ihn wieder, und dieses Ritual wiederholte sie dann vor dem Schlafengehen.

Boshaft?

Er hatte doch nie Hand an sie gelegt.

Doch dann fiel es ihm ein: abgesehen von dem Abend, als er sie
vom Basar in der Schule fortgezogen hatte.

Er ging zum Fjord, stieg auf einen Felsblock und urinierte ins
Wasser.

»Du da oben«, sagte er spöttisch und schüttelte sein Glied.
»Warum kann Lina nicht so sein wie ... so wie..«

Der Rest blieb ungesagt, aber die Wörter lagen wie glühende Ei-
senspäne auf seiner Zunge, und das, was er in der Hand hielt,

schwoll gewaltig an: Warum konnte sie nicht so sein wie Madame Fossen?

Er sah sie vor sich, so wie sich ihr Bild damals in ihrem Schlafzimmer in seiner Erinnerung eingeprägt hatte. Ohne Reue und Scham sah er: die schöne Margrete mit der Rose, den nackten Leib mit den weichen Schultern, die goldenen Haare, die wie flüssiges Gold über ihren Rücken wogten.

Ich hätte ihr den Willen tun sollen, dachte der Mann, ich hätte mich in sie hineinbohren, sie zittern und wimmern lassen sollen, bis sie sich an mich geklammert hätte.

Dann krümmte er sich zitternd zusammen und spritzte sich selber in sein verdutztes Gesicht.

Danach lachte und fluchte er, er knöpfte sich die Hose wieder zu und wusch sich das Gesicht mit Fjordwasser.

Er blieb auf dem Felsblock sitzen, bis die Dämmerung hereinbrach. Er dachte an sie, die er in seiner Erinnerung verborgen hatte, noch ehe der Bote mit den abgelegten Kleidern gekommen war. Ihn hatte sie haben wollen, ihn und keinen Witwer aus der Hauptstadt. Und Anton?

Man verläßt Frau und Kinder nicht.

Er stand auf und machte sich auf den Weg zu Malte, um einen Schnaps zu trinken.

* * *

»Lieber Gott«, betete Lina. »Mach, daß Anton mir meine unbedachten Worte verzeiht.«

Dann fügte sie hinzu: »Obwohl er heute noch gedankenloser geredet hat als ich.«

* * *

Einen Schnaps. Nur einen.

Malte drängte.

Na gut, dann noch einen. Der Schnaps schmeckte nach Moor, und der alte Deutsche war fast nüchtern, als Anton hereinkam.

»Das ist Porst«, sagte Malte.

»Porst?«

»Ich habe Porst hinzugegeben, Mensch. Schmeckst du das nicht heraus?«

Malte hatte sich eine zerlumpte Decke über die Schultern gelegt, einem Fenster in seiner Hütte fehlte die Scheibe; er hatte ein Stück Pappe am Rahmen befestigt, doch die konnte das Loch nur zur Hälfte füllen.

Anton dachte an die Samtportieren bei Madame Fossen. Er dachte an den runden Tisch und den französischen Wein in den schönen Gläsern.

Bei Malte stank es nach alter Pisse. Im Winter löschte er auf diese Weise sein Kaminfeuer. Anton nahm noch einen Schnaps, um den Gestank zu ertränken. Dann erhob er sich und ging.

Denn Anton war einer, der kommen und gehen konnte.

»Schau doch am Samstag mal vorbei!« rief der andere ihm hinterher.

»Am Samstag?«

»Dann kommen viele. Zu klarerem Schnaps als diesem hier. Bekkelaget hat reinen Alkohol besorgt.«

»Ja, vielleicht«, sagte Anton leichthin.

Denn er war einer, die hier und dort auftauchen konnte; in feinen Salons und bei alten Freunden. Bei reichen Witwen und molligen Sennerinnen. Hoi!

Mit geradem Rücken und leichten Schritten ging er durch die milde Sommernacht nach Hause. Dann sah er das weiße Haus, und seine Schritte wurden langsamer. Die Fenster dort oben schienen ihn düster und mißtrauisch zu mustern. Und dahinter lag die, die ihn »boshaft« genannt hatte. Die schwarzgekleidete Rabenfrau.

Raben-Lina, dachte er und spuckte weit.

Jetzt sah er sie nur noch so: in ihren schwarzen Kleidern. Mit dem schwarzen Kopftuch. Mit ihrem Blick, der durch ihn hindurchsah. Und plötzlich jagte ein Schmerz durch seine Brust, und sein Herz schien aufzuschreien. In seinem Kopf drehte sich alles, er mußte sich an einen Baum klammern, um nicht umzufallen.

Dann war es vorbei, und langsam schleppte er sich den unebenen Hang hinauf. Zu Raben-Lina.

Auf dem Hof lehnte er sich an die Wand des Anbaus, wie schon einmal vor langer Zeit, als er seine Frau mit falschem Namen genannt und mit einer Marjalena Zug gefahren war, die es gar nicht gab. Und wieder verspürte er dasselbe wie damals: Sehnsucht. Und Schuldbewußtsein. Sehnsucht und Einsamkeit. Die Gewißheit, daß er mit einer anderen geschlafen hatte, obwohl der Körper seiner Frau unter ihm lag. Aber damals war ihm Margrete Fossen noch nicht begegnet.

Er bohrte die Fingernägel ins Holz, wie damals auf Hansed, als sein Akkordeon verschwunden war, und die Splitter, die sich in seine weiche Nagelhaut preßten, schienen ihn auf den Dachboden auf Hansed zurückzuholen. Aber taten sie das wirklich? Roch er wirklich die Pferde?

Nein, aber er spürte den Blick des ältesten Bruders im Nacken; es gab noch andere Holzwände als die auf dem Hof, auf dem er gedient hatte: Anton hatte im Holzschuppen auf dem Fliederhof zum ersten Mal die Fingernägel in halbverfaultes Holz gebohrt, damals, als er als kleiner Junge die beiden Erwachsenen in Holz geschnitzt hatte, um sie mit der Axt zu Spänen zu zerhauen.

Der untersetzte, kräftige Steinhauer stand in der dunklen Nacht da und empfand den Schmerz, nicht gesehen zu werden, so wie ihn damals die magere, grobgliedrige Gestalt in der düsteren Kate, die er Zuhause nannte, nicht gesehen hatte. Und er dachte an die Gedanken, mit denen er damals allem entflohen war, dachte an seine offenen Augen, die die anderen nicht mehr sahen, die etwas anderes sahen: den Himmel, den blauen Himmel, und unter dem Himmelszelt flog er leicht wie ein kleiner Vogel über Hügel und Berge und tiefgrüne Wälder.

Die Ohrfeigen der Mutter?

Schlimmer waren ihre Blicke gewesen, ihre Blicke, die durch ihn hindurchgewandert waren, die nicht ihn sahen, während sie mit verkniffenen Lippen ihre Gebete gemurmelt hatte.

Er hatte das Gefühl, als erwachsener Mann in der lichtarmen Küche zu stehen und zugleich elf Jahre alt zu sein, und er stieß mit dem Fuß gegen die Wand, was er damals nicht gemacht hatte, er hatte weder die Wand noch den Brennholzkasten mit Fußtritten bedacht.

Verängstigt hatte er neben dem Herd in der Ecke gestanden und zugesehen, wie der magere Mann, den er »Vater« nannte, den zwei Jahre älteren Bruder geschlagen hatte. Hallstein, der später ertrunken war. Die Mutter hatte ihn festgehalten, und der Mann im Haus hatte geschlagen, geschlagen und geschlagen, getreten und geschlagen, Gesicht und Leib des jammernden Jungen, geschlagen und geschlagen, rhythmisch und systematisch, ohne Zeugen, denn Anton existierte nicht.

Und er war wie ein Pfeil durch die Küche gejagt, aus dem Haus, über den Hof und in den Holzschuppen. Und mit einem ausreichend dicken und langen Holzstück war er zurückgerannt, fest entschlossen, den Mann umzubringen, ehe der den Bruder totschlagen konnte.

Anton Syrin sank zu Boden und lehnte sich mit dem Rücken an die Wand. Daneben stand das weiße Haus, im Haus hatte er eine Kinderschar und eine betende Frau – worum sie wohl betete, abgesehen von der Heimkehr des ältesten Sohnes? –, aber er sah die weiße Wand nicht mehr, er sah den Nachmittagswald, in dem er einmal auf den Bäumen gesessen und dem Vogelzwitschern geantwortet hatte, weil er selber ein Vogel war.

Die Küche war leer gewesen, als er mit dem Holzstück in der Hand hereingekommen war. In der Kammer lag, blutig und schluchzend, der Bruder. Auf einem Hocker vor der Wand saß die Mutter und las halblaut aus dem schwarzen Buch vor.
Später stellte sich heraus, daß der Vater das eine Auge des Jungen zerstört hatte.

Anton hatte mit dem zum Schlag erhobenen Holzstück in der Kammertür gestanden. Aber er war unsichtbar. Für die Frau mit der Bibel und für den Jungen, der fluchend durch das Zimmer ging.

Nachts hatte er geträumt, er sei rechtzeitig gekommen.
Am nächsten Morgen erkannte er dann, daß es nur ein Traum gewesen war. Und deshalb schnitzte er die beiden Figuren.
Doch auch damit hatte er keinen Erfolg, denn sein Bruder Steingrim kam dazu und sah alles.
Als er dann wieder in den Schuppen ging, waren die beiden Figuren verschwunden.

Anton Syrin stand auf und lehnte sich an die Wand des Anbaus. Seine Fäuste ballten und öffneten sich, ballten und öffneten sich, er richtete sich gerade auf und spuckte ins Gras.
Mördername?
Wieder spürte er den Krampf in der Brust, wieder wurde ihm schwarz vor Augen. Ob er sterben mußte? Ob er jetzt sterben mußte?
Als er wieder zu sich kam, lag er in verzerrter Haltung auf dem Boden, vor dem Busch mit den violetten Blüten. Er schaute zur weißen Hauswand hinüber und dachte an Linas Gott. War das dasselbe entsetzliche Wesen, das sich in den schwarzen Rockfalten seiner Mutter verborgen, das in ihren trockenen Augen und ihrem verkniffenen Mund gewohnt hatte?
Müde, müde kam er auf die Beine, versetzte dem Fliederbusch einen Tritt, mühte sich ab, bis er den trockenen Stamm abgebro-

chen hatte, riß den Busch aus dem Boden, schleppte ihn in den Wald und warf ihn dort in eine kleine Senke.

Der Fliederhof war anderswo!

EIN PUPPENHEIM

Der Steinhauer war fast fünfzig Jahre alt, als er zum ersten Mal in die Hauptstadt kam. Er reiste allein, und Marja, in Herbstkostüm und hochhackigen Schuhen, mit gelbem Hut über kurzgeschnittenen Haaren, mit einer kleinen Handtasche am Arm, holte ihn vom Bahnhof ab.

Vater und Tochter reichten einander verlegen die Hand. Dann gingen sie in eine Konditorei, aßen Butterkringel und tranken starken, süßen Kaffee.

»Es gibt guten Kuchen hier in Kristiania«, sagte der Mann und musterte ihr Gesicht. »Und guten Kaffee.«

»Ich muß in einer halben Stunde zur Arbeit«, erzählte Marja.

»Ton-Ton ist nach Amerika gegangen«, sagte der Vater.

»Das ist gleich hier um die Ecke. Möchtest du heute abend hingehen? Ich habe eine Karte für dich.«

»Ich wußte nicht, daß meine Töchter es nötig haben, sich zu schminken«, sagte Anton Syrin.

»Sie geben Ibsen. Ein Puppenheim.«

Marja wohnte bei der Gesangslehrerin Alida Borchgrevink. Im ersten halben Jahr hatte sie nur gesungen. Sie wurde wie eine Tochter behandelt, dafür hatten der Pastor zu Hause und die Sängerin in Kopenhagen gesorgt, andere kamen für sie auf, aber die Bedingungen dafür kannte sie nicht. In den ersten Monaten war ihr alles wie ein Märchen vorgekommen: die große Stadt mit den breiten Straßen und ihren üppigen Bäumen, der Park, in dem sie mit der Tochter der Gesangslehrerin spazierenging, die Schaufenster mit ihrem verlockenden Angebot. Marja sang, machte Atemübungen und vertiefte sich in die Bibliothek ihrer

Gastgeber. Sie hatte Kost und Logis und täglichen Unterricht, eigenes Geld hatte sie dagegen nicht.

Anfangs hatte sie sich darüber keine Gedanken gemacht, was sollte sie mit Geld, sie hatte doch schließlich alles. Sie wurde wie eine Prinzessin behandelt, fand sie, wie eine feine Dame, die sich absolut nicht anstrengen mußte, wenn sie sich satt essen wollte. Die Familie Borchgrevink hatte ein Mädchen, ein Mädchen, das sogar Marjas Kleider wusch und bügelte, das ihr das Essen auf den Teller legte, wenn sie zusammen mit der Familie im kleinen Eßzimmer zu Tisch saß.

In der ersten Zeit war ihr das peinlich gewesen, die andere sah doch sicher, daß Marja ihresgleichen war, daß es Unsinn war, daß die eine die andere bedienen sollte. Wenn Marja auf dem Weg zum Musikzimmer, wo Frau Borchgrevink sie erwartete, an der anderen vorbeiging, hätte sie gern ihre Hilfe beim Bettenmachen oder Waschen, beim Putzen oder Kartoffelschälen angeboten. Aber die andere lächelte freundlich und machte ab und zu eine bewundernde Bemerkung über Marjas Gesang.

Nicht, daß sie nichts zu tun gehabt hätte: Sie sollte jeden Tag sechs Stunden mit Gesangs- und Atemübungen verbringen, außerdem wurde sie zwei Stunden, eine morgens und eine nachmittags, von Frau Borchgrevink unterrichtet.

Aber ein Tag hat mehr als nur acht Stunden, und mit der restlichen Zeit konnte Marja machen, was sie wollte, was eine seltsame Erfahrung für sie war. Deshalb bot sie dem Mädchen dann doch ihre Hilfe an, und die wurde dankend angenommen, auch wenn die andere beim ersten Mal verwundert war. Als der Herr des Hauses die Gesangsschülerin jedoch in der Küche beim Gläserpolieren fand, bat er sie in die Bibliothek und zeigte ihr die Bücherschränke mit den Glastüren.

»Hier«, sagte er freundlich. »Hier findet sie vielleicht etwas, das ihr Freude macht.«

Endlich erkannte Marja, wie vollständig ihr Leben sich verändert hatte. Sie sollte auf dem Sofa sitzen und lesen, wenn sie nicht gerade sang. Sie sollte die Beine übereinanderschlagen, wie die gnädige Frau es machte, ohne Handarbeit, nur mit einem Buch in den Händen. Und dann sollte das Mädchen hereinschauen und ihr ein Glas schwarzen Johannisbeersaft oder eine Tasse heißen Kakao anbieten.

Und so saß sie nun da, Tag für Tag, Woche für Woche, während sie einen Roman nach dem anderen verschlang. Während sie Wein trank und Konfekt aß, während sie den Übungen der übrigen Schüler im Nachbarzimmer zuhörte. Wenn sie nicht selber sang. Und wenn sie nicht mit der Tochter des Hauses spazierenging.

Auf einem solchen Spaziergang entdeckte sie die Sache mit dem Geld. Denn Ellinor hatte immer ein kleines, besticktes Portemonnaie bei sich, sie konnte es hervorziehen und öffnen, sie konnte Münzen herausnehmen, um dafür in der Bäckerei am Ende der Straße Heißwecken oder Eis zu kaufen.

Marja hatte kein Portemonnaie. Marja hatte kein Geld, und Ellinor lud ein.

Und schließlich nahm Marja auch ihre Kleider in Augenschein; denn welche Prinzessin kleidete sich wohl so wie sie? Bei ihrem Rock war schon mehrere Male der Saum herausgelassen worden, die Wolljacke war abgenutzt und hatte zu kurze Ärmel. In den Schaufenstern sah sie Schaufensterpuppen mit schönen, modernen Stadtkostümen, mit originellen Hüten und eleganten Schuhen.

Und wie gern hätte sie sich einen Film angesehen …

Marja seufzte und schämte sich. Sie hatte doch alles, warum war sie noch immer nicht zufrieden?

»Wann hat sie ihren ersten Auftritt?« fragte Herr Borchgrevink nach einigen Monaten.

Er arbeitete beim Finanzamt.

»In drei bis vier Jahren«, antwortete seine Frau.

So erfuhr es auch Marja. So erfuhr sie, wie ihr Leben geplant war. Und so wurden die schönen Zimmer auf dem St. Hanshaugen zu einem Gefängnis.

»Läßt sie nicht ein bißchen den Kopf hängen?« fragte Herr Borchgrevink an einem grauen Wintertag.

»Und auf das Singen konzentriert sie sich im Moment auch nicht so recht«, sagte seine Frau.

So saßen sie beim Essen und redeten über Marja hinweg. So wurde überhaupt in diesem seltsamen Haus kommuniziert, wo das Leben auf langsamen Wogen von Fürsorge und Freundlichkeit dahinfloß.

»Glaubst du, deine Mutter hätte gern ein neues Kleid für das Konzert?« konnte Herr Borchgrevink seine sechzehnjährige Tochter vor Ohren der Mutter fragen.

»An welche Farbe hast du denn gedacht, Vater?« fragte die Tochter.

»Was meinst du?«

»Sie liebt doch grün.«

Oder die Eltern konnten über Zukunft und Fähigkeiten ihrer Tochter diskutieren. »Schade, daß sie weder Musikalität noch Sinn für Zahlen geerbt hat.«

»Sie kocht oder stickt auch nicht gern. Sonst könnte die Haushaltsschule etwas für sie sein.«

»Aber sie schreibt so nett. Schöne kleine Stücke.«

Anfangs hatte diese Umgangsform Marja bestürzt. Sie hatte bei den Mahlzeiten wie erstarrt zugehört und sich für die Person geschämt, über die auf diese Weise gesprochen wurde. Langsam hatte sie eingesehen, daß die anderen sich gegenseitig auf diese Weise wärmten, denn alles, was sie sagten, war gut gemeint, und die Mitglieder der kleinen Familie, zu der sie nun gehörte, liebten sich alle sehr. Und alle durften sich ins Gespräch einmischen, wenn sie fanden, es gehe in eine falsche Richtung, ein falsches Wort werde gesagt, oder die Argumente seien nicht überzeugend. Wenn sich Alida für das Konzert ein königsblaues Samtkleid gewünscht hätte, hätte sie das sagen können, aber ihre Tochter hatte schon recht, sie liebte Grün und freute sich sehr über die Umsicht ihres Mannes.

»Es ist so lieb von deinen Eltern, daß sie mich bei sich aufgenommen haben«, eröffnete Marja, als sie seit fast einem halben Jahr dort wohnte, ein solches Gespräch.

»Ihnen macht das eben Freude«, antwortete Ellinor.

»Aber offenbar bezahlt doch unser Pastor meinen Aufenthalt hier und meinen Unterricht«, sagte Marja nun.

Das Ehepaar Borchgrevink aß schweigend die Blumenkohlsuppe.

»Ich bin wirklich für alles sehr dankbar«, erklärte die Gesangsschülerin. »Aber ich habe trotzdem das Gefühl, daß ich anderen zur Last falle.«

»Daran darfst du gar nicht denken«, sagte Ellinor. »Dein Zimmer würde doch sonst leer stehen, und du ißt wirklich nur wie ein Vögelchen.«

»Aber kann der Pastor denn wirklich für mich bezahlen, bis ich ein Engagement annehmen kann?«

»Der Pastor ist ein entfernter Verwandter von uns, und wir wissen, daß er als recht wohlhabend gelten kann.«

»Meine Mutter hat mir geschrieben, daß sie gratis im Pfarrhaus putzen möchte, um das ein wenig wieder gutzumachen.«

An dieser Stelle schaltete sich zum ersten Mal Alida ein, verdutzt und unwillig: »Aber liebes Kind, du bist doch ein *Talent!*«

Alle schwiegen, während das Mädchen die schmutzigen Suppenteller abräumte.

»Meine Mutter meint, daß alle großen Künstler Mäzene brauchen«, sagte Ellinor dann. »Der Pastor ist deiner. Meine Mutter meint, daß man solche Hilfe annehmen sollte. Mit natürlicher Dankbarkeit, aber ohne sich zu schämen. Es wäre geradezu schändlich, wenn eine große künstlerische Begabung keine Unterstützung fände und sich nicht veredeln könnte.«

»Aber ich habe mir Arbeit gesucht.« Marja mochte jetzt nicht mehr um den heißen Brei herumreden.

»Arbeit?« riefen die drei anderen. »Aber das hast du doch wirklich nicht nötig.«

»Abendarbeit«, erklärte Marja. »Dann singe ich tagsüber und verdiene abends etwas Geld.«

»Du meine Güte«, sagte Herr Borchgrevink beeindruckt.

»Du meine Güte«, sagte Frau Borchgrevink unsicher. »Und was ist das für eine Art von Abendarbeit?«

»Ich sitze am Kartenschalter... im Theater in der Stortings-gate.«

Marja arbeitete fast ein Jahr in diesem kleinen Theater. Sie ver-diente ihr eigenes Geld und konnte sich neue Kleider kaufen. Eine Schauspielerin nahm sie in ihre Obhut und zeigte ihr in Zeitschriften Abbildungen von aktuellen Moden und Frisuren. Sie überredete Marja, sich die Haare kurz schneiden zu lassen und sich elegante Hüte und hochhackige Schuhe zuzulegen. Aber als einer der älteren Schauspieler der schönen jungen Frau dann den Hof machte, ein alternder Roué, der auch außerhalb der Bühne Puder und Perücke benutzte und der sie mit Veilchen und Parfümflakons überschüttete, kündigte sie. Denn sie wollte seine Geschenke nicht, und sie wußte nie, was sie sagen sollte, wenn er sie mit einer tiefen Verbeugung überreichte und ihr da-nach überaus galant die Hand küßte.

Sie bekam ein gutes Zeugnis, und wenige Wochen darauf saß sie hinter einer anderen Theaterkasse. Und zwar hinter der des Na-tionaltheaters.

* * *

»Theater«, murmelte Anton Syrin am Konditoreitisch. »Ich soll ins Theater gehen?«

»Herr und Frau Borchgrevink kommen auch. Und sie haben da-nach einen Tisch in einem Restaurant bestellt.«

Er kaufte sich eine Zeitung und saß damit im Foyer auf einem Plüschsofa, und ab und zu schaute er verstohlen zu seiner Toch-ter hinter dem Kassenschalter hinüber. Wie eine Fremde, dachte er und sank auf dem weichen Sitz ein wenig in sich zusammen. Meine fast erwachsene Tochter, dachte er, setzte sich gerade, schlug die Beine übereinander und blätterte in der Zeitung.

Kurz vor Beginn der Vorstellung stellte Marja ihm das Ehepaar Borchgrevink vor. Die gnädige Frau hatte tiefrote Wangen, ihre Stimme jedoch war weich und angenehm, und über ihre Schülerin hatte sie wirklich nur Gutes zu sagen. Der Gatte überragte sie um einen halben Kopf und lächelt freundlich hinter seinem Kneifer.

»Kennen Sie Ibsen?« fragte er freundlich, und Anton schüttelte den Kopf.

»Nein, und Sie?« antwortete er und blickte die beiden mit höflichem Interesse an.

Doch dann errötete der Steinhauer, denn im selben Moment ging ihm auf, daß Herr Borchgrevink natürlich nicht hatte fragen wollen, ob er Ibsen persönlich kannte. Henrik Ibsen war der Verfasser von berühmten Theaterstücken, das hatte Marja ihm in der Konditorei erzählt, und Herr Borchgrevink hatte eigentlich wissen wollen, ob Anton Syrin diese Stücke schon kannte. Sein Gesicht war glühendheiß, als Frau Borchgrevink ihre Begeisterung für »Peer Gynt« zum Ausdruck brachte, und er schlug dankbar die Augen nieder, als die Frau gleichzeitig anfing, die Treppe zum Theatersaal hinaufzugehen.

Erst als die Lichter ausgingen und das Orchester die Einleitungsmelodie anstimmte, nahm sein Gesicht wieder normale Farbe an, und er atmete erleichtert auf. Dann öffnete sich der Vorhang, und er sah ein elegantes Zimmer, in dem ein schwarzes Klavier stand. Irgendwo im Hintergrund wurde mit einer Glocke geläutet, und dann tänzelte eine junge Frau in einem warmen Wintermantel herein, sie hatte die Hände voller Pakete. Kaum hatte sie die Pakete weggelegt und sich vor sich hinsummend im Zimmer umgeschaut, als auch schon ein Mann auftauchte, ein Stück hinter ihr, ein kleiner Mann mit roter Nase und abgetragener Jacke. Er zog einen kleinen Weihnachtsbaum hinter sich her. Und dann tauchte im Hintergrund noch eine Frau auf, sie trug eine weiße Schürze und eine eimerartige Haube auf dem Kopf.

»Den Weihnachtsbaum mußt du ja gut verstecken, Helene«, rief die Dame, dann zog sie ihren Mantel aus und legte ihn auf den Klavierhocker. »Die Kinder dürfen ihn erst heute abend sehen, wenn er geschmückt ist.«

Der kleine Mann bekam ein wenig Geld und verschwand. Die Dame aß einige Plätzchen und summte dabei laut und mißtönend vor sich hin. Darauf rief aus einem anderen Zimmer ein Mann: »Zwitschert da meine kleine Lerche? Springt da mein Eichhörnchen umher?«

Anton lachte laut, und Herr Borchgrevink bedachte ihn mit einem verwunderten Seitenblick.

»Ist sie nicht wunderbar?« fragte die Gesangslehrerin in der Pause hingerissen.

Ihr Mann hatte ihnen kleine Gläser mit Portwein geholt, und erst als Anton seins mit einem Schluck geleert hatte, sah er, wie behutsam die anderen an ihren nippten, wie drei vornehme alte Damen. Marja war jetzt bei ihnen, während der Vorstellung hatte sie neben der Tür auf einem Stuhl gesessen.

»Ist das nicht großartig, Papa?« jubelte sie. »Spielen sie nicht wunderbar?«

Anton nickte stumm. Er fingerte an seinem roten Halstuch herum und fragte sich, ob er wohl die Stelle wiederfinden würde, wo er auf Herrn Borchgrevinks Geheiß seinen Hut abgegeben hatte. Er betrachtete die anderen Theaterbesucher, die Frauen in den schönen Kleidern, die Herren in Hosen und Jacken aus gutem Stoff. Ob der Kleine, der den Weihnachtsbaum gebracht hat, jetzt nicht mehr mitspielt, überlegte er. Dann entschuldigte er sich, und Herr Borchgrevink zeigte ihm diskret den Weg zur Toilette.

Anton floh aus dem großen, grellbeleuchteten Saal mit den eleganten Menschen unter den funkelnden Kronleuchtern. Er stapfte über den roten Teppich, auf der Jagd nach seinem Hut. Was ist denn bloß aus meiner Marja geworden, fragte er sich unglücklich. Parfüm und Glitzertand. Nicht einmal ihre Sprache war noch wie früher. Und daß Ton-Ton in Amerika war, schien sie überhaupt nicht zu interessieren.

Und dann sah er sie.

Er hatte gerade seinen alten Hut in einem Regalfach über den eleganten Mänteln und Jacken entdeckt, als er Madame Fossen sah. Die Witwe des Anwalts aus Fredrikshald. Die Stiefmutter der beiden Bräute, auf deren Doppelhochzeit er einst aufgespielt hatte. Die Frau, die ihm zwei Kästen mit abgelegten Kleidern geschickt hatte.

Margrete mit der goldenen Mähne.

Margrete.

Und wieder hatte er das Gefühl, seine Kleider vollständig auszufüllen, wieder verspürte er die Stärke seiner Arme und Beine, wieder war er Steinhauer und Spielmann, einer, der sein Handwerk beherrschte, einer, über den niemand mehr gelacht hatte, seit er über der Bucht den Vogel gespielt hatte. »Ein Puppenheim«? Ein törichtes Stück über Menschen, die ihn wirklich nichts angingen.

Sie trug ein weinrotes langes Abendkleid und um den Hals eine Perlenkette. Die Haare hatte sie aufgesteckt, wie bei ihrer letzten Begegnung. Und ihre Wangen glühten. Wie bei ihrer letzten Begegnung. Sie schaute in Antons Richtung, sah ihn aber nicht. Sie sprach; er sah, wie ihre Lippen sich bewegten, und ganz leise hörte er auch ihre Stimme, dieselbe Stimme wie damals in ihrer Wohnung.

Sie sprach mit einer anderen Frau, einer älteren Dame in Grau. Anton fixierte Margrete Fossen hinter dem Rücken der anderen mit scharfem, blauem Blick, er sah, wie ihr Gesicht seine Farbe verlor, wie ihre Wangen erbleichten. Dann trat sie einen Schritt beiseite, um nicht mehr gesehen werden zu können. Sie hatte seinen Blick nicht erwidert, sie war ausgewichen, um sich zu verstecken.

Anton lehnte sich an die weiße Säule, neben der er bisher gestanden hatte, lehnte sich an die weiße Säule, atmete schwer, und seine Hände umklammerten sein Revers, zerknüllten den dunklen Stoff.

Dann löste sie sich auf, die kleine Gruppe vor ihm, die aus nur zwei Menschen bestanden hatte, irgendwo hatte eine Glocke geläutet, und gleichzeitig verließen die vielen Menschen das große Foyer. Und als die fremde Frau in Grau Madame Fossen verließ, verabschiedete sie sich mit einem herzlichen »Gruß an Anwalt Bloch«.

Dann nahm Marja Anton am Arm, und überall wimmelte es von Menschen, die zu ihren Plätzen zurückeilten.

Auch Anton wurde zu seinem Platz zurückgelotst, und dabei hatte er sich doch eigentlich seinen Hut holen und gehen wollen.

Und in der Dunkelheit dachte er daran, was er gehört und gesehen hatte: Margrete Fossen hatte ihn bemerkt, doch sie hatte sich nicht zu erkennen geben wollen. Sie hatte gewußt, daß er dort stand und sie ansah. Ihre Wangen und ihr Hals waren feuerrot und danach totenbleich geworden.

Antons Hände zitterten, und ihm war glühend heiß. Er fuhr sich über seine fieberheiße Stirn, sein Herz hämmerte, sein Atem ging stoßweise. Soso, das Frauenzimmer wollte ihn also verleugnen!

Er versuchte, sich auf Noras und Helmers Auseinandersetzungen auf der beleuchteten Bühne zu konzentrieren. Jetzt war noch eine Frau aufgetaucht, eine gewisse Frau Linde, die in Trauer zu sein schien.

Obwohl, was hatte er denn eigentlich erwartet? Sie war jetzt eine andere, die Frau eines anderen, war »Frau Rechtsanwalt Bloch«. Natürlich konnte sie sich nicht zu ihm bekennen, jedenfalls nicht vor aller Augen und Ohren.

Aber sein Anblick hatte sie nicht kalt gelassen, da war er sich ganz sicher.

Für den Rest der Vorstellung saß Anton ruhiger neben Herrn Borchgrevink im dunklen Saal. Ab und zu lachte er leise über irgendeine kuriose Bemerkung, und wenn er merkte, daß er der einzige war, dann lachte er herzlicher und lauter.

Danach verließ er das Theater, mit dem Hut im Nacken und dem Arm um die Tochter, ohne nach rechts oder links zu schauen. Er wollte keinem Gast des Nationaltheaters lästig fallen. Aber er glaubte, einen Blick im Nacken zu spüren, und innerlich lachte er, tief und warm.

Als sie später beim Essen saßen, sprach Anton laut und munter über das Stück, sagte seine Meinung und protestierte lachend, wenn er mit den anderen nicht übereinstimmte.

»Aber hat es dir denn nicht gefallen, Papa?« fragte Marja.

»Die kuriosen Probleme der Bourgeoisie können durchaus unterhaltsam sein«, antwortete er dann, benutzte ein Fremdwort, das er dem Heft des schwedischen Agitators verdankte, und versuchte, die Stimmen von Helmer und Nora nachzuahmen.

Anfangs wußten seine Tischgenossen nicht, wie sie damit umgehen sollten, Marja starrte beschämt die Tischdecke an. Aber dann mußte Alida kichern, und am Ende lachten alle vier laut und erleichtert.

»Aber es geht doch um die Emanzipation der Frauen«, teilte Marja mit strenger Stimme mit, während sie auf das Dessert warteten.

»Ach was«, sagte ihr Vater.

»Hast du nicht verstanden, daß Nora Helmer verlassen muß, um frei zu sein?«

»Aber meine Liebe«, antwortete Anton. »Ich verstehe alle Frauen, die einen Mann wie Helmer verlassen wollen!«

»Natürlich sollte sie die Kinder mitnehmen«, murmelte Alida.

»Aber den Weihnachtsbaum kann sie ihm lassen«, grinste der Steinhauer.

Als Marja am nächsten Vormittag ihre Gesangsstunde hatte, wollte der Vater auf eigene Faust einen Spaziergang durch die Stadt machen. Er hatte bei Borchgrevinks auf dem Sofa übernachtet. Beim Frühstück, ehe er ins Finanzamt gegangen war, hatte der Gastgeber auf Antons Bitte hin einen kleinen Vortrag über die Stadt gehalten, hatte ihm die Namen der Stadtviertel und Bezirke genannt und ihm erklärt, wie weit und in welcher Richtung sie von der Hauptstraße Karl Johan und dem Schloß entfernt lagen.

Anton wanderte über Pflastersteine und prägte sich den Weg ein, um zu seinen Gastgebern zurückfinden zu können. Interessiert betrachtete er die Schaufenster, sah sich Stoffe und Möbel, Lampen und Kleidungsstücke an und ging weiter.

Erst nach langer Wanderung fand er das Gesuchte.

Er schluckte. Er spiegelte sich in den Fensterscheiben, rückte seinen Hut gerade, schob die Hand in die Tasche und überzeugte sich davon, daß seine kleine Lederbörse an Ort und Stelle lag, öffnete die Tür und ging in den Blumenduft hinein.

Hinter dem Tresen stand eine junge Dame mit hochgesteckten Haaren, die von einem Samtband mit einer großen Schleife zusammengehalten wurden. Es sah so komisch aus, daß der Mann lächeln mußte.

Die Frau erwiderte sein Lächeln und erkundigte sich nach seinen Wünschen. Sie waren allein in dem kleinen Laden.

Anton schaute sich um. Dann räusperte er sich.

»Liefern Sie?« fragte er unsicher.

»Natürlich«, antwortete die Frau. »Der Bote kann jederzeit hier sein.«

»Haben Sie vielleicht ein Adreßbuch?« fragte der Mann.

»Nur über feste Kunden«, antwortete die junge Dame.

»Ich würde gern Frau Rechtsanwalt Bloch einen Gruß schicken«, sagte Anton, und er brachte es überraschend leicht über die Lippen. »Gehört sie zu den festen?«

Die Frau mit der Samtschleife nickte freundlich. »Und was haben Sie sich vorgestellt?«

»Nur eine. Eine Rose. Eine rosa Rose. Haben Sie so was?«
Die Verkäuferin kam hinter dem Tresen hervor und beugte sich über die Vasen, die auf dem Boden standen.

»Sie ist ein wirklich guter Mensch, die Frau Rechtsanwalt, wissen Sie«, sagte Anton. »Ich bin nur ein Laufbursche. Für arme Waisenkinder, denen sie eine Kiste mit abgelegten Kleidern geschenkt hat.«

»Ach so, hier!« sagte die Frau und reichte ihm eine langstielige Rose. »Möchten Sie vielleicht etwas dazu schreiben?«

»Ja, das muß ich wohl«, sagte Anton und ließ sich Karte und Papier geben.

In einer Ecke des Ladens standen ein kleiner Tisch und ein Stuhl, dort ließ er sich nieder.

Dann stand er wieder auf der Straße, und wieder zitterten seine Hände, und sein Herz hämmerte wie am Abend zuvor im dunklen Theatersaal.

Eine ganze Stunde verbrachte Anton mit einer Zeitung in der Hand auf der Treppe zum Nationaltheater. Er las jede Seite mehrere Male. Dann überquerte er die Straße und ging in eine kleine Bäckerei, aus der die ganze Zeit immer wieder Kunden mit frischem Brot gekommen waren. Dort ließ er sich Kaffee und Plätzchen bringen und behielt die Treppe gegenüber im Auge.

Er ging wieder hinaus und entfernte sich vom Theater, schaute sich dabei aber immer wieder um. Nach einigen hundert Metern durchquerte er eine kleine Grünanlage und ging auf der anderen Straßenseite zurück.

Und dann war sie da, in Hut und Schleier und mit einem kleinen Sonnenschirm. Er erstarrte. Sie erstarrte. Dann drehte sie sich um und ging langsam auf die Plakate zu, die an der Mauer neben dem Eingangsportal befestigt waren. Langsam ging er hinterher.

Dann lasen sie die Namen der Darsteller von Nora, Helmer und den anderen Personen in Henrik Ibsens Stück »Nora oder ein Puppenheim«. Und Madame Fossen sagte ganz leise etwas, und Anton antwortete ebenso leise. Dann ging sie.

Als die Kirchturmglocken achtmal geschlagen hatten, stand der Mann mit dem roten Halstuch und dem in den Nacken geschobenen Hut in Homansbyen vor dem Haus der Blochs. Es war ein großes weißes Haus mit einem kleinen Garten, und Anton ging ohne zu Zögern durch das Tor und über den Gartenweg und klingelte. Er ging ohne zu denken. Er ging leicht und unbeschwert, erfüllt von Willensfreiheit.

Dann stand er Margrete gegenüber, wie schon einmal, stand in einer halbdunklen Diele und nahm die ihm entgegengestreckte Hand. Wie beim letzten Mal öffnete sie ihm selber. Wie beim letzten Mal schloß sie dann ganz rasch die Tür.

Aber diesmal waren seine Glieder warm nach dem Spaziergang, nicht eiskalt nach einem langen Marsch ohne Mantel und Handschuhe, über winterliche Straßen. Und diesmal blieb die Frau mit den großen taubengrauen Augen in der Diele stehen, auch dann noch, als es natürlich gewesen wäre, ihn durch die Wohnzimmer zu führen. Sie blieb stehen, ohne zurückzuweichen, nachdem sie ihn begrüßt hatte, sie blieb weniger als einen halben Meter von ihm entfernt stehen, und Anton umarmte ihren schlanken Körper, legte seine kräftige Hand um ihren Nacken und drückte ihren Kopf zitternd und zärtlich, aber doch fest an seine Brust, und dabei hämmerte sein Herz wie wild.

Seine Hände zitterten, sein Herz hämmerte, so wie das Herz noch nie in der Brust dieses Mannes gehämmert hatte, wenn er einen Frauenkopf an sich drückte. Oder vielleicht war es bei der Fee am Kolk doch so gewesen. Und vielleicht auch bei Stina, beim ersten Mal im Wald, als alles noch neu und unglaublich und nicht von dieser Welt und er selber noch ein ganz junger Mann gewesen war.

Dann umschloß er den Frauenkopf behutsam mit den Händen und spürte, wie ihr Körper sich an seinen schmiegte, und sie küßten sich, küßten sich lange vor dem goldgerahmten Spiegel neben einem offenen Garderobenschrank voller eleganter Mäntel und Jacken.

Später fanden sie sich nackt auf einem schneeweißen Laken wieder. Goldgemusterte Tapeten bedeckten die Wände um sie herum, die Decke über ihnen war mit weißen Stuckrosetten geschmückt.

»Sie haben sich nicht verändert«, flüsterte die Frau. »Ihre Haare sind so voll und kräftig wie die eines Jünglings. Altern Spielmänner denn nicht?«

Anton schlug vorsichtig die Decke beiseite und berührte sie mit leichten, zitternden Fingern, berührte Brüste und Bauch, berührte die Blütenblätter ihrer Rose und ließ sich von der Gewißheit erfüllen, daß er sich nach nichts so sehr gesehnt hatte wie danach, das alles wiederzusehen.

»Sie sind noch immer der einzige«, flüsterte Margrete verlegen.

Sie hob die Arme, wie um ihn zu sich herabzuziehen, dann ließ sie sich wieder sinken und schloß unter seinen Blicken die Augen.

Syrin-Anton küßte die Rose, Blatt für Blatt, vom Nabel abwärts und wieder nach oben. Er faßte die Frau um die Taille und begrub sein Gesicht in ihrem Geschlecht, andächtig, dankbar.

»Anton«, flüsterte sie über ihm. »Küß meinen Mund. Jetzt!«

Und der Mann schob sich höher und drückte die Lippen auf ihren weichen, offenen Mund, und er versank in ihr und liebte sie im Takt der Trommeln und Pauken des Theaterorchesters vom Vorabend. Und Frau Anwalt Bloch klammerte sich an ihn, preßte sich an ihn, versuchte, von der weißen Unterlage abzuheben, und die ganze Zeit flüsterte sie seinen Namen, »Anton, o Anton ...« Dann hörte er nur noch ihren Atem, und er spürte die weiche Haut an seiner, unter sich, um sich herum, sie waren ein Leib und ein Rhythmus, sie umarmten sich zärtlich und doch fest, und sie stöhnte mit einer Stimme, die sie nur langsam aus sich herausließ.

Wie Pferde im Regen, dachte Anton, wie schöne, starke Pferde im Regen, und er wurde selber zu Regen, zu Kaskaden aus warmen Tropfen in feuchtem Geschlecht.

Danach tranken sie sich zu.

* * *

»Wo hast du denn den ganzen Tag gesteckt?« fragte Marja, als er sich wieder am St. Hanshaugen einfand.
Als sie zur Arbeit ging, war er noch nicht von seinem Spaziergang zurückgekehrt. Und auch als sie aus dem Theater heimkam, war er noch nicht wieder da.
»Einfach so überall«, antwortete der Mann freundlich. »Ich habe mir die Hauptstadt angesehen.«
»Es tut mir leid, daß ich mir heute abend nicht frei nehmen konnte«, sagte Marja. »Hast du dir einen neuen Hut gekauft?«
Sie nahm ihm den Hut ab und betrachtete ihn.
Der Mann gab keine Antwort.

Am nächsten Morgen nahmen sie auf dem Bahnsteig voneinander Abschied. Er hielt sie von sich ab und schaute ihr aus feuchten Augen ins Gesicht.
»Danke für deinen Besuch«, sagte Marja. »Ihr fehlt mir.«
Anton atmete den milden Duft ihres Parfüms ein. Plötzlich spielte es keine Rolle mehr, daß sie sich schminkte und hochhackige Schuhe trug.
»Meine Tochter, die Sängerin«, sagte er, und dann mußte er lachen, dasselbe gute Lachen, das sie aus ihrer Kindheit kannte, ein anderes Lachen als das vorgestern, beim Theaterstück.

Am Tag, ehe Anton zum Bahnhof losgewandert war, hatte er sich über Linas Webrahmen gebeugt und den Stoff bewundert, der unter ihren Händen heranwuchs.

»Solche Stoffe solltest du tragen, Lina«, hatte er gesagt, wie ins Leere hinein, wie in Gedanken versunken.

Daran dachte sie, während er verreist war. Wollte er sie denn so, wie sie früher gewesen war? Ehe sie erwachsen wurde? Wollte er sie in geblümten Röcken und blutroten Blusen sehen, wollte er das?

Also machte sie sich am Abend seiner Rückkehr für ihn schön. Als die Kinder im Bett lagen, suchte sie ein Stück Stoff heraus, das eigentlich eine Freundin der Pastorin bestellt hatte. Mit zitternden Händen nähte sie daraus vorsichtig einen Rock und befestigte ihn mit einem breiten Gürtel. Und so empfing sie ihn; in dem bunten, weiten Rock über nackten Füßen auf dem Küchenboden, mit aufgesteckten Haaren unter einem blauen Band, zitternd und voller Spannung.

Und er ging an ihr vorbei, ohne zu sehen.

Er ließ seine Reisetasche auf den Deckel des Brennholzkastens fallen und legte sich angezogen in der Kammer aufs Bett. Seine Augen waren groß und blank wie Silbermünzen, bleich und glitzernd wie Heringsbäuche, offen und aufmerksam, wie immer dann, das wußte Lina, wenn sie nichts sahen.

Eine ganze Stunde lag er so in der Dämmerung auf dem Bett und starrte die Decke an, dann lief er pfeifend durch die Zimmer und verschwand, auf dem Hof, im Anbau.

Erst später richtete er Lina Marjas Grüße aus.

Sie trug jetzt wieder Schwarz, sie hatte die Nähte in dem bunten Rock aufgetrennt und den Stoff weggepackt. Sie saß mit der Bibel auf dem Schoß am Küchentisch und schwieg.

In dieser Nacht schlief sie in der Küche auf der Bank, und als der Mann morgens aufstand und sie vor der Wassertonne antraf, wies nichts darauf hin, daß er sie vielleicht vermißt hätte.

Und Lina spürte, daß sie ihn haßte. Und sie verfluchte die alte Marja, die sie nicht ihre Künste gelehrt hatte, ihre schwarzen Künste, mit denen sie sich an anderen Menschen gerächt hatte.

Erst am Abend nach seiner Rückkehr öffnete er seine Tasche und zog sein Geschenk für sie heraus: ein schönes Tuch in klaren, bunten Farben.

»So solltest du dich kleiden«, murmelte er freundlich und fuhr ihr über die Haare.

Dann gab er ihr das Geschenk ihrer Tochter: ein Paar dünne, ganz dünne Strümpfe.

Wochenlang wanderte Lina vormittags ruhelos durch den Wald, wenn die Kinder in der Schule waren und niemand sie brauchte. Sie machte einen weiten Bogen um Steinbrüche und Hafen, sie war bei jedem Wetter unterwegs, unter den düsteren Baumwipfeln, und sie weinte. Manchmal setzte sie sich zum Ausruhen hin, schlug die Hände vors Gesicht und wünschte sich Antons Tod.

Aber er starb nicht. Er wanderte bisweilen mit diesem seligen Gesichtsausdruck durch die Zimmer, mit einem Ausdruck, über den die Kinder sich freuten, denn dann strahlte er Freundlichkeit und Wärme aus und nicht die ruhelose Gereiztheit, die sie an ihm so fürchteten.

Dann bat sie Gott um Hilfe, und sie schämte sich, weil sie versucht hatte, sich vom Licht des Herrn zu entfernen und Hilfe aus der Finsternis heraufzubeschwören. Ihre Tränen strömten, und sie bat um Verzeihung und beteuerte, nicht gewußt zu haben, was sie da dachte, und sie hatte es ja auch nie gelernt und glaubte überhaupt nicht daran.

Und Mutter Marja hatte doch übrigens auch einen Gott gehabt? Sie hatte Lina doch zum Konfirmandenunterricht geschickt? Sie hatte doch sogar zweimal dem Pastor geholfen, als der krank gewesen war?

Lina saß im Wald unter den Bäumen und wiegte sich hin und her; sie zerbrach sich den Kopf darüber, was falsch war und was richtig, was wirklich war und was Dichtung und Traum.

»Hab Geduld«, tröstete ihre innere Stimme sie, als sie diese endlich zu Wort kommen ließ. »Ist er denn nicht eigentlich ein guter Mann? Einer von den besten? Ist er nicht arbeitsam und
tüchtig? Liefert er nicht seinen ganzen Lohn bei dir ab?«
Und sie seufzte und stand auf und ging nach Hause.
»Es waren sicher nur die vielen Eindrücke aus der Hauptstadt«,
sagte die Stimme. »Es ist doch kein Wunder, daß er deinen Rock
nicht gleich gesehen hat? Und er hatte doch sogar ein Geschenk
für dich!«

Sie hatte es nur einmal gewagt, seine Reise nach Kristiania zu er-
wähnen, sie wollte wissen, wie es Marja dort ging. Einige Minu-
ten lang erzählte Anton ruhig und vernünftig über das Ehepaar
Borchgrevink und dessen Tochter und über das Theaterstück,
das er gesehen hatte. Dann überkam ihn wieder dieses blanke
Licht, und er fand keine Worte mehr.
Und Lina preßte die Bibel an sich und taumelte ins Bett.
Später weigerte sie sich, eine andere Farbe als Schwarz zu tragen, wann auch immer.
Und lange, lange Zeit schwieg sie, sagte kein Wort.
Doch sie dachte nicht mehr an die alten Künste, denn die gehörten in eine alte, unaufgeklärte Zeit, wie die Pastorin sagte. Lina
betete und las, sie betete halblaut und hörte den Antworten zu,
die sie dann bekam, sie schluchzte und weinte, wenn niemand
in der Nähe war, und webte seltsame Muster.

Die Kälte vor dem Grand Café

Als Anton die Hauptstadt das nächste Mal besuchte, waren sei-
ne Frau und zwei Kinder bei ihm. Sie wollten bei Marjas erstem
Auftritt dabeisein.
Ihre älteste Tochter war jetzt zweiundzwanzig. Sie wohnte
nicht mehr bei Borchgrevinks, sondern teilte sich mit einer
Freundin eine kleine Wohnung. Marja war jetzt eine hochge-

wachsene und schönbusige Frau. Ihre Gesangsübungen schienen ihre Lunge erweitert zu haben, worauf die Lunge ihre Rippen bedrängt hatte, weil sie mehr Platz brauchte. Marja überragte jetzt ihre Eltern, sie hatte sich die Haare wieder wachsen lassen und trug eine Hochfrisur, mit schönen Locken, die ihr in die Stirn fielen. Ihre Schultern und Hüften waren breit, ihre Taille und ihre wohlgeformten Beine waren schlank.

Wie groß und elegant sie ist, dachte Herr Borchgrevink, als sie auf dem Podium stand.

Der Pastor hatte die ganzen Jahre für den Gesangsunterricht bezahlt, und er legte auch die Saalmiete aus, als sie nun zum ersten Mal ins Rampenlicht trat, um zu beweisen, daß der Einsatz sich gelohnt hatte.

»Wie sie strahlt, sieh doch nur«, flüsterte die Pastorin ihrem Ehemann zu; auch sie waren in die Hauptstadt gekommen, um das große Ereignis nicht zu versäumen.

Marja arbeitete abends noch immer im Theater, und sie lebte ziemlich spartanisch. Während der letzten Monate hatte sie außerdem jede Woche einen Teil von ihrem Lohn zurücklegen müssen, um sich ein neues Kleid kaufen zu können. Sie wünschte sich ein schönes Kleid, aus rosa und blaßgrüner Seide, mit Perlstickerei. Sie hatte sich den Stoff schon vor langer Zeit ausgesucht und in letzter Zeit jeden Tag Anproben gehabt.

»Was für ein Kleid!« seufzte Alida Borchgrevink.

Anton und Lina und ihre beiden Kinder saßen in der ersten Reihe. Marja hatte dort für sie Plätze reserviert. Sie hätte am liebsten neun Sitze freigehalten, für alle ihre nächsten Angehörigen. Aber Ton-Ton war noch immer in Amerika, seit er von Schweden aus im Jahre 1905 mit einem Schiff die Überfahrt gemacht hatte. Erst zwei Jahre nach seinem Verschwinden hatten sie von ihm gehört, und damals hatte er zuerst an Marja geschrieben. Ob sie etwas über Anna Svensson wisse.

Marja hatte am selben Tag geantwortet. Anna Svensson hatte zu Weihnachten den einäugigen Even Bekkelaget geheiratet.

Ton-Ton hatte seine Schwester gebeten, den Brief nicht den Eltern zu zeigen. Wenn er ihre Antwort hatte, wollte er ihnen selber schreiben, wollte erzählen, wo er sich aufhielt und was er erlebt hatte. Eigentlich wollte er wohl gern erzählen, daß er nach Hause käme, zur wartenden Anna und dem Steinbruch.

Auch Angel fehlte bei Marjas Konzert. Er war jetzt ein zwanzigjähriger Steinhauer, ein magerer junger Mann mit dünnen, rötlichen Haaren und scharfem Mittelscheitel unter seiner grauen Schirmmütze. Noch immer quälte ihn sein böser Husten, und nachdem es im Steinbruch beinahe zu einem Unfall gekommen war, liefen immer wieder seltsame Zuckungen durch sein Gesicht. Er war in die gelbe Baracke umgezogen, vielleicht, um Linas Blicken zu entgehen, wenn er sich an den Wochenenden mit anderen Männern bei Kartenspiel und Schnaps traf.

Eigentlich hätte Angel Marjas Konzert sehr gern besucht; er liebte diese Schwester. Sie war das einzige weibliche Wesen, zu dem er Vertrauen hatte, und nachdem Ton-Ton verschwunden und Marja nach Kristiania gegangen war, hatte er davon geträumt, ihr näherzukommen. Immer wieder hatte er ihr darüber schreiben wollen, was ihm durch den Kopf ging, doch er hatte es nie geschafft. Statt dessen führte er in Gedanken lange Gespräche mit ihr, er stellte Fragen, und sie gab vernünftige Antworten.

»Klara schreit fast, wenn sie mit anderen spricht«, hatte er gesagt. »Machen das alle Schwerhörigen?«

Und Marja hatte ihm in seinen Gedanken geantwortet: »Sie will die anderen daran erinnern, daß sie laut rufen müssen, damit sie sie hört. Aber wenn du ihr das freundlich sagst, dann hört sie bestimmt damit auf.«

Und Angel hatte sich eines Tages, als sie allein waren, Klara vorgenommen und sie freundlich gebeten, doch etwas leiser zu sprechen. Klara hatte genickt, ein wenig geweint, tapfer gelächelt und seinen Rat dann befolgt.

Ein andermal hatte Angel seine Schwester gefragt, ob sie begreifen könne, warum der Vater nach seinem ersten Besuch bei ihr so reizbar und rastlos gewesen war. Er war noch schlimmer gewesen als damals, als er auf dem Basar den Mann aus der Stadt niedergeschlagen hatte. Und das gerade jetzt, wo er doch so lange ruhig und freundlich gewesen war.

»Sicher hat die Reise ihm gefallen«, antwortete Marja dann. »Aber eigentlich ist Vater wohl nicht für ein seßhaftes Leben geschaffen.«

Er hatte sie »seßhaft« sagen lassen. Aber er hätte ihr genausogut das Wort »gebunden« in den Mund legen können. Denn Angel hatte genug Geschichten über das Junggesellenleben seines Vaters gehört; die Männer in den Baracken nahmen kein Blatt vor den Mund. Es schien ihnen geradezu Vergnügen zu machen, in Angels Anwesenheit über Anton herzuziehen; Anton selber brachten sie großen Respekt entgegen, aber Angel – Angel wußte nur zu gut, daß sie ihn für einen Sonderling hielten und heimlich feixten, weil der Feinsteinhauer einen solchen Sohn hatte.

Angel hatte seit Jahren von Marjas Konzert geträumt, er hatte immer genug Geld für die Fahrkarte und eine Nacht in einem Hospiz in Bereitschaft gehabt, aber als sein Vater ihn bat, sich derweil um die beiden Kleinsten, den jetzt elfjährigen Johannes und die zehnjährige Ragnhild zu kümmern, hatte er ohne aufzubegehren auf die Reise verzichtet.

Doch vor dem Aufbruch der anderen hatte er Klara noch einen kleinen Brief an die Schwester in der Stadt zugesteckt.

Auch die neunzehnjährige Hilda hätte nichts gegen einen Ausflug in die Hauptstadt gehabt, sie war noch nie dort gewesen und hätte nur zu gern ihrer Schwester ihren Verlobten vorgeführt, einen dunkeläugigen Ladenschwengel namens Albert. Hilda trug nämlich, anders als die singende Marja, schon einen Ring am Finger, und den hatte ihr ein wirklich stattliches Mannsbild angesteckt!

Aber weder Albert noch Hilda konnten sich frei nehmen.

Die beiden, die die Eltern auf der Fahrt in den Norden begleiteten, waren Andreas und Klara. Andreas war ein rundlicher junger Mann mit hellen, freundlichen Augen und umgänglichem Wesen. Er war seit vier Jahren konfirmiert. Danach war er bei seinem Vater unter dem Blechdach in die Lehre gegangen. In seiner Freizeit kümmerte er sich um die kleinen Felder, die seinerzeit Anton und Lofthus-Kalle angelegt hatten, und spielte Orgel. Er hatte große Teile des Ackers unterhalb des weißen Hauses umgepflügt und Gemüse und Johannisbeersträucher gepflanzt, er hatte sich Broschüren über Dünger und Erdreich und das Anlegen von Gräben besorgt und bis tief in die Nacht mit einem alten Schulkameraden, dem Sohn eines Pachtbauern auf einem mittelgroßen Hof oberhalb des Fjords, über landwirtschaftliche Fragen diskutiert. Drei Jahre lang hatte Andreas überdies an jedem Mittwochabend in der Kirche vom Organisten dessen Kunst erlernt; er hatte in aller Heimlichkeit damit angefangen und den Lehrer für die Stunden bezahlt. Es war eine große Überraschung für Lina und für Anton gewesen, der seine Frau am Ostermorgen widerwillig zum Gottesdienst begleitet hatte, daß Andreas an der Orgel saß. Und das noch dazu in demselben Jahr, in dem Marja ihren ersten Auftritt hatte. Natürlich mußte der junge Organist mit nach Kristiania!

Aber nur unter der Bedingung, daß der Junge seinem Vater beibrachte, wie man die Zeichen für den Lauf der Töne über die schwarzen Striche liest, hatte Anton gesagt; es machte ihm zu schaffen, daß zuerst Marja und dann auch noch dieser Sohn diese Kunst beherrschten.

Für die vierzehnjährige Klara sollte die Reise eine Belohnung sein. Sie hatte die Schule als beste Schülerin im Fach Rechnen verlassen, sie schrieb die Zahlen schneller als der Schulmeister und konnte im Kopf addieren und subtrahieren, malnehmen und teilen, wenn der Lehrer die Aufgaben nur so laut sagte, daß sie ihn hören konnte. Eigentlich rechnete sie überhaupt nicht gern, aber das behielt sie für sich. Ihr Lieblingsfach war Erdkunde, und sie liebte die Reiseberichte, die sie von Fräulein Kurland leihen konnte.

Klara war ein langbeiniges und ein wenig eckiges Mädchen mit spitzen Schultern und kleinen Brüsten unter ihrer engsitzenden Bluse. Ihr Gesicht war breit und herzförmig, ihre Nase scharf und gekrümmt, ihre Augenbrauen auf ihrer blassen Stirn fast unsichtbar. Ihre beiden oberen Vorderzähne überlappten sich ein wenig, deshalb waren sie zwischen ihren Lippen immer zu sehen, auch, wenn sie den Mund geschlossen hatte.

»Häßlicher als die Sünde!« flüsterte Klara dem runden Spiegelchen zu, das jetzt über der Wassertonne in der Küche hing, wenn sie sich morgens kämmte.

»Häßlicher als ein Hecht!« – »Häßlicher als der Leibhaftige!« Aber diese Zahnstellung ließ sie fröhlich aussehen, und ihre Augen strahlten tiefblau und vertrauensvoll.

Von glücklicher Erwartung erfüllt stieg Klara, den Proviantkorb in der Hand, in Fredrikshald in den Zug. Ihr Bruder überließ ihr den Fensterplatz, um ihr eine Freude zu machen.

Sie fuhren durch Wälder und an kleinen Seen vorbei, entlang an fruchtbaren Feldern und größeren Bauernhäusern, als sie je gesehen hatte, und Klara sehnte sich nach der weiten Welt. Denn die Schule lag hinter ihr, was sollte nun aus ihr werden? Ihre Mutter riet zu einer Schneiderlehre, wie Hilda sie gemacht hatte, der Vater erwähnte, daß der Bauunternehmer ein tüchtiges Mädchen für sein großes Haus in der Stadt suchte. Aber das konnte doch nicht alles sein? Außerdem hatte Klara schreckliche Angst vor Menschen, die so leise sprachen, daß sie sie falsch verstand und Fehler machte. Als sie nun im Zug saß, ging ihr auf, was das ideale Leben sein müsse: in einem sich bewegenden Wagen zu sitzen und durch das Fenster immer neue Landschaften zu sehen. Vielleicht könnte sie Lokomotivführerin werden? In einem anderen Land?

Die Bäume leuchteten frühlingsgrün und schön, als die kleine Familie die Bahnhofshalle verließ. Anton führte sie zur Hauptstraße, der Karl-Johans-Gate. »Bald sehen wir das Schloß, König Haakons Schloß.«

Lina umklammerte den Arm ihres Mannes, als ob sie Angst habe, ihn zu verlieren, und die Kinder gingen neben ihnen und ließen ihre Blicke wie verspielte Pfeile zwischen Schaufenstern und Menschen, zwischen Hüten und Kleidern, Bildern und Uhren und plaudernden, laufenden, gehenden Frauen, Männern und Kindern umherjagen.

»Was für ein schöner Wagen!« rief Klara.

»Seht mal, das Theater da hinten«, sagte der Vater. »Da hatte Marja ihre erste Stelle. Und da seht ihr das Parlament!«

Andreas und Klara starrten, und selbst Linas Augen schienen in ihrem Kopf zu tanzen. Aber ihr verschlossener Mund hielt mögliche Freudenrufe zurück, und ihre Schritte waren so langsam wie sonst, wenn sie außer Haus unterwegs war und von anderen gesehen werden konnte.

»Da ist der Park Studenterlunden!« rief Anton und zeigte mit seiner freien Hand darauf. »Und da ist die Universität!«

»Da hat er also studiert, der Sohn unseres Pastors«, sagte Lina ruhig.

»Der, der auf Marja scharf war«, lachte Andreas und schielte zu seinem Vater hinüber.

»Und da wird Marja singen«, sagte Anton stolz. »Über diese große Treppe gehen wir hinein.«

»Hör mal, Papa, was ist das für eine Musik?« rief Klara.

Sie hatten jetzt das Grand Café erreicht, und die Musik kam von der anderen Straßenseite, zwischen den Bäumen der Grünanlage hervor, an der Parlament und Nationaltheater lagen. Der rundliche Andreas reckte neugierig den Hals.

»Da ist ein Mann«, rief er. »Und auf seiner einen Schulter sitzt ein Tier, siehst du das, Papa?«

»Das ist ja ein Affe«, rief Klara verwundert. »Ach, Papa, laß uns doch hingehen.«

Sie liefen hinüber, ohne auf Antwort zu warten, und Lina ließ den Arm ihres Mannes los und folgte ihnen, langsam und ein wenig gravitätisch, wie ein Wasservogel, mit an die Seiten gepreßten Flügeln und gerecktem Hals.

Anton blieb stehen und schaute hinter ihr her, er fühlte sich plötzlich geradezu erleichtert, weil sie seinen Arm nicht mehr festhielt.

Auf der anderen Straßenseite drehte sie sich um, und er ließ seinen Blick sinken und drehte sich zum Schloß oben auf dem Hang um, der vor ihm lag.

Er hatte sie vergeblich gebeten, das farbenfrohe Tuch umzulegen, das er ihr von seinem ersten Ausflug nach Kristiania mitgebracht hatte. Es lag seither unberührt zu Hause in der Kommodenschublade. Er lief ein bißchen hin und her, zuckte mit den Schultern, wie um eine Last abzuwerfen, und schaute dann wieder zu den Menschen hinüber, die sich um den Leierkastenmann mit dem kleinen Affen drängten. Er füllte sich mit den spröden Tönen und dem Anblick der grünen Bäume im Park, er holte tief Atem und wurde von Stolz erfüllt, als er an den großen Abend seiner Tochter dachte, und er wollte sich gerade zu den anderen gesellen, als zwei Menschen an ihm vorübergingen und er gleich darauf hinter sich eine fragende Stimme hörte.

»Anton?«

Der Mann fuhr herum und schaute in ein schmales Frauengesicht mit engsitzenden, tiefliegenden Augen.

»Anton, oder … du bist das doch?«

Die Frau gehörte zu einer mageren, gekrümmten Gestalt mit traurigem Hängeschnurrbart und braunem Hut, die ihn mit zwinkernder Neugier in Augenschein nahm. Das Frauengesicht verzog sich zu einer Mischung aus fester Überzeugung und Angst, sich vielleicht doch geirrt zu haben, sie machte einen kleinen Schritt rückwärts, doch dabei reckte sie den Hals, um Anton weiterhin genau sehen zu können.

»Du bist doch …«

Und sie fügte hilflos, eher an den Mann mit dem Hängeschnurrbart gerichtet, hinzu: »Anton – vom Fliederhof …«

Anton erstarrte, und ein eiskalter Wind schien am Grand Café entlangzufegen.

* * *

299

Marja füllte die Aula der Universität. Sie stand auf dem Podium und *war* einfach Marja, in ihrem schönen Kleid, mit der prachtvollen Brust, die sich hob und senkte, hob und senkte, sie lebte in ihren Tönen, Marja selber füllte den großen Saal mit reichem Klang, mit vollen Tönen, mit dunklen und helleren Tönen, schön und rein.

Ihre Augen funkelten vor Freude und Zuversicht, und sie sang und sang sich in Köpfe und Glieder der Menschen hinein, die mit großen Augen dasaßen und sich von der Musik ergreifen und füllen ließen.

Lina hatte die Hände auf dem Schoß gefaltet, und in einer kleinen Pause vernahm Anton ihr fast unhörbares Seufzen, er sah sie von der Seite her an, und Tränen strömten über ihre Wangen.

Ungeschickt legte er seine Pranke auf ihre beiden Hände und drückte sie vorsichtig.

Auf seiner anderen Seite saß Andreas und schaute abwechselnd wie verzaubert seine Schwester an oder musterte die Bewegungen des Klavierspielers auf der Tastatur.

Links neben Lina saß Klara mit offenem Mund und aufgerissenen Augen. Meine Schwester, dachte sie. Meine Schwester singt so. Wie eine Königin steht sie da, schöner als das Allerschönste …

Kleine Marja vom Fliederhof, dachte Fräulein Kurland. Auch sie war in die Hauptstadt gekommen, um diesem Ereignis beizuwohnen. Und sie fühlte sich so betroffen wie bei einer nahen Verwandten, denn schließlich hatte sie doch als erste gesehen, daß diese Kleine ganz besonders begabt war. Und sie hatte ihr den Dienst im Pfarrhaus besorgt. Und ihr die ersten Noten geschenkt und den Organisten zu Hause am Fjord überredet, ihr Unterricht zu geben.

»Und so schön«, seufzte Ellinor Borchgrevink.

Neben ihr saß ein Zeitungskritiker. Er hielt Bleistift und Papier in der Hand, hatte aber noch kein Wort geschrieben.

Neben ihm wiederum saß ein junger blasser, sommersprossiger

Mann vornübergebeugt auf seinem Stuhl und verschlang die Frau auf dem Podium mit seinen Blicken. Unter seinem Stuhl lag ein Rosenstrauß.

Wer das wohl sein mag, überlegte die Tochter der Gesangslehrerin neugierig.

Ganz hinten, hinter Reihen von leeren Stühlen, saß Margrete Bloch. Sie hatte die kleine Zeitungsnotiz entdeckt, die Marja Syrins Debüt ankündigte. Glücklich und gerührt hörte sie zu und freute sich über Antons Tochter.

Sie war als letzte gekommen und eilte als erste davon, als das Konzert zu Ende war. Sie hatte eigentlich noch ganz verstohlen die Angehörigen der Sängerin betrachten wollen, aber das brachte sie nicht über sich, sie stürzte aus dem Saal und schluchzte hemmungslos, als sie durch den Frühlingsabend nach Hause lief.

* * *

»Heute ist mir eine Schwester begegnet«, sagte Anton.

Nach dem Konzert hatten sie bei Borchgrevinks gegessen, es hatte ein Büfett gegeben, der Tisch im Eßzimmer war mit allerlei Leckerbissen und Karaffen mit Wein gedeckt gewesen. Der Pastor und seine Frau waren gekommen, Fräulein Kurland, zwei Freundinnen von Marja vom Theater und einige mit den Gastgebern befreundete Musiker.

Als es spät wurde, brachte Marja ihre Eltern und Geschwister in das kleine Gasthaus, wo sie übernachten sollten, danach wollte Anton seine Tochter zu ihrer Wohnung begleiten.

Sie gingen Arm in Arm durch die Straßen, und Marjas neue Schuhe klapperten damenhaft und erwachsen über die Pflastersteine. Die junge Frau trug unter ihrem cremegelben Mantel noch immer ihr schönes Kleid, und der Vater führte sie so behutsam wie eine Porzellanpuppe.

»Eine Schwester?« fragte Marja verwundert.

Sie hatte noch nie von einer Schwester ihres Vaters gehört.

»Vor dem Grand Café«, sagte Anton.

»Vor dem Grand Café, ja«, sagte er dann noch einmal und ging schneller.

Mitten in aller Aufregung hatte Marja registriert, daß ihr Vater im Laufe des Abends beim Wein ziemlich zugelangt hatte, er war in überschwenglicher Stimmung gewesen, vor Stolz und Freude, hatte seine Tochter gedacht. Immer wieder hatte er sie umarmt und ihren Gesang gelobt, es war fast ein wenig zuviel des Guten gewesen. Nicht, daß er angetrunken war, er konnte sicher noch viel mehr vertragen, und besonders stark war der Wein auch nicht gewesen, aber …

Unten in der Pilestredet lag eine kleine Kneipe, und der Mann blieb stehen.

Dann ging er weiter; mit seiner Tochter geht man nicht in ein solches Lokal, jedenfalls nicht mit einer debütierenden Sängerin in einem Festgewand aus Samt und Seide.

Aber Marja hielt ihn zurück: »Laß uns hineingehen«, sagte sie und drückte den Arm ihres Vaters, ohne ihn anzusehen.

Dann saßen sie im halbdunklen und fast leeren Lokal, saßen einander gegenüber an dem kleinen Tisch, der Steinhauer und seine kleine Königin, und sie waren Frau und Mann, Frau und Mann, einander gegenüber. Marja schlug die Beine übereinander und nippte am Wein, noch immer erfüllt vom Licht in der Aula, noch immer erfüllt von der Freude über die Umarmungen und die frohen Gesichter, von Zärtlichkeit und Bewegung in den Augen dessen, der ihr nach dem Konzert einen Strauß schöner, blutroter Rosen zugesteckt hatte, ehe er im Gedränge verschwunden war.

Dann wich das alles hinter der Stimme ihres Vaters zurück, der ihr gegenübersaß und das schmutzige Tischtuch ansah.

»Sie waren so häßlich«, sagte er. »Allesamt. Häßlich.«

»Waren denn noch mehr beim Grand Café?« fragte seine Tochter.

»Es muß Steinunn gewesen sein«, sagte er. »Sonst waren wir doch nur Brüder.«

Anton saß mit verschlossenem Gesicht da, mit verschlossenem, düsterem Gesicht, mit einer Haut über den hellen Augen, die nicht sahen.

Marja wartete ein wenig, dann streichelte sie vorsichtig seine Faust. Der Mann schaute verlegen auf, öffnete die Faust und griff nach ihrer Hand.

»Wir waren acht«, sagte er. »Insgesamt acht. Aber einer ist gestorben. Er ist ertrunken. Die Strömung hat ihn mitgerissen, und er hat den Felsen nicht gesehen und ist gekentert. Er war auf einem Auge blind. Der, der ›Vater‹ genannt wurde, hatte ...«

Er verstummte.

»Ja, dein Vater?«

»Nein. Nicht meiner. Mein Vater war ein anderer.«

Er sah sie an, und nun glänzten seine Augen wie im Fieber.

»Hast du einen Gott, meine Marja?« fragte er und blickte ihr aufmerksam ins Gesicht.

Die junge Frau fuhr auf ihrem Hocker verblüfft hoch. Für einen Moment stand sie zu Hause in der Kirche, zusammen mit dem Organisten, der sie Notenlesen gelehrt hatte, zu zweit in dem großen Raum mit dem Taufbecken und den Leuchtern, und vage wußte sie, daß Gott für sie immer mit dem Glanz in den Augen ihres Vaters zu tun gehabt hatte, und sie errötete zutiefst unter seinem plötzlich scharfen Blick und schlug die Augen nieder.

Im Mann tauchten Bilder der Großmutter dieser jungen Frau auf, die beiden gingen über den Hof, hatten den Korb voller Wurzeln und Keime, die alte Frau in Schwarz und die leichtfüßige junge, aber der weissagende Vogel mit den Kräutern hatte dem Herrn doch so ferngestanden wie überhaupt nur möglich? Und doch verschwamm für ihn ihr Bild mit dem der Frau vom Fliederhof. Und dann war da Lina, wie sie am Morgen über die Straße auf den Leierkastenmann zugegangen war ...

Er ließ sich an die Wand zurücksinken.

»Ich sollte mich da nicht einmischen, meine Marja«, sagte er mit geschlossenen Augen.

»Aber auf dem Fliederhof hat niemand gesungen.«

Da öffnete er die Augen und sah sie an, und ihr Blick war so wie immer, nachdenklich und ernst, schon als kleines Kind hatte sie mit diesem Blick zugesehen, wie ihre Mutter mit Ton-Ton auf dem Arm durch die Küche tanzte und das Kochen vergaß.

»Meine Marja«, sagte er noch einmal, und jetzt klang seine Stimme so wie immer, und er schaute sich um, sah die wenigen anderen Gäste und bemerkte, daß einige dieses ungleiche Paar neugierig musterten, und der Mann lachte fröhlich über das, was die anderen sahen: eine Schönheit unterwegs zum Hofball und einen alternden Mann in verschlissener Jacke mit rotem Halstuch.

»Das ist meine Tochter!« hätte er gern gerufen. »Meine Tochter, die große Sängerin!« Und er hob sein Glas und prostete dem Wirt zu, und der hielt das für eine neue Bestellung und kam zu ihrem Tisch herüber.

Anton schüttelte den Kopf und zeigte auf Marja. »Das ist meine Tochter. Sie hat heute im großen Saal der Universität gesungen. Zum ersten Mal! Wer kann sich noch mehr wünschen, wenn er so eine Tochter hat!«

Und der Wirt mit der schmutzigen Schürze über seinem Schmerbauch klopfte Anton auf die Schulter und rief den anderen Gästen zu: »Das ist seine Tochter. Sie hat gesungen! Heute, im großen Saal der Universität!«

Und alle hoben ihre Gläser und prosteten Marja munter zu.

»Und was für ein Kleid«, fügte der Wirt hinzu und zeichnete freudestrahlend mit den Händen einen Frauenleib in die Luft.

* * *

Nachdem er seine Tochter nach Hause gebracht hatte, wurde Anton von einer Ruhelosigkeit, die wie ein Tier in seinem Körper zu wüten schien, durch die Straßen getrieben. Er ging durch Homansbyen und schaute zu den dunklen Fenstern der Herrschaftsvillen hoch. Dann suchte er sich den Weg zum Hafen. Hinter einer Kellertür hörte er Streit und laute Rufe, er ging hinunter ins Lokal, leerte einen Becher Schnaps, der ihn mit scharfer Wärme erfüllte, kam mit einigen Seeleuten ins Gespräch und trank noch einen Schnaps.

Als er endlich in die Herberge zurückkam, ließ er sich neben Lina fallen, vergaß die beiden halbwüchsigen Kinder im Bett neben ihnen, packte den Leib seiner Frau, achtete nicht auf ihre unzusammenhängenden, schläfrigen Bitten und füllte sie mit heißem Samen, und dabei fluchte und weinte er.

Als letztes dachte er vor dem Einschlafen noch: Ich hätte meine häßliche Schwester nach der Schwägerin Elli fragen sollen.

* * *

Am nächsten Tag wurde Marja Syrin in den Zeitungen als »vielversprechender junger Mezzosopran« bezeichnet.

TON-TON ENTDECKT AMERIKA

Im Jahre 1912 überquerte Ton-Ton den Ozean dann in anderer Richtung. Er hatte sieben Jahre in den USA verbracht, er hatte in einer Kneipe und als Holzfäller gearbeitet, er war Privatchauffeur und Hotelportier gewesen.

Als er und »König Oscar« geflohen waren, um nicht auf der Festung erschossen zu werden, nachdem sie Svensson über den Fjord zurückgeholt hatten, hatten sie zuerst die Kate der alten Marja aufgesucht, die dunkel und mit verrammelten Fenstern im Wald hinter der schwedischen Grenze lag. Dort schien seit langer Zeit kein Mensch mehr hingekommen zu sein, obwohl Lina doch geglaubt hatte, einer ihrer als Krämer umherwandernden Onkel würde sich nach dem Tod der Alten dort niederlassen. Die jungen Männer hatten eine Kerze angezündet und im Ofen Feuer gemacht, sie hatten ihren Reiseproviant gegessen und sich in der Kate umgeschaut. Vor den Fenstern hingen noch immer Ranken mit staubtrockenen Blättern, die kleinen Kammern rochen nach einer Mischung aus muffigem Staub und würzigen Kräutern.

Ton-Ton schlich wie aus Respekt vor der toten Urgroßmutter über den Lehmboden. Oscar dagegen schaute unter Betten und in Schränke, auf der Jagd nach etwas, das den Flüchtlingen nützen könnte. Und unter einem flachen Stein, verdeckt von einem baufälligen groben Schrank, fand er in einem Loch im Boden eine kleine Blechdose mit klirrenden Münzen. Die beiden hätten sich fast über die Frage zerstritten, ob sie die Büchse wieder hinstellen oder mitnehmen sollten. Oscar setzte sich durch. Wenn sie das Geld nicht nahmen, dann würden bestimmt andere kommen, die nicht zur Familie gehörten, Diebe vielleicht.

Am nächsten Tag machten sie sich auf den Weg nach Göteborg, und drei Tage darauf fanden sie Heuer auf einem Boot, das nach Westen in die Neue Welt fuhr.

Sein Freund war schon zur See gefahren und hatte keine Probleme. Für Ton-Ton verlor das neue Leben rasch an Spannung. Er konnte den Wellengang nicht ertragen. Er kotzte und arbeitete, aß und kotzte, schlief und mußte an die Reling und weiterkotzen. Als er endlich auf der anderen Seite des großen Teichs an Land ging, war er blaß und abgemagert und litt entsetzlich an Heimweh. Ton-Ton war nicht zum Seemann geschaffen. »König Oscar« dagegen blieb als Matrose auf dem schwedischen Schiff, das jetzt nach Kanada weiterfuhr. Und Ton-Ton wanderte einsam über die Laufplanke und hatte kein anderes Gepäck als einen zusätzlichen Pullover und eine zu klein gewordene Hose, die er in ein Stück Sackleinen gewickelt hatte. In den Taschen steckten die Hälfte des Münzenschatzes seiner Urgroßmutter und seine geringe Heuer.

Auf dem Kai drehte er sich um und winkte Oscar unbeholfen zu, und Oscar erwiderte diesen Gruß fröhlich.

Ton-Ton war in den Staaten. Er war ganz allein in Amerika, und er sehnte sich nach Lina und dem Vater, nach Marja und Svenssons Anna, von der er sich nicht hatte verabschieden können. Und als er nun zum ersten Mal seit langer Zeit wieder festen

Boden unter den Füßen hatte, ging ihm auf, daß er sie alle vielleicht nie mehr wiedersehen würde, denn die Vorstellung, noch
einmal das Meer zu überqueren, war einfach unerträglich.

Am ersten Tag kam er nicht weiter als bis zu einem kleinen
Logierhaus hinter den New Yorker Docks. Er mußte seine ganze Heuer als Vorschuß hinlegen, ohne zu begreifen, wie viele
Übernachtungen er sich damit erkaufte. Dann durfte er in einen
verdreckten Verschlag klettern, in dem er ein Eisenbett mit einer
löchrigen Matratze und einer zerlumpten Decke sowie einen
wackeligen Stuhl vor einem rußigen Fenster vorfand.
Er wollte nach Hause schreiben, aber er wußte nicht, woher er
das Geld für Papier nehmen sollte.
Am nächsten Tag kam er mit einem anderen Logiergast ins Gespräch, einem Italiener, der schon seit einigen Monaten dort
wohnte und Arbeit in einer kleinen Fabrik gefunden hatte, wo
Messer und Scheren hergestellt wurden. Ton-Ton ging mit ihm
dorthin, aber der Vorarbeiter brauchte niemanden mehr. Als er
hörte, woher der Junge stammte, konnte er aber immerhin mitteilen, daß nicht sehr weit entfernt ein Norweger wohnte, und
er notierte dessen Adresse auf ein fettiges Stück Papier.
Ton-Ton zeigte immer wieder den Zettel vor, und auf diese
Weise fand er den Weg zu Harry Hansen, der eigentlich auf den
Namen Hallgrim getauft worden war und der weiter oben in der
Stadt eine kleine Kneipe hatte. Harry Hansen war ein geiziger,
fetter Kerl aus Voss, der in Ton-Ton sofort eine billige und
breitschultrige Arbeitskraft sah.
Anderthalb Jahre lang rollte Tony Syrren mit der Hand Bierfäs-
ser durch die Straßen von New York, räumte in der Gaststube
die Tische ab, spülte Teller und Bierkrüge und scheuerte für
Harry Hansen den Fußboden. Als Lohn bekam er freies Logis
im Keller, gratis Essen und Bier und nach einem halben Jahr
einen neuen Anzug.
Das alles war nichts, was er nach Hause schreiben mochte.
Im Spätwinter des Jahres, in dem er achtzehn geworden war,

zog er weiter, in neuen Kleidern, die seinem immer kräftiger werdenden Körper paßten, und mit einer neuen Sprache im Kopf. Er begleitete einen schwedisch-amerikanischen Bauern, der in seinem Wald Leute brauchte, die gut zupacken konnten. Tony wurden gutes Essen und ein helles Zimmer mit Blick auf Tannen und Kiefern und außerdem jede Menge Dollars versprochen, wenn er nur mit nach Westen ziehen wollte. Unterwegs kam Axel mit zwei weiteren Männern ins Gespräch, versprach ihnen dasselbe, und sie ließen alles stehen und liegen, um diesen jovialen und großzügigen Waldbesitzer zu begleiten.

Sie reisten mit Pferd und Wagen, und der Schwede prahlte mit seinem riesigen Besitz und seiner schönen Frau, mit Großwild und Kleinwild, von dem es dort angeblich nur so wimmelte, und von den Fischen, die sich in den Waldseen drängten, und die jungen Männer strahlten vor freudiger Erwartung.

Als sie endlich ihr Ziel erreicht hatten, stellte sich heraus, daß Wald und Sägemühle durchaus nicht dem Schweden gehörten, sondern einem schmerbäuchigen Deutschen. Axel arbeitete für ihn als Bauernfänger; er sollte kräftige Burschen besorgen, die Holz fällen und flößen konnten, unter der Aufsicht von zwei Männern mit hohen Lederstiefeln, Gewehren im Anschlag, Peitschen im Gürtel und jeweils einem riesigen Hund, dessen Leine sie sich ums Handgelenk wickelten.

Die Männer wohnten jeweils zu acht in zugigen Holzhütten. Der Deutsche lieferte ihnen Felldecken und schlechtes Brot, das die Frau des Schweden zweimal die Woche buk. Ansonsten mußten sie jagen und fischen, außerhalb ihrer Arbeitszeit, die von morgens sechs bis abends sieben dauerte. Wenn sie etwas anderes brauchten, wie warme Kleider und bessere Stiefel – und die Neuankömmlinge stellten diese Notwendigkeit bereits am ersten Tag fest –, konnten sie die gegen Abzüge an dem Lohn kaufen, von dem sie noch keinen Cent gesehen hatten. Abgesehen von den Frauen des Schweden und des Deutschen gab es im Lager nur Männer, und die meisten gaben ihren Lohn für Schnaps aus, den sie ebenfalls dem Deutschen abkaufen mußten.

Ton-Ton stellte fest, daß es ein schlimmeres Leben geben konn-
te als das an Bord eines Schiffes. Er lernte, seinem Körper das
Äußerste abzuverlangen, er lernte, die Männer mit ihren Peit-
schen und Gewehren und den Schweden und den deutschen
Chef zu hassen.
Aber auch das mochte er nicht nach Hause schreiben.

Ein Jahr später war einer der Arbeiter im Michigan River zwi-
schen den Baumstämmen ertrunken, ein anderer war nach einer
Prügelei mit einem Aufseher erschossen worden, zwei, die einen
Ausbruchsversuch unternommen hatten, wurden ausgepeitscht.
Alle Neuankömmlinge mußten sich vertraglich für zwei Jahre
verpflichten, Vertragsbrüchige wurden wie Strafgefangene be-
handelt, wenn sie auf der Flucht erwischt wurden.
Ton-Ton fiel ein, daß er von Gewerkschaften in den USA ge-
hört hatte, und fragte, wo die zu finden seien.
»In Chicago«, sagte der Ire Iain.
»In welcher Richtung liegt Chicago?« fragte Ton-Ton zwei
Tage später, als er und Iain im Fluß bei der Sägemühle über das
Flößerholz balancierten.
»That way«, antwortete der Ire und schaute sich über die Schulter um.
Das war im Frühling. Jetzt, bei mildem Wetter und Schneeschmelze, fiel die Arbeit leichter. Fluchtversuche wurden zu-
meist im Winter unternommen.
Ton-Ton freundete sich langsam und unmerklich mit den zwei
großen Hunden an. Er steckte ihnen unbemerkt von den Auf-
sehern Fleischbrocken zu, Brocken, die sie anfangs in wütender
Eile verschlangen, um den Geber dann zähnefletschend zu be-
drohen. Nach einem Monat behandelten sie Tony anders als die
anderen, liefen ihm erwartungsvoll entgegen und leckten ihm
manchmal die Hände, ehe sie sich über das Fleisch hermachten.
Ende Juli wedelten sie sogar schon ein wenig mit dem Schwanz,
wenn sie ihn kommen sahen.
Die Zeit war reif.

In einer mondhellen Nacht Anfang August schlich er mit der Felldecke unter dem Arm und einem Bündel mit einem großen Stück Hirschfleisch, einer Schlinge und einem scharfen Messer aus der Hütte. Er ging zu den Hunden und warf jedem ein Stückchen Fleisch hin. Ihre Leinen waren an einem Hängeschloß befestigt, und das hing an einem Geländer vor dem Holzhaus, in dem Axel und die Aufseher schliefen. Am anderen Ende jedoch, um die kräftigen Hälse der Hunde, gab es nur ein Lederhalsband, das mit raschem Handgriff geöffnet werden konnte.

Tony ging weiter zum Stall und suchte sich einen braunen Hengst aus, sattelte ihn, befestigte sein weniges Gepäck am Satteknauf, führte das Pferd hinaus und band es an einen Baum. Dann befreite er die Hunde, die mit der neuen Freiheit zunächst nichts anfangen konnten. Ton-Ton ließ sie an seinen Fingern lecken, die nach dem frischen Fleisch rochen, dann ging er zum Pferd, band es los, stieg in den Sattel, pfiff leise nach den beiden Hunden und ritt los. Die Hunde blieben sitzen und schauten ihm im Mondschein hinterher. Er pfiff noch einmal, und nun kamen sie, wie dunkle Panther glitten sie durch die Landschaft, und dabei wedelten sie vor Freude mit dem Schwanz. Erst nach zwei Stunden hielt er an und gab seinen Reisegefährten mehr Fleisch und dem Pferd Wasser.

Später am Tag legten sie eine Ruhepause ein. Ton-Ton band das Pferd an und schlief in der Sonne zwischen den Hunden ein, und auch die waren von der langen Wanderung erschöpft.

Drei Tage darauf erreichten sie Chicago, Ton-Ton ritt zwischen den hohen Häusern einher, und seine beiden Leibwächter, die schwarzen Bestien, begrüßten alle, die ihnen begegneten, mit einem Zähnefletschen. Ton-Ton fragte sich zu einem Pferdehändler durch und verkaufte den Hengst. Danach kaufte er neue Halsbänder und Leinen für die Hunde, die vor Enttäuschung winselten.

Jetzt wollte er nach Hause schreiben.

Er schrieb an Marja, seine Schwester in Kristiania. Er lag auf dem Rücken in einer kleinen Herberge, die Hunde lagen auf dem Boden, und er dachte an Anna Svensson, die blonde, üppige Anna Svensson, die ihn heiraten wollte, sowie sie alt genug dazu waren.

Anna, dachte Ton-Ton und zitterte vor Heimweh und Begehren. Denn nun war er erwachsen und sie bestimmt auch, erwachsen und bereit, all das anzunehmen, wovon er plötzlich überquoll, nachdem er achtzehn harte Monate in der Wildnis verbracht und nicht an sie gedacht hatte, denn in der Welt der einsamen Männer, in der er gelebt hatte, hatte sie keinen Platz gehabt, in dieser Welt, die geprägt war von einer äußerst gegensätzlichen Mischung aus groben Zoten und brodelnden Erinnerungen.

Er hatte Anna gut versteckt, im Wald und in der Hütte, während der entsetzlichen Seereise und in der Schankstube, wo niemand ihn wie einen Menschen behandelt hatte.

Jetzt streichelte er das zottige Fell der Hunde und erzählte ihnen flüsternd, in seiner eigenen Sprache, von seiner Liebsten daheim.

Am nächsten Tag schrieb er den Brief.

Einige Wochen darauf traf die Antwort ein.

Und am selben Nachmittag fand er eine Stelle als Wächter und Chauffeur eines Bankdirektors. Er kümmerte sich um die Hunde, die sonst keinen Menschen an sich heranließen, und er lernte die Kunst des Autofahrens. Er brachte den Direktor zur Arbeit und holte ihn dort ab, er fuhr die gnädige Frau zum Einkaufen in die Monroe Street, und manchmal unternahm die ganze Familie im glänzenden, frisch gewaschenen Daimler sonntags einen Ausflug ans Ufer des Michigansees. Ton-Ton bekam eine Uniform mit funkelnden Knöpfen und für sich und seine Hunde ein kleines Gartenhaus.

Ton-Ton war jetzt ein gutaussehender, stattlicher Mann, nicht besonders groß vielleicht, aber breitschultrig und kräftig wie sein Vater, mit einem etwas großen Kopf, mit offenem Gesicht und schönen Zügen und mit melancholischen braunen Augen unter seinen kurzen dunklen Locken.

Die Tochter des Bankdirektors musterte ihn verstohlen.

Das merkte er, und er schaute in eine andere Richtung. Die Weiberherzen waren ihm doch zu trügerisch.

Die Freundinnen der Bankdirektorstochter versuchten es über seine Hunde, sahen aber bald ein, daß sie auf diese Weise keinen Kontakt zum Hundebesitzer herstellen konnten.

Und Ton-Ton vergaß nie, daß er der Sohn des Steinhauers war. Seine Uniform mochte noch so fesch sein, Jacke und Hose und Schirmmütze gehörten seinem Chef, und in dem schönen Auto durfte er nur fahren, wenn andere ihm das befahlen. Die jungen Mädchen gehörten zu einer anderen Menschensorte, mit ihren leichten Schritten auf den Kieswegen, kleinen pastellfarbenen Sonnenschirmen, mit ihren Zopfschleifen und ihrem sorglosen Kichern.

Und dann kam ein Weihnachtsfest, und die Familie aus dem großen Haus wollte an die Westküste reisen und dort zehn Tage bei Verwandten verbringen. Tony und die Hunde sollten das Haus hüten, und er konnte das Auto leihen, wenn er Lust auf einen Ausflug hatte. Am dritten Tag traf ein Telegramm der gnädigen Frau ein, die ihn bat, ein Kleid abzuholen, das für sie genäht wurde und das sie nach ihrer Rückkehr gern zum Silvesterfest tragen wollte. Die Näherin wohnte am Rande des griechischen Viertels, und als er mit dem Kleid ihre Werkstatt verließ, fiel ihm eine junge Frau auf, die auf der gegenüberliegenden Straßenseite in einer Kneipentür stand. Diese Frau hatte Ähnlichkeit mit Anna.

Er legte das Paket mit dem Kleid in das elegante Auto, schloß die Tür ab und ging mit heftiger als sonst schlagendem Puls zur Kneipe hinüber. Natürlich war es nicht Anna Svensson gewesen, die in der Tür gestanden und ihn angesehen hatte, ehe sie im Inneren des Lokals verschwunden war, nicht Anna Svensson, die Even Bekkelaget verlassen und über das Meer gereist war, um ihren Liebsten zu suchen, nachdem sie von Marja oder den anderen Geschwistern gehört hatte, daß er doch noch am Leben war, aber immerhin hatte Ton-Ton Hunger und Durst.

Die Schankstube war fast leer, und er setzte sich an einen Fenstertisch mit rotkarierter Decke. Gleich darauf kam die Frau, die nicht Anna war, und erkundigte sich nach seinen Wünschen. Er bestellte ein Lammfleischgericht und dazu Rotwein. Frisches Brot und ein Glas Wasser gab es als Zugabe.

Er betrachtete die Kellnerin und wußte plötzlich nicht mehr, warum sie ihn an Anna Svensson erinnert hatte, denn sie war dunkelblond, nicht so hell wie die, die ihn verlassen hatte, und sie hatte braune Augen, keine blauen. Außerdem sprach sie griechisch mit dem Wirt. Mit Ton-Ton dagegen sprach sie amerikanisch und machte ihm im Auftrag des Tresenmannes Komplimente für sein elegantes Auto.

Antony blieb sitzen, bis die Kneipe schloß. Dann fuhr er zurück, und die achtzehnjährige Melina Melanie saß neben ihm und betrachtete voller Bewunderung das Armaturenbrett.

Sie trafen sich mehrere Monate lang ganz regelmäßig, und Tony Syrren fragte sich schon, ob ihm das Leben wohl genau das zu bieten habe: eine schöne Uniform, ein kleines Gartenhaus, in dem eine kleine Familie unterkommen konnte, und Melina mit den schrägstehenden Augen und dem kleinen Muttermal oben zwischen den Schulterblättern. Sie erinnerte ihn an eine verspielte Katze. Und die Hunde akzeptierten sie schon am ersten Abend, schienen zu verstehen, daß sie etwas Besonderes war. Sie brachte ihm bei, sie auf einem Stuhl zu lieben, von vorne und von hinten; das ließ sich schnell erledigen, und wenn unerwartet Leute kamen, konnten sie nicht genau wissen, was sich unter Melinas Röcken abgespielt hatte. Antony, wie sie ihn nannte, gefiel es, und es gefiel ihm auch wieder nicht. Er mochte den Akt und ihre Freimütigkeit; es gefiel ihm nicht, daß sie es auf Schenkenküchenweise trieben und daß sie es bestimmt schon mit vielen anderen gemacht hatte.

Dann kam der Tag, an dem er auf der Straße den Schweden Axel sah, als er seinen Chef zur Bank fuhr. Er konnte nur an das denken, was er jetzt tun mußte, er fuhr nach Hause, stellte den Wagen ab, holte ein scharfes Messer, ging mit den Hunden hinter das Gartenhaus und schnitt ihnen die Kehle durch. Dann begrub er die Tierleichen vor der Gartenmauer, zog die Uniform aus, legte sie ordentlich zusammengefaltet aufs Bett, zog seine normalen Kleider an, kramte seine geringen Ersparnisse hervor, lief zum Bahnhof und kaufte sich eine Fahrkarte nach Montreal. Von dort schrieb er an Melina. Er bat sie, zu ihm zu kommen. Er schrieb in schräger Schnörkelschrift über seine Liebe zu ihr. Er versprach, einen Monat in Montreal auf sie zu warten.

Anfang April 1912 befand Anton Syrin junior sich ein weiteres Mal auf einem Schiff. Diesmal als Fahrgast. Er hatte drei Monate lang vergeblich auf seine griechische Freundin gewartet. Inzwischen hatte er in einem Hotel als Portier gearbeitet, in einer neuen Uniform mit funkelnden Knöpfen und mit einer Mütze mit blankem Schirm.

Im April 1912 war Ton-Tons Amerikaabenteuer beendet. Vier Jahre zuvor hatte Marja ihm geschrieben, daß der Krieg mit Schweden so rasch vorübergegangen war, wie er angefangen hatte, daß eigentlich so wenig geschehen sei, daß man kaum von einem Krieg sprechen könne, und daß er wirklich unbesorgt heimkehren könne. Er stand an der Reling und schaute in Fahrtrichtung, er trug Jeans und ein kariertes Hemd und einen braunen, in den Nacken geschobenen Filzhut. Neben ihm stand eine Reisetasche aus Büffelleder. Darin lagen Kleider und Toilettensachen, zwei Bücher und kleine Geschenke für Eltern und Geschwister. In einer seiner Hosentaschen steckte eine Börse mit Dollars, ganz unten in der Reisetasche lag ein kleiner Stoffbeutel mit Münzen; der Schatz der Urgroßmutter, den er fast nicht angerührt hatte.

Anton hatte im Anbau ein Fenster eingefügt. Nun schaute er unruhig durch die Glasscheibe, hinter seinem Ohr steckte ein gelber Bleistiftstumpf. Vor ihm auf dem Tisch lagen die Skizzen zu einer Skulptur eines französischen Schriftstellers, eines Herrn mit rundem Kopf, mit wenig Haaren und langem, traurigem Schnurrbart. In der Ecke neben dem Kamin lagen eine kleine Dampfmaschine und zwei Propellerflügel.

Draußen sah er die schönen Beete, die Lina als Ersatz für den von ihm ausgerissenen Fliederbusch angelegt hatte, drei von Steinen eingefaßte Medaillons. Und in den Medaillons wuchsen schöne Blumen, die sie sich bei anderen zusammengebettelt hatte. Am schönsten waren die Tabakpflanzen; sie dufteten so wunderbar, nicht tagsüber, sondern abends. Und dahinter raschelte die kleine Birke im Wind mit hellgrünen, frisch ausgetriebenen Blättern.

Anton schaute zur Straße hinüber. Dann hielt er Ausschau nach dem Bleistift, um weiter den Umfang des französischen Schriftstellers zu berechnen. Als er sich erhob, um auf dem Boden nach dem Bleistift zu suchen, schaute er noch einmal aus dem Fenster, und nun sah er sie: Marja in cremegelbem Frühjahrsmantel, Arm in Arm mit einem Mann in grauem, zugeknöpftem Mantel und mit einem braunen Hut auf dem Kopf.

Der Mann im Anbau setzte sich ganz schnell wieder hin und beugte den Kopf über die Papiere. Dann schaute er noch einmal hinaus. Sie hatten den Hang jetzt zur Hälfte hinter sich. Marja in hochhackigen Schuhen, in denen sie sehr vorsichtig zwischen Steinen und Lehm einherschritt, und mit einem großen gelben Hut mit hängender Feder, den sie in der freien Hand hielt. In der Hand, die nicht unter dem Arm des Fremden hervorlugte. In der Hand, die nicht an die Brust des grauen, zugeknöpften Mantels gepreßt wurde.

Anton brummte und starrte seine Papiere an, faßte sich ans Ohr und fand den Bleistiftstummel, brummte und rechnete, ohne jedoch zu einem brauchbaren Ergebnis zu gelangen. Als er wieder aus dem Fenster schaute, waren Straße und Hof leer. Dann hörte er Ragnhild Johannes glückliche Stimme: »Papa! Papa! Jetzt sind sie da!«

Er brummte wieder, biß in den Bleistift, brummte und erhob sich.

Sie standen in der blau gestrichenen Küche, beide noch immer im Mantel, als der Mann hereinkam.

»Papa!« rief Marja und umarmte ihn. Dann sagte sie, mit einem Seitenblick auf den, den sie mitgebracht hatte: »Das ist Asgeir.«

»Aber nun nimm doch endlich den Hut ab, Mann«, sagte Anton barsch, packte die schmale, sommersprossige Hand des Fremden und drückte heftig zu. »Willkommen.«

Der, der Asgeir hieß, legte den Hut ab und fingerte dann nervös an den Knöpfen herum, bis Lina ihn vom Mantel befreite und die Sachen in die kleine Diele brachte.

Es duftete nach frischem Kaffee und frischem Gebäck. Anton schnupperte nachdenklich und musterte den Zukünftigen seiner Tochter: Er hatte fast keine Haare auf dem Kopf. Seine Gesichtshaut war hell und sommersprossig wie die schmalen Bürohände, seine Augen hellblau und leicht verwirrt.

»Das ist also Asgeir«, rief Anton jovial und versetzte ihm einen Stoß in den Rücken, worauf der Mann einen Schritt in Richtung auf die offene Tür machte, die zur jetzt als gute Stube dienenden Kammer führte.

Inzwischen wohnten nur noch vier Kinder zu Hause: Johannes und Ragnhild schliefen oben, zusammen mit einem der Nachkömmlinge, dem anderthalb Jahre alten Matias. Der andere Kleine schlief noch immer bei seiner Mutter; er hieß Jentoft und war ein Nachtkind.

Auf diese Weise hatten sie unten eine zusätzliche Kammer. Das große Bett war auf dem Johannisfeuer gelandet, es war so abgenutzt, daß Anton lieber ein neues gezimmert hätte, wenn das noch nötig gewesen wäre. Die älteren Kinder schliefen auf einer breiten Matratze, der kleine Matias hatte ein Gitterbettchen, damit nicht die Gefahr bestand, er könne herumkriechen und die Treppe hinunterfallen. In der guten Stube standen jetzt ein runder Tisch mit einer gehäkelten Decke, fünf Stühle und ein kleines Sofa mit hellbraunem Bezug. Vor der Wand stand ein blauer Schrank mit Glastüren, in dem Lina ihre Schätze aufbewahrte. Und zwar ein Kaffeeservice für sechs Personen mit kleinen rosa Blumen auf weißem Grund und Goldrand, das Marja ihr geschenkt hatte. Und eine grüne Schüssel, die Angel auf dem Rummel gewonnen hatte. Und eine große Schale mit weißblauem Muster, die von der Pastorin stammte, weil Lina darauf bestanden hatte, ein Jahr lang unentgeltlich im Pfarrhaus zu putzen.

An diesem Tag jedoch war der Schrank fast leer. Die Schale der Pastorin thronte auf dem Tisch mit der Häkeldecke, sie war gefüllt mit noch warmen Hefewecken. Und um die Schale herum waren die schönen Tassen und Untertassen verteilt.

»Bitte, geht hinüber«, sagte Lina und nickte zur guten Stube hin. Marja schob ihren verlegenen Verlobten vor sich her.

»Setzt euch, setzt euch«, ermunterte Lina, und Asgeir setzte sich auf die Kante des Stuhls, der dem Fenster am nächsten stand.

Bald waren die übrigen fünf Stühle besetzt: von Anton und Lina, von Marja und von Ragnhild mit Matias auf dem Schoß. Johannes hatte einen Hocker aus der Küche geholt und ihn in die Ecke neben den seiner großen Schwester, der Sängerin, geschoben. Lina schenkte Kaffee ein.

Zuerst aßen sie eine Zeitlang das gute Gebäck. Dann räusperte sich Anton, worauf alle wild durcheinanderredeten.

»Der Pastor möchte, daß ich irgendwann einmal in der Kirche singe«, erzählte Marja.

»Du hast ja vielleicht schöne Strümpfe«, seufzte Ragnhild.

»Die anderen schauen vielleicht auch noch vorbei«, teilte Lina mit.

»Bist du eigentlich Klara?« fragte Asgeir.

Dann lachten sie und schluckten noch einen Bissen, und das Gespräch kam in Gang.

»Wie lustig«, sagte jemand.

»Allesamt?« fragte eine andere Stimme.

»Nein, ich heiße Ragnhild«, sagte die Kleine. »Ragnhild Johanne. Nach unserer Lehrerin, die, die Marja adoptieren wollte.«

Johannes und Anton betrachteten den Sommersprossenmann verstohlen. Der Junge hatte noch nie so etwas gesehen. Einen so jungen Mann mit so wenig Haaren. Ein so bleiches Gesicht bei einem, der nicht krank war. Und die Hände: Die Haut schien aus dünnem Papier zu sein, fast wie Seide, und auf den Handrücken gab es kein einziges Haar. Der Junge saß mit offenem Mund über seiner Hefewecke, bis der Vater ihn anstupste, leicht errötete und fragte: »Ist dir nicht gut, Junge?«

Dann wurde an die Tür geklopft.

Alle drehten sich erwartungsvoll um, sie waren gespannt, welches der Geschwister es wohl sein würde, Angel aus der gelben Baracke, Hilda und Klara aus der Stadt oder Andreas und seine Frau. Aber dann passierte gar nichts.

»Herein!« rief Anton.

Endlich ging die Tür auf. Und über die Schwelle stieg ein Amerikaner.

Noch ehe die anderen begriffen hatten, wer der Mann mit dem großen Hut und den Cowboystiefeln sein mochte, war Marja bereits aufgesprungen und hatte den Namen des Bruders gerufen, der ihr immer am nächsten gestanden hatte: »Ton-Ton!«

Und sie stürzte ihm entgegen. »Ton-Ton! Liebster Ton-Ton, bist du das wirklich?«

»Tony Syrren«, sagte der Mann mit fremdem Akzent und streckte die Hand aus, aber von der wollte Marja nichts wissen, sie fiel ihm um den Hals und herzte und küßte ihn.

»Ton-Ton«, flüsterte Lina bewegt, warf in der Aufregung ihren Stuhl um, lief über den Bretterboden und streichelte die fremdartige Jacke ihres Sohnes.
»Mutter«, murmelte der Mann und umarmte sie zärtlich.

Als sie einige Stunden später essen wollten, mußten sie sich auf Küche und Wohnzimmer verteilen, um Platz für alle zu finden: Angel war die wenigen Meter von der Baracke in der Bucht gekommen, mit schlimmem Husten und fahlem Gesicht nach einer durchwachten Nacht mit Schnaps und Karten. Hilda und Klara waren in ihren fröhlichen karierten Sommerkleidern mit Schleifen im Rücken, die die Ältere für sie beide genäht hatte, aus der Stadt gekommen, und Andreas fuhr höchst vornehm auf den Hof: im eigenen Pferdewagen, mit seiner eigenen Frau.
»Da hat die Alte ja richtig prophezeit«, sagte der Amerikafahrer, als ihm die junge Schwägerin vorgestellt wurde. »Sie hat doch gesagt, daß Andreas eine Farm heiratet.«
Die butterblonde Karen Anna lächelte ihren gutaussehenden neuen Schwager schüchtern an und trippelte mit ihrem umfangreichen Bauch vorsichtig über den Hof.

Alle hatten eigentlich Marjas Asgeir in Augenschein nehmen wollen, aber der junge Mann mit seiner Stadtsprache und den hellblauen Augen geriet über der Ankunft des Mannes mit der amerikanischen Tasche in Vergessenheit.
Das schien nur Anton aufzufallen, und nach dem Essen forderte er den Haarlosen unter dem Vorwand, er wolle ihm die Aussicht zeigen, zu einem Spaziergang auf. Und Asgeir stapfte in seinen dünnen Stadtschuhen den Weg entlang und lobte atemlos die frische Luft mit ihrem Duft von frischen Trieben und Säften. Auf dem Rückweg wußte der Steinhauer, daß der junge Mann aus Nordnorwegen kam, auch wenn ihm das nicht anzuhören war. Er wußte, daß Asgeir aus kleinen Verhältnissen stammte und so lange als Fischer gearbeitet hatte, bis er es sich leisten konnte, in Bodø zuerst die Mittelschule zu beenden und dann

sein Abitur zu machen. Er war nach Kristiania gekommen, um Jura zu studieren, aber dafür mußte er wieder jahrelang arbeiten und sparen. Er arbeitete im Landwirtschaftsministerium und bezog ein höheres Gehalt, als der Steinhauer es sich selbst in den besten Zeiten auch nur erträumen konnte.

Anton wußte nicht so recht, ob er diesen Mann und das, was er da so offen und vertrauensvoll erzählte, eigentlich leiden mochte oder nicht.

»Ich möchte Marja gern heiraten«, sagte er, als sie sich dem Hof näherten.

Der ältere Mann grunzte.

Kurz vor der Haustür mußte der andere, und er erkundigte sich nach dem passenden Ort. Anton zeigte auf den Anbau und dachte, daß andere das hinter einem Baum im Wald erledigt hätten.

Zuerst verlief Asgeir sich.

Danach erwähnte er vorsichtig Motor und Propeller, die er in dem kleinen Arbeitsraum gesehen hatte.

Anton lief dunkelrot an.

Asgeir bemerkte die plötzliche Verstimmtheit des anderen nicht, er verbreitete sich eifrig über das Segelflugzeug Otto Lilienthals und über die erste motorisierte Flugmaschine, die am 17. Dezember 1903 über Kitty Hawk in North Carolina neunundfünfzig Sekunden in der Luft geblieben war.

»Aber da bist du ja«, sagte Marja zufrieden und freudestrahlend. »Wart ihr oben beim Aussichtspunkt? Und wart ihr auch in der Badebucht?«

Sie umarmte ihren Vater und ihren Verlobten mit funkelnden Augen. »Wie schön.«

* * *

»Was meinst du?« fragte Lina, als sie abends im Bett lagen.
»Daß das neue Amerikahalstuch von Tony Syrren wirklich flott ist«, antwortete ihr Mann.

»Ja, und die Kette auch. Mit echten Muscheln!« Lina ließ sich einen Moment lang ablenken.

Sie horchte auf Ton-Ton, der sich in der Küche zu schaffen machte, wo er auf der Ausklappbank schlafen sollte. Jentoft war bei seinem neuen Bruder, den er erst entdeckt hatte, als die anderen schon gegangen waren; da war er erwacht, dieser umgekehrte Junge, der seine Mutter während der letzten achtzehn Monate fast ums Leben gebracht hätte.

Dann kam sie auf ihr Thema zurück: »Aber was hältst du von Asgeir?«

Anton grunzte.

»Er sieht doch immerhin lieb aus?« fragte die Frau.

Anton kämpfte im stillen mit sich.

»Wir haben über die erste motorisierte Flugmaschine gesprochen, die 1903 über Kitti Hock neunundfünfzig Sekunden in der Luft geblieben ist.«

»Ach«, sagte Lina. »Über eine Flugmaschine?«

KAPITEL 9

Immer neue Generationen

DAS UMGEKEHRTE KIND

Linas letzte Schwangerschaft war anders gewesen als die früheren. Vorher hatte das ungeborene Leben unter ihrem Herzen sie und Anton zusammengeführt, auch wenn es ihnen selbst in diesen Zeiten schwergefallen war, einander in die Augen zu schauen. Diesmal schien ihr wachsender Bauch die Entfernung zwischen ihnen beiden noch zu vergrößern, schien Linas Aussehen sie beide daran zu erinnern, wie dieses Leben entstanden war: in Unwillen. Unter Zwang in einem engen Logierhaus in der Hauptstadt. In Schande und in Anwesenheit der Halbwüchsigen Klara und Andreas.

So gingen sie aneinander vorbei, die Blicke auf die Bodenbretter gerichtet, während sie immer dicker wurde, dicker denn je. Glücklicherweise wurde sie nach knapp acht Monaten erlöst. Und zum zweiten Mal waren es Zwillinge, doch diesmal lebten beide.

Der eine kleine Junge jedoch war von Anfang an umgekehrt. Den ganzen Tag über schlief er lammfromm; wenn der Abend kam, erwachte er dann zum Leben, zu starkem, anspruchsvollem Leben. Lina gab sich alle Mühe, ihn tagsüber wach zu halten, mit Liedern, mit Zuwendung, mit Füttern, doch der Junge kniff seine blassen Augen zu, hing in ihren Armen und wandte das Gesicht von ihrer Brust ab. Als er einige Monate alt war, schnappte Anton sich den Kleinen und verbrachte einen ganzen Sonntag mit ihm im Freien, warf ihn in die Luft, erzählte ihm vom Gesang der Vögel, trug ihn zu seinen Kollegen, aber das half alles nichts. Abends wachte der Kleine auf und blieb die ganze Nacht über wach, unterbrochen höchstens von einem kleinen Minutenschlaf. Später im Winter unternahm Ragnhild einen neuen Versuch. Sie weckte ihn, als sie eines Mittags aus der Schule kam, zog beide Zwillinge an, setzte sie auf den Schlitten und zog sie zum Rodelhang. Dann ging es los, mit Geschrei und Gejohle, die Schwester saß hinten. Aber Jentoft schlief.

Im nächsten Jahr schickte Marja ihrer Mutter ein Rezept für ein Schlafmittel. Lina besorgte die Zutaten, weckte den Jungen gegen Mittag, ließ Ragnhild mit ihm herumtoben und verabreichte ihm abends den Schlaftrunk. Das machten sie eine ganze Woche lang so, aber es half nichts, der Junge schlürfte sein Schlafmittel und wollte spielen.

Zwei Jahre lang schlief Lina im Stehen und kam fast nie aus den Kleidern. Manchmal drehte auch Anton nachts mit dem schreienden Kind eine Runde, aber nach zehn Stunden Arbeit unter dem Blechdach fehlten ihm zumeist die Kräfte dafür. Er war schließlich auch nicht mehr der Jüngste.

Zum Glück waren Ragnhild und Johannes noch zu Hause. Die elfjährige Ragnhild übernahm Wäsche und Kochen und hütete den wachen Matias, wenn sie aus der Schule kam, damit Lina sich ein wenig hinlegen konnte. Der ein Jahr ältere Bruder fing an, wie alte Leute seinen Mittagsschlaf zu halten. Während seine Freunde angelten oder im Wald herumtollten, schlief Johannes am hellichten Nachmittag. Während die anderen sich über das Abendbrot hermachten und die dringendsten Schulaufgaben erledigten, ging Johannes in der Abenddämmerung schlafen. Wenn Matias in sein Gitterbett kletterte, war er ganz still, um seinen Bruder nicht zu wecken. Erst wenn Ragnhild schlafen ging, stand Johannes auf, im Dunkeln.

Dann machte er seine Aufgaben, und Jentoft lag zu seinen Füßen auf einer Decke. Stunde um Stunde saß er über seinen Büchern, rechnete die Rechenaufgaben noch einmal nach, malte schöne Striche und Zahlen, schrieb sorgfältig und langsam und büffelte Choräle und Erdkunde, bis er alles aus dem Ärmel schütteln konnte. Wenn Jentoft unruhig wurde, nahm er ihn auf den Schoß und plauderte mit ihm. Wenn seine Windeln gewechselt werden mußten und Lina auf der Bank eingeschlafen war, wickelte er den Kleinen aus, wusch ihn mit lauwarmem Wasser und gab ihm eine trockene Windel.

Manchmal packte er ihn warm ein und machte einen Spaziergang mit ihm, einen Mondscheinspaziergang durch den Wald oder am Fjord.

Auch als sie ein Jahr alt waren und anfingen zu laufen, änderte sich das alles nicht. Matias war wie andere Kinder, er schlief nachts und erwachte bei Sonnenaufgang hungrig und zufrieden. Dann begegneten die Zwillinge sich, der eine wach und ausgeruht, der andere müde und erschöpft nach seinen nächtlichen Ausschweifungen. Matias griff nach seinem Bruder und wollte spielen, Jentoft schmiegte sich freundlich an ihn und schlief ein; er wäre zu Boden gefallen, wenn Lina ihn nicht festgehalten hätte.

Abends war es umgekehrt.

Wenn es kalt war oder regnete, kam Jentoft manchmal wochenlang nicht an die frische Luft. Johannes aber sammelte im Wald Tannenzapfen; nachts lagen sie auf dem Küchenboden, Jentoft ließ sie herumkullern und warf sie in die Luft, er lutschte daran und ließ sie über ein Brett rollen, das sein Bruder ihm hingelegt hatte. Später lernte er von Johannes, zu spielen, die Tannenzapfen seien Füchse und Hasen und Mäuse, Tiere, die sie auf ihren nächtlichen Ausflügen in den Wald gesehen hatten.

»Du bist ein guter Junge, Johannes«, sagte die Mutter manchmal, wenn sie sich auf der Bank aufsetzte und der Schuljunge machte, daß er ins Bett kam. Und danach dankte sie Gott.

»Danke, Herr, daß du mir einen Johannes gegeben hast.«

Einen Johannes, sagte sie.

Von den anderen sprach sie nie auf solche Weise.

Manchmal murmelte sie für ihn Bibelstellen, sie faßte ihn an den Schultern und schien tief in ihm etwas zu sehen, von dem der

Junge selber nichts wußte. Das fand er ein wenig unheimlich. Aber es war auch schön, denn in solchen Momenten gehörte die Mutter nur ihm. Dann hatte sie etwas Offenes, Schmerzhaftes, das ihr tagsüber fehlte, fand der Junge. War sie traurig? Warum sprach sie mehr mit ihm als mit dem Vater? Johannes war stolz deswegen, auch wenn er ihre Reden nicht so recht verstand.

Am liebsten aber hatte er diese seltsamen Nachtstunden, wenn die Mutter auf der Bank schlief und er für alles verantwortlich war.

Es war fast schade, daß das dann ein Ende nahm.

Denn nach zwei Jahren änderte Jentoft seinen Rhythmus. Dazu hatte Hilda ihn gebracht. Eines Sonntagvormittags war sie zu Hause. Matias buddelte auf dem Hof im Schneematsch herum und versuchte, einen kleinen Bach um die Hausecke zu leiten. Sein Bruder schlief. Hilda marschierte ins Zimmer, riß dem Kleinen die Decke weg und zerrte ihn in die Küche.

»Sieh mal!« sagte sie und zeigte aus dem Fenster. »Wer ist das?«

»Matias«, murmelte Jentoft schlaftrunken.

»Wer ist Matias?« fragte Hilda.

»Der da«, Jentoft zeigte ebenfalls aus dem Fenster.

»Und was macht Matias?« fragte Hilda.

»Weiß nicht.«

»Er spielt«, sagte die Schwester. »Kannst du spielen?«

»Mit den Tannenzapfen«, murmelte der Junge.

»Aber kannst du auch mit Schnee spielen? Kannst du einen Bach machen? Hast du schon mal im Wasser herumgeplatscht und so richtig herumgesaut, so wie Matias?«

Mit großen Augen schüttelte Jentoft den Kopf.

An diesem Abend lagen zwei im Gitterbett, zwei müde und erschöpfte rotwangige Kinder. Und Lina holte das Nachthemd hervor, das sie so lange nicht mehr benutzt hatte.

Als Marja im Jahr nach Ton-Tons Rückkehr in der Kirche von
Idd heiratete, wurden sie vom neuen Pastor getraut, dem gleichen Cristoffer, der vor langer Zeit errötend aus dem Zimmer
gestürzt war, als das Dienstmädchen ihn nach der Bedeutung
des deutschen Satzes »ich liebe dich« gefragt hatte.
Er hatte einige kurze Jahre in Westnorwegen verbracht, doch als
sein Vater dann um Weihnachten plötzlich gestorben war, hatte
der Sohn sich um die freigewordene Stelle zu Hause beworben.
Die Trauung seiner Jugendliebe gehörte zu seinen ersten Amts-
handlungen. Steif und blaß in seinem weißen Kragen stand er
vor ihnen und las den Trauungstext, sein Blick wanderte um
Haaresbreite über die Köpfe des Brautpaars hinweg. Und doch
sah er sie, die ganze Zeit, die ganze Marja, und wieder und für
ihn ziemlich unerwartet und unerhört erfaßte ihn der alte
Sturm, und dem jungen Pastor wurde schwindlig, während ihm
unter den Armen vor Scham der Schweiß ausbrach.
Als alles vorüber war und das junge Paar und die Gäste im Sonnenschein vor der Kirche standen, ertappte Cristoffer sich dabei,
daß er Marjas frischgebackenen Ehemann musterte, und sein
Gesicht verzog sich zu einer düsteren Grimasse, und er mußte
sich abwenden, um diese Grimasse zu verstecken.
Doch Asgeir hatte es gesehen.
So wie er auch merkte, daß Ton-Ton und sein Schwiegervater
sich ärgerten, wenn er den Arm um seine Frau legte, registrierte
er die tiefe Qual des Pastors, und das erfüllte ihn mit trotzigem,
überraschtem Stolz. Denn jetzt gehörte sie ihm, die Tochter des
Steinhauers.

»Was sie wohl an ihm findet?« flüsterte Hilda kichernd ihrem
Verlobten ins Ohr, als sie hinter den Gästen herwanderten.
»Er sieht doch nett aus«, sagte der Mann, bei dem sie sich ein-
gehakt hatte, auf seine bedächtige Weise.
Hilda schaute in das kräftige Gesicht ihres Liebsten, sie fuhr mit

dem Finger über die blauschwarzen Bartstoppeln auf seiner Oberlippe und seufzte zufrieden.

Von allen Geschwistern Marjas verstand Asgeir sich am besten mit Andreas. Mit Andreas, der Landbesitz erheiratet hatte und schon Vater eines blondgelockten kleinen Mädchens war. Jetzt saß er vorn auf dem Wagen, den er dem Brautpaar und seinen Eltern zur Verfügung gestellt hatte, und hielt die Zügel. Die anderen gingen zu Fuß, mit Ausnahme von Angel, der verschlafen hatte und deshalb mit dem Fahrrad gekommen war, das die Junggesellen in der Baracke gemeinsam angeschafft hatten.
»Wie macht sich die neue Hafersorte?« rief Asgeir, der oben auf dem Wagen saß.
»Wächst gut«, antwortete Andreas über seine Schulter hinweg. Auf diese Weise diskutierten sie. Asgeir schickte seinem Schwager kleine Broschüren mit Artikeln über moderne Landwirtschaft; er hatte genug davon, schließlich saß er den ganzen Tag im Landwirtschaftsministerium über seinen Zahlen.

Auch mit Klara kam er gut aus, Marjas Mann. Ihr schickte er Reiseberichte, wenn er einen fand, den das abenteuerlustige junge Mädchen interessieren könnte. Denn Klara träumte noch immer von einem anderen Leben als dem in den Zimmern des Großhändlers, bei dem sie in Dienst stand. Sie träumte von England und Frankreich, von China und Australien, und Asgeir war einer, der stundenlang über Städte und Flüsse und Berge erzählen konnte, auch wenn er noch nie die Grenzen Norwegens überschritten hatte.
Und er hatte versucht, mit Ton-Ton über die Welt dort draußen zu sprechen. Doch Ton-Ton war mürrisch und hatte kein Interesse an solchen Annäherungsversuchen. Seit seiner Heimkehr arbeitete der Amerikaner wieder im Steinbruch. Er schwang den Hammer und benutzte Bohrer und Meißel mit Kraft und Eleganz, schob sich den Amerikahut in den Nacken und stand in seinen strapazierfähigen Stiefeln sicher zwischen Heidekraut

und Zweigen. Er sprach Amerikanisch und brachte die anderen zum Lachen, er erzählte Geschichten und sang Lieder, die sie noch nie gehört hatten. Doch danach schien er leer zu sein. So als hätten Arbeit und Kameradschaft für ihn keine Bedeutung. So als seien die anderen sich selbst genug, er dagegen eine Art Eindringling. Uffe Svensson ging nach Feierabend zu Magda nach Hause. Pål von der Wegbiegung und sein Bruder Henrik hatten jeder eine Bekannte in der Stadt. Manchmal wollten sie den Mann in den Jeans und dem rotkarierten Flanellhemd mitnehmen, sie lockten mit Frauen und Bier, aber das half nichts. Denn seit seiner Heimkehr sah er nur Anna, wußte er nur von Anna, von Anna, die nicht auf ihn gewartet hatte, obwohl doch eigentlich ihr Vater schuld an seiner Flucht gewesen war.

Ton-Ton hatte sie auf der Straße gesehen, in Herbst und Winter mit grünem Mantel, in blauem Rock und weißer Bluse, wenn es Frühling und Sommer entgegenging. Zwei kleine Jungen mit hellen, glatten Haaren sprangen um sie herum, die Kinder eines anderen.

Und in Ton-Ton staute sich eine Verbitterung auf, mit der er einfach nicht umgehen konnte.

»Warum lernst du ihn nicht an?« fragte der Sprengmeister Anton eines Abends, als Ton-Ton für eine Ladung Kantsteine abgerechnet hatte.

Er hatte Andreas angelernt, und das war für beide hart gewesen. Sie waren so verschieden; Andreas verträumt und langsam in seinen Bewegungen, ohne Interesse für die Blöcke, ohne Gespür für die winzigen Details, Anton ungeduldig, wenn sein Sohn Fehler machte, mit flinken Händen, die alles besser konnten.

Als Andreas Karen Annas Jawort erhalten und sich damit eine ganz andere Zukunft gesichert hatte, hatten das beide als Erleichterung empfunden.

Auf die Idee, Angel als Feinhauer anzulernen, wäre Anton nie gekommen, dem Jungen fehlte ja nun wirklich jegliche Begabung zum Rechnen.

Aber Ton-Ton?

Den hatte er mit unter das Blechdach nehmen wollen, wenn er erst zusammen mit Oscar ein wenig im Wald geübt hatte. Aber dann war er weggegangen. Jetzt war er wieder da, als erwachsener Mann, der die Welt gesehen und erlebt hatte, der fremde Sprachen beherrschte und fremde Sitten kannte.

Im tiefsten Herzen beneidete Anton seinen Sohn. Und wenn er ihn so vor sich sah, so unzufrieden nach den ersten Freudenwochen, stellte er sich vor, daß Ton-Ton sich wieder fortsehnte, daß er bald wieder aufbrechen würde. Und er sah die Baracken und die Menschen am Fjord mit neuen Augen; als habe die Erkenntnis, daß der Sohn alles mit den Augen dessen sah, der sehr viel mehr kannte, auch den Vater mit solchen Bildern erfüllt und als wirke alles hier nun grau und klein, die Menschen so ärmlich, mit ihren Gesichtern wie hungrige Grimassen.

Sollte Anton diesem Sohn, der Wolkenkratzer und breite Avenues gesehen hatte, beibringen, wie man einen Kreiselbrecher bedient? Ton-Ton, der Auto fahren konnte?

Sollte dieser erwachsene Sohn, den er kaum noch kannte, ihn aus nächster Nähe mit dem Stein kämpfen sehen, mit dem grauen, unversöhnlichen Stein, der sich unter seinen Fäusten wehrte, der weder zerteilt noch geformt werden wollte, der sich zu verschließen schien wie ein graues, lebendiges und doch totes Stück Ungeziefer, das nicht zerstört, nicht von Anton verletzt werden wollte, wenn der ihm mit dem blankgeschliffenen Meißel kam oder mit dem Fäustel Auswüchse wegklopfte? Sollte der Sohn mit dem mürrischen Blick und dem fast höhnischen Mund seinen Vater im Kampf mit diesem Feind sehen, mit diesem Monstrum, das feixend zersprang, wenn er ungeduldig war, das plötzlich doch nachgab, aber nicht dort, wo der Steinhauer das wollte, nein, durchaus nicht da, sondern an einer anderen Stelle, worauf der Stein nicht mehr zu gebrauchen war? Sollte Ton-Ton miterleben, wie Anton fauchte und fluchte, wie er sich in blinder Wut die Finger blutig schlug, wenn der widerspenstige Block weder Baumaterial noch Skulptur werden wollte?

Der Berg schien ihre Arbeit zu hassen. Der Berg schien nicht entblößt, des Mooses und Heidekrauts beraubt werden zu wollen. Der Berg schien nur in Ruhe daliegen zu wollen, im Wald, unter Bäumen und Himmel. Die Taten der Menschen schienen gegen die Natur selber zu verstoßen.

Aber Stein bedeutete Brot für die Menschen am Fjord.

Und der Berg war auch ein Freund, den Anton durch und durch zu kennen glaubte, im Guten wie im Schlechten. Die rauhen, guten Flächen unter der Hand, das feine Glühen, wenn das Grau in Rosa überging, die dunkleren Stücke; gesprenkelt, körnig, schön. Und willig unter den starken, liebevollen Händen des Mannes, in den Sommermonaten wie lebendiges, warmes Leben, Blöcke, die gespannt abwarteten, was Anton für sie bestimmt hatte; würden sie etwas Schönes werden dürfen? Eine prachtvolle Säule, die in einem wichtigen Gebäude in irgendeiner Metropole das Dach trug? Ein großer Mann, der in einem fremden Land zwischen den Bäumen eines Parks stand? Dann liebte Anton den Granit, wenn das Feste weich wurde, wenn der Stein alles Überflüssige ablud und sich zu Schönheit formen und schleifen ließ.

Dann kam der Sohn von selber und fragte; wenn es dem Vater recht sei, wollte er auch im Hafen arbeiten, wollte mehr lernen, als nur Pflastersteine zurechtzuhauen.

Und Anton ging mit ihm zum Sprengmeister und hatte danach einen ganz anderen Lehrling, als damals Andreas einer gewesen war. Anton brachte seinem Lehrling bei, wie man aus dem Feind einen Freund macht, lehrte ihn, den Berg zu lieben und zu züchtigen, mit den Händen über die Flächen zu streichen, immer wieder darüberzustreichen, Spannungen zu spüren und Unterschiede wahrzunehmen; nicht mit Blicken, sondern mit der Haut der Hände, Sprödigkeit und Festigkeit, Stein.

Noch vor Ende des ersten Jahres hatte der Sohn alles gelernt, was der Vater ihn lehren konnte, seine breiten Hände waren sicher und feinfühlig, sein Blick scharf und genau, auch wenn er sich immer tiefer über den Block bücken mußte, um zu sehen, was er tat.

Und als der alte Gulliksen starb und ein Arbeitsplatz frei wurde, legte Ton-Ton vor dem Sprengmeister eine Probe seines Könnens ab und wurde angenommen.

* * *

»Was war eigentlich zwischen dir und diesem jungen Pastor?« fragte Asgeir gutmütig am Morgen nach der Hochzeit, als sie im Zug nach Kristiania saßen.

Marja erzählte.

Sie hatten ein kleines Abteil für sich und hielten einander an den Händen. Seine waren kühl und glatt, ihre weich und warm. Sie schauten aus dem Fenster, auf hellgrüne, frisch bestellte Felder und gierige Krähenschwärme.

»Dein ältester Bruder ist unglücklich«, sagte Asgeir.

»Er träumt von einer Frau, die schon vergeben ist«, antwortete Marja.

»Das sehe ich«, sagte ihr Mann.

»Du siehst fast alles«, sagte die junge Ehefrau und drückte seine seidenweiche Hand.

Die Hochzeitsnacht hatten sie auf dem kleinen Hof von Andreas und Karen Anna verbracht, wo es Platz genug gab. Aber es war ein fremder Ort mit fremden Geräuschen, die durch die Wände zu ihnen hineindrangen: das Lachen ihrer Gastgeber, ihre Gespräche, das Weinen der Kinder. Das Beste hatten sie für ihre Rückkehr nach Hause aufgeschoben, die Rückkehr in die kleine Wohnung in Majorstua, die Asgeir gemietet und mit dem Geld eingerichtet hatte, mit dem er eigentlich sein Studium finanzieren wollte.

Marja sah die Zimmer vor sich: die Vorhänge und die kleinen Tischdecken, die sie selber genäht hatte, das kleine Sofa und die Kommode, den großen Spiegel in der Diele und die schöne Tagesdecke auf dem Bett. Plötzlich konnte sie nur noch an das

denken, was in dieser Nacht geschehen würde, wenn sie die gehäkelte Tagesdecke entfernten und unter die nagelneuen Decken
schlüpften, und sie schaute eilig aus dem Fenster und seufzte dabei leise auf.

»Was ist denn los?« fragte Asgeir.

»Nichts«, antwortete Marja und wollte diesem Mann, der so gut
sah, ihr errötetes Gesicht nicht zeigen.

Aber alles sah er wohl doch nicht, denn jetzt fragte er besorgt:
»Denkst du an Ton-Ton? Vielleicht sollten wir ihn zu uns in die
Stadt einladen, wenn wir ein bißchen zur Ruhe gekommen
sind?«

»Ja, vielleicht«, murmelte Marja, warm und dankbar, weil er immer soviel Fürsorge und Verständnis für andere zeigte. »Ja, vielleicht.«

* * *

Zwei Kinder verheiratet, dachte Anton.

Die blonde Karen Anna mochte er gern. Aber es war schon seltsam, zum Großvater zu werden, während sie selber noch kleine
Kinder im Haus hatten. Andreas hatte sehr genau gewußt, wen
er wollte, und er hatte sie auch bekommen; daß dieser kleine
Fettwanst wirklich als erster geheiratet hatte! Und nicht Hilda,
über die er so boshaft gesprochen hatte.

Und jetzt Marja, mit ihrem verlegenen Bräutigam. Aber den
hatte sie sich schließlich selber ausgesucht.

CORNELIA AM KLAVIER

In Majorstua in Kristiania lebten feine Damen und Herren, eher
gewöhnliche Frauen und Männer und Arme. Eine »feine«
Straße konnte zuerst eine »gewöhnliche«, danach eine »arme«
und schließlich wieder eine »feine« Straße kreuzen. Die Wohnung, die Asgeir gemietet hatte, lag in der Industrigata. Dort,
wo diese Straße von Süden her in den Bogstadvei einbog, wohn-

ten die Wohlhabenden. Auf der anderen Seite der Kreuzung hatten die eher gewöhnlichen Leute ihre Wohnungen. Asgeir und Marja wohnten auf der Nordseite. Ihre Wohnung lag im ersten Stock über einer breiten Treppe. Im Treppenhaus gab es rote und blaue Bleiglasfenster. Außerdem gab es noch eine Hintertreppe, die »Kücheneingang« genannt wurde. Dort befand sich auf jedem Treppenabsatz eine Gemeinschaftstoilette, ein Sitz mit rundem Loch, wo das, was man von sich gab, nach unten fiel und in einem riesigen Eimer landete. Die Wohnung bestand ansonsten aus nicht weniger als drei Zimmern und einer Küche mit Gasherd. Hinter der Küche gab es außerdem noch eine fensterlose kleine Kammer, in der sich ein schmales Bett unterbringen ließ.

In diesem Teil der Straße waren Asgeir und Marja sicher die einzigen Mieter, die ein Klavier hatten. Das Klavier war Asgeirs Morgengabe an seine Frau gewesen; Marja hatte noch nie von Morgengaben gehört, Asgeir dagegen kannte diesen Brauch aus Romanen. Eigentlich waren Schmuckstücke aus echtem Gold eher üblich, aber für Marja war dieses schwarzlackierte, abgenutzte Instrument, das ihr Mann bei einem Trödler in der Pilestrede erstanden hatte, mehr wert als Gold.

Sie kam sich vor wie die Königin, als die Asgeir sie gesehen hatte, als er mit den beiden kräftigen Trägern vor der Tür stand und mit dem kleinen Messinghaken angeklopft hatte, um sich dann wie ein eifriger kleiner Junge hinter den beiden Fremden zu verstecken.

Zuerst hatte er ihr Frühstück ans Bett gebracht, dann war er ins Büro gegangen. Marja brauchte erst um ein Uhr im Theater zu sein. Sie wanderte barfuß, mit offenen Haaren und nur in Rock und Bluse durch die Zimmer, fuhr mit den Händen über die neuen Möbel und betrachtete durch die Fenster die neue, fremde Aussicht. Und dann wurde an die Tür geklopft. Wer in aller Welt konnte das sein? Erwartungsvoll lief sie hin, und goldene Freude erfüllte sie beim Anblick der Männer auf dem Treppenabsatz und ihrer Last.

»Kommen Sie herein!« rief sie, noch ehe irgendwer ein Wort hatte sagen können. »Ach!« rief sie und wich in der Diele zurück. »Asgeir?« rief sie und stellte sich auf die Zehenspitzen, um über die Männer hinwegsehen zu können. »Ach«, seufzte sie und glitt ins Schlafzimmer, um die Träger vorbeizulassen.

Im unteren Teil der Straße waren in den Wohnzimmern viel häufiger Klaviere oder gar Flügel zu finden, und wenn Asgeir und Marja an Marjas freien Abenden spazierengingen, hörten sie durch die offenen Fenster oft Pianoklänge.

Vor einem Klavier saß die fünfjährige Cornelia Bloch und übte Etüden. Gleich nach Geburt ihrer Tochter war die ehemalige Madame Fossen, jetzt Frau Rechtsanwalt Bloch, mit ihrem Mann aus Homansbyen in eine kleinere Wohnung in Majorstua umgezogen. Hier hatten sie nur drei Wohn- und vier Schlafzimmer, für jedes Familienmitglied eins, dazu ein kleines für das Mädchen. Der Rechtsanwalt hatte sich in den hinteren Zimmern Bibliothek und Büro eingerichtet, und viel mehr Platz brauchten sie wohl nicht, da das Schicksal ihnen offenbar keine weiteren Kinder mehr schenken wollte.

Aber die kleine Cornelia machte ihren Eltern große Freude, sie war niedlich mit ihren blauen Augen und den langen natürlichen Locken, die die Mutter mit Schleifen und Bändern schmückte.

Herr Bloch wäre nie auf die Idee gekommen, ein Instrument anzuschaffen, doch seine Frau hatte darauf bestanden, schließlich konnte es sich doch herausstellen, daß das Kind musikalisch begabt war. Und wäre es dann nicht eine Sünde, Cornelia nicht zu ermuntern und ihr Unterricht geben zu lassen? Und brav ließ Cornelia sich auf den runden Hocker mit dem Seidenkissen setzen, und ihre Fingerchen drückten behutsam auf die Tasten, die alle gleich aussahen, wie ihr Vater fand, und sie füllte das Zimmer mit unzusammenhängenden Tonläufen, in denen wirklich weder Rhythmus noch Schönheit zu finden waren.

»Mein Engelchen«, flüsterte der Rechtsanwalt zärtlich.

»Mein Engelchen«, sagte Margrete mit stolzem Lächeln, dann fügte sie hinzu: »Ich glaube, wir verwöhnen sie, mein Lieber.«

»Aber meinst du immer noch, daß wir eine Klavierlehrerin suchen sollten?« fragte der Mann skeptisch, und seine Gattin nickte. »Eine Klavierlehrerin wird die Fähigkeiten des Kindes sicher veredeln können.«

»Was für ein grauenhaftes Geklimper«, sagte Klara Syrin lachend zu Schwester und Schwager, als sie sich eines Nachmittags ein wenig die Beine vertraten. »Sind das nicht genau dieselben Läufe wie letzte Woche, oder was meint ihr?«

»Nein«, antwortete Marja. »Ich glaube, sie ist jetzt schon ein Stück weiter unten auf der Seite angekommen.«

Klara wohnte jetzt bei Marja und Asgeir im leerstehenden Schlafzimmer. Sie besuchte in der Hauptstadt die Handelsschule und konnte gratis bei ihren Verwandten wohnen. Sie war nun ein junges Mädchen von siebzehn Jahren, ihr Körper war nicht mehr eckig; sie hatte weiche, runde Formen und mit der Zange gebogene Locken. Ihre Nase war noch immer scharf und geschwungen, die beiden Zähne überlappten einander noch immer, ihre Augen waren noch immer blau und nicht braun wie die ihrer älteren Schwester, aber sie stand jetzt nicht mehr vor dem Spiegel und beschimpfte sich wegen ihrer Häßlichkeit, denn schon nach drei Tagen auf der Handelsschule hatte Claus Engen, der hinter ihr saß, ihr durch einen kleinen Zettel mitgeteilt, daß sie schön sei.

KRIEG UND NOTJAHRE

Dann kam der Krieg nach Europa. Rechtsanwalt Bloch, Asgeir Benjaminsen und Anton Syrin lasen darüber in ihren Zeitungen: Anton im *Socialdemokraten*, der Rechtsanwalt in *Aftenposten*, Marjas Mann in der englischen *Times*, die er schon lange abonniert hatte, obwohl das sehr teuer war, einerseits, um seine

Sprachkenntnisse zu vergrößern, andererseits, um zu erfahren, was »dort draußen« so alles passierte.

Doch keiner von ihnen erfuhr dabei, daß der Flötenmacher Anton Jensen aus Fredrikshald im Alter von einunddreißig Jahren in ein französisches Regiment eingetreten war, obwohl er doch ebenso norwegische Papiere haben müßte wie die drei anderen. Doch Anton Jensen hatte keinen anderen Beweis für seine Identität als ein Sparbuch, das vor vielen Jahren, als er noch zur See fuhr, in London ausgestellt worden war. Acht Jahre hatte er sich dann in Frankreich herumgetrieben. Er hatte Trauben gekeltert und Gänse gehütet, er hatte in einem kleinen Kloster in der Provence als Hausmeister und Mann für alles gearbeitet, dann war er nach Norden gewandert und bei einem Bauern in der Nähe von Calais untergekommen. Dort wollte er den Winter verbringen, um danach den Ärmelkanal zu überqueren, Geld von seinem Bankkonto abzuheben und nach Norwegen zu fahren, um nach seiner Familie zu sehen, nach der Mutter in der Hafenschenke und den beiden Halbgeschwistern.

Aber dann kam der Krieg. Und er ließ sich anwerben, um Deutsche umzubringen. Er sprach Französisch wie ein Einheimischer, er hatte die dunklen Haare und den Bart eines jungen Mannes, wer hätte schon geglaubt, daß er über dreißig und noch dazu ein Ausländer war, wo er das doch nicht beweisen konnte?

»Das ist ja wirklich entsetzlich«, sagte der Rechtsanwalt am Abendbrottisch zu seiner Frau. »Jetzt, wo wir fast schon in Paris waren.«

»In Paris?« rief Margrete erschrocken.

»Es sollte eine Überraschung sein«, seufzte ihr Mann. »Ich sollte ein Jahr dort verbringen und die Geschäfte des Großhändlers betreuen, du weißt doch, er hat oft mit Frankreich zu tun.«

»Du?« fragte die Frau.

»Wir alle drei«, lächelte der Mann wehmütig.

»Der Krieg der Bourgeoisie«, schimpfte Anton wütend.

»Das ist wirklich wie verhext«, seufzte Asgeir.
Seit langem sprach er schon von der Möglichkeit, Marja ein Opernengagement in Deutschland zu verschaffen. Er hatte natürlich auch Kopenhagen erwähnt, aber sein Herz schlug doch eher für Deutschland, für die Täler, von denen er gelesen hatte, für die Burgruinen hoch über Rhein und Mosel, für die großen Städte mit ihren Denkmälern, mit ihren Parkanlagen und prachtvollen Kirchen.
Marja hörte ihm nur lächelnd zu, wenn er solche Zukunftsträume für sie ausmalte, so als seien seine Gedanken zu groß für sie.

* * *

Im Frühling des zweiten Kriegsjahrs fuhren Marja und Asgeir nach Strömstad, wo Marja ein Konzert abhalten sollte. Auf der Heimreise schauten sie bei Marjas Eltern vorbei. Sie blieben zum Essen: Kartoffeln. Mehr hatte Lina nicht anzubieten. Gekochte Kartoffeln, ohne Salz. Und doch machten Matias, Jentoft, Ragnhild Johanne und Johannes sich über die grauweißen Knollen her, als ob sie seit Tagen nichts mehr bekommen hätten. Und das hatten sie auch kaum, deshalb ging Marja nach dem Essen mit ihrer Mutter in den Wald, um ihr eine Pflanze zu zeigen.
»Dieses Unkraut da?« fragte die Schwarzgekleidete abweisend.
»Das heißt Melde. Und es ist eisenhaltig. Du kannst daraus ein Püree kochen.«
Lina ließ sich auf einen Baumstumpf sinken und brach in Tränen aus. Auf diese Weise erfuhr Marja, daß der Vater sich mit Andreas zerstritten und deshalb Karen Anna weggeschickt hatte, die ihnen Lebensmittel vom Bauernhof bringen wollte.
Im Steinbruch herrschte Totenstille, das kriegführende Europa bestellte keine Pflastersteine, Denkmäler oder Bausteine mehr. Andreas hatte für die Deutschen Stellung bezogen, Anton hielt zu den Franzosen, und darüber war ein wilder Streit ausgebro-

chen, bei dem vor allem von anständigen Arbeitern und fetten Bauern die Rede war. Anton wollte seither mit Sohn, Schwiegertochter oder Enkelkindern nichts mehr zu tun haben, und dabei hatte die kleine Solveig doch erst kürzlich ein Schwesterchen bekommen!

Marja half Lina wieder hoch und zeigte ihr weitere Pflanzen: Tüpfelfarn und Sauerampfer, Wurzeln und Schößlinge, die den Hunger stillten und zugleich nahrhaft waren.

Ehe sie weiterfuhren, knöpfte Marja sich ihren Vater vor, aber er war stolzer und sturer als ein widerspenstiger Bock; um nichts in der Welt wollte er von Bauern Almosen annehmen.

»Von Pächtern, meinst du«, korrigierte die Tochter. »Von Pächtern auf einem winzigen Hof.«

»Von Bauern mit eigenem Gaul und Kühen im Stall«, schnaubte der andere. »Und Schweinen«, fügte er hinzu und spuckte aus. »Schweinen und Hühnern.«

»Die hast du selber auch mal gehabt«, sagte die Frau. »Und die Kleinbauern müssen in Notjahren ebenfalls schlachten.«

»Was weißt du denn schon davon!« brummte der Mann.

»Asgeir ist doch im Ministerium«, erinnerte ihn Marja. »Er kennt diese Zahlen.«

Am nächsten Tag füllte sie einen großen Holzkasten mit Mehl und Salz, Speck und Eiern und einem Fäßchen mit Heringen und schickte alles nach Süden.

Solange der Krieg dauerte, schickte Marja danach Monat für Monat ihrer Mutter ein Paket. Niemals würde sie ihre Familie hungern lassen, wenn sich das irgendwie vermeiden ließe.

Und Asgeir lächelte, obwohl sein Traum vom Jurastudium und die Möglichkeit, in einem zukünftigen Deutschland ohne Krieg Arbeit zu finden, immer weiter in die Ferne gedrängt wurden.

Er hatte ihr auch nicht erzählt, was ihm passiert war, als sie nach dem Besuch am Iddefjord weiterfahren wollten. Als sie im Bahnhof standen und er Fahrkarten lösen wollte, hatte er festgestellt, daß die Münzen aus seiner Jackentasche verschwunden waren.

Doch bald würde der Krieg wohl vorüber sein und Anton wieder Arbeit finden. Und so, wie er selber und Marja für die Familie gesorgt hatten, würde sicher auch aus dem gierigen Matias noch etwas Anständiges werden können; Asgeir war nämlich davon überzeugt, daß Matias der Dieb war, dieser ruhelose Junge mit dem stechenden, hektischen Blick. Mit Diebsgesindel wollte Asgeir eigentlich nichts zu tun haben.

* * *

Der Stellungskrieg dauerte und dauerte, obwohl die Soldaten langsam aneinander herankrochen und sich auf beiden Seiten die Schützengräben mit Gefallenen füllten.

An einem diesigen Frühlingsmorgen im Jahre 1917 wurde in aller Frühe bei einer alternden Prostituierten in Marseille an die Tür gehämmert. Der Mann war jedoch nicht wegen ihres Körpers gekommen, der zerlumpte Soldat mit dem verbundenen Arm wollte der Frau in dem verschossenen Morgenrock nur ein in ein dreckiges Stoffstück gewickeltes Päckchen aushändigen; es war ein Gruß von einem anderen, einem Gefallenen. Und schon war der Bote verschwunden.

»Mama! War da nicht jemand?« fragte die Tochter, die noch im Bett lag.

Die Frau schloß die Tür und wickelte das Päckchen aus dem Stoffstück. Darin lagen ein Sparbuch und eine kleine Holzflöte.

»Revolution!« brüllt Elis Elison

»Ha!« rief Anton Syrin, als er vom russischen Aufstand hörte. Die Fähre aus der Stadt brachte diese Nachricht, die Fahrgäste riefen sie den Steinhauern im Hafen zu, die sich mit Hämmern und Meißeln in der Hand aufgerichtet hatten, als sie hörten, wie Eisen gegen Holz stieß und die Laufplanke ausgelegt wurde.

Alle ihre Bewegungen waren jetzt langsamer als vor dem Krieg, das Fehlen von Lebensmitteln und Aufträgen schien ihr Blut träger fließen zu lassen.

»Ha!« rief Anton verwirrt. »Aufruhr?«

»Die bringen sich da drüben jetzt gegenseitig um«, rief jemand.

»Hoffentlich kommen die nicht her!« rief ein anderer.

»Teufelsmächte!« jammerte eine Frau in Schwarz. »Kreuz über Kreuz.«

»Halt die Fresse, Alte!« brüllte ein junger Mann und sprang an Land. »Es lebe die Revolution!«

»Es lebe die Revolution«, wiederholte Elis Elison verwirrt.

»Die Bolschewiken sollen leben«, brüllte der junge Mann. »Lenin soll leben!«

Langsam erkannte Anton, daß die neue Zeit angefangen hatte; daß die russischen Aufrührer sich an die Spitze des Kampfes gegen Krieg und Hungersnot gestellt hatten, daß sie dort drüben die feisten Hintern der Macht von den Truhendeckeln geschoben, daß sie Speisekammern und Kisten geöffnet und *gesehen* hatten, gesehen, was ihnen alles vorenthalten worden war, Geld und Speck, Seide und Mehl, Tonnen mit eingelegten Heringen, frisches Fleisch und noch mehr Mehl, Kartoffeln und gute Schuhe, Kohlköpfe und echter Kaffee. Jetzt sollten die geheimgehaltenen Schätze an das Volk verteilt werden, das geschafft und gedarbt hatte, Lügen sollten als Lügen entlarvt und die Wahrheit an den Tag gebracht werden.

»Es lebe der Internationale Sozialismus«, sagte er mit bewegter Miene zu Elis und den Stier-Söhnen, zu Angel und Ton-Ton, zu Svensson und den Brüdern Bekkelaget und zu einigen weiteren, die sich auf den Sitzplätzen in Wohnzimmer und Küche des weißen Hauses verteilten.

Anton hatte Johannes zum Schnapsholen zu Malte geschickt, und Lina mußte alle ihre guten Tassen und Alltagsbecher herausrücken, ob sie nun wollte oder nicht. Jetzt wollten die Männer auf die neue Zeit anstoßen.

»Auf alle Unterdrückten dieser Welt«, rief Angel heiser, dann krümmte er sich in einem Hustenanfall zusammen, der vom Anstoßen und dem lauten Gerede der anderen übertönt wurde. Seite an Seite auf dem Brennholzkasten saßen die fast siebenjährigen Zwillinge und hörten zu, der eine mit dunklen, wachsamen Augen unter struppigem Schopf, der andere mit hellblauem und angesichts des Lärms verwundertem Blick. Als Even Bekkelaget einen Moment lang in die andere Richtung schaute, versetzte der eine dem anderen einen Rippenstoß, der andere schnappte sich verwirrt den Becher des Erwachsenen und reichte ihn seinem Bruder, der rasch einen großen Schluck nahm. Die bleichen Augen des Jungen quollen hervor und füllten sich mit Wasser, als er schluckte. Der Dunkeläugige stellte den Becher zurück, der andere schluckte noch einmal, dann lehnte er sich gemächlich an die Wand hinter dem Kasten, auf dem er saß.

»Es lebe das internationale Proletariat!« brüllte Ton-Ton durch das Gerede hindurch, und zum ersten Mal seit langem funkelten seine Augen.

»Und Trotzki«, fügte der Mann von Svenssons Anna hinzu und griff nach seinem halbleeren Becher, und zum ersten Mal seit seiner Rückkehr aus den Staaten blickte ihm Ton-Ton ohne Groll ins Gesicht. Denn was waren verlorene Liebe und ein Frauenzimmer schon gegen die Revolution?

✳ ✳ ✳

In Kristiania stand Asgeir Benjaminsen am Bett seines schlafenden Kindes, eines Mädchens von fast einem Jahr, und seufzte: »Auf was für eine Welt haben wir dich da nur gebracht, an was für einen entsetzlichen Ort!«

Marja gab ein Konzert in der Uranienborgkirche, und Klara, die die Schule hinter sich gebracht und auf Empfehlung von Herrn Borchgrevink eine Stelle im Finanzamt gefunden hatte, war mit einem Mann ausgegangen, der Gedichte schrieb.

Im Kielwasser des Krieges kam die Spanische Grippe. Sie traf fast jede Familie am Fjord. Even und Anna verloren zwei Kinder, Malte starb und hinterließ eine dermaßen verkommene und verdreckte Hütte, daß monatelang niemand auch nur einen Fuß hineinsetzen mochte. Dann überlegte sich die Pastorin, daß die Krankheit ja noch zwischen Maltes verlausten Decken sitzen konnte, und sie schickte ihr neues Dienstmädchen zum Saubermachen.

»Lieber Gott, ich danke dir, daß du meine Familie verschont hast«, betete Lina.

Weder Anton noch sie selber noch die vier Kinder, die weiterhin zu Hause wohnten, waren erkrankt.

»Das habt ihr bestimmt dem Meldenpüree zu verdanken«, sagte Marja zufrieden.

Als einzige unter den Geschwistern waren Hilda und Angel krank geworden, vor allem Angel hatte sehr gelitten; er hatte wochenlang gefiebert und um Atem gerungen. Marja hatte neue gute Ratschläge gehabt: Ihre Mutter sollte einen Absud aus Angelika kochen, außerdem waren immer wieder warme Bäder hilfreich.

»Hilda hat mit Kandis überlebt«, sagte ihr träger Schrank von Verlobtem.

Sie waren jetzt seit mehr als zehn Jahren zusammen, Hilda und Albert, aber noch immer wollten sie vor keinem Pastor ein Gelöbnis ablegen. Sie wohnten getrennt, Hilda arbeitete noch immer bei der Näherin, Albert bei seinem Krämer, aber sie hatten ein gemeinsames Sparbuch, und ihre Ersparnisse waren selbst während des Krieges und der Notjahre gewachsen, Ersparnisse, die ihren Traum von einem eigenen Laden verwirklichen sollten.

Nachdem Hilda Marja gefragt hatte, wie sich unerwünschte Schwangerschaften verhindern ließen, waren die beiden Schwestern einander nähergekommen. Und als sie Marja endlich in

Kristiania besuchte, hatte sie abends, als Asgeir schon im Bett lag, eingestanden, was sie vor Jahren über ihre Schwester gesagt hatte, damals, als der Sohn des Pastors mitten in den Sommerferien in die Stadt zurückgekehrt war. Zuerst hatte Marja sie ungläubig angestarrt, dann hatte sie gelacht, und Hilda hatte vor Erleichterung geweint.

»Nein, was hätte ich denn mit dem anfangen sollen«, kicherte Marja später. »Meinen Zaubertrank habe ich für Asgeir aufbewahrt.«

Hilda blickte sie für einen Moment unsicher an, dann lachten sie beide und umarmten einander glücklich. Hilda war davon überzeugt, daß Marja nie im Leben zu solchen Mitteln hatte greifen müssen, um das Interesse des Haarlosen auf sich zu lenken.

Am nächsten Tag ging Hilda mit der kleinen Elise spazieren und stellte sich dabei vor, die Nichte sei ihr eigenes Kind. Sie träumte von dem Tag, an dem sie zusammen mit Albert eigene Kinder haben könnte.

Albert, der ihre Spanische Grippe damit geheilt hatte, daß er ihr jeden Tag große Stücke Kandiszucker und eine kleine Flasche mit amerikanischem Öl brachte, mit dem er ihren Oberkörper einrieb.

»Aber wieso macht der Trottel ihr nicht endlich einen Heiratsantrag?« brummte Anton.

»Lieber Gott, ich danke dir dafür, daß du Hilda so genügsam und vernünftig gemacht hast«, betete Lina halblaut, ein wenig auch, um ihren Mann zu necken.

Sie hatte dem Herrn für Marjas schöne Stimme und Asgeirs Fähigkeit gedankt, Marja und die kleine Elise zu ernähren, und wenn in den Notjahren ein Paket aus Kristiania gekommen war, war sie in der Kammer auf die Knie gefallen und hatte Gott halblaut dafür gedankt, daß er ihrer Tochter diesen seltsamen großzügigen Ehemann gegeben hatte. Anton grunzte dann verächtlich, für ihn stammte das Paket von der Tochter und nicht vom Schwiegersohn, und auf Einwände wollte er nicht hören.

So redeten sie aneinander vorbei, Mann und Frau in dem weißen Haus.

Lina arbeitete und webte und freute sich, weil die Zeiten besser waren, weil sie Aufträge hatte und selber ein wenig verdiente.

Ihr Mann freute sich über den Aufschwung und die neuen Aufträge, er arbeitete von früh bis spät und ging in seiner Freizeit zu Versammlungen oder las zu Hause über moderne Maschinen. In Norwegen ließ die Revolution noch auf sich warten, aber bald würden die Sozialdemokraten die Regierung übernehmen, da war Anton sich sicher, und bei dieser Vorstellung schwoll ihm die Brust vor Stolz.

LINAS JOHANNES

Johannes war der Trost seiner Mutter. Geduldig konnte er mit ihr ganze Nachmittage zusammensitzen, so wie früher beim Kinderhüten, und in dem schwarzen Buch lesen, wieder und wieder, um danach über das Gelesene zu sprechen.

So weit er sich zurückerinnern konnte, hatte sie gesagt, er solle Pastor werden. Es war wie eine Beschwörung gewesen: Sie hatte ihn als kleines und dann etwas größeres Kind mit ausgestreckten Armen von sich gehalten, hatte ihn aus dunklen, ernsten Augen angesehen und ihn mit seiner Bestimmung erfüllt: »Du sollst den Weg des Herrn gehen, du bist ein Johannes, und ein Johannes ist ein Täufer.«

Sie hatte ihn zu ihrem höchsteigenen Kind gemacht, hatte verlangt, daß er bei ihr blieb, wenn die anderen Kinder draußen spielten. Sie hatte ihre Sorgen und Überlegungen über die älteren und jüngeren Geschwister mit ihm geteilt, und lange hatte er sich das auch gefallen lassen.

Als Klara zur Handelsschule wollte und bei Marja und Asgeir wohnen durfte, hatte Lina sich in den Kopf gesetzt, daß Johannes der nächste sein sollte; durch den Mann ihrer Ältesten sollte die Erfüllung kommen. Aber Klara blieb auch nach Schulabschluß noch bei ihrer Schwester wohnen, es war billiger für sie, und außerdem brauchte Marja ihre Hilfe; Klara hütete die kleine Elise, wenn Marja Auftritte hatte oder ihr Nähkränzchen traf und Asgeir Überstunden machen mußte.

Der Krieg kam in dem Jahr, in dem Johannes konfirmiert wurde. Er arbeitete als Keiljunge, bis im Steinbruch fast alle Arbeit zum Erliegen kam. Danach erwähnte der Junge die Möglichkeit einer Heuer, aber seine Mutter flehte ihn an, bei ihr zu bleiben. Anton hatte die Idee des Sohnes gut gefunden, aber Johannes gehörte nun einmal Lina. Er hatte sich bei der Baumwollspinnerei in der Stadt erkundigt, aber niemand stellte zu dieser Zeit neue Leute ein, weder in Fredrikshald noch anderswo. Doch dann war Fräulein Kurland krank geworden.

Johannes saß gerade oben bei Ton-Ton in der Küche, sie sprachen über Amerika, darüber, welche Möglichkeiten es dort vielleicht gab, als plötzlich die Nachricht kam, daß die Lehrerin mit Johannes sprechen wollte.

Die Lehrerin hatte arge Magenschmerzen, der Arzt hatte ihr strenge Bettruhe aufgetragen, und die alternde Frau bat Johannes, sie bis auf weiteres zu vertreten.

Auf diese Weise wurde der Junge mit fünfzehn Jahren zum Lehrer. Voller Eifer und Energie brachte er den kleinsten Kindern Buchstaben, Zahlen und Choräle bei. Wenn sie unruhig wurden, dann schüttelte er für sie Geschichten aus dem Ärmel, über die Unterirdischen in den Bergen und den Nöck im Weiher, oft schreckliche Geschichten über Wechselbälge und Morde, bei denen die Kinder große Augen machten und eine Gänsehaut bekamen.

Und Fräulein Kurland blieb länger krank, obwohl der Arzt ihr versprochen hatte, daß es ihr schon nach zwei Wochen bessergehen würde. Jeden Samstagnachmittag erstattete Johannes bei der Kranken seinen Bericht, und sie streichelte seinen Arm und zeigte ihm ihr Vertrauen.

Schulmeister With war mit dem Aushilfslehrer ebenfalls zufrieden. Manchmal kam er ins Nebenzimmer, um die Kinder abzuhören, und was er dort hörte, brachte ihn dazu, den jungen Kollegen zu akzeptieren.

Und derweil warteten sie. Sie warteten zwei Jahre lang. Dann starb die Lehrerin. Der junge Lehrer war inzwischen in die Höhe geschossen, sein achtzehnter Geburtstag rückte näher. An der Spitze der ganzen Klasse hielt er auf Ragnhild Johanne Kurlands Begräbnis die Ehrenwache, und unter seiner Anleitung sangen die Kinder »Näher mein Gott zu dir«, vierstimmig, die einzelnen Stimmen verflochten sich miteinander und stiegen zur Sonne und zum Himmel über dem Friedhof auf. Die Gemeinde weinte noch mehr als später, als Marja ein Solo sang. Und wie der junge Johannes die Kinder und einzelne Frauen aus den Hütten und Baracken am Fjord tröstete, die die Güte der Lehrerin nicht vergessen konnten, mit der sie ihnen in Notzeiten geholfen hatte, ohne sie zu beschämen, veranlaßte die neueingesetzte Schulleitung im Kreis, den jungen Mann weiter unterrichten zu lassen, obwohl er nicht die vorgeschriebene Ausbildung vorweisen konnte.

»Aber er soll trotzdem Pastor werden«, sagte Lina eigensinnig. Pastor?

Johannes wußte nicht so recht. Er wußte nicht, wann die Schulleitung sich vielleicht Mächten würde beugen müssen, die mehr verlangten, als er an Papieren vorweisen konnte. Außerdem hatte er angefangen, Sofie Larson mit Blicken zu verschlingen.

Und die drei Jahre ältere Sofie traf sich hinter dem Versammlungshaus mit Johannes und ließ sich erzählen, wie sehr er sie liebte.

»Wie geht es denn der Sängerin?« fragte Sofie Larson beim ersten Stelldichein.

»Sie singt«, sagte der Bruder, der nichts anderes sah als Sofie Larsons rosenroten Mund. »Singt und singt.«

»Und was macht deine Schwester Hilda in der Stadt?« fragte Sofie bei ihrem nächsten Treffen, das diesmal im Wäldchen hinter der Schule stattfand.

»Hilda?« seufzte Johannes. »Wieso willst du das denn wissen?«

Unter dem Oberteil des Kleides aus Blauzeug wogten Sofie Larsons Brüste wie runde Hefeklöße.

Beim dritten Mal fragte sie ihn nach Andreas, beim vierten nach Klara, und zwischen ihren Rendezvous löschte Johannes den Brand in seinem Körper, den Brand, den Sofie Larson ausgelöst hatte, durch seine Arbeit; bei der pädagogischen Anleitung der Kinder, aus denen er gottesfürchtige und arbeitsame Menschen machen sollte und denen er immer neue Geschichten von jungen Mädchen erzählte, die von kopflosen Gespenstern und rachsüchtigen Toten in den Berg gelockt wurden, und niemals hatten die Kinder von Steinhauern und Kätnern phantastischere und unheimlichere Aufsätze geschrieben.

Aber er durfte Sofie nie berühren, obwohl es gewiß nicht Sittsamkeit war, die aus ihren Augen leuchtete, und niemals beantwortete sie seine Liebeserklärungen anders, als ihm freundlich die heißen Wangen zu streicheln, wie eine ältere Schwester einen jüngeren Bruder liebkost.

Aber war er denn nicht Lehrer? War er denn kein erwachsener Mann?

»An wen denkt eigentlich dein Bruder Anton?« fragte sie eines Sommertags, als sie zusammen zur Aussichtsstelle im Wald gegangen waren.

»An keine«, antwortete Johannes atemlos. »Nicht einmal an Anna Svensson.«

Er setzte sich ins Heidekraut und versuchte, Sofie Larson zu sich zu ziehen. Sie setzte sich auch willig, aber sie fragte: »Anna Svensson? Meinst du vielleicht Anna Bekkelaget?«

Und plötzlich waren ihre Augen groß und ängstlich, und ihre Stimme war tonlos und ängstlich.

»Du kannst Sofie Larson kriegen«, sagte Johannes an diesem Abend zu Ton-Ton.

Danach ging er hinter den Schuppen und erbrach sich.

Und dann kam eine Nacht, in der die Schreie seiner Mutter ihn aus dem Schlaf rissen und er die Treppe hinunterstürzte. Aufgewühlt und hysterisch fiel Lina ihrem Sohn um den Hals und rief, es liege eine andere Frau zwischen ihr und Anton.

Sie zeigte mit wilden Augen auf die Bettdecke: »Sieh nur! Da ist sie! Die Hure!«

Johannes legte ihr den Arm um die Schulter und führte sie am ärgerlichen und verstörten Vater vorbei in die Küche, wo er sie auf die Bank drückte, sich neben sie setzte, sie in seinen starken Armen wiegte und mit tiefer, ruhiger Stimme ihren Lieblingschoral sang.

Johannes wußte, daß die Jahre mit den durchwachten Nächten an den Kräften seiner Mutter gezehrt hatten. Auch als das umgekehrte Kind sich schon längst so verhielt wie die anderen, schlief sie unruhig, fuhr beim leisesten Geräusch hoch, hatte Alpträume und warf sich im Schlaf hin und her.

»Dieser Jentoft-Bengel hat sie einfach kaputtgemacht«, hatte der Vater den ängstlichen älteren Geschwistern erklärt.

»Das liegt sicher am Krieg«, hatte er gesagt, als die Zeit verging, ohne daß Lina zur Ruhe kam.

Aber Lina sah im Traum ihren Mann in den Armen anderer Frauen.

Schon einige Monate zuvor hatte sie in aller Frühe Anton angeschrien: »Wo steckt sie? Wo hast du sie untergebracht?«

Johannes hatte die Frage seiner Mutter und auch die Antwort seines Vaters gehört: »Sei still, wen meinst du denn überhaupt?«

Ein andermal war außer Johannes auch Ton-Ton vom Lärm geweckt worden, und sie waren hinuntergerannt. Lina hämmerte mit den Fäusten auf die Brust ihres Mannes und rief unbegreifliche Sätze: »Sieh mich an, Anton, sieh mich mit einem Blick, der sieht! Ist es nicht an der Zeit, daß du wieder deine Kinder zählst?«

Anton ließ sie schlagen und starrte beschämt auf die Decke.

Und sie rief: »Magdalena! Heute nacht hat Magdalena hier gelegen. Aber es hat noch andere gegeben, es hat auch noch andere gegeben.«

Dann war sie beim Anblick der beiden Söhne in der Türöffnung zur Besinnung gekommen, war zur Besinnung gekommen und verstummt, während der Mann ihr behutsam einen Arm um die Schulter gelegt hatte. Ihr Gesicht war grau und verschlossen, und sie riß sich von Anton los und spuckte auf den Boden wie früher die alte Marja, wenn sie jemanden besprochen hatte.

Johannes war wieder nach oben und ins Bett gegangen, und er hatte sich schrecklich für seine Mutter geschämt.
In dieser Nacht war er bei ihr, tröstete und sang und beruhigte sie: Sie seien allein in der Kammer gewesen, alles andere sei nur ein Traum.
»Ich träume nicht«, sagte Lina mit klarer Stimme. »Sondern er. Er träumt von einer anderen.«
Und plötzlich wußte Johannes, daß die Mutter die Wahrheit sagte.

Am nächsten Tag ging er zum Gymnasium in der Stadt und erkundigte sich nach Möglichkeiten, auch ohne regelmäßigen Schulbesuch das Abitur abzulegen. Der Oberlehrer, der schon von dem jungen Lehrer gehört hatte, hielt das durchaus für möglich, gab ihm gute Ratschläge, erzählte ihm, was er lernen müßte und welche Bücher er brauchte, gab ihm einige Bände aus der Schulbibliothek und bot freundlich seine Hilfe an, falls sich irgendwelche Schwierigkeiten ergeben sollten.
Johannes machte die gute Stube zu Hause zu seinem Studierzimmer; jeden Nachmittag und bis spät in die Nacht hinein büffelte er lateinische Vokabeln, mathematische Formeln, deutsche Beugungen und norwegische Grammatik.
Vormittags unterrichtete er. Neben der Tür saßen jetzt die kleinen Brüder, der blonde Jentoft mit den blaßblauen, schläfrigen Augen und der intensive Matias, der alle Worte des Lehrers verschlang, so wie er sich zu Hause gierig über das Essen hermachte.

* * *

»Was hast du über Sofie Larson gesagt?« fragte Ton-Ton lässig, als Weihnachten näherrückte.

»Was für eine Sofie?« brummte die junge Leseratte mit den blauen Schatten unter den Augen mürrisch.

Ton-Ton will nicht wie Angel sein, er will besser sehen können

Der Vater saß schon seit einigen Jahren im Gemeinderat, als Ton-Ton ein Platz auf der sozialdemokratischen Liste angeboten wurde.

»Ich weiß nicht«, sagte der breitschultrige Feinhauer.

Er war zu Hause bei Svenssons Anna, die nicht mehr Svenssons, sondern Even Bekkelagets Anna war, er saß Even und einem weiteren Genossen gegenüber in der Küche, während die blonde, fröhliche und hochschwangere Anna Kaffee servierte, als an die Tür geklopft wurde und ein Fremder eintrat. Der Mann hieß Jonson, er war ein magerer Mann, der in Wiels Baumwollspinnerei arbeitete. Er wohnte bei der Kirche und war nur gekommen, um Anton Syrin junior zur Kandidatur für die nächste Wahl einen ziemlich sicheren Listenplatz anzubieten.

Am nächsten Wochenende fuhr der inzwischen achtundzwanzig Jahre alte Junggeselle nach Kristiania, um seine Schwester zu besuchen.

Sein hübsches Gesicht hatte etwas Gejagtes, das sah Marja. Sogar als er in dem kleinen Wohnzimmer saß und seine Nichte auf dem Schoß hatte, als er von seinen großen Hunden in Chicago erzählte, selbst da fiel ihr seine Anspannung auf, obwohl seine Stimme ruhig und sanft klang. Auch der kleinen Elise schien das aufzufallen, immer wieder streichelten ihre Händchen das Gesicht des Onkels.

Als das Kind schlief, holte Ton-Ton einen Krug Wein hervor, den er vor seiner Abreise in einer Hafenschenke gekauft hatte.

Marja brachte zwei Gläser, Asgeir war für einige Tage nicht in der Stadt, Klara war mit einem Maler aus Sandefjord ins Theater gegangen.

»Ich brauche eine Brille«, sagte Ton-Ton.

»Das sehe ich«, antwortete seine Schwester.

Der Mann leerte sein Glas und schenkte sofort nach.

»Ich brauche eine Brille, um besser sehen zu können, innerlich und äußerlich, meine ich«, sagte er und betrachtete Marja aus zusammengekniffenen Augen, wie um zu sehen, ob sie das verstanden hätte.

Als sie keine Antwort gab, sondern nur aufmerksam lächelte, fügte er hinzu: »Du weißt, Anna … eine ganz gewöhnliche Frau. Aber ich wäre mit ihr zufrieden gewesen. Und für mich war sie nicht gewöhnlich. Erst als sie mich im Stich gelassen hat. Ich kann sie nicht deutlich sehen. Aber ich merke, daß sie nicht für mich bestimmt ist. Jetzt kann ich sogar bei ihnen zu Hause sitzen und Kaffee trinken. Und sie kann mir Kaffee anbieten. Aber ich sehe nicht, was sie denkt. Doch was spielt das für eine Rolle? Ihre Gedanken sind ja sowieso nicht für mich bestimmt.« Er fuhr sich mit ungeschickter Bewegung durch die Haare.

»Ich brauche eine Brille, um zu sehen, ob es noch andere gibt. Frauen, Marja! Ein Mann wie ich braucht eine Frau.«

Er leerte sein zweites Glas.

»Ich trinke zuviel«, gestand er.

Marja streichelte seinen Arm.

»Ich soll kandidieren«, sagte er.

»Kandidieren?«

»Für die Sozialdemokraten, bei der nächsten Wahl.«

»Du und Papa?«

Ton-Ton erhob sich und lief auf Marjas bunten Flickenteppichen hin und her.

»Zu Hause ist alles so eng, Marja.«

»Ich weiß nicht, ob es weiter wird, wenn du dir eine Brille anschaffst«, sagte seine Schwester.

Ton-Ton lächelte schief.

»Nein, aber es wird leichter, die Blöcke zu sehen, ohne Steinmehl in die Augen zu bekommen. Und beim Gemeinderat die
Papiere zu lesen.«

»Ja?«

»Marja!«

Er ließ sich wieder in den Sessel fallen.

»Niemand hat doch in der Politik Gewicht, wenn er ansonsten
wie ein Einsiedler vor sich hinpusselt.«

Marja beugte sich vor und küßte die breite Stirn ihres Bruders.

»Sieh dir doch Angel an!«

Ihre dunklen Blicke ruhten ineinander, ihre Gesichter waren
sich nah, beide senkten die Stimmen, vielleicht, weil sie sich
plötzlich an die Abendstunden erinnert fühlten, als sie sich flüsternd über ihre schlafenden kleinen Geschwister hinweg ausge-
tauscht hatten.

»Sieh dir Angel an«, wiederholte Ton-Ton leise. »Ich will nicht
so werden wie er.«

»Wie denn?« fragte Marja, vor allem, weil seine Worte eine Re-
aktion erforderten, nicht, weil sie die Antwort nicht gekannt
hätte.

»Er hat doch niemanden«, flüsterte der Bruder. »Er spricht so
gut wie mit keinem, er arbeitet nur. Und er trinkt. Und hustet.«

Marja drückte seine Hand.

»Wer zum Teufel würde für einen wie Angel stimmen!« rief
Ton-Ton.

»Der arme Angel«, murmelte Marja und ließ Ton-Tons Hand
los.

Dann fiel ihr der Brief ein, den er damals, bei ihrem ersten Auftritt, Klara mitgegeben hatte. Er hatte sie um Rat gegen sein Zuk-
ken im Gesicht gebeten. Sie hatte ihm per Post geantwortet. Sie
hatte ihm geschrieben, daß sie das von der Urgroßmutter nicht
gelernt habe. Dann hatte sie den Brief zerrissen und einen neuen
angefangen. Sie hatte ihm vorgeschlagen, sich einen kleinen Spiegel anzuschaffen. Er sollte sich davorsetzen und sein zuckendes
Gesicht betrachten, sollte feststellen, welche Muskeln zuckten,

und dann versuchen, sie zu beherrschen. Sie hatte ihm auch geraten, ruhiger zu atmen, denn sein Atem war heftig und nervös, so als ob er sich die ganze Zeit vor irgend etwas fürchte. »Überleg dir, wovor du Angst hast«, hatte sie geschrieben.

Nach einigen Wochen hatte sie einen neuen Brief bekommen. Angel bedankte sich für den Rat mit dem Spiegel. Er hatte gesehen und gesehen.

Wovor er Angst hatte?

Daß die anderen im Steinbruch sahen, daß er Blut hustete.

»Jetzt ist es gesagt, Marja. Ich spucke Blut.«

Im nächsten Brief hatte Marja ihm erzählt, was die Alte gegen Auszehrung geraten hatte.

»Ist sein Husten jetzt besser?« fragte er Ton-Ton.

Er schüttelte den Kopf.

»Und die Zuckungen?«

Der Bruder schüttelte wieder den Kopf. »Das hat er von Mama. Die redet irre. Nacht für Nacht. Und sie zieht Johannes mit sich in den Abgrund.«

* * *

Einige Tage später ging Ton-Ton zum Augenarzt und ließ sich eine Brille verschreiben. Dann teilte er dem schlaksigen Parteisekretär seine Bereitschaft zur Kandidatur mit, falls die nicht auf Kosten seines Vaters gehen würde.

Und ehe die Schneeschmelze kam, hatte er erfolgreich um Sofie Larson angehalten, um die blonde Sofie Larson mit dem rosenroten Kußmund und den Lachgrübchen.

»Endlich habe ich begriffen, wovon du geredet hast«, lächelte Ton-Ton und versetzte dem Bruder einen jovialen Rippenstoß.

»Ja, manche brauchen wohl eine Brille, um die Frauenzimmer zu entdecken«, sagte Anton mit zufriedenem Grinsen.

* * *

Einige Tage darauf teilte Marja mit, daß Klara ausgezogen sei und Johannes die Kammer übernehmen könne, wenn er wollte. Als der älteste Bruder Anfang August Sofie Larson heiratete, hatte Johannes sich bereits bei Marja und ihrem Mann in der Kammer hinter der Küche eingerichtet. Mit knapper Not hatte er sein Abitur geschafft, jetzt ließ er sich an der Universität immatrikulieren.

Marja lässt ihren Perlmuttkamm fallen

Am Tag vor Weihnachten in diesem Jahr starb Angel.

Mutter Lina lag auf allen vieren im Pfarrhaus und schrubbte. Sie summte ein schwedisches Liedchen vor sich hin, tunkte den Schrubber in den Eimer mit dem kochendheißen Wasser, summte und schrubbte und genoß den Duft der frischgebackenen Weihnachtsplätzchen, der aus der Küche strömte.

In Fredrikshald saß Hilda bei einer Näharbeit und dachte zufrieden darüber nach, wie wenig sie in diesem Jahr die Weihnachtsgeschenke gekostet hatten. Sie hatte Reste aus der Nähstube mit nach Hause genommen und Tücher für Marja und die Mutter genäht, Schürzen für die beiden Schwägerinnen, Halstücher für den Vater und den Schwager in Kristiania und alle Brüder und für die kleinen Nichten kleine Kleider. Alles war fertig und in geblümtes Papier eingepackt, abgesehen von der Weste für ihren Verlobten, der fehlten noch die Knöpfe, die sie nach Feierabend annähen wollte.

Andreas war mit Pferd und Schlitten im Wald und suchte einen passenden Weihnachtsbaum. Er pfiff zufrieden vor sich hin, schnalzte mit der Zunge und freute sich über den Schnee, der wie eine schöne flauschige Decke auf den Zweigen lag.

In der Hauptstadt lief Klara zwischen den Tischen im Grand Café hin und her, nahm Bestellungen auf und servierte. Am Flügel im Saal saß der Pianist und ließ sie nicht aus den Augen, während seine Finger über die Tastatur eilten und die Melodien wie von selber fanden. Auch an diesem Tag brauchte sie keinen Block, das sah er. Klara behielt Tischnummern, Bier und Schnaps, Weinkaraffen, Brote mit Frikadellen und Hauptgerichte im Kopf. Sie rechnete aus, was die Kunden zu bezahlen hatten, nur die Endsumme notierte sie dann, falls keine genaue Aufschlüsselung verlangt wurde. Wenn sie an ihm vorüberging, trafen sich ihre verlegenen Blicke, der schwarzhaarige Mann und die langbeinige Blondine mit den weiterhin schiefstehenden Vorderzähnen sahen einander an. Der eigentlich verschlossene Mann brauchte nur diese Zähne zu sehen, und schon erfüllte ihn ein leises, kitzelndes Lachen.

Seinetwegen hatte Klara im Finanzamt aufgehört. Ihm galt ihr scheues Lächeln, während ihr Bruder Angel schrie. Und sie lächelte weiter, als eine schwache Röte in ihre Wangen stieg, während sie auf die Schwingtüren zur Küche zuhielt.

Die einzige, die zwar auch nicht dabei war, aber trotzdem spürte, daß etwas passierte, war Marja, die älteste Schwester des unglücklichen Mannes, die unter den Geschwistern, die er am meisten geliebt hatte, mehr noch sogar als die Mutter. Marja saß an dem eleganten Toilettentisch, den Asgeir ihr geschenkt hatte, einem ovalen Tisch mit blankpolierter Fläche über zwei Schubladen, einer Birkenholzplatte voller Flakons und Dosen und Ölfläschchen und Parfüms und Schminke unter einem ebenso ovalen, frischgeputzten, funkelnden Spiegel. Sie trug nur einen Unterrock aus cremegelber Seide, und sie ließ den Kamm durch ihre dichten Locken gleiten. Die Sonnenstrahlen tanzten neben ihr über die Wand, und aus dem Nebenzimmer hörte sie die helle, plappernde Stimme ihrer Tochter, die gerade malte. Dann fuhr ein Zittern durch den Körper der Frau am Toilettentisch, und ihre eigenen Augen starrten sie schwarz und verängstigt aus dem Spiegel her an. Es war nur ein Augenblick der Angst. Ein kurzer Augenblick auflodernden Entsetzens. Dann konnte sie wieder atmen, und langsam bückte sie sich, um ihren Perlmuttkamm aufzuheben, der ihr aus der Hand gefallen war.

Im Steinbruch beugten sie sich über Angels verstümmelten Körper: die beiden Lofthus-Brüder, Even Bekkelaget und Bengtsson. Dann kamen die herbeigestürzt, die den Schrei gehört hatten: Eilert mit dem Finger, Calle Stenmann und die anderen. Erst eine halbe Stunde später kam jemand auf die Idee, Lina im Pfarrhaus Bescheid zu sagen. Sie stand bereits fertig angezogen in der Küche. Marja hatte den neuen Pastor angerufen, ihren alten Deutschlehrer, der als einziger in der Gegend Telefon hatte, sie war mit der Straßenbahn zum Telegrafenamt gefahren und hatte den Anruf bestellt.

Angel war bei einer Explosion ums Leben gekommen.

TON-TONS GLÜCK

Ton-Ton und Sofie hatten nach Maltes Tod die baufällige Hütte des alten deutschen Trunkenboldes übernommen. Sofie hatte Wände und Decke geschrubbt, Ton-Ton hatte gezimmert und das Haus in einen bewohnbaren Zustand versetzt. Sofie hatte den Kamin vom Gestank nach altem Urin befreit, Ton-Ton hatte die Küche blau und die Kammer gelb angestrichen. Sofie hatte gehäkelt und genäht. Ihr Mann hatte für Tisch und Bett gesorgt und die Küche ausgestattet.

Dann stand er plötzlich im Zimmer, mitten am Tag, in Stiefeln und dicker Jacke. Sofie drehte sich vom Fenster weg, wo sie gerade frisch gewaschene Vorhänge aufhängte, sie drehte sich um, lief ihrem Mann mit lachenden Augen entgegen und schmiegte sich an ihn.

»Ich bin guter Hoffnung, Tony«, lachte sie. »Stell dir vor, ich bin guter Hoffnung!«

So nannte sie ihn, Tony, schließlich war er in den Staaten gewesen.

Und Ton-Ton vergrub sein Gesicht in ihren duftenden blonden Haaren und weinte.

Er und Sofie würden bald Eltern sein. In ihrer kleinen Stube würde sich neues Leben rühren. Er richtete sich auf und holte tief Luft. Er drückte seine Frau an sich und streichelte ihren Rücken. Denn Sofie war so lieb und schön. Das war sie immer, so lieb und schön. Und sie war doch auch klug? Hatte sie auf seine Fragen keine vernünftigen Antworten? Sie hatte die Antworten, die er brauchte, Antworten, die den Mann fröhlich stimmten, und doch redete sie ihm nie nach dem Munde. Sofie war das größte Geschenk, das er jemals bekommen konnte, das wußte Ton-Ton. Und dabei hatte sie jahrelang darauf gewartet, daß er sie endlich sah, und er hatte das nicht begriffen.

»I love you«, sagte Ton-Ton leise und wußte nicht einmal mehr, daß er jemals andere Frauen gesehen hatte.

Auf der Küchenbank im weißen Haus lag Angel. Der stille Bruder, der in ihrer Kindheit immer hinter ihnen hergetrottet war. Angel, der um Hilfe in der Schule gebeten hatte. Hatte Ton-Ton ihm geholfen? Nein, das hatte Marja gemacht, nicht er.

Jetzt lag Angels zerstörter Leib auf der Bank.

Und Ton-Ton bekam eine Gänsehaut.

* * *

Und in einem Restaurant im griechischen Viertel am Rande Chicagos stand ein sechs Jahre altes Mädchen auf einem Tisch und sang. Sie trug ein blauweißes Kleid, sie hatte in den Haaren eine blauweiße Schleife, sie hatte schwarze Schuhe und um den Hals eine weiße Glasperlenkette. Sie trippelte in ihren schwarzen Schuhen feine Tanzschritte und sang ein erwachsenes Lied über verlorene Liebe. Es war ein griechisches Lied, eine Sprache, die sie nur bruchstückweise beherrschte; die Kleine verstand den Zusammenhang der Wörter nicht, ihr Gesicht und ihr Körper waren von Lachen erfüllt, einem Lachen, das sich fast überschlug, weil auch ihre Zuschauer lachten.

Kapitel 10

Alter

Alle staunten sie, die Leute aus dem Ort, als auf dem Platz vor
dem weißen Haus zwischen Birke und Kiefer eine Decke ausge-
spannt wurde. Die Männer sahen es morgens, als sie zum Steinbruch gingen. Die Frauen aus der gelben Baracke sahen es beim
Einkaufen.

»Wie eine Schiffskoje«, sagte jemand.

Ein Schulkind schlich sich ganz dicht heran und konnte später
erzählen, daß die Decke gemustert war und Fransen hatte, wie
eine elegante Tischdecke.

Bei dem guten Wetter hing die Decke die ganze Woche lang
dort. Erst am Sonntag legte Anton Syrin sich hinein, blickte
zum Himmel hoch und rauchte Pfeife.

Dort lag er und dachte an den Tag, als er sechzig Jahre alt geworden war, ein Tag, der gekommen und gegangen war, und
niemand hatte darauf geachtet. Damals war Angel gerade an der
Spanischen Grippe erkrankt.

Nun hüllte er sich in eine graue Tabakswolke ein und wurde
fünfundsechzig, er saugte vorsichtig an der Pfeife, biß in den
Schaft und leckte am Mundstück. Er hatte die Pfeife am selben
Tag in Bakke im Laden gekauft, die freundliche Frau Lundene
hatte sie ihm gezeigt: »Daß du nicht rauchst, Anton, du bist
doch sonst so ein gestandenes Mannsbild!«

Also hatte er Pfeife und Tabak gekauft, und nun lag er in der
Hängematte und lernte diese Kunst.

Lina war bei Marja und Johannes in Kristiania. Die älteste Tochter hatte ein neues Töchterchen, und die Großmutter wollte Elise hüten, während Marja im Krankenhaus lag. Es gab auch sonst genügend Frauen zum Kinderhüten: Klara und Ragnhild Johanne wohnten in der Nähe, sie teilten sich ein Zimmer. Aber vormittags waren sie ja beide beschäftigt, sie liefen zwischen den Tischen des Grand Café hin und her.

Lina hatte eigentlich gar nicht fahren wollen; ihr einziger Ausflug in die Hauptstadt hatte ihr angst gemacht; die vielen Menschen und Fahrzeuge, und wie sollte sie in der feinen Wohnung ihrer Tochter zurechtkommen, mit den vielen neumodischen Einrichtungsgegenständen, mit denen sie nicht umgehen konnte. Allein schon dieser Gasherd …

Aber als Asgeir dann gekommen war, nur um sie abzuholen, war sie doch mitgefahren; es wäre doch eine Schande gewesen, den Mann zu enttäuschen, wo er so weit gefahren war. Also hatte sie die wenigen Kleidungsstücke eingepackt, die sie zu benötigen glaubte, und die breite Bettdecke mit den Fransen, die sie für eine Arztfrau in der Stadt gewebt hatte und die sie an diesem Tag eigentlich mit der Fähre hätte schicken sollen, wurde ganz einfach vergessen; sie blieb auf dem Bett in der Kammer liegen.

Anton sah sie, als er von der Arbeit kam. War das tatsächlich ihr Bett? staunte er. Und dann hängte er die Decke zwischen den Bäumen auf. Und darin lag er dann an seinem Geburtstag und machte sich über alles so seine Gedanken.

Ragnhild hatte ihre Stelle beim Großhändler in Fredrikshald gekündigt; ohne ihren Eltern Bescheid zu sagen, hatte sie ihre Siebensachen gepackt und war nach Kristiania gefahren. Anton brummte vor sich hin: Warum machte sie das so einfach? Und was mochten der Großhändler und seine Frau jetzt wohl über diese Tochter denken?

Bei Hilda dagegen ging alles seinen Gang. Jetzt hatten sie und Albert endlich einen Laden gekauft, waren in die darüberliegende Wohnung gezogen und hatten geheiratet. Anton hatte sie besucht und zugesehen, wie sie in weißen Kitteln hinter dem Tresen standen und Mehl und Salz abwogen und Wurst in dicke Scheiben schnitten. Beim nächsten Mal würde er sie um eine Schachtel Tabak bitten.

Das Bild der beiden hinter dem Tresen erfüllte den Mann in der Hängematte mit Erleichterung. Da standen sie und lächelten die Kunden an, lächelten, damit die Kunden soviel wie möglich kauften, lächelten, damit sie auch in Zukunft bei ihnen kauften, bei Hilda und Albert.

Anton nuckelte an seiner Pfeife, streckte die Hand aus und stieß sich an der Kiefer ab, so daß die Hängematte hin und her schwang. Hier schwebte er nun durch die Luft und hatte Geburtstag, während Hilda und Albert in der Stadt standen und Grimassen schnitten. Aber das würde sicher Geld bringen, wie die Alte prophezeit hatte. Sicher hatte sie das so gemeint, es sah ja nicht so aus, als ob seine hübsche Tochter Kinder bekommen würde.

Sie lebten jetzt auf eigene Rechnung, seine Kinder. Bis auf die Zwillinge. Bis auf die Zwillinge und Johannes, aber für den Studenten sorgte schließlich Marja. So wie sie vorher für Klara gesorgt hatte.

»Ich danke Gott für Asgeir«, hatte Lina gesagt.

Asgeir? Für Anton war Marja diejenige, die Dank verdient hatte. Ihre Handschrift hatte ihnen in den Notjahren von den Lebensmittelpaketen her zugelächelt, sie hatte zuerst Klara und dann Johannes bei sich aufgenommen, aus Geschwisterliebe, weil es sie den Eltern und dem Elternhaus näherbrachte. Das hatte sie selber gesagt.

Asgeir?

Anton schwebte einen halben Meter über dem Boden und schmunzelte, wenn er an diesen seltsamen Schwiegersohn dachte; im vergangenen Sommer hatte er sich ihnen im Badeanzug gezeigt, einem gestreiften Badeanzug in gelb und beige, der seinen Körper von den Oberschenkeln bis zu den Schultern bedeckt hatte. So etwas hatte Anton bisher nur in Zeitungen gesehen.

Marjas Familie war während der großen Hitze für einige Tage zu Besuch gekommen. Sie waren in die Badebucht mit den Felsen gegangen, und die Gäste hatten aus einem geflochtenen Korb Rhabarberwein und Kuchen serviert. Elise und ihr kleiner Vetter aus Maltes Hütte hatten im seichten Wasser geplanscht, die Eltern des Kleinen hatten sich außerhalb der Sichtweite der anderen ins Wasser fallen lassen. Als Ton-Ton und Sofie wieder auftauchten, waren über der glitzernden Wasseroberfläche nur ihre Köpfe zu sehen. Dann ließ Matias seine Kleider fallen und stapfte in seiner grauweißen, geknöpften Unterhose ins Wasser. Jentoft lag unter einem Baum und starrte in den Himmel.
»Willst du denn nicht baden, Opa?« rief die kleine Elise.
»Was ist mit dir, Asgeir?« fragte Matias, und dabei leuchteten seine dunklen Augen.
Marja saß in einem ärmellosen Kleid im Schatten eines großgeblümten Strohhutes und ließ ihre Tochter nicht aus den Augen. Asgeir wischte sich den Schweiß von seinem blanken Schädel. Dann lächelte er den jungen Schwager an, erhob sich, zog etwas aus dem Korb und verschwand hinter einem Busch. Als er wieder zum Vorschein kam, trug er den gestreiften Badeanzug, und zum ersten Mal sah seine Schwiegerfamilie mehr von ihm als den haarlosen, sommersprossigen Kopf und die seidenglatten Hände. Bei diesem Anblick legte Anton den Kopf in den Nacken und gab mit der Hand seinen Augen Schatten, um besser sehen zu können. Und Jentoft setzte sich halbwegs auf und zwinkerte ungläubig mit den Augen.
»Der ist ganz neu«, sagte der Gestreifte stolz.
Der Steinhauer stand auf und trat zwei Schritte zurück. Dann ließ er sein Hemd fallen, ballte scheinbar zerstreut die Fäuste und preßte sie so fest gegeneinander, daß die Muskeln anschwollen. Seine Oberarme waren so dick wie die Oberschenkel des anderen, und plötzlich konnte Sofie sich nicht mehr beherr-

schen, sie brach in perlendes Lachen aus. Anton schaute zur Sprungstelle hinauf und strich sich – auch diesmal wie zufällig – über einen noch immer mit dunklem jugendlichem Haarwuchs bedeckten Brustkasten.

Bald stand er oben, ließ seine Hose fallen, sprang im Adamskostüm los und glitt wie ein Pfeil die acht Meter durch die Luft, traf auf die Wasseroberfläche auf, schwamm unter Wasser weiter und tauchte dann prustend wie ein Seelöwe bei den anderen auf.

Asgeir stand noch immer am Ufer, an der Felsenkante, und untersuchte mit einem vorsichtigen Zeh die Temperatur. Matias lachte laut, tauchte unter, tauchte wieder auf und lachte noch mehr. Jentoft saß jetzt neben Marja, er hatte einen Arm um seine große Schwester gelegt, schmiegte sich an sie an und blickte aufmerksam und verwundert vor sich hin. Dann schwammen Matias und Ton-Ton hinter ihrem Vater her in die Bucht unter der Sprungstelle, kletterten die Felsen hoch und sprangen kopfüber wieder ins Wasser, immer wieder, während Sofie und die Kinder jubelten und applaudierten.

Als Anton seine Hose wieder angezogen hatte und bei den anderen stand, wagte sein Schwiegersohn sich endlich ins Wasser, jetzt stand er mit seinen blauweißen, dünnen Waden neben seinem Töchterchen.

»Ich kann auch nicht schwimmen«, sagte Marja leise.

Ihre Stimme hatte etwas Fremdes, und ihr Blick richtete sich auf die Berge am anderen Ufer.

»Meine Marja«, murmelte Anton und zog an seiner Pfeife.

* * *

Was für eine Idee, eine Hängematte zwischen den Bäumen, dachte Anna Bekkelaget belustigt, als sie durch den Wald ging. »Bist du jetzt allein zu Haus?« rief sie dem Mann zu, der mit geschlossenen Augen in der Luft schwebte.

Er hob den Kopf und sah sie näher kommen; war das nicht Stina Svensson? Nein, das war die Tochter, aber sie hatte Ähnlichkeit mit ihrer Mutter, die hatte sie immer schon gehabt.

»Wer kocht denn für dich, wenn Lina verreist ist?« fragte die blonde Frau lächelnd.

»Niemand«, seufzte Anton. »Bald gehe ich ein, ich habe seit Tagen nichts mehr zu essen oder zu trinken bekommen.«

Anna blieb einige Meter von ihm entfernt stehen, sie wußte nicht so recht, ob er sich über sie lustig machte oder nicht.

»Du kannst mir doch helfen«, sagte der Mann und sprang leichtfüßig aus der Hängematte.

Plötzlich stand er dicht vor ihr, und für einen Moment schaute die Frau in zwei funkelnde Augen, funkelnd vor Lust und Verspieltheit, und sie mußte den Blick senken und tief Luft holen.

»Anna Svensson«, lachte Anton und tanzte mit ihr über den Hof. »Daß du zu mir gekommen bist, ganz freiwillig, an meinem Geburtstag!«

Dann ließ er sie los und blickte sie bittend an. »Denn das ist doch so, nicht wahr? Daß du mir Gesellschaft leisten willst, bis ...«

Er lachte freundlich, und da erholte sich Anna von ihrem Schrecken.

»Du bist ein Spaßvogel, du, Anton«, sagte Anna mit Ehefrauenmiene. »Aber jetzt muß ich nach Haus zu Even und den Kindern.«

Anton Syrin lag in der Hängematte und dachte an die Frauen. Er dachte an rote, runde Wangen. Er dachte an lüsterne, willige Leiber und wehende Haare. Vage erinnerte er sich an die Sennerin am Kolk, in der Nacht, nachdem er Hansed verlassen hatte, an ihren Körper, der glühte und nach frischem Brot duftete, an ihr Lachen, hatte sie nicht so fröhlich gelacht? Und dann dachte er an Augusta und Stina, an Helene und Berta Borgestad, in der Badebucht, oben im Wald und am Wasser.

Der Mann zog an seiner Pfeife und fühlte sich jung und stark, wie damals, als er sich einfach eine Hose kaufen konnte, ohne sich fragen zu müssen, ob andere dringendere Bedürfnisse hatten, damals, als er für die Jugend zum Tanz aufgespielt hatte, auf dem Wall, als es das Versammlungshaus noch nicht gegeben hatte, damals, als die Welt hell und offen gewesen war und zahllose Abenteuer geboten hatte, denn das hatte sie doch?

Ehe das Boot mit dem rotgekleideten Mädchen am Steven über den Fjord gekommen war.

Er schloß die Augen. Vor sich sah er das Bild einer anderen, einer erwachsenen Frau mit taubengrauen Augen, und eine sanfte Sehnsucht füllte seinen Körper.

Seit dem Abend in Kristiania lebte sie in ihm, Margrete. Eigentlich wohnte sie seit ihrer ersten Begegnung in ihm, aber der Abend in Kristiania hatte ihn mit Gefühlen erfüllt, die fast stärker waren als sein Wille.

Später hatte sie ihm einmal geschrieben. Sie wollte Bekannte in Fredrikshald besuchen. Sie würde das Kind mitbringen, hatte sie geschrieben. Und sie hatte eine Uhrzeit und einen Treffpunkt angegeben.

Das Kind? Margrete hatte also ein Kind.

Wie gut, dachte Anton damals. Frauen brauchen offenbar Kinder. Während der vierzehn Tage zwischen dem Nachmittag, an dem er den Brief erhalten hatte, und dem möglichen Treffen hatte er den Brief in der Tasche. Er zog ihn immer wieder hervor und las ihn. Ging zur Kirche und wieder zurück. Ging durch den Wald und grübelte und sehnte sich und dachte nach. Er betrachtete die Seerosen auf dem Weiher und seufzte. Er legte sich auf den Felsen und atmete zitternd und stockend. Er griff zum Akkordeon und saß stundenlang allein in der guten Stube und spielte, um seinen Kopf mit etwas anderem zu füllen als mit Margretes weicher Stimme und ihrem erwachsenen, sehenden Blick.

Ich liebe sie, hatte eine innere Stimme gesagt. Sie liebe ich.

Und dann hatte sich langsam alles beruhigt; Margrete war Frau Bloch und hatte mit dem Anwalt ein Kind. Sie waren jetzt zu dritt, in der Stadt, in den schönen Zimmern. Und so war es wohl richtig.

Aber hätte er selber wählen können, dann hätte er sie gewählt. Und sie liebte ihn.

Dann hatte er diese Gewißheit tief in seinem Herzen verschlossen. Dort lag sie und glühte heiß. Seine Liebe.

Und dieser Schatz des Herzens ließ ihn ruhiger werden. Er gab ihm eine neue Sicherheit im Umgang mit den anderen Männern, eine neue Art von Fürsorge für alle, mit denen er zu tun hatte. Finsternis und Wut und Verzweiflung seiner Kindheit schienen verschwunden zu sein, er fürchtete nicht mehr, daß sein Jähzorn Macht über ihn gewann, dem Sprengmeister, der armen Lina, dem seltsamen, faulen Jentoft gegenüber. Er fürchtete den Mörder nicht mehr, den er in sich vermutet hatte, fürchtete nicht mehr, der Mörder könne sich seines Willens bemächtigen und mit seinen Händen und seiner Kraft handeln.

Die anderen Steinhauer betrachteten ihn nicht mehr als gefährlichen Bären, dem niemand zu nahe treten durfte. Bei den Gewerkschaftstreffen nickten sie zustimmend, wenn er etwas sagte. Und sie kamen zu ihm, wenn sie in schwierigen Zeiten vertrauliche Freundschaft brauchten.

Anton hielt keine flammenden Reden mehr über die Revolution, die die Geheimnisse der Bourgeoisie entlarven sollten. Er kannte diese Geheimnisse, wußte, wie die Reichen lebten: in schönen Zimmern mit Teppichen und großen Bildern und eleganten Gegenständen, mit gutem Essen auf dem Tisch und Geld auf der Bank. Er konnte noch immer verbittert registrieren, wie gut sie von der Arbeit der Massen lebten. Aber er setzte sein Vertrauen in den langsamen Weg, den Weg der Vernunft, wie er das in Gedanken nannte, wenn die anderen aufrührerisch schnelle Veränderungen forderten. Er hatte kein Bedürfnis nach Mord und Brand. Er glaubte an die Macht des Parlamentes.

Und in seinem Herzen trug er eine Frau, die so wohnte; in schönen Zimmern. Eine Frau, die ihn ausgesucht hatte, ihn unter allen. Die Anton Syrin ausgesucht hatte.

Und nur einen Katzensprung von Margrete Bloch entfernt wohnte Marja. Auch sie in schönen Zimmern mit eleganten Gegenständen. Und doch war sie dieselbe, noch immer, für Anton war sie dieselbe, die Kleine, die im Winter keine Stiefel hatte.

Anton sprach mit den Männern mit der Stimme eines, der wußte, daß nichts leicht war. Aber daß der Akkord zu niedrig war, darin ließ er sich nicht beirren.

* * *

»Was sollen wir essen?« rief eine helle Jungenstimme.

»Eier und Speck«, rief Anton aus der Hängematte zurück.

»Wer soll das kochen?« fragte die Stimme.

»Ihr!« antwortete der Mann.

Bald konnte er den würzigen Duft von gebratenem Speck wahrnehmen. Der geschäftige Matias stand vor dem Herd. Am Küchentisch saß Jentoft und schaute durchs Fenster auf den Fjord hinab.

DER MONOLITH

Noch lange nachdem sie Anton verlassen hatte, spürte Anna Bekkelaget ihr Herz hämmern, und zweimal mußte sie sich umdrehen und nach dem Mann Ausschau halten. Inzwischen lag er wieder in dieser seltsamen Hängematte, und über seinem Kopf stieg grauer Rauch auf.

Er ist so anders als sein ernsthafter Sohn, dachte Anna.

Und sie mußte sich an einen Baum anlehnen, denn plötzlich schien verzweifeltes Weinen ihre Arme und Beine bleischwer zu machen.

Anderthalb Jahre lang hatte sie Evens Annäherungsversuchen widerstanden. Dann hatte sie es nicht mehr geschafft, sie hatte ihm unten in der Bucht nachgegeben, auf dem Boden des vertäuten Ruderbootes. Schließlich hatte niemand von Anton junior gehört, und seine Schwester Hilda sagte, daß die Familie ihn für tot hielt.

Als er über das Meer zurückgekommen war, hatte sie bereits zwei Kinder, und Ton-Ton war nicht für sie, denn er schritt in hohen Stiefeln und mit seinem feinen Amerikahut an ihr vorbei, ohne sie auch nur eines Blickes zu würdigen. Erst sieben Jahre später hatten sie einander angesehen, inzwischen war er mit Sofie verheiratet, und sein Blick war scharf, doch sein einer Mundwinkel zog sich in einem schrägen Lächeln nach oben. Aber sie hatten kein einziges Wort gewechselt.

Er verachtet mich, hatte Anna gedacht.

Nein, dieser scharfe, forschende Blick bedeutet, daß ich ihm immer noch wichtig bin, hatte sie dann beschlossen.

Aber was war mit dem schiefen Lächeln?

»Mir ist eine Stelle in Kristiania angeboten worden!« sagte Even freudestrahlend, als sie nach dem Waldspaziergang wieder zu Hause war.

»In Kristiania?« fragte Anna verständnislos.

»Dort wird ein Park angelegt. Und darin soll ein Riesenmonument stehen. Die Steine holen sie von hier, und wir sollen in der Stadt arbeiten. Vielleicht ein ganzes Jahr lang. Oder noch länger!«

»Wir?« fragte Anna.

»Ton-Ton und ich. Weil wir die Besten sind, wie der Sprengmeister sagt«, äußerte ihr Mann stolz.

* * *

»In Kristiania?« fragte Sofie verdutzt. »Aber was ist mit uns? Was ist mit Gunnar und Klein Lina und mir?«

Ton-Ton blickte sie liebevoll an. »Wir ziehen alle um«, sagte er. »Wir mieten eine Wohnung. Vielleicht dauert die Arbeit am Monolithen sehr lange. Und es sollen auch noch andere Skulpturen hergestellt werden. Und der Lohn ist besser als hier!«

»Was ist ein Monomitt?« fragte Gunnar, der gerade sein Nachthemd anzog.

»Monolith. Das ist … das ist … ein verzierter Riesenstein«, sagte der Vater und hob den Jungen in die Luft. »Stell dir vor, eine
Großstadt. Hast du nicht Lust, in einer Großstadt zu wohnen?«

»O yeah«, antwortete der Junge.

* * *

»Kommen Ton-Ton und Sofie also nach Kristiania?« fragte Johannes leise.

Er bemerkte nicht, daß Asgeir ihn besorgt anblickte, weil er so
plötzlich in seinem Essen herumstocherte.

»Ja, ist das nicht schön?« zwitscherte Marja, die für Elise die
Kartoffeln zerteilte.

Der junge Mann entschuldigte sich und stand auf, zog die Schuhe an, setzte seinen Hut auf, streifte die Jacke über und ging in
den Sommerabend hinaus.

DER ANGEHENDE PASTOR

Er wohnte nun schon seit vier Jahren bei Marja und Asgeir, Johannes; bald würde er fertig sein.

Fertig?

Er ging zum Kirkevei und folgte diesem dann in Richtung Stadt.
Seit über vier Jahren konzentrierte er sich auf sein Studium. Seit
über vier Jahren wohnte er bei Schwester und Schwager. Abgesehen von der alternden Mutter eines Kommilitonen, die ihn
einige Male zum Sonntagsessen eingeladen hatte, traf er keine
anderen Frauen als seine Schwestern: Marja und Klara und
Ragnhild Johanne. Die beiden letzteren tauchten bisweilen
nachmittags auf, um Marjas süße Kekse zu essen und Tee zu
trinken. Sie schlugen unter ihren geblümten Kleidern die Beine
übereinander, nippten am Tee und knabberten an den Keksen,
um lange etwas davon zu haben. Und sie sprachen über die

neueste Mode und wiederholten die Pointen aus Revuen, die sie besucht hatten.

Johannes öffnete dann die Tür seiner Kammer, wo er über seinen Büchern saß, um ihre Stimmen hören zu können. Früher oder später riefen sie ihn zu sich, und er konnte seine Studien beiseite legen. Klara wiederholte dann die besten Revuepointen, und alle lachten, vor allem Klara. Sie hatte sich inzwischen einen Hörapparat zugelegt. Der bestand aus einer Dose mit Kohlenstaub und einer mit einer Batterie. Ein Kabel verband die beiden Dosen, zwei weitere führten zu den Ohren. Klara befestigte die Dosen an ihrem Büstenhalter und trug weite Blusen, damit sich sowenig wie möglich durch den Stoff abzeichnete; sie hatte ihre hellbraunen Haare lang wachsen lassen und sich Locken gedreht, um die Kabel zu verdecken, die zu ihren Ohren führten.

»Na, was macht denn unser Pastor?« fragte sie immer.

Und sie schnappte sich irgendeine Bibelstelle und drehte und wendete sie und stellte ihrem Bruder verzwickte Fragen. Am Ende hielt sie dann immer eine flammende Rede über die unterdrückerische Macht der Religion, unter der vor allem die Frauen zu leiden hatten. Und dann kam sie auf Lina zu sprechen. Immer endeten alle Gespräche dort, in dem weißen Haus am Fjord. Klara glaubte, das schwarze Buch habe Lina dazu gebracht, sich mit dem mürrischen Schweigen ihres Mannes abzufinden: »Ihr Kinder machen, das will er, aber mit ihr reden wie mit einem richtigen Menschen? Nein. Und dann liest sie das Buch, in dem steht, daß es so sein soll, und läßt sich alles gefallen.«

»Ohne die Hilfe des Herrn könnte sie ihr Los nicht so tapfer tragen«, sagte Johannes ruhig.

»Früher war sie anders«, sagte Marja. »Du weißt doch sicher auch noch, wie munter und froh sie vor sich hingesummt hat.«

»Nein«, schniefte dann Klara, bei ihr lagen Lachen und Tränen, flammende Reden und sentimentales Schluchzen nie sehr weit auseinander. »Mama ist noch nie fröhlich gewesen. Und Papa hat sie immer wie Luft behandelt.«

»Jetzt hör aber auf«, sagte Marja.

Ragnhild Johanne beteiligte sich nicht an diesen Diskussionen. Manchmal blickte Johannes sie um Hilfe flehend an, denn sie war in der schlimmsten Zeit doch auch zu Hause gewesen, anders als die beiden Schwestern. Aber Ragnhild hatte einen so unverschämt guten Schlaf, sie war fast nie davon geweckt worden, daß Lina böse Träume hatte und schrie und lärmte. Und doch wußte sie genug, und Johannes konnte nicht verstehen, warum sie nie etwas sagte, sondern immer nur stumm und bleich danebensaß, wenn solche Themen zur Sprache kamen.

»Aber er ist ein flottes Mannsbild«, konnte Klara über Anton sagen, nachdem sie eine Weile über ihn gelästert hatte, und dann trafen sich die Blicke von Marja und Klara in einer kichernden Frauengemeinschaft, bei der der Bruder die Augen niederschlug und Ragnhild aus dem Fenster starrte.

Ob ich wohl selber auch ein »flottes Mannsbild« bin, bei dieser Frage ertappte Johannes sich, als die Schwestern gegangen waren. Dann seufzte er; er war davon überzeugt, daß sich solche Gedanken für einen Pastor nicht gehörten.

Sie blieben immer, bis Asgeir nach Hause kam, und Marjas Mann nutzte die Gelegenheit, um eine Flasche Wein zu öffnen. Klara schlug dann wieder die Beine übereinander und sprach über seriöse Theatervorstellungen und die Entwicklungen draußen in der Welt, und kokett schleuderte sie ihre langen Haare in den Rücken, wobei die Kabel zu sehen waren.

Weiber, dachte Johannes.

Er studierte zusammen mit Männern. Er und seine Kommilitonen wurden von Männern unterrichtet. Und der Hausmeister, der in seinem graubraunen Kittel durch die Universität stapfte, war ebenfalls ein Mann.

* * *

In dieser ganzen Zeit war er nur ein einziges Mal nach Hause gefahren, es war zu Weihnachten, und auch Marja und ihre Familie wollten hin. Ansonsten hatte er sich gedrückt und sein Studium vorgeschoben.

Sofie hatte ihn ferngehalten, diese Frau, die ihn benutzt hatte, um sich seinem Bruder zu nähern. Die geliebte Sofie. Seine große und einzige Liebe. Denn das hatte er wirklich geglaubt: ein Mann könne in seinem Leben nur eine lieben. Und Johannes hatte sein Herz an Sofie verloren.

Jahrelang quälte er sich nun schon damit herum: Die einzige mögliche hatte ihm den Rücken gekehrt. Die einzige mögliche lebte mit Ton-Ton zusammen, und nun würden sie in die Hauptstadt umziehen.

Johannes wanderte den Kirkevei hinunter.

Als Marja beim Mittagessen von dem großen Park erzählt hatte, in dem Ton-Ton arbeiten würde, hatte ihn diese große Sehnsucht erfüllt, die tiefe Enttäuschung über die Frau, die ihn abgewiesen hatte. Und ihm war aufgegangen, daß er ihre Nähe hier in der Stadt einfach nicht ertragen könnte.

Er blieb unter einem riesigen Fliederbusch stehen, der über einen Gartenzaun ragte, er sah vor sich das Gesicht seiner Mutter und hörte ihre Stimme, die ihm etwas von Treue erzählte.

»Du wirst Pastor, Johannes, und dann verkündest du für die Menschen die Bedeutung von Treue«, sagte sie.

Plötzlich wußte der Student, daß sie vom Vater sprach, daß sie immer an den Vater dachte, wenn sie solche hochtrabenden Sätze sprach.

Und er stellte sich vor, daß die Mutter ihn zum Pastor machen wollte, damit er eines Tages den Vater zur Rechenschaft ziehen könnte, und er hatte das Gefühl, dort auf der Straße in sich zusammenzusinken.

Denn er hatte die Verzweiflung in Antons Augen gesehen, wenn Lina weinte und ihn mit Vorwürfen überschüttete. Wegen Magdalena von der Wegbiegung bei der Kirche?

Johannes war sicher, daß der Vater nichts mit der Bäuerin ge-

habt hatte. Er war sich ziemlich sicher, daß der Vater in Gedanken und Werken treu war.

Also würde er wohl eine andere Aufgabe haben, wenn er zurückkam, um das Wort zu verkünden? Er konnte den beiden
helfen, zueinander zurückzufinden, das konnte er doch. Er hatte
sich das schon früher überlegt, und jetzt dachte er wieder darüber nach. Er würde ihnen den Weg und das Licht zeigen, den-
selben Weg zum selben Licht.

Er hatte zusammen mit Marja und Asgeir darüber nachgedacht.
Beschämt erinnerte er sich daran, wie ihm die Hefewecke aus
der Hand gefallen war, als er seinen Schwager zum ersten Mal
traf.

Aber dieses Ehepaar hatte etwas, das nur ihm gehörte: ein Band
aus Wärme, ein tiefes Verständnis, wie zwischen Menschen, die
sich vom anderen sehen lassen, nah und ohne Vorbehalte, voller
Vertrauen, so empfand es der junge Mann bewegt. Eine von
Gott geschlossene Ehe, dachte er, er war sicher, daß Marja und
Asgeir gläubig waren, auch wenn sie nicht darüber sprachen.
Aber er hatte es in Marjas Augen gesehen, wenn Klara ihre spöt-
tischen Reden hielt, in diesen Augen lag Fürsorge für die Schwester und die Überzeugung, daß Klara bald zur Vernunft kommen würde, oder irrte er sich da?

So sollte es auch zwischen den Eltern sein, davon träumte Johannes, und er wollte ihnen zu Ruhe und Harmonie verhelfen.
Nicht wahr?

Er nahm den Hut ab und fuhr sich durch die Haare.

Nicht wahr?

Er seufzte und ging weiter.

Dann dachte er daran, wer er gewesen war, als er noch zu Hause
wohnte.

Ein Jüngling.

Ein frühreifer Jüngling mit großer Verantwortung. Aber doch
ein Jüngling, trotz der Nächte mit Jentoft und der Geständnisse
seiner Mutter, die er eigentlich nicht begriffen hatte, trotz der

Arbeit im Klassenzimmer, ein schlaksiger Jüngling voller Pickel und großartiger Gedanken.

Wie hatte er sich einbilden können, die drei Jahre ältere Sofie für sich gewonnen zu haben?

Weil er ein Erwählter war, ein Erwählter unter dem Blick seiner Mutter. Zum »Täufer« ausersehen, erhöht durch Linas oft unbeholfene und irrtümliche Auslegungen der Schrift.

Er schnitt eine Grimasse und ging weiter.

Auf der anderen Straßenseite sollte der Park angelegt werden, der, den Ton-Tons Skulpturen füllen würden. Vigelands Skulpturen, stand in der Zeitung. Aber wer glaubte denn, daß ein Mann einen ganzen Park füllen könnte? Vigeland stellte nur die Modelle her, und später würde er die Arbeiten überprüfen, damit die fertigen Figuren den Modellen ähnelten.

Und plötzlich war Johannes stolz auf Bruder und Vater. Und er überlegte sich, daß er doch im Grunde auch für die Steinarbeit geeignet gewesen wäre. Wäre ihm das lieber? Würde er gern bei Wind und Wetter draußen stehen und mit den Händen arbeiten? Statt sich mit den Büchern herumzuquälen?

Als er in den Frognervei abbog, war er plötzlich erleichtert über Linas Entscheidung; er war nie besonders geschickt mit den Händen gewesen, er hätte es bestimmt nicht wie die anderen zum Feinsteinhauer gebracht. Er hätte sich an den Pflastersteinen die Finger blutig gehauen.

Und ihn erfüllte eine Art Dankbarkeit Sofie gegenüber; denn sie hatte ihn zu diesem Schritt getrieben. Die Flucht vor Sofie hatte ihn nach Kristiania gebracht. Mehr noch als die mahnende Glut seiner Mutter.

In der Ferne kamen ihm zwei junge Frauen entgegen, sie waren rot und gelb gekleidet und gingen Arm in Arm, aber er sah sie nicht. Er dachte an Jesu Worte über Vergebung, Worte, die er in den Jahren hier in der Stadt so oft wiederholt hatte. Aber er hatte die Worte so gesehen, wie sie aus schwarzen Zeichen geformt wurden, auf dem gelbweißen Papier, mit seinem inneren

Bild von Sofie und seinem Bruder hatten sie nichts zu tun; jetzt waren sie plötzlich in ihm, Ton-Ton und seine Frau, lächelnd, Arm in Arm, so wie er sie in Wirklichkeit nie gesehen hatte. Und plötzlich wußte er, daß Sofie nie für ihn erreichbar gewesen war und daß seine eigene Liebe sich immer auf eine andere gerichtet hatte, denn Sofie hatte er nie gekannt. Was ihn erfüllt hatte, war die Liebe selber gewesen, der Traum von dem, was kommen sollte, von ihr, die ihm eines Tages begegnen würde. Und Ton-Ton?
Der hatte sicher nichts von Johannes' Träumen gewußt.

Sie gingen an ihm vorbei, die beiden Freundinnen im Frognervei, und Johannes blickte ihnen ins Gesicht, und sie sahen einen jungen Mann mit verdutztem blauem Blick unter einem grauen Hut.
Wie schön sie sind, dachte er, die Mädchen, die wie aus dem Nichts vor ihm aufgetaucht waren. Ungeniert drehte er sich um und schaute ihnen nach, die eine in frischem Rot, die andere sommerlich gelbwarm. Wie biegsam ihre Rücken waren, wie leicht ihre Bewegungen.

Er sang, als er das Treppenhaus seiner Schwester betrat, sang und sprang unter den bunten Bleiglasfenstern die Treppe hinauf, sang aus vollem Hals, als er die Wohnungstür aufschloß. Keinen Choral sang er, sondern ein altes Liebeslied.

DIE KUNST, FRAGT SICH JOHANNES, IST SIE VON ODER GEGEN GOTT?

Im Herbst fiel Johannes im Studium zurück; ihm waren andere Dinge wichtiger, die Frauen, die durch die Straßen spazierten. Und Romane. Er machte sich über Geschichten von Menschen her, die er nicht kannte, darüber, wie sie lebten und wie sie dachten. Klaras Dichter lieh ihm die Bücher, der Dichter, zu dem die Schwester nach einem Zwischenspiel mit einem Pianisten zurückgekehrt war.

Johannes ging wie immer morgens früh aus dem Haus, aber statt den vertrauten Weg einzuschlagen, setzte er sich zum Lesen in den Park. Er identifizierte sich mit den Romanpersonen, mit allen, seien es liebeskranke junge Leute oder irrsinnige Mörder, und nicht nur mit den Männern; er identifizierte sich mit Dickens' Kindern und mit Frauen wie der Kameliendame. Abends im Bett dichtete er Passagen um, mit denen er nicht zufrieden war. Wenn er der junge Mann in Hamsuns *Hunger* wäre, dann würde er sich ganz anders verhalten.

Er konnte an einem Tag mehrere Bücher lesen, und bald gab es im spartanischen Quartier des Poeten für ihn nichts mehr zu holen. Deshalb gingen sie in die Kneipe und tranken. Der Poet gab einen aus, denn einen Tag zuvor hatte eine Zeitung ein Gedicht von ihm gebracht. Sie diskutierten über Literatur, und während Johannes sich empört über die Fehler und die unbegreiflichen Entscheidungen seiner Romanpersonen äußerte, sprach der andere über die kompositorischen Schwächen der Verfasser.

Als er an diesem Abend leicht und beschwipst zu Bett ging, wußte Johannes, daß neben dem Priester der Schriftsteller Gott am nächsten steht.

Am folgenden Morgen hielt er Gericht über sich selber. Der Schriftsteller brauchte Gott durchaus nicht nahezustehen, er wollte selber Schöpfer sein, war das nicht so? Und hatte er nicht von Kirchenvätern gelesen, die gerade aus diesem Grund jegliche Kunst abgelehnt hatten? Weil nur der schöne Bilder malte, der mit dem Werk des Herrn unzufrieden war?

Er saß mit dröhnendem Schädel mit Asgeir beim Frühstück und schämte sich. Denn Marja und ihr Mann hatten ihn nicht bei sich aufgenommen, damit er im Park saß oder sich amüsierte.

Dann dachte er wieder an die Kunst, an Marjas Kunst. Den Gesang konnte doch wohl niemand kritisieren, es ging doch nur darum, daß sie die Stimme nutzte, die ihr geschenkt worden war. Und galt das nicht eigentlich für jede Art von Begabung?

Nach Elises Geburt hatte die Schwester im Theater aufgehört. Aber sie sang, immer wieder gab sie Konzerte in Kirchen und Versammlungshäusern, vor allem in der Hauptstadt, aber auch anderswo, sie war sogar nach Schweden und Dänemark eingeladen worden. Manchmal wurden die Konzerte in den Zeitungen erwähnt, und immer wurden sie gelobt. Marja wurde als vielversprechend bezeichnet. Einmal sogar als brillant.

Johannes wußte, daß Marja im Grunde davon träumte, an der Oper zu singen, in Kopenhagen oder in Deutschland. Oder war das vor allem Asgeirs Traum? Wollte Asgeir sie in schönen Kostümen auf einer Bühne sehen, sollte sie vor vollbesetzten Sälen in fremden Ländern Theater spielen und singen?

Johannes saß am Frühstückstisch und dachte daran, daß er vom Geld seines Schwagers lebte. Asgeir las jeden Abend Bücher über Jurisprudenz und Ökonomie; wenn Elise im Bett war, saß er eine Stunde da und blätterte und schrieb mit winziger, steiler Schrift Notizen an den Rand. Nach der Stunde unterhielt er sich mit Marja, bis Schlafenszeit war. Er war offenbar sehr tüchtig, das wußte Johannes. Denn ihm war eine Stelle als ökonomischer Leiter eines Aluminiumwerkes in Westnorwegen angeboten worden. Dort aber hätte Marja nicht so gut singen können wie in der Hauptstadt.

Er wußte, daß Asgeir gern Rechtsanwalt geworden wäre. Jetzt vergrößerte er seine Kenntnisse auf eigene Faust und nutzte sie, wenn es sich gerade so ergab. Ehe er Marja kennengelernt hatte, hatte Asgeir vorgehabt, irgendwann nach St. Petersburg überzusiedeln. Im Norden hatte er die russisch-norwegische Grenzsprache gelernt, und er hatte noch eine abgenutzte russische Grammatik im Bücherschrank. Aber dann kam die Revolution, und Asgeir hatte in einem kommunistischen Land nun wirklich nichts verloren. Doch er sprach Englisch und Deutsch, und die großen Opernhäuser lagen in Deutschland.

Dieser seltsame sommersprossige und kahle Mann hat große Visionen, überlegte Johannes mit fröhlicher Bewunderung.
Und ihm ging auf, daß er selber ein Hemmschuh sein mußte: Asgeir schob seine eigenen Träume auf, damit Johannes Pastor werden konnte.

Von nun an ließ er Romane Romane sein und gab sich beim Studium alle Mühe, um das Versäumte wieder aufzuholen. Asgeir zuliebe.

Hochzeitsfest im Grand Café

Jede Woche kaufte Asgeir Blumen für seine Frau; wenn die letzten verwelkten, brachte er einen neuen Strauß, langstielige Rosen in verschiedenen Farben, Veilchen und Margeriten. Auf diese Weise füllte er ihr Heim mit Fürsorge und Blumenduft.
Eines Tages, als er mit einem schönen Strauß nach Hause kam, standen in der Vase auf dem Wohnzimmertisch bereits frische Blumen. Asgeir stutzte.
»Die sind vom Dichter.« Marja lachte. »Von Klaras Poet. Er hat bei mir um ihre Hand angehalten.«
»Bei dir?«
»Sie heiraten morgen. Wir sind ins Grand Café eingeladen.«

Nach der standesamtlichen Trauung wurde im Café gefeiert, wo Klara und Ragnhild eine Zeitlang die Gäste bedient hatten; jetzt arbeitete Klara wieder im Finanzamt, wo besser bezahlt wurde, Ragnhild arbeitete abends im Nationaltheater als Garderobiere und besuchte tagsüber die Handelsschule.
In einer Ecke waren vier Tische reserviert, Tische, an die sich abgerissene Künstler und leichtbekleidete Künstlerinnen setzten, Frauenzimmer, die mit langen, schwarzen Mundstücken Zigaretten rauchten und Wein tranken.
»Aber daß du zu Hause nichts gesagt hast«, empörte sich Ton-

Ton später an diesem Abend; er wohnte jetzt zusammen mit Sofie und den beiden Kindern in einer kleinen Wohnung in Bislet.

»Meinst du, deine Eltern hätten hierher gepaßt?« kicherte der Dichter mit glänzenden Augen.

Zu diesem Zeitpunkt hatte er bereits dreimal eine Rede gehalten, um sich für die Braut zu bedanken. Zuerst hatte er sich bei Marja bedankt, dann bei Johannes und schließlich bei Ragnhild. Alle drei waren auf irgendeine Weise mit dafür verantwortlich, daß Klara zu der Frau geworden war, die er liebte, und das hatte er unter heftigem Applaus in spontanen Knittelversen zum Ausdruck gebracht. Ton-Ton wurde keine Rede gewidmet, der Dichter hatte diesen Schwager gerade erst kennengelernt.

»Wovon wollt ihr eigentlich leben?« fragte Asgeir vorsichtig.

Eine rothaarige Malerin rief etwas über die Unüberwindlichkeit der wahren Liebe, die keine materiellen Ansprüche stellt, und sie leerte ihr Weinglas und schenkte sich wieder ein.

»Fahrt nach Paris!« schrie eine andere.

»Wir fahren nach Paris«, erklärte der Poet großartig. »Im Sommer fahren wir hin, jawohl.«

Klara beugte sich zu Asgeir vor und erzählte, ihr Bräutigam sei bei einer Zeitung als Korrekturleser angestellt worden.

Johannes saß zwischen der rothaarigen, lauten und einer kleinen dunklen Frau mit tiefem Ausschnitt, die erzählte, daß sie ebenfalls Gedichte schrieb. Johannes schaute ihr verstohlen ins Dekolleté, ertränkte seine Erregung im Wein und fragte, worüber sie schreibe.

»Ich schreibe nicht ›über‹«, lachte sie und stieß mit ihm an. »Ich fange Augenblicke ein. Wie der Vogelfänger mit seinem Netz schöne Vögel fängt, greife ich den Augenblick, um ihn zu verstehen.«

»Was sind das denn für Augenblicke?« fragte der angehende Pastor.

»Hüte dich, sonst fängt sie dich auch noch«, rief die Rothaarige.

Johannes lachte laut, und zum ersten Mal erwiderte er den Blick von Sofie, die ihm gegenübersaß, still und verwirrt von dieser Welt, die so ganz anders war als alles, woran sie gewöhnt war.

»Prost, Sofie!« rief Johannes.

Und Sofie hob vorsichtig ihr Glas und nippte daran, und sie musterte ihn mit erstauntem Interesse, wie er es bisher nie in ihren Augen gefunden hatte.

»Wieso hast du sie nicht zu einer kirchlichen Trauung überreden können?« ließ seine empörte Mutter einige Wochen später Johannes ausrichten.

Hilda überbrachte diesen Gruß; sie und Albert gönnten sich an einem Oktoberwochenende eine Reise in die Hauptstadt, um sich den Poeten genauer anzusehen.

Der junge Mann zuckte zusammen; er war gar nicht auf die Idee gekommen, es könne seine Aufgabe sein, die Schwester auf den Pfad der Kirche zu führen.

Zwei Schleifen aus tieflila Samt

Im Jahre 1927 kaufte Asgeir ein westlich der Stadt gelegenes Grundstück. Er arbeitete jetzt als Rechnungsführer bei einem der bedeutendsten Großhändler am Ort, er nahm bei einer Bank fünftausend Kronen auf und ließ sich dafür ein Haus bauen.

Im nächsten Jahr zogen sie in das gelbe Haus ein: Elise und ihre Schwester Brahmaputra, Marja und ihr Mann und die beiden Handelsschüler Jentoft und Matias.

Im Mai wurde im großen Wohnzimmer mit den blaßbraunen Tapeten und den vielen Ölgemälden eines unbekannten Künstlers aus dem Umgangskreis Klaras und ihres Poeten der siebzigste Geburtstag gefeiert. Alle waren gekommen: Ton-Ton und Sofie und die drei Kinder, Hilda und Albert, Andreas und Karen Anna und die beiden Töchter, Klara und ihr Mann, Ragnhild Johanne und ihr Verlobter, ein stiller Mann, der beim Straßenbau arbeitete, und Johannes, der nun eine Pfarrstelle in

Westnorwegen bekleidete, dazu noch die sechs, die ohnehin im Haus wohnten. Und mitten auf dem neuen Sofa mit dem geblümten Bezug saß Anton und ließ sich feiern, in kreideweißem Hemd und neuem schwarzen Anzug, mit einer gelben Rose, die Marja ihm ins Knopfloch gesteckt hatte, und neben ihm saß Lina, still, schwarzgekleidet und blaß. Sie tranken süßen Wein und aßen Sahnetorte. Dann verschwand die Jugend nach oben, um sich Zimmer und Einrichtung anzusehen, Anton steckte sich die Pfeife an, und Lina streichelte den glatten Säuglingskopf von Ton-Tons Jüngstem.

Sie schienen alles zu haben, Marja und Asgeir: Wasserklosett und Elektroherd. Nicht weniger als vier Lampen im Wohnzimmer, eine über dem Eßtisch mit fünf geschwungenen Holzarmen und hellblauen Schirmen über den Birnen, über der Sofaecke eine Glaskuppel mit rosa Blumen und zwei Stehlampen aus echtem Messing. Im großen Schlafzimmer oben gab es einen Toilettentisch mit Spiegel und weichgepolstertem Hocker, Jentoft und Matias hatten jeder einen kleinen Schreibtisch und ein Waschbecken auf ihrem Zimmer. Das Schlafzimmer der beiden Kinder war so groß wie das der Eltern, Brahmaputra hatte eine eigene Spielecke, Elise einen Schreibtisch und darüber ein Bücherregal.

Anton legte die Pfeife weg und ging hinter den anderen her.

Als sie ins Wohnzimmer zurückkehrten, hatte das Baby Lina das Kopftuch weggezogen und eine lange Locke befreit, das Kind gurgelte zufrieden, und Lina lachte.

»Hier, Alterchen«, sagte sie und reichte das Kind seinem Großvater. »Ich muß mich wieder zurechtmachen.«

Anton nahm das Kind auf den Arm und blickte seiner Frau verdrossen hinterher. Alterchen? So hatte sie ihn noch nie genannt. Lina ging die schöne Treppe hinauf. Die Stufen waren mit einem mit langen Messingstangen befestigten Teppich bedeckt. Die Wand war dottergelb angestrichen, und ungefähr auf halber Höhe hing ein schwarzweißes Bild: ein Mann neben einem gehörnten Tier.

Lina schaute ins Zimmer des einen Zwillings. Dann griff sie nach der Klinke der Tür mit dem blauen Herzen, aber dort war besetzt. Daneben lag das Schlafzimmer von Marja und Asgeir, und Lina ging hinein und setzte sich auf den Hocker vor den Toilettentisch und den ovalen Spiegel. Sie löste ihren Zopf, nahm die Bürste ihrer Tochter und zog sie durch ihre langen Haare.

»Du hast aber schöne Haare, Oma.«

Die zwölfjährige Elise war plötzlich hereingestürmt, zusammen mit den beiden etwas älteren Töchtern von Andreas, drei große Mädchen mit schönen, hinten mit Schleifen gebundenen Kleidern. Alle drei waren blond, sie hatten fesche Kurzhaarfrisuren, die Älteste war schlank und X-beinig, wie vor langer Zeit das Kalb Frida, die Jüngste mollig und rotwangig.

»Fast noch gar kein graues Haar, Oma«, sagte Gudny.

»Und so lang«, sagte Solveig voller Bewunderung.

»Nicht wie Opa«, meinte Gudny.

Lina blickte sie im Spiegel fragend an.

»Der ist doch ganz weiß«, kicherte Solveig.

»Darf ich dich frisieren, Oma?« bat Elise.

»Anton war immer schon so«, sagte Lina. »Silberblond.«

Sie reichte Elise die Haarbürste und überließ sich den liebevollen Händen des Kindes.

»Immer schon?« fragten Andreas' Töchter aus einem Munde.

Dann lachten sie beide, als seien sie auf einen witzigen Gedanken gekommen, stupsten sich gegenseitig an, wie um die andere dazu zu bringen, diesen Gedanken auszusprechen, und dann fragte Gudny: »Ist … ist Onkel Asgeir auch immer schon so gewesen?«

Elise und die Großmutter tauschten im Spiegel einen Blick, Elise unsicher und verlegen, die alte Frau aufmerksam und warm.

»Asgeir hatte wunderschöne volle Haare, bis er ungefähr zwanzig war«, sagte die Großmutter ruhig. »Und dann wurde er krank, als er noch Fischer war. Und verlor alle Haare.«

Ob es einen Zusammenhang zwischen der Krankheit und dem

kahlen Kopf des Mannes gab, wußte Lina nicht genau, aber warum nicht? Elise lächelte zaghaft und dankbar, und Gudny öffnete neugierig die Schublade des Toilettentisches.

»Aber Gudny!« mahnte Lina, doch das ertrank in den Freudenschreien der beiden Schwestern.

»Wie reizend!«

»So etwas hätte ich auch gern!«

Die beiden machten sich an Seidenschleifen und Samtbändern zu schaffen, an Perlmuttspangen und kleinen Kämmen. Dann entdeckten sie im Spiegel den empörten Blick der Großmutter, ließen alles fallen, erröteten kichernd und stürzten aus dem Zimmer.

Elise bürstete die dunklen, welligen Haare, entdeckte einzelne graue Strähnen, zog ein weißes Haar heraus und ließ es auf den Boden fallen.

»Au«, sagte Lina.

Elise blickte sie erschrocken an.

»Das war doch ganz weiß«, sagte sie. »Mama reißt sich die weißen aus.«

Lina lachte: »Ach, wirklich?«

»Darf ich sie dir hochstecken?« fragte das Kind.

Lina nickte, und Elise nahm dünne Spangen und formte über jedem Ohr eine Rolle. Dann öffnete sie die Schublade, die die Kusinen unter dem strengen Blick der Großmutter wieder zugeknallt hatten, entschied sich für zwei tieflila Samtschleifen und befestigte sie an den Spangen.

Lina betrachtete ihr Spiegelbild. Das Geplauder der Enkelin hatte sie mit tiefer Ruhe erfüllt. Jetzt hatte Elise einen Flakon ihrer Mutter genommen und bespritzte Linas Hals mit Kölnisch Wasser. Es prickelte kühl auf der Haut und duftete nach Rosen und Vanille. Rosen und Gebäck, Lina schnupperte, ist Asgeir ein Insekt, das um duftende Blumen herumschwirrt? Ist er ein Leckermaul? Und hat er ihr deshalb dieses Parfüm geschenkt?

»Ach, Oma«, sagte Elise, »du bist so hübsch, darf ich dich nicht ein bißchen schminken?«

Lina schwamm in der guten Ruhe, die Fürsorge und Verwandlung ihr geschenkt hatten. In ihr kitzelte eine seltsam süße Spannung, die sie noch nie empfunden hatte. Schminken? Ehe sie antworten konnte, waren ihre Lippen und ihre Wangen auch schon rot.

»Ach«, seufzte Elise.

Anton sah sie an, als sie wieder ins Wohnzimmer kam, und sie war wie eine Offenbarung. Wohnten sie alle in ihr, die Frauen, die sich unterwegs eingestellt hatten? Das tanzende junge Mädchen, die kluge, erwachsene Frau von dem Abend, an dem sie über das Schicksal der Lofthus-Mädchen gesprochen hatten, die Schwarzgekleidete, Verschlossene – und nun diese neue: hocherhobenen Hauptes und schön, wie eine Königin. Wohnten sie in ihr, Seite an Seite? Oder untereinander, wie eine Schlangenhaut unter der anderen, Gestalten, die sich eine nach der anderen lösten, und wer war sie jetzt?

»Ach, Mutter!« rief Marja freudestrahlend.

»Nein, wirklich!« sagte Klaras Poet verblüfft.

Sie schwirrten allesamt um Lina herum und starrten sie an.

Das Geburtstagskind nahm die Pfeife aus dem Mund und lachte leise.

Dann aßen sie von Porzellantellern Hammelbraten mit Blumenkohl und Preiselbeeren.

DER UNGLÜCKLICHE MATIAS
UND SEIN SCHLAFMÜTZIGER BRUDER

Russisches Porzellan! spottete Matias in Gedanken.

Er stand in der blau gestrichenen Küche und schaute durch die Durchreiche ins Wohnzimmer, wo seine Schwester ihr Nähkränzchen empfing. Jetzt machten sie eine Pause, sie saßen um den Eßtisch und führten sich Brote mit Schinken und Lachs und

Rührei und selbstgemachter Leberwurst zu Gemüte, sie nippten an hauchdünnen russischen Teetassen mit frischem Tee: Frau Professorin Skårer, Frau Oberrichter Berbom, die Klavierlehrerin Frau Marie Eide, die Frau Pastorin Egner und Marja selber, stattlich und munter am Kopf des Tisches.

»Noch ein Stückchen?« nötigte die Gastgeberin.

»Närrinnen!« murmelte Matias vor sich hin.

Dann riß er die Speisekammertür auf und verschlang ein Stück Lachs.

Er war jetzt neunzehn, mager und schlaksig, mit blauschwarzem, struppigem Schopf über dunklen, scharfen Augen und einem gierigen, sensiblen Mund. Er wohnte seit zwei Jahren bei Schwester und Schwager, onanierte verzweifelt in frisch gewaschenem, sonnenduftendem Bettzeug und aß für das Geld des Haarlosen gute Kost.

»Verflixt«, murmelte er in der Speisekammer.

Dann stopfte er sich ein Stück Schinken zwischen die Zähne und spülte es mit Milch hinunter, die er gleich aus der Kanne trank.

Er hatte die Schule jetzt hinter sich. Seit zwei Wochen suchte er Arbeit. Sein gleichaltriger Bruder, der mit ihm zusammen Examen gemacht hatte, hatte sofort eine Stelle gefunden. Jentoft hatte sich nur beim Personalchef des Kaufhauses Glasmagasinet sehen zu lassen brauchen, schon war er angenommen, sogar ohne seine Zeugnisse vorzulegen. Das hatte er jedenfalls erzählt. Und Matias glaubte ihm; die Zeugnisse seines Bruders waren wirklich kein Grund zum Jubilieren. Im Gegensatz zu seinen eigenen.

»Ich habe einfach gelächelt. Mein höfliches und gewinnendes Lächeln, ha.« Jentoft bewegte langsam seinen lockigen Kopf und blinzelte schläfrig.

»Verflixt!« sagte Matias.

So war es immer schon gewesen. Er war Hans Dampf in allen Gassen und kam nie zur Ruhe, während sein Bruder durchs Leben zu gleiten schien. Die Menschen wurden einfach weich, wenn sie Jentoft sahen. Sogar erwachsene Männer hatten sich gezwungen gesehen, ihm über die Haare zu streichen.

Und die Mädchen hatten ihn in ihre Geheimnisse eingeweiht und ihn mit sich gezogen.

»Sie kriegen erst mit zwölf Haare auf der Möse«, teilte der elfjährige Jentoft seinem Bruder auf seine schläfrige Weise mit.

»Und erst mit dreizehn fangen sie an zu bluten«, sagte er ein Jahr später.

»Bluten?« rief Matias entsetzt.

»Bluten. Fotzenblut. Das kommt klumpenweise.«

Matias starrte ihn verängstigt an. »Aber … warum? Warum bluten sie … da?«

»Das ist ein Zeichen. Wenn sie anfangen zu bluten, können sie Kinder kriegen. Wenn sie aufhören, kriegen sie ein Kind. Karna kriegt eins.«

»Karna?«

»Die hat seit Ostern nicht mehr geblutet. Und jetzt ist bald Weihnachten.«

»Karna?«

»Signe sagt, das war Jørgen.«

»Aber bluten die … bluten die die ganze Zeit? Wenn die nicht … wenn sie kein Kind kriegen?«

»Nein. Nur eine Woche. Und dann kommen drei Wochen ohne Blut.«

Jentoft hörte sich an, als ob er von einem Ausflug in Frau Lundenes Laden erzählte, tonlos, müde, gleichgültig, doch Matias zitterte bei seinen Worten vor Aufregung. Als sie dreizehn waren, fickte Jentoft die fünfzehnjährige Linda.

»Du lügst«, sagte sein Bruder.

»Sicher«, sagte der andere. »Von mir aus.«

Sie waren im Wald gewesen. Matias hatte mit der Zwille Jagd auf kleine Vögel gemacht. Er war ein guter Schütze, der fast immer traf, und dann stürzte er los, fing die Beute im Sturz auf, rupfte sie und briet sie über dem Feuer. Der Bruder sah derweil zu, dieser Bruder, der danach gern mit ihm am Feuer saß und das weiße Vogelfleisch verzehrte. Jetzt lieferte Matias einen Fehlschuß nach dem anderen. Schließlich ließ er sich auf einen Stein fallen und fragte keuchend, wie das denn so sei.

»Was denn?«

»Das Ficken«, stieß Matias atemlos hervor.

»Ach, das.«

Jentoft hatte den Vögeln, die Matias verfehlt hatte, hinterhergeschaut, ein wenig enttäuscht vielleicht, weil es an diesem Nachmittag offenbar keine kleinen Braten geben würde.

»Ein bißchen eng«, antwortete er.

»Eng?«

»Ziemlich gut. Sie will das am Sonntag wieder machen, hat sie gesagt. Linda.«

Im Konfirmationsunterricht hatten zwei Mädchen sich um den blonden Zwilling mit den blassen, blanken Augen unter den üppigen Locken geschlagen. Sie hatten geweint und einander an den Haaren gezogen, sie hatte sich zwischen den Grabsteinen auf dem Friedhof gewälzt und sich dabei die Kleider zerrissen.

»Die kämpfen um mich«, hatte Jentoft auf dem Heimweg seinem Bruder anvertraut.

Und Matias hatte sich auf ihn gestürzt. Wütend hatte er Jentofts Hinterkopf in den Kies gedrückt und ihm ins Gesicht geschlagen. Jentoft hatte sich alles gefallen lassen.

»Verdammt!« hatte der Angreifer mit zusammengebissenen Zähnen aus sich herausgepreßt.

Dann hatte er losgelassen. Es machte keinen Spaß, sich mit jemandem zu prügeln, der keine Gegenwehr leistete.

Am Tag vor dem Konfirmationssonntag hatte Jentoft Matias mit zu einem Stelldichein genommen. Er war mit den beiden Rivalinnen verabredet und wollte die eine seinem Bruder überlassen.

Matias hatte eine volle Stunde in der Holzbadewanne gesessen, hatte sein gutes Hemd angezogen, das schon für den nächsten Tag bereit lag, und sich eine Viertelstunde lang die Haare gekämmt. Jentoft sah aus wie immer, seine wilden Locken standen nach allen Seiten ab.

Sie gingen mit den Mädchen hinauf zum Weiher. Sie zogen sich hinter den Büschen aus und glitten dann zwischen den weißen Seerosen ins Wasser. Sie schwammen hin und her, immer wieder, wortlos, mit gelbweißen, nackten Körpern. Ab und zu legte Jentoft sich auf den Rücken und ließ sich treiben, sein Geschlecht war zu sehen, wie eine große, blasse Schnecke, wie gar nichts. Matias tauchte beschämt unter, tauchte und schwamm unter Wasser, seine eine Hand auf das ungebärdige Tier zwischen seinen Beinen gepreßt.

Dann gingen die Mädchen wieder an Land, mit runden Hintern und Brüsten, als Silhouetten. Jentoft rief nach der einen. Sie hieß Astrid. Die andere stand hinter einem niedrigen Wacholderbusch und zog sich langsam an. Sie hieß Merete. Matias kam ein Stück von ihr entfernt aus dem Wasser, duckte sich, lief zu seinen Kleidern und zog seine Hose an. Hinter ihm schwammen die beiden anderen zu den grauen Steinen auf dem anderen Ufer. Als er die Hose anhatte und sich umschaute, sah er sie noch einen Moment lang, dann verschwanden sie in der grünen Dunkelheit.

Er lehnte sich an einen Baum. War es jetzt soweit? Sollte es jetzt passieren? Und wußte Merete das auch?

Er schaute zu ihr hinüber. Durch die Blätter sah er sie in ihrer weißen Unterhose, sie bedeckte ihre Brüste gerade mit etwas Weißem. Er wagte sich näher an sie heran.

»Merete?« flüsterte er, unhörbar.

»Merete!« rief er, und es klang so scharf wie ein Vogelschrei.

Sie blickte ihn an mit der wehen, tiefen Trauer der verschmähten Frau.

»Ich bring dich nach Hause«, sagte Matias.

Als sie sich angezogen hatte, nahm er ihre Hand, und sie gingen den Weg hinunter. Sie schwiegen, gingen einfach nur durch die Dämmerung. Wenn er die Zwille bei sich gehabt hätte, dann hätte er gern für sie eine Drossel erlegt. Eine Trostdrossel, dachte er voller Wehmut.

Er brachte sie zur Schule, von dort aus wollte sie allein weitergehen.

Am nächsten Tag stand Matias in weißem Hemd mit einem Grasfleck auf dem Bauch in der Kirche. Er brannte auf seiner Haut, der Fleck, brannte, wie die Tränen unter seinen Augenlidern gebrannt hatten, ehe er am Vorabend endlich eingeschlafen war.

Und dann sollten sie mit den Steinen anfangen. Wenn Ton-Ton nicht in die Hauptstadt gegangen wäre, dann hätte er einen der Brüder sicher in die Lehre genommen; Anton scheute davor zurück, er war jetzt zu müde. Beim faulen Jentoft würde er außerdem die Geduld verlieren, aber was wäre mit dem anderen? Doch wie sollte er einen wählen und den anderen abweisen?

Also gingen sie zuerst in den Steinbruch. Der eine arbeitete schnell, begriff die Signale, las den Älteren vom Gesicht ab, was wann zu tun war, der andere war langsam und zerstreut.

»Er träumt von Frauen«, sagten die Männer freundlich über Jentoft.

Über Matias sagten sie nichts, dachten sich aber ihr Teil, wie schon damals, als er als kleiner Wicht seinem Vater den Henkelmann gebracht hatte: Er habe etwas Gefährliches in den Augen, glaubten sie zu sehen, etwas Wildes, das in ihm wohnte, etwas, das sie erst durchschauen würden, wenn es ausbrach, und das würde es, ganz bestimmt, und würde Antons Wutanfall damals, als er den Sprengmeister ins Wasser geworfen oder den Mann aus der Stadt niedergeschlagen hatte, weil der sich für Lina interessierte, noch in den Schatten stellen, glaubten sie.

Dann beendete Johannes sein Theologiestudium, und die Kammer hinter der Küche in Majorstua stand leer. Doch dort war nur Platz für einen. Anton wollte den bleichen Jentoft schicken, als Marja in einem Brief die Kammer erwähnte; es lag ja auf der Hand, daß dieser langsame Junge nicht für die Arbeit im Steinbruch geschaffen war. Und wenn er nicht mehr da war, konnte er den Bruder unter das Wellblechdach holen. Lina dagegen setzte sich für Matias ein. Er war in der Schule der Bessere gewesen, ihm würde auch die Handelsschule leichter fallen. Und es ging dem Jungen nicht gut. Er hatte keine Freunde, das hatte Lina immer schon gewußt, hatte gesehen, wie er andere zurückstieß, ohne das zu wollen. Wenn er etwas sagte, dann schienen die Worte eine andere Bedeutung anzunehmen, weil seine Augen unter den dichten Brauen, die über seiner Nasenwurzel fast zusammenstießen, so grimmig funkelten. Selbst bei ganz alltäglichen Tätigkeiten, wenn er sich ein Stück Brot holen oder am Küchentisch ein Schulheft aufschlagen wollte, bewegte er sich so heftig und abrupt, als ob er eigentlich im nächsten Moment etwas ganz anderes machen wolle. Sie hatte gesehen, wie die Enkel in Deckung gingen, wenn dieser Onkel einfach nur aufstand, um zur Toilette zu gehen.

Doch weil sie sich nicht einigen konnten, wurde die Entscheidung dann aufgeschoben, bis die Nachricht eintraf, daß Marja und Asgeir in ein großes Haus umziehen wollten, wo Platz für beide Brüder wäre.

Und Jentoft?

Der war wie ein Becher voller süßer Säfte, die andere aufleckten, wenn sie ihn nur ansahen.

»Das wird schon, Jentoft, warte nur ab«, hatten sie in der Volksschule gesagt, die junge Dame, die Fräulein Kurlands Posten übernommen hatte, Johannes und der sonst so strenge Schulmeister With. Sie brachten es offenbar nicht über sich, seine Rechenaufgaben und Schreibübungen durch rote Striche zu entstellen, so als hätten sie damit den Jungen selber korrigiert, der so schön und schläfrig vor ihnen saß.

Und die Kinder hatten ihn mitgezogen, ins Spiel und später um die Hausecken, damit sein weicher Mund von einem der ausgelassenen kleinen Mädchen geküßt werden konnte.

Lina war nach den vielen durchwachten Nächten mit dem kleinen Jentoft so müde, daß sie ihn gewähren ließ, als er seinen Rhythmus endlich änderte. Außerdem hatte sie damals so viele seltsame Visionen.

Und Jentoft selber?

Vielleicht hätte sein Becher mit Forderungen gefüllt werden sollen. Von den Lehrern. Von den Eltern, die es nicht kümmerte, wer ihre Befehle befolgte und Holz hackte, Brennholz holte, Wasser brachte und wieder ausgoß, solange das überhaupt passierte. Daß Matias tat, was von beiden erwartet wurde, daß er es für beide tat, daß er es immer getan hatte, seit sie gleichzeitig wach waren, anfangs, weil er eben schon längst tagsüber mit den anderen zusammengelebt hatte und wußte, wie alles gemacht wurde, später, weil er flink und geistesgegenwärtig war und gerne alle Pflichten erledigt haben wollte, um dann in den Wald oder zur Badebucht laufen zu können, schließlich aus Gewohnheit.

Als Jentoft und Matias nach Oslo kamen, stiegen ein lebensferner und arroganter und ein verletzlicher und unsicherer Junge aus dem Zug und wurden von ihrer Schwester und der älteren Nichte in Empfang genommen.

Der erste, der das sah, war Asgeir.

* * *

»Verdammt!« sagte Matias und hätte in der Speisekammer gern ausgespuckt.

Jetzt hatte der Schwager ihm eine Stelle in seinem eigenen Büro angeboten. Wurde da denn überhaupt noch jemand gebraucht? Asgeir hatte noch nie erwähnt, daß er bei der Buchführung für den Großhändler Hilfe brauchte. Wollte er ihm vielleicht einfach nur einen Gefallen tun?

Der gute Asgeir.

Matias wußte noch, daß er als kleiner Junge über Asgeir gelacht hatte, über Asgeir im gestreiften Badeanzug, über den haarlosen Asgeir.

Er selber hatte viel zu viele Haare, das war sein Problem; einen wilden Schopf auf dem Kopf, der nach allen Seiten abstand, wenn er ihn nicht mit Fett festklatschte. Mit Margarine oder Schuhcreme. Wasser half nur für wenige Minuten. Struppig und schwarz waren seine Haare. Und seine Augenbrauen machten Kindern angst, wenn er sie nur ansah; in den letzten Jahren hatte er sich immer wieder heimlich die Pinzette von Marjas Toiletentisch geholt und die schlimmsten Haare ausgezogen, die über der Nase und in den Nasenlöchern. Brahmaputra hatte ihn auf diese Idee gebracht, wenn auch nicht direkt: Sie hatte einmal wie nebenbei erwähnt, daß Marja sich die Augenbrauen zupfte, damit sie schmal und elegant aussahen, und dabei hatte sie kritisch in das dunkle Gesicht ihres Onkels geblickt.

Matias hatte blauschwarze Barthaare, die sehr schnell wuchsen. Er rasierte sich jeden Morgen und dann noch einmal nachmittags, wenn er abends etwas vorhatte. Er war überhaupt wie ein Tier: Brust und Bauch, Schultern und Arme, Oberschenkel und Waden waren bedeckt von dichtem, lockigem Haarwuchs, selbst seinen Rücken hinunter zog sich ein breiter Pelzstreifen. Ob er weiter im gelben Haus wohnen bleiben sollte? Und die Vorstellung, von nun an jeden Morgen mit dem Schwager ins Büro zu gehen, dort unter Aufsicht des anderen zu sitzen, ihn dann abends nach Hause begleiten und zusehen zu müssen, wie er Marja umarmte, ohne sich zu schämen, war einfach unerträglich.

Am liebsten hätte er erst einmal Winterschlaf gehalten, wie die Bären, denen er ähnlich sah.

* * *

Einige Monate später entdeckte Asgeir, daß nach seiner Buchführung im Büro zweihundert Kronen fehlten. Als er den jungen Schwager darauf ansprach, gab Matias die Unterschlagung sofort zu. Mit ausdruckslosem Gesicht blickte er dem anderen in die Augen und nickte, während ein seltsames Lächeln seine Lippen umspielte.

Asgeir schüttelte den Kopf. Dann ersetzte er das Geld aus seinen Ersparnissen, von denen er ein Auto hatte kaufen wollen, und er erzählte nicht einmal Marja, was geschehen war.

Jentoft und der Modist

Einige Abende zuvor hatte Matias Jentoft besucht. Der Bruder teilte sein Atelier mit einer Art Freund, der sich als »Modist« bezeichnete. Dieser Freund war Modezeichner und hatte sechs Näherinnen, die seine Kleider für ihn nähten.

Hinten im Atelier hing ein rosa Plüschvorhang, dahinter wiederum standen unter einem Spiegel an der Decke ein breites Bett sowie Sofa und Tisch, Gasherd und Waschbecken. Als Matias kam, lag Jentoft in der Mode eines anderen Jahrhunderts auf dem Sofa; der Modist hatte diese Kleider für ihn nähen lassen: ein dünnes Hemd mit Rüschen um den Hals und eine engsitzende Hose aus blaßgrünem, weichem Stoff. Jentoft rauchte dünne Zigarren. Der Modist trug blaue Slipper, Jentoft lag barfuß auf dem Sofa.

»Das ist Jacques«, sagte Jentoft gelangweilt, ohne sich zu erheben.

Der Modist schüttelte Matias die Hand, lehnte sich zurück und blickte ihn forschend an.

»Zwillinge«, sagte er lächelnd. »Wie zwei Tropfen Wein.«

»Ach«, erwiderte Matias verdutzt, zum ersten Mal wurde hier angedeutet, daß zwischen den Brüdern auch Ähnlichkeiten bestanden.

»Aber es gibt so viele Sorten Wein«, sagte jetzt Jacques, noch immer ohne Matias' Hand loszulassen. »Es gibt leichten weißen und tiefroten mit fruchtigem Bukett. Wir haben die sprudelnde Königin, den Champagner, und den König, den reichen Burgunder. Warum läßt du dir keinen Bart wachsen, Junge? Was darf ich dir anbieten?«

Jentoft lachte.

»Vielleicht ein Gläschen Pernod?« fragte der Modist.

Matias nickte verwirrt und hielt Ausschau nach einem Sitzplatz.

»Holst du zwei Stühle aus dem Atelier?« fragte Jacques Jentoft, als er auf dem Weg zu einem Schrank ganz hinten im Raum am Sofa vorbeikam.

Jentoft führte die Zigarre zum Mund, und Matias ging durch die Öffnung im Plüschvorhang und holte Stühle.

Es wurde ein seltsamer Abend. Jentoft lag die ganze Zeit in seiner Rüschenbluse auf dem Sofa, selbst dann, als er den Inhalt seltsamer grauer Muscheln schlürfte, die der Modist ebenfalls aus dem gelb gestrichenen Schrank hervorgezaubert hatte, wo sie in einer Dose in lauwarmem Wasser gelegen hatten, Muscheln, die Matias ohne den Pernod nie heruntergebracht hätte.

Sie sprachen über Paris.

Das war Jacques' Ziel. Er wollte ein Atelier eröffnen und Moden für den französischen Geschmack entwerfen, der bestimmt ganz anders und viel besser war als der norwegische.

»Du kannst als Mannequin mitkommen«, schlug er Matias vor.

Jentoft lachte.

»Nein, nein«, beteuerte Jacques. »Das meine ich ernst, zieh doch mal dein Hemd aus.«

Matias weigerte sich.

»Aber das ist doch nicht weiter schlimm … es ist doch rein professionell.«

»Mach das nur«, sagte Jentoft. »Du sollst doch nur ein neues Hemd anprobieren.«

»Und eine Jacke«, fügte der andere hinzu. »Schau mal.«

Er stapfte in seinen Slippern ins Atelier und kehrte mit einem Kleiderbügel zurück, an dem ein Hemd und darüber eine Jacke hingen. Das Hemd war aus nachtblauer, schimmernder Seide, die Jacke war weinrot und blau kariert.

»Schau mal«, wiederholte er. »Zieh das an, das sitzt bestimmt wie angegossen. Der da hat zu schmale Schultern«, er nickte zu dem Mann auf dem Sofa hinüber und ließ Matias die Kleidungsstücke auf den Schoß fallen. »Ich freue mich darauf, dich gleich zu sehen«, sagte er.

Matias erhob sich verwirrt und ging ins Atelier, um sich ohne Zeugen umziehen zu können. Aber er zog sich um. Er hatte noch nie ein so schönes Hemd gesehen, und hier war ein Mensch, der meinte, daß dieses schöne Hemd ihm wie angegossen passen würde, nicht seinem schönen Bruder, sondern ihm!

Jacques jubelte. Die Kleidungsstücke saßen wirklich wie angegossen. Der Modist öffnete die beiden obersten Hemdenknöpfe und sprang einen Schritt zurück. Dann griff er sich in den Nacken, öffnete das Schloß einer Goldkette, die er unter den Kleidern trug, legte sie Matias um den Hals und schloß sie wieder.

»Sieh nur!« rief er freudestrahlend. »Sieh nur!«

Er zog den Mann mit den fremden Kleidern wieder ins Atelier und vor einen Spiegel, und Matias sah.

»Stell dir das vor, Jean!« rief er. »Dein Bruder ist ein Gott!«

Dann stürzte er zu einer Kleiderstange, wühlte energisch darin herum und zog ein Paar gelbe Hosen hervor.

»Diese hier!« sagte er.

Und Matias zog die Hose an, ohne sich um die Blicke zu kümmern, die der andere auf seinen behaarten Leib richtete. Jentoft lag noch immer auf dem Sofa.

»Du mußt dir die Haare schneiden lassen«, flüsterte Jacques. »Ganz kurz mußt du sie dir schneiden lassen, damit sie wie weiches Fell den ovalen Schädelbogen überziehen. Und laß dir einen Schnurrbart stehen, einen ganz schmalen – und einen Bart, einen kurzen Bart, nur einen Streifen von den Ohren um das Kinn herum.«

Matias stand vor seinem Spiegelbild: Er sah ein schönes, am Hals offenes Hemd, sah in diesem Spalt seine dunklen Locken,

sah das glitzernde Gold, die Jacke und die Hose. Diese Kleidungsstücke schienen für ihn und für sonst niemanden genäht
worden zu sein. Die Seide fühlte sich auf seiner Haut gut und
glatt an.

»'allo, Monsieur Charmant«, flirtete Jacques.

Matias wurde tiefrot.

»Willst du das haben?«

Matias starrte den anderen ungläubig an.

Dann nannte Jacques einen Preis, und dem Mannequin wurde
es schwindlig. Die Summe entsprach vier Monatsgehältern im
Büro seines Schwagers.

»Die Kette bekommst du als Zugabe«, sagte er andere und stupste freundschaftlich den karierten Rücken an. »Als Geschenk.
Von einem bescheidenen Modisten für einen schönen Gott …«

GRAF SYRIN

Über ein Jahr hingen die Kleidungsstücke in dem kleinen Zimmer im gelben Haus in einem Schrank.

Jacques war nach Paris gefahren. Jentoft arbeitete noch immer
im Warenhaus, aber nun wohnte er mit einem Freund von
Jacques zusammen, einem Gewandmeister vom Theater. Die
beiden Brüder trafen sich nur sporadisch, und wenn sie sich begegneten, wirkte Jentoft verlegen.

Matias war einsam und still. Er arbeitete hart für seinen Schwager, und jeden Monat bezahlte er einen Teil der Summe ab, die
er an sich gebracht hatte, um die schönen Kleider zu kaufen. Er
rasierte sich noch immer zweimal täglich und strich seinen un-
gebärdigen Schopf mit Marjas Margarine glatt.

Und er war noch immer unerfahren.

Dann lud ihn sein Bruder schriftlich zu einem Fest ein, das zwei
Wochen später stattfinden sollte.

Matias ging zum Friseur und ließ sich die Haare schneiden.
Ganz kurz. Bis es wie eine Schicht aus weichem, schwarzem

Plüsch den ovalen Schädelbogen bedeckte. Und er fing an, sich wie ein Skulpteur zu rasieren: Er ließ sich auf der Oberlippe einen schmalen Schnurrbart stehen und einen Bartstreifen von den Ohren und um das Kinn herum wachsen. Am Abend vor dem Fest seines Bruders badete er lange, dann zog er die feinen Kleider an und schlich sich davon, ohne sich von seinen Verwandten zu verabschieden.

Das Fest fand bei einem von Jentofts Kollegen statt, einem Mann von Anfang Dreißig, der in dem Warenhaus Abteilungsleiter war. Es war kein großes Fest, vielleicht zehn bis zwölf Gäste fanden sich in einer kleinen Wohnung im Osten der Stadt ein.

Jentoft wirkte müde, sein Gesicht war blaß und erschöpft. Als Matias eintraf, in seinen schönen Kleidern und mit seinem neuen Kopf, zog der Bruder angenehm überrascht die Augenbrauen hoch, sprang vom Sofa auf und stellte Matias den anderen vor: »Mein Bruder. Mein Zwillingsbruder. Maßgeschneidert und modellfrisiert.«

Die anderen Gäste waren paarweise gekommen. Nur Jentoft und Matias waren nicht in Begleitung. Matias plauderte leicht und ungezwungen, wenn auch enttäuscht, weil alle Damen schon besetzt waren. Er war ein anderer: ein neuer Mensch.

Später in dieser Nacht ließ er sich von seinem Bruder durch die Kneipen schleppen, sie tranken zuviel, und Jentoft lud ihn auf sein Zimmer ein, damit er in dem Zustand, in dem er sich inzwischen befand, nicht seiner Schwester unter die Augen treten müßte. Gegen Morgen schlief Matias im Bett seines Bruders, das dieser ihm überlassen hatte, ein.

Als er erwachte, war das Zimmer leer, aber bald schon tauchte ein strahlend gelaunter Jentoft auf.

Es war Gründonnerstag, vor ihnen lag ein langes, freies Wochenende.

»Wie wäre es mit einem Osterausflug?« schlug Jentoft vor.

»Osterausflug?«

»Wir könnten mit der Bahn fahren. Nach Schweden. Oder vielleicht sogar nach Kopenhagen? Ich habe Geld.«

»Geld?«

»Ich lade dich ein!« sagte Jentoft großzügig.

Sie erreichten den Morgenzug und gingen zum Frühstück in den Speisewagen. Jentoft spendierte Brote mit Eiern, Speck und Frikadellen. Und frisches kaltes Bier.

Als der Zug den Bahnhof von Halden, wie Fredrikshald seit kurzem hieß, verließ, winkten sie beide munter und ausgelassen dem leeren Bahnsteig zu. Sie waren einfach so losgefahren, Matias in seinen schönen Kleidern, Jentoft eher alltäglich angezogen. Zum Glück hatte Jentoft in einer kleinen Tasche seine Rasiersachen mitgenommen.

In Kopenhagen quartierten sie sich in einem eleganten Hotel ein. Matias stellte inzwischen keine Fragen mehr, der Bruder entschied, was passieren würde, der Bruder bezahlte. Matias hatte ihn noch nie so energisch erlebt.

»Darf ich Ihnen meinen Freund, den Grafen vorstellen?« fragte Jentoft immer, wenn sie mit Fremden ins Gespräch kamen.

Und überall fanden sie Freunde, nette Leute, die nur zu gern den Champagner tranken, zu dem Jentoft einlud, der »Leibdiener und Finanzberater des Grafen«. Es waren sympathische junge Männer, die viel lachten, und reizende, charmante Frauen, die niemals einen fescheren und attraktiveren Mann kennengelernt hatten als diesen norwegischen Grafen.

Schon am ersten Abend im fremden Land wurde der Graf verlobt. Sie hieß Charlotte. Nachts liebten sie sich unter weichen Daunen. Den nächsten Tag verbrachten sie im Bett, während Jentoft und die anderen neuen Freunde durch die Stadt zogen.

Am Karsamstag gingen sie ins Theater. Jentoft lud alle ein; inzwischen war ihr Kreis auf fast zwanzig angewachsen. Danach gingen sie essen, und sie zechten bis zum lichten Morgen. Charlotte hing an Matias' Arm, machte sich an ihm zu schaffen und sprach davon, wie schön und reich er doch sei.

»Wie heißt die Grafschaft?« fragte sie.

Matias mußte Jentoft fragen, das mußte er fast immer, wenn Charlotte etwas sagte, Dänisch war für ihn eine fast unverständliche Sprache.

»Snobberode«, rief Jentoft.

Wenn er während der Jahre, die er bei Marja im gelben Haus verbracht hatte, schlechter Laune gewesen war, dann hatte er ihr Haus so genannt: Snobberode.

Ja, hier wohnen wir auf Snobberode, hatte er gesagt, wenn es sonst niemand hören konnte.

»Syrin«, korrigierte Matias. »Mein Diener beliebt zu scherzen, ich bin der Graf von Syrin. Graf Syrin.«

Er lachte und umarmte die schöne Charlotte.

In der Nacht zum Ostermontag fuhren sie nach Hause, nachdem Jentoft die schwindelnd hohe Hotelrechnung bezahlt hatte.

Unterwegs vertraute Jentoft seinem Bruder an, daß er ernsthaft krank sei.

Und als sie sich Oslo, wie Kristiania seit kurzem hieß, näherten und Matias feststellte, daß er sein Schlüsselbund verloren hatte, zog sein Bruder das aus der Jackentasche.

»Ich habe es im Hotelzimmer auf dem Boden gefunden«, beteuerte er voller Überzeugungskraft.

Matias seufzte erleichtert auf. Er hatte nicht nur die Schlüssel zu Marjas Haus bei sich gehabt, sondern auch die zum Büro.

* * *

Am ersten Arbeitstag nach Ostern ertappte Asgeir Matias zum zweiten Mal bei einer Unterschlagung. Diesmal handelte es sich um eine weitaus höhere Summe. Asgeir konnte sie nicht ersetzen. Und der junge Mann mit der neuen Frisur gab widerspruchslos alles zu, obwohl seine Miene zuerst offen und verwundert gewesen war, als Asgeir ihn mit dem Verschwinden des Geldes konfrontiert hatte.

Diesmal zeigte Asgeir die Unterschlagung an, und Matias landete hinter schwedischen Gardinen.

* * *

Im weißen Haus am Fjord war die Aufregung groß. Anton schimpfte und trampelte in Stiefeln durch das Haus, Lina weinte, Albert stotterte, während er nach passenden Flüchen suchte, und Hilda riß die Augen auf und fragte immer wieder, wozu Matias denn wohl so viel Geld gebraucht haben könne, Andreas und Karen Anna schüttelten die Köpfe, immer wieder, sie konnten es einfach nicht fassen.

»Dieser Mann wird nie mehr einen Fuß in mein Haus setzen«, verkündete Anton Syrin.

»Dieser Mann« war Asgeir und nicht etwa der Mann, der für das Vergehen verurteilt worden war.

LINA FLICKT UND FLICKT

Anton war jetzt alt, er brauchte einen Stock, wenn er den Hof überqueren wollte. Lina war ebenfalls alt; die Nachricht von Matias' Unterschlagung hatte ihre Haare weiß werden lassen, fast über Nacht. Aber sie steckte sie noch immer so, wie sie das von Elise gelernt hatte, zu zwei Rollen mit Schleifen aus blauem Samt.

Sie hatte keine Alpträume mehr, in denen nachts fremde Frauen zwischen ihnen lagen, eigentlich glaubte sie auch nicht mehr, daß es andere gegeben hatte, und der Mann konnte sich wohl auch an keine erinnern, wenn er ihr den Arm um die Schulter legte und mit milchblauem, hellem Blick aufs Wasser hinunterschaute.

»Du alter Zornteufel«, nannte Lina ihn manchmal, und dann grinste er zufrieden, so als habe sie ihm ein Kompliment gemacht.

Sie spielte damit auf den Wutausbruch an, der sich auf Andreas gerichtet hatte, als dieser Sohn in der Sache mit Matias Asgeir in Schutz nahm.

»Er hatte doch keine Wahl«, sagte Andreas beharrlich. »Was hätte er denn sonst tun sollen?«

»Es geht hier um deinen Bruder! Willst du vielleicht deinen Bruder im Gefängnis sehen?« brüllte Anton darauf.

Und dann war er zusammengebrochen und hatte um Atem gerungen.

Es war das Herz.

Sie hatten ihn aufs Sofa gelegt, hatten sein Gesicht mit kaltem Wasser befeuchtet und seine Brust massiert. Dann war es wieder besser geworden.

Anton setzte sich auf und starrte seinen Sohn wütend an, um zu sehen, ob der Anfall ihn wohl eines Besseren belehrt habe. Aber nein, Andreas blieb bei seiner Ansicht, das verriet sein Gesicht, obwohl sein Mund stumm blieb.

Und Anton wies ihn fort, wies ihn mit einer Handbewegung aus dem Haus.

* * *

An einem schönen Sommernachmittag saßen sie zum ersten Mal in der guten Stube zusammen, der Mann mit einem Schreibheft vor sich auf dem Tisch, die Frau mit einer Handarbeit. Sie strickte einen kleinen Lappen, einen viereckigen Lappen aus blauer Riffelwolle. Lina hatte sich in den Kopf gesetzt, Aufzeichnungen über Kinder und Kindeskinder anzulegen, aber ihr Mann sollte schreiben, er hatte die schönere Handschrift.

»Im Jahre 1888 wurde Marja geboren«, notierte er auf der ersten Seite.

Er malte die Buchstaben des Namens mit schönen Schleifen, so wie er früher Inschriften in Grabsteine geritzt hatte.

Sie hatten erst kürzlich eine Ansichtskarte von ihr bekommen, mit einem Bild von einem deutschen Fluß mit Weinbergen am Ufer. Marja, ihr Mann, Elise und Brahmaputra fuhren mit dem Auto durch Deutschland.

»1916«, notierte Anton. »Elise.«

Und in der nächsten Zeile: »1922: Brahmaputra. Nach einem Fluß, der durch Asien fließt.«

»War das nicht dreiundzwanzig?« fragte Lina.

Sie war jetzt fünfzehn, Elises rothaarige kleine Schwester, ein mageres Mädchen, das die sommersprossige, blasse Haut ihres Vaters geerbt hatte. Ein Onkel von dessen Seite, ein Abenteurer und Seemann, der bei einem Verlag in der Hauptstadt einen Roman veröffentlicht hatte, hatte diesen seltsamen Namen vorgeschlagen; er hatte auf dem Brahmaputra Indien bereist, und das war offenbar ein unvergeßliches Erlebnis gewesen.

»Nein, das war zweiundzwanzig«, beharrte Anton und notierte: »Wird häufig Petra genannt (von Lina), Putra (von Marja) oder Putte (von ihrer Schwester).«

Die Kleine hatte zwei Sommer zuvor ihre Großeltern besucht, in dicken Wollstrümpfen hatte sie auf den Felsen gesessen, dieses dünne Geschöpf.

Am ersten Aufzeichnungsabend sprachen die beiden Alten noch lange über die älteste Tochter und ihr Leben, und sie kamen einander sehr nahe, wie sie da in der Dämmerung saßen, ohne Licht zu machen. Sie dachten an Fräulein Kurland und an Antons Wut, als die Lehrerin Marja adoptieren wollte. Und er erinnerte sich daran, daß er sich rächen wollte und deshalb versucht hatte, ihr die freche Sara aufzuschwatzen. Die war jetzt in Amerika, Sara Lofthus, auch ihre Schwester hatte auswandern wollen, aber sie war tot, das hatte Sara an Hilda geschrieben, sie war offenbar schon auf der Überfahrt gestorben.

»Aber an so ein Gesangstheater ist sie nie gekommen«, sagte Lina.

»Sara?«

Die beiden wechselten einen Blick und lachten; Sara hatte an einem Gesangstheater nun wirklich nichts verloren.

»Das heißt Oper«, sagte Anton freundlich. »Und das ist nur gut. Denn sonst würde sie jetzt vielleicht da unten in Deutschland wohnen.«

Es war schlimm genug, daß Marja und ihre Familie mit dem Buick durch »Hitlerland« fuhren und unterwegs anhielten, um sich Konzerte anzuhören. »Wagner ist phantastisch«, hatte Marja auf der Karte von der Mosel geschrieben. Wagner? Was für ein Wagner?

»Wenn es doch in Kristiania so ein Opernhaus gäbe«, sagte Lina; sie konnte sich nicht daran gewöhnen, daß die Hauptstadt jetzt Oslo hieß.

»Doch, doch«, murmelte Anton, aber so sehr er sich auch bemühte, Marja auf einer Theaterbühne vor sich zu sehen, immer tauchten vor seinem inneren Auge die Figuren aus dem »Puppenheim« auf, und Marja, in ihrem schönen Kleid, das sie bei ihrem ersten Auftritt in der Universitätsaula getragen hatte, wirkte zwischen Nora und dem dämlichen Helmer doch ziemlich fehl am Platze.

»Sie hat uns nie vergessen«, sagte Lina.

Sie war jetzt mit dem ersten Lappen fertig und hatte mit einem neuen angefangen.

Als ob Marja sie vergessen könnte!

»Obwohl sie in einem feinen Haus wohnt und ihr Mann für die Konservativen stimmt«, sagte Lina nun.

Anton schnaubte, schnaubte den Namen Asgeir und die Konservativen aus dem Zimmer.

»Meine Marja«, seufzte er.

»Sie hat herausgefunden, daß wir aus Franzland kommen«, sagte Lina.

»Was erzählst du da?« lachte Anton. »Aus Franzland? Meinst du Frankreich?«

»Weil die alte Marja Französisch gesprochen hat.«

Anton konnte sich daran nicht erinnern, Französisch? Er schaute seine Frau an, war die Alte denn nicht mehr ganz bei sich?

»Weißt du nicht mehr, daß sie immer nonon gesagt hat?«

Anton wußte das nicht mehr.

»Das bedeutet auf französisch ›nein‹, sagt Marja.«

Anton grunzte.

»Und Asgeir meint, wo wir doch so dunkel sind ... Und er sagt, daß einer der schwedischen Könige eigentlich aus Franzland kam, und er hat damals ein großes Gefolge mit nach Schweden gebracht, und sicher stammen wir von diesem Gefolge ab ...«

»Frankreich du, du kleine Zigeunerin«, grinste ihr Mann.

Lina stupste mit der Hand, die nicht das Strickzeug hielt, seine Schulter an, warf den weißen Kopf mit den Schleifen in den Nacken und maß ihn mit dem Blick einer Königin.

Am nächsten Nachmittag arbeiteten sie wieder an ihren Eintragungen: »Anton junior. Geboren 1889. Feinsteinhauer.«

Lina strickte jetzt einen roten Lappen. Plötzlich fiel ihr etwas ein, das sie ihrem Mann noch nie erzählt hatte. Ton-Ton und seine Familie lebten damals seit zwei Jahren in der Hauptstadt. Sofie war zu Hause bei ihrer Mutter, die im Sterben lag, und Lina verbrachte einige Tage bei ihrem Sohn, zusammen mit Klara, um sich um die Kinder zu kümmern. Eines Nachmittags, als sie auf dem Sofa ein Nickerchen gemacht hatte, während alle anderen, außer Ton-Ton, ausgegangen waren, hatte es plötzlich geklingelt.

»Es ist wirklich kein Wunder, nein«, sagte Lina.

»Was denn?« fragte Anton.

»Daß die Frauen ein Auge auf ihn haben«, sagte Lina stolz.

»Ach?«

Anton musterte die Frau mit dem Strickzeug und dem roten Knäuel von knotiger Riffelwolle, deren Gesicht sich in Erinnerungen verloren hatte.

»Svenssons Anna«, sagte Lina.

»Verheiratet mit Sofie Larson«, notierte der Mann. »Drei Kinder. Gunnar, 1919, Klein Lina, 1921, Haakon, 1928, 1932 ertrunken.«

»Sie kam zu ihm und wollte sich ihm anbieten.«

»Wer denn?«

»Anna Svensson natürlich«, sagte Lina. »Hat sich ihm an den Hals geworfen und geweint.«

»Ach?«

»Ja.«

»Und dann?«

»Nichts. Sie mußte wieder gehen. *Sie* wollte er nämlich nicht.«

Anton schaute aus dem Fenster und versuchte, zwischen den Reden seiner Frau einen Zusammenhang zu finden. Dann schüttelte er den Kopf und schrieb:

»Amerika. 1905–1912. Hausmeister und Fahrer in Schickago.«

Auf die dritte Seite schrieb er Angels Namen und seine Geburtsund Todesdaten.

»Hatte deine Mutter rote Haare?« fragte Lina.

Der Mann steckte sich die Pfeife an und ließ sich zurücksinken. Seine Mutter?

Jetzt konnten sie über solche Dinge sprechen. Er schüttelte langsam den Kopf und stieß blaugrauen Rauch aus.

»Nein. Sie war dunkel. Wie du. Und sie trug immer ein dunkles Kopftuch.«

Ihre Blicke begegneten sich, und Lina streckte eine magere Hand aus, um seine Wange zu streicheln. Belustigt? Anton war sich nicht sicher, aber er nahm die kleine Hand und küßte sie leicht.

»Mein Vater muß hellblond gewesen sein«, sagte er. Auch das leichthin.

»Muß?«

»Ich habe ihn nie gesehen. Aber ich muß meine Haarfarbe doch irgendwoher haben.«

»Ein Spielmann von der Landstraße«, sagte Lina.

Das hatte sie also schon erraten.

»Das hast du jedenfalls der Kleinen von Ton-Ton erzählt.«

Hatte er mit der Kleinen darüber gesprochen? Er konnte sich nicht erinnern, aber Lina mußte wohl recht haben.

»Aber zu Marjas Elise hast du einmal gesagt, er wäre Künstler gewesen, einer, der mit Gipsmodellen und Zeichnungen umherreiste und die Arbeit überwachte, wenn Präsidenten auf Sockeln dargestellt werden sollten. Ein kräftiger Mann mit silberblonden Haaren und Weinflaschen und Gläsern in der Jackentasche.«

Anton räusperte sich peinlich berührt, das hatte er bestimmt nicht gesagt, das mußte Lina sich ausgedacht haben.

»Hör jetzt auf zu dichten, du Troll«, sagte er.

Seine Frau beugte sich vor und küßte ihn auf die Wange.

Anton räusperte sich und wandte den Kopf ab; sah das Frauenzimmer denn nicht, daß er zu tun hatte? Er klopfte die Pfeife in dem Aschenbecher aus Buckelglas aus, den er zu Weihnachten von Gunnar bekommen hatte, und nahm einen weiteren Anlauf. Er räusperte sich noch einmal und schrieb mit ernster Miene unter Angels Namen: »Spanische Grippe«.

Dann runzelte er die Stirn, wie um seiner Erinnerung auf die Sprünge zu helfen. »Schwindsucht«, notierte er und seufzte. Dann strich er dieses Wort wieder durch und schrieb: »schlimmer Husten«.

Lina schaute ihm über die Schulter. »Es war bestimmt Auszehrung.« Anton strich auch den Husten durch und notierte: »Durch eine Explosion im Steinbruch ums Leben gekommen.«

»Kannst du nicht dazuschreiben, daß er ein lieber Junge war?« bat Lina.

Anton tat, wie ihm geheißen.

So ging es den Sommer hindurch weiter, Abend für Abend, Lina strickte, und ihr Mann schrieb. Sie führten die kinderlose Hilda und ihren Albert ein, die ebenso kinderlose Klara und ihren Poeten und den Pastor Johannes, der mit Frau und fünf Kindern bei Kristiansand lebte.

»Wie heißen die doch noch alle?«

»Thorleiv und Tobias, Magnhild und Thøger … nein.«

»Zuerst Thorleiv und dann Magnhild«, korrigierte Anton.

Lina machte noch einen Versuch. »Thorleiv und Magnhild, Tobias und Thøger und Sven.«

Die Kinder waren wie Perlen aus einem Beutel gekullert, seit der Hochzeit in jedem Jahr eins.

»Warum Klara wohl keine hat?« fragte Anton.

»Das liegt bestimmt an dem gottlosen Dichter«, sagte Lina. »Der will sicher keine, der ist doch selber wie ein Kind.«

»Und Hilda ist sicher zu geizig«, murmelte Anton. »Die will bestimmt ihren Kandiszucker mit niemandem teilen.«

»Schäm dich«, sagte die Frau. »Sie haben zu spät angefangen, daran liegt es. Hilda hätte sehr gern Kinder, und Albert auch.«

Anfang Juli kam Ragnhild an die Reihe, und Anton schrieb in geschwungener Schönschrift: »Ragnhild Johanne, 1900. Verheiratet mit Gottfred.«

Lina nahm gerade mit brauner Wolle Maschen auf.

Ob sie das Unglück erwähnen sollte?

Sie hielt sich die Nadeln vor die Augen und zählte Maschen.

»Sie war wohl auch schon zu alt«, murmelte der Mann.

Lina ließ ihre Strickerei sinken.

»Sie hätte schon einmal eins bekommen sollen«, sagte sie und starrte auf ihr Strickzeug.

Anton schwieg.

»Damals, als sie in Fredrikshald in Diensten war. Von dem, der sie dafür bezahlt hat.«

Anton lief rot an.

»Was soll denn so ein armes Mädchen machen, wenn der Herr des Hauses zu ihr kommt … sie waren sicher allein im Haus … sicher .. und dann hat er sie auch dafür bezahlt, daß es weggemacht wurde.«

Anton stand auf und lief durch das Zimmer.

Verantwortungslose Böcke! Er schlug mit einer abgearbeiteten Faust gegen die Küchenwand. Da hatte doch tatsächlich so ein

Kerl sein Mädel ruiniert. Dem wollte er aber! Und das gleich morgen!

»Das ist schon lange her, weißt du«, sagte Lina.

»Aber warum hast du nichts gesagt? Damals!«

»Ich wußte es ja nicht. Marja hat es mir erst letzten Winter gesagt. Als das andere passiert ist.«

Ragnhild Johanne hatte eine Totgeburt gehabt.

Anton setzte sich wieder, blätterte weiter, schrieb in aller Eile zwei Wörter und klappte das Heft wieder zu.

»Das waren alle«, sagte er.

»Nein«, sagte Lina.

»Doch«, beharrte der Mann.

»Wie du willst, du unverbesserlicher Starrkopf.«

Anton schlug mit der flachen Hand auf den Tisch, stand auf und verließ das Zimmer. Lina schaute ihm hinterher, horchte dann eine Weile, nahm das Heft, suchte sich die leere Seite zwischen Hilda und Albert und Klara und dem Dichter und füllte die obersten Zeilen mit unbeholfenen Buchstaben:

»Andreas Syrin, 1892. Verheiratet mit Karen Anna Mickelsen, 1912. Kinder: Solveig, 1913, Gudny, 1915, Nils Henrik, 1929, Tor Bertram, 1930.«

Sie schloß das Buch, ging in die Küche, schaute aus dem Fenster und zum Anbau hinüber, lief wieder zurück und schrieb, jetzt mit schnellerer Hand, weiter:

»1931: Solveig: Ein Sohn mit Clas Kindt, Bauer.«

Dann fügte sie nachdenklich in Klammern hinzu: »Andreas hat die Musik seines Vaters geerbt, wie Marja«. Doch dann hörte sie die Küchentür, und sie ließ den Bleistift los und griff nach ihrer Handarbeit. Der Rest hatte schließlich noch Zeit.

Einige Abende später holte Lina das Heft wieder hervor, es stand zwischen der Bibel und dem Kommunistischen Manifest im Regal; ihr Mann war zu einem der Stier-Söhne gegangen, um über alte Zeiten zu sprechen.

Sie schlug die letzte beschriebene Seite auf, wo Anton sich mit zwei Namen begnügt hatte, die nebeneinander in derselben Zeile standen: »Jentoft« und »Matias«. Sie versuchte, einen Namen mit dem Daumen auszuwischen, um jedem Sohn eine Seite für sich zu geben, aber das gelang ihr nicht.

Sie fügte hinzu: »Zwillinge, 1911. Der eine schlief tagsüber, der andere nachts. Als sie klein waren. Jentoft war der verkehrte. Später: Handelsschule.«

»Aber das war ja wohl alles, oder?« brummte Anton, als er nach Hause kam und Lina in Gedanken verloren mit dem kleinen Heft auf dem Schoß dasaß.

»Wo sind sie?« fragte die Frau. »Sind sie zusammen?«

Anton schüttelte den Kopf, das glaubte er nicht. Er dachte sich sein Teil, er dachte sich schon längst sein Teil, aber diese Gedanken wollte er nicht mit Lina teilen.

»Matias hat neu angefangen«, sagte er nur.

* * *

So machten sie den Spätsommer und Winter hindurch weiter. Lina strickte Lappen, Anton nuckelte an seiner Pfeife; grüne Lappen, rote, blaue und gelbe, einzelne schwarze und graue, während Anton Rauch zum Himmel oder zur Decke hochschickte.

Manchmal blätterte er im Heft, fügte etwas hinzu, sie nannten Wörter oder Sätze, die Erinnerungen weckten.

Das Gesicht des Schulmeisters zum Beispiel, als er zu ihnen nach Hause kam, um mitzuteilen, daß Hilda hinter dem Schulhaus ein Wettküssen arrangiert hatte. Jetzt lachten sie darüber, die Alten, sie lachten und lachten.

Und dann Angel, der an den König schreiben und um die Erlaubnis bitten wollte, seine Schwester zu heiraten.

»Daß er wirklich soviel Tatkraft hatte!« sagte Anton, der die Geschichte vergessen hatte.

»Er wollte wohl, daß sie auch mit ihm sprach und nicht nur mit Ton-Ton«, meinte Lina.

»Und Ton-Ton hat ihn bloß aufgezogen«, sagte Anton, jetzt fiel ihm alles wieder ein.

»Der kleine Angel«, seufzte Lina. »Der seltsame kleine Angel.«

»Das Dutzend haben wir nicht voll bekommen«, lächelte Anton.

»Zehn ist doch auch eine Zahl«, erwiderte die Frau.

»Zehn ist eine schöne Zahl, eine runde Zahl. Zehn feine Kinder, und alle kommen gut zurecht.«

So meinte er es, als er das sagte, er konnte sich nur an Gutes erinnern.

»Eigentlich waren es elf«, sagte Lina leise.

»Was?« fragte Anton verwirrt.

Dann fiel ihm die kleine Mißgeburt ein, die tot zur Welt gekommen und in das Grab eines Fremden gelegt worden war, und er legte tröstend den Arm um Lina und erinnerte sie an damals, als Ton-Ton versucht hatte, auf Lina zu reiten, und fast kopfüber in den Brunnen gefallen wäre, und an damals, als Klara Annagulla eine Schleife umgebunden und versucht hatte, ihr Rechnen beizubringen.

»Vielleicht sollten wir uns neue Hühner anschaffen«, sagte Anton.

»Vielleicht«, sagte Lina, mit den Augen voller Erinnerungen.

»Wir hatten doch ein gutes Leben zusammen?« fragte Anton irgendwann gegen Ende September.

Sie standen auf dem Hof und blickten auf den Fjord hinunter, auf das dunkelblaue Wasser und die gelben Blätter, die sich im Wind bewegten. Er streichelte vorsichtig ihre Haare, und sie legte unter seiner Windjacke eine Hand um seine Taille.

Lina nickte leise.

»Du bist von dort gekommen«, sagte der Mann und blickte zu den Bergen auf dem anderen Fjordufer. »In einem roten Kleid.«

Lina schmiegte sich an ihn an.

»Bist du müde?« fragte Anton. »Sollen wir ins Haus gehen und uns setzen?«

»Haben Sie Kaffeedurst, Herr Syrin?« fragte seine Frau.

Anton lächelte über ihre Worte, sie erinnerten ihn an etwas, er wußte nur nicht, woran; auf jeden Fall war es eine schöne Erinnerung.

»Hast du echte Ware?« fragt er.

Langsam gingen sie ins Haus.

Am Fenster in der gelben Baracke stand jemand und schaute ihnen hinterher; es war Mildred Johansen, die mit einem der Stier-Söhne verheiratet war; sie war viele Jahre lang Linas beste Freundin gewesen.

»Die sind jetzt glücklich«, murmelte Mildred und goß dabei ihre Topfblumen.

»Endlich scheinen sie glücklich zu sein«, murmelte sie freundlich einer roten Begonie mit gesprenkelten Blättern zu.

Anton schaute Lina über die Kaffeetasse hinweg an und zwinkerte ihr plötzlich schelmisch aus blassen, milchblauen Augen zu, und Lina senkte den Blick, während ihre runzligen Wangen rot anliefen.

Matias und Åsa in Vestfold

Nach seiner Entlassung aus dem Gefängnis ging Matias nach Vestfold, das hatte ihm ein anderer Häftling geraten. Es war jetzt schwer, Arbeit zu finden, das wußte er, aber der andere hatte gesagt, daß dort unten Waldarbeiter benötigt wurden und daß niemand fragte, woher einer kam, wenn er nur stark und tauglich aussah. Matias ließ sich noch immer die Haare kurz schneiden, und sein Bart und Schnurrbart sahen noch immer so aus, wie der seltsame Freund seines Bruders es ihm geraten hatte. In seiner Reisetasche steckten die schönen Kleider.

Kurz darauf heiratete er eine arme Stallmagd, und zusammen mieteten sie eine ärmliche Hütte zwischen einem See und dem Waldrand.

Er nannte sich jetzt Matias Antonsen, und er sprach nur von der Zukunft. Als die Frau, die er geschwängert hatte, fragte, ob er Verwandte zur Hochzeit einladen wollte, schüttelte er nur stumm den Kopf, und sie begriff, daß der Mann allein auf der Welt gewesen war, vor ihrer Zeit. So wie auch sie keine Familie hatte; ihre Eltern waren an der Spanischen Grippe gestorben, und die Kinder waren zu Fremden in Pflege gegeben worden. Sie wußte nicht, was aus ihren Geschwistern geworden war.

Und diese Gewißheit, daß sie beide im selben Boot saßen, daß Matias ein ebenso trauriges, einsames Leben gehabt hatte wie sie selber, sorgte dafür, daß Åsa ihm all ihre Liebe gab.

Aber auch wenn er nichts sagte, so kam es doch vor, daß Matias dachte. An die Eltern, die ihn für einen Gauner hielten. An die Tage als Graf Syrin in Kopenhagen, an Jentoft, der ihm geholfen hatte, die Sache mit den Frauen in den Griff zu bekommen.

Wie mochte es jetzt wohl dem Bruder gehen, fragte er sich bekümmert.

Er sei krank, hatte er auf der Rückfahrt von Kopenhagen gesagt. Nachdem er sich auf seinem Zimmer in Oslo für einige Stunden ausgeruht hatte, war er verschwunden. Für das restliche Geld aus dem Büro seines Schwagers war er nach Paris gefahren, glaubte Matias, zu Jacques in die große Welt.

HOCHZEIT

Als die Einladung zu Gudnys Hochzeit eintraf, wollte Anton nicht hin. Linas Überredungsversuche waren nutzlos, auch Sofie konnte nichts erreichen. Die Tränen von Gudnys Schwester Solveig ließen den Alten ebenfalls kalt, und nicht einmal die Tatsache, daß Johannes seine Nichte trauen würde, konnte ihn umstimmen.

»Aber du hast ihn doch noch nie predigen hören«, sagte Lina heftig.

Bei ihr war das anders, sie war mit Marja und Asgeir in dem schwarzen Buick einmal zu Ostern an die Südküste gefahren, um Johannes zu besuchen und ihn zu hören. Anton war auch eingeladen gewesen, aber er wollte sich durchaus nicht in das Auto des Mannes setzen, der seinen Sohn ins Gefängnis gebracht hatte.

Als letzte Hoffnung wurde die älteste Tochter am Tag vor der Hochzeit zu dem alten Starrkopf geschickt. Und Marja nahm Brahmaputra mit den blaugrünen fragenden Augen mit. Sie hatte sich verändert, die Kleine, ihre Gestalt war nicht mehr so kantig, und ihre kurzen, struppigen Haare waren lang und wellig, wie knisternde Flammen. Die Mutter hatte sie den Umgang mit der Lockenzange gelehrt.

»Schau mal, Opa«, sagte Putra munter.

Marja mahnte sanft und sprach über Besinnung und die Wichtigkeit, die Familie zusammenzuhalten, über die Freude, neue Generationen aufwachsen zu sehen, über die Torheit, Unschuldige unter Meinungsverschiedenheiten leiden zu lassen, und dann hielt das junge Mädchen plötzlich ein kleines Bild hoch, und Anton reckte den Hals und murmelte dabei seiner Ältesten zu: »Meine Marja. Rede doch nicht solchen Unsinn!«

Dann schob er sie weg und nahm mit zitternden Händen das Bild, und zum ersten Mal seit sehr langer Zeit standen dem alten Mann Tränen in den Augen.

Das Bild zeigte das weiße Haus, Anton und Lina saßen davor auf dem Ruhestein und schauten zum Fjord hinunter, der Mann trug Anzug und Hut und sein rotes Halstuch, Lina hatte einen langen roten Rock, eine gelbe Bluse und ein rotes Band um ihre offenen Haare.

Dann rief er Lina, die in der Küche stand und heimlich die gute Hose ihres Mannes bügelte. Lina versteckte die Hose unter einem Kissen und rannte in die Stube, was war denn jetzt los? Er hörte sich ja gar nicht mehr so wütend an!

»Sieh mal, Lina! Das sind wir! Die Kleine hat das selber ge-
macht!«
Er reichte seiner Frau das Bild und zog Brahmaputra an sich.
»Ich hab's ja gewußt«, murmelte er in ihre Feuersbrunst hinein,
»bei dem Namen muß sie doch etwas Besonderes sein.«
Dann ließ er sie los und musterte Marja mit strengem Blick.
»Du warst früher auch einmal etwas Besonderes«, sagte er.
»Aber das scheint verflogen zu sein. Jetzt kommt aus deinem
Schnabel kein Gesang mehr, sondern nur noch dummes Wei-
bergewäsch.«
»Aber Papa!«
»Aber Opa!«
»Aber Anton!«
»Ich setze keinen Fuß in das Haus solcher Leute!«

* * *

Als Gudny Mitte November 1938 mit einem jungen Schreiner
getraut wurde, saß Anton neben Brahmaputra in der hintersten
Kirchenbank. Lina saß neben der Brautmutter, und sie versuchte, den eigensinnigen Alten zu vergessen, der doch noch mitge-
kommen war, der sie aber trotzdem beide blamierte. Anfangs
umklammerte sie das weiche, in graues Papier eingeschlagene
Paket auf ihrem Schoß; das Hochzeitsgeschenk, die Flicken-
decke, an der sie den ganzen Sommer und den halben Herbst gearbeitet hatte, ohne daß ihr Mann auch nur einmal gefragt hätte,
wozu sie die vielen bunten Lappen strickte. Dann schaute sie
den Altar und die Leuchter mit den flackernden gelben Flammen an, und ihr fester Griff um das Paket lockerte sich. Als
ihr Sohn dann in seinem schönen Talar vor ihr stand, faltete
sie die Hände und nahm voller Freude sein Bild in sich auf: das
Bild des Pastors Johannes, den sie so weit gebracht hatte. Lina
zitterte.
Ganz hinten saß Anton und hielt die Hand seiner Enkelin, und
als der Brautvater die weißgekleidete Schönheit durch den Mit-

telgang führte, wandte er sich zur Wand. Aber er hörte Brahmaputras Seufzen und Andreas' schlurfende Schritte. Und als der
Pastor die Stimme erhob, mußte er aufblicken, denn die Stimme
oben am Altar klang so anders, als er erwartet hatte. Als er noch
zu Hause wohnte, war der Junge blaß und verschlossen gewesen, und seine Stimme klanglos und dünn. Anton selber hätte
ihm nie zugetraut, daß er es bis zum Pastor bringen könnte.
Noch als Johannes sein Examen abgelegt und seine erste Pfarrstelle gefunden hatte, hatte Anton gezweifelt; vielleicht waren
die Leute unten an der Südküste ja nichts Besseres gewöhnt.
Jetzt stand der Sohn dort oben und strahlte, und seine Stimme
war mild wie Sahne. Er machte sich zum Sprecher für eine liebevolle Kraft, diesen Ausdruck verwendete er mehrere Male,
»Gottes liebevolle Kraft«; weder der neue noch der alte Pastor
zu Hause hatte sich jemals so ausgedrückt.
Die Kirche war voll besetzt, und die Gemeinde seufzte.
»So viele!« flüsterte die Enkelin ihm zu. »Gudny und ihr Bräutigam haben offenbar überall Freunde.«
Aber Gudny kannte nur wenige von denen, die die Bankreihen
füllten, und der Bräutigam kannte noch weniger, denn er kam
aus Fredrikstad. Und Anton war nicht der einzige, der derzeit
lieber einen Bogen um den Brautvater machte, Andreas hatte die
Kirche also nicht gefüllt. Der Pastor dagegen ließ seinen Blick
über die Gemeinde wandern und glaubte, in den Erwachsenen
in den Bänken die Gesichter kleiner Jungen und Mädchen zu erkennen: Es waren seine Schüler von damals, sie wollten ihn hören und vor allem sehen. Und der Pastor sah sie an und lächelte
Gottes strahlendes Lächeln.

* * *

»Das war's«, sagte Anton danach, als sie vor der Kirche standen.
Lina war schon zusammen mit Brautpaar und Pastor zu Andre-
as' Wagenzug unterwegs.
»Willst du mit uns fahren?« rief Marja.

Anton stellte sich taub.

»Na, komm, Putra«, rief die Mutter und steuerte den Buick an.

»Ich gehe nicht ohne dich«, sagte die Enkelin zu ihrem Großvater.

»Dann mußt du mit mir nach Hause kommen und alte Kartoffeln essen«, sagte der Alte mürrisch.

Marja holte andere Gäste in ihren Wagen, und bald standen sie
nur noch zu zweit da, der Mann und das Kind.

»Ich will keine alten Kartoffeln«, sagte die eine.

»Dann mußt du mit den anderen gehen«, erwiderte der andere.

»Aber die sind schon weg!«

»Dann mußt du die Beine in die Hand nehmen.«

»Aber ich weiß den Weg nicht.«

Anton steuerte den Friedhof an, und Brahmaputra folgte ihm lachend.

Ein scharfer Wind wehte, und Putra band sich einen grünen
Schal um den Kopf. Dennoch erfüllte sie eine heftige Munter-
keit, als sie hinter dem krummen Rücken ihres Großvaters da-
hinstapfte.

Er zeigte ihr Angels Grab.

»Er war rot wie du, wie ein Eichhörnchen im Sommer. Und seine Haare standen ihm immer zu Berge.«

Dann gingen sie zum Grab von Ton-Tons ertrunkenem kleinen
Sohn.

»Bald komme ich an die Reihe«, brummte der Mann.

»Erst, wenn du das selber willst, so stur, wie du bist«, sagte das
Kind.

»Du freche Göre«, sagte der Mann.

Johannes fand sie dort zwischen den Gräbern. Er hatte das Auto
seines Schwagers geliehen und war zurückgekommen, um die
beiden zu holen. Jetzt schneite es, und Anton ließ sich widerspruchslos auf den Platz vor der Kirche zurückführen. Dann
wollte er von seinem Sohn nach Hause gefahren werden, aber
der fiel ihm ins Wort.

»Ihr seid jetzt doch glücklich, du und Mutter?« fragte der Pastor.

»Wie kommst du denn auf die Idee?« fragte Anton und ließ sich auf den Beifahrersitz schieben.

»Ich sehe es Mutter an. Ihr Gesicht ist doch nicht mehr so düster wie früher, oder? Und sie trägt nicht mehr nur Schwarz.«

Was für seltsame Worte für einen Pastor, und seit wann nannte er Lina »Mutter«? Die anderen sagten doch immer »Mama«. Oder »Kleine Lina«, wie er das selber wohl früher auch gemacht hatte.

»Wenn ich jetzt jung wäre, würde ich bestimmt nicht Pastor werden müssen, meinst du nicht?« lachte der fremde Sohn.

Und es klang so, als ob er sich durchaus eine andere Laufbahn vorstellen könnte.

»Und was würdest du dann werden?« fragte der Alte.

»Ich würde gern Romane schreiben«, antwortete der Pastor.

Romane! Wie in aller Welt war er wohl auf Romane verfallen? Ein ganz normaler Steinhauersohn!

»Ich würde über das Schöne und das Unschöne schreiben und über alle schweren Entscheidungen, die wir treffen müssen«, sagte Johannes.

»Was für Entscheidungen denn?« fragte Anton neugierig.

»Aber besteht denn nicht unser ganzes Leben aus schwierigen Entscheidungen? Und eine der wichtigsten ist immer wieder, ob wir nur an uns selber denken oder uns auch um andere kümmern wollen, weißt du, Vater! Ich habe zusammen mit einem Kollegen aus der Hauptstadt eine Organisation gegründet, die Jugendlichen helfen soll. Jugendhilfe! Etwas habe ich eben auch von dir geerbt!«

»Von mir?«

»Wir sind zwar Pastoren, aber wir sind sozialistische Pastoren, Vater!«

Anton schwindelte es, so etwas hatte er in seinem Leben noch nicht gehört. Aber die Worte seines Sohnes ließen ihn warm und stolz werden.

»Doch«, murmelte er. »Den Sozialismus hast du sicher von mir. Und die Religion von Lina.«

Anton schaute zu seinem Sohn hinüber, und dann lachten sie beide, lachten laut und glücklich.

Dann schaute er aus dem Fenster und stieß einen groben Fluch aus, denn sie fuhren gerade bei Andreas auf den Hof.

»Du Mistkerl!« brüllte Anton, und der Pastor nickte.

Dann lachten sie wieder, und Brahmaputras helles Perlen mischte sich mit dem tiefen Brummen der Männer.

* * *

Anton saß an Andreas' Tisch.

Das hatte er nicht mehr gemacht, seit sein Sohn der norwegischen Nazipartei Nasjonal Samling beigetreten war.

Auch vorher hatten sie ja ihre Scharmützel gehabt; während des Krieges hatte der Vater ihm zum ersten Mal den Rücken gekehrt. Zum zweiten Mal war das geschehen, als Andreas für Asgeir und gegen Matias Partei ergriffen hatte.

Anton saß an Andreas' Tisch, und der Gastgeber stand rund und munter am Tischende und hieß alle willkommen.

»Und jetzt greift bitte zu«, sagte er und lächelte gastfreundlich.

Anton ließ seinen Blick von seinem Sohn zu der Braut weiterwandern, die in ihrem feinen Kleid so schön aussah; die kleine Gudny, nun war die kleine Gudny doch tatsächlich erwachsen. Er hatte sie schon lange nicht mehr gesehen, warum eigentlich nicht?

Anton nahm sich ein Stück von dem verlockenden Brathähnchen. Und dann ein wenig Schinken. Mit Backpflaumen. Und als Andreas sein Glas zum gemeinsamen Zuprosten hob, hob Anton auch seines, wie alle anderen Gäste.

Er schaute sich am Tisch um, betrachtete Johannes, den Pastor mit frohem Staunen, lächelte Putra an und überlegte einen Moment, wo ihre Schwester Elise wohl steckte. Dann fiel es ihm wieder ein, sie war im Ausland, um Hauszeichnerin zu werden. Architektin hieß das in vornehmer Sprache. Anton stieß mit Hilda und Marja an und zwinkerte Lina zu, die so gerade dasaß, mit ihren weißen, hochgesteckten Haaren. Und Lina errötete und schob ein Stückchen Speck in den Mund. Dann trank er der Braut zu und nickte voller Anerkennung zu Andreas hinüber; der hatte es offenbar geschafft, dieser dickbäuchige Sohn, ein wohlgefüllter Tisch und zwei hübsche Töchter. Und Anton spießte mit der Gabel eine Backpflaume auf und tunkte sie in die Bratensoße.

Es war der Vater des Bräutigams, der als erster Hitler erwähnte.

Andreas blickte wachsam zu seinem Vater hinüber, aber Johannes, der nicht wußte, wie brisant dieses Thema war, stürzte sich sofort in eine lebhafte Diskussion.

Sie saßen nun schon lange bei Tisch, und Anton hatte so manches Glas geleert, wie so viele andere, die um das weiße Tischtuch herum saßen. Außerdem hörte er nicht mehr so gut, er begriff also nicht sofort, wovon hier die Rede war.

Er nuckelte an seiner Pfeife und betrachtete Solveigs unter ihrer Bluse wogende Brüste. Dann hob er sein Glas und blickte zu Klara hinüber.

Neben Klara saß Lina. Sie trug ein blaues Kleid, das Marja ihr geschenkt hatte, und eine Perlenkette, die sie zum sechzigsten Geburtstag von Ragnhild bekommen hatte. Und Lina lächelte ihren Mann freundlich an, doch hatte ihre Miene nicht etwas Wachsames, Angespanntes? Dabei war er doch hier. Wovor hatte sie jetzt noch Angst? Anton versuchte, sich zu erinnern, warum er nach der Trauung nicht mit den anderen hatte herkommen wollen.

Dann hörte er es:

»Aber siehst du nicht, was für ein Geschenk Hitler für Europa ist? Nicht nur für die Deutschen, durchaus nicht nur für die Deutschen, darum geht es hier doch gar nicht!«

Anton runzelte die Stirn.

»Aber der Mann ist doch ein Verbrecher!« brüllte Asgeir ungewöhnlich erregt. »Ein Krimineller!«

»Er will den Bolschewiken das Handwerk legen«, erwiderte der
Vater des Bräutigams, der Schreinermeister aus Fredrikstad.
»Begreift ihr das nicht? Aber bisher ist das erst in der Planung,
im Vorbereitungsstadium.«

Anton hatte sich erhoben. Sein Blick funkelte unheilverkün-
dend.

»Aber diese Nacht … letzte Woche …«, das war Johannes'
Stimme, ungläubig schallte sie über den Tisch, über Bier- und
Weingläser, über Teller mit halbgegessenen Geflügelteilen und
Bratenstücken, über in Fleisch oder Kartoffeln steckende ver-
gessene Gabeln.

»Die Juden?« bellte der Schreiner. »Die haben nun wirklich
nichts Besseres verdient«, und sein Sohn lachte, der Bräutigam
lachte, ein Lachen, das ihm dann im Hals stecken blieb.

Wie ein junger Mann stürzte Anton auf den Vater des Bräuti-
gams zu, auf diesen Mann, der das Wort »Bolschewik« auf eine
Weise ausgesprochen hatte, die dem Alten die Kraft des Jüng-
lings zurückgegeben hatte: Er sprang über die Bank und auf den
Boden und legte die wenigen Schritte zu diesem Gast im Haus
seines Sohnes im Nu zurück. Was hatte dieser Mann gesagt?
Hatte Anton ihn richtig verstanden? Hatte er Hitler gelobt?
Und höhnisch gelacht?

Sein Brustkasten hob und senkte sich vor Aufregung, und Bilder
und Wortfetzen jagten ihm durch den Kopf: ermordete Juden,
Nazis, Bolschewiken …

Dann fing er den Blick seiner Frau auf, Linas offenen, hellen
und zugleich ängstlichen und erschrockenen Blick, und er wollte ihr etwas sagen, hätte es ihr schon längst sagen sollen, er überlegte fieberhaft, was das denn sein konnte, und dann fiel es ihm
ein: Sein Bruder, der Älteste, er hatte ja doch gesehen, was er gesehen zu haben behauptete, damals, im Schuppen …

Anton lachte, mitten in seiner Wut, mitten in seiner glühenden Wut lag auch ein Lachen.
Dann hob er den Arm zum Schlag.

Und fiel. Schnappte nach Luft und fiel. Und fiel.

Epilog

Als sei das Wasser der Glomma einst durch den Brahmaputra geströmt

Anton brauchte den nächsten Krieg nicht mehr mitzuerleben.
Er brauchte nicht mitzuerleben, daß Andreas' Töchter beide
Witwen wurden, als ihre Männer an der Ostfront fielen. Er
brauchte nicht noch einen Sohn im Gefängnis mitzuerleben, als
man Andreas nach dem Krieg als Kriegsgewinnler verurteilte. Er
hatte sich in den Kriegsjahren ein Gut und einen lebhaften
Holzhandel zugelegt, dieser hellhäutige, blonde Mann mit dem
jovialen Wesen.

Und weder Anton noch Lina, die inzwischen auch nicht mehr
lebte, erfuhren von Jentofts Tod. Die Nachricht erreichte Marja
in Form eines Telegramms aus Oslo und war unterschrieben mit
»Jack, ein Freund«.
Auch Matias wandte sich an Marja, als er der Familie endlich ein
Lebenszeichen zukommen ließ, doch auch diese Nachricht kam
zu spät: Marja war mit Anfang sechzig gestorben. Asgeir las den
Brief, dieser Nordnorweger, der es zum norwegischen Ge-
schäftsführer einer britischen Gesellschaft und zu einem großen
Büro mitten in Oslo gebracht hatte, Asgeir, der nach seiner Pen-
sion Überweisungen von Ragnhild und Johannes erhielt, er
wußte schon, woher das Geld stammte, auch wenn es nie ausgesprochen wurde, und immer schickte er alles zurück.
Die beiden wollten das Vergehen ihres Bruders wieder gut-
machen.

Aber sie hatten die Unterschlagung ja schließlich nicht begangen.

Sie wollten wohl noch mehr, meinte Brahmaputra. Brahmaputra wohnte jetzt wieder in der gelben Villa, zusammen mit ihrer Familie, um sich um ihren Vater kümmern zu können.

»Was denn?« fragte ihre Tochter neugierig.

Die beiden anderen tauschten stumme Blicke, Blicke voller Bilder: selbsterlebte oder von der Mutter gehörte, aber jedenfalls fast dieselben, Bilder von Asgeir in gestreiftem Badeanzug und dem Lachen und Kichern seiner Schwiegerfamilie, Bilder von der Eifersucht Ton-Tons und des Vaters auf den Mann, von dem sie glaubten, er habe ihnen Marja genommen.

Matias hatte ein Paket geschickt, und in dem Paket war eine kleine Schatulle. Sie war aus hellem Birkenholz gezimmert und mit schönen Schnitzereien verziert, dunklere Intarsien im Deckel zeigten einen springenden Hirsch. In der Schatulle lagen zwei Fotos: Eines zeigte Matias und eine fremde Frau vor einem kleinen Holzhaus am Waldrand, das andere zeigte drei halbwüchsige Kinder, die sich vorbeugten, beim Lächeln ihre großen Vorderzähne sehen ließen und einander die Arme um die Schultern gelegt hatten. Bei den Fotos lag auch ein kurzer Brief. Darin stand nicht viel. Marja wurde gebeten, Asgeir die Schatulle zu geben. Er könne darin kleine Zigarren aufbewahren, schrieb Matias. Ansonsten hoffte er, daß es allen gutging.

»Ich werde bald sterben. Dein Bruder Matias.«

Der Brief hatte keinen Absender, das Paket war in Sandefjord abgestempelt worden.

Doch Asgeir rauchte nicht mehr. Weder die filterlosen Virginiazigaretten noch die fetten Weihnachtszigarren. Er hatte Kehlkopfkrebs, aber das wußte seine Tochter noch nicht.

Er setzte sich in seinem Arbeits-Wohn-Schlafzimmer, das einst Marjas Musikzimmer gewesen war, auf die gehäkelte Bettdecke. Jetzt stand der Flügel oben im Wohnzimmer. Vormittags saß

Asgeir gern hinter seinem Schreibtisch und sortierte seine Brief-marken, mittags ruhte er sich aus oder legte Patiencen. An jedem vierten Dienstag kam der Bridgeclub: Sie tranken Whisky und trugen mit lauter Stimme ihre Meldungen vor.

Jetzt saß er mit der Schatulle auf der Häkeldecke und betastete die geschnitzte Oberfläche mit seinen glatten Fingern. Und As-geir weinte. Denn auf irgendeine seltsame Weise hatte er immer gewußt, daß Matias unschuldig war. Daß er die Schuld eines an-deren auf sich genommen hatte. Und plötzlich wußte er ganz si-cher, daß ihm damals nicht Matias sein Kleingeld gestohlen hat-te, sondern der schläfrige andere.

Anton erfuhr auch niemals, was aus Cornelia geworden war, seiner und Margretes Tochter. Er hatte sie nie gesehen, aber im tiefsten Herzen hatte er geahnt, daß das Kind der doppelten An-waltsgattin ihn zum Vater hatte, und diese Ahnung war ihm in den Jahren, als sein Gedächtnis noch funktioniert hatte, die pure Freude gewesen, ganz ohne Schuld und Scham.

Doch nie hätte er auch nur die Möglichkeit ins Auge gefaßt, daß die Begegnung mit der Fee am Kolk und die Verzweiflung, die er in den Armen der Frau in der Schenke überwunden hatte, zu neuem Leben hätte führen können.

Dem Flötenspieler war er begegnet, ohne ihn als seinen Sohn zu erkennen; den Jungen, mit dem er sein Frühstück geteilt hatte, der dann zur See gefahren war. Vor seinem Tod an der Front hatte dieser Sohn einer algerischen Prostituierten ein Kind ge-macht, und dieser Frau hatte er auch seine geringen Habselig-keiten hinterlassen: eine kleine Holzflöte und ein Sparbuch. Nach dem Krieg reiste die Frau über den Kanal nach London und bekam mit Hilfe eines gefälschten Trauscheins das Geld ausgezahlt. Für das Geld kaufte sie ein kleines Haus in Paris und widmete sich weiter dem einzigen Gewerbe, mit dem sie sich auskannte, zusammen mit der Tochter, die also Syrin-Antons Enkelin war. Als die Nazis kamen, war die Alte schon tot, und der Betrieb wurde von der Tochter des Flötenspielers geführt.

Ihre Tochter wiederum war es, auf die der deutsche Offizier ein Auge warf und die er vor Kriegsende nach Berlin mitnahm.

Und die zweite Hansine? Das zurückgebliebene Mädchen?

Sie lernte niemals, mehr als einsilbige Wörter zu sprechen, aber sie sang wunderschön und lächelte die Welt strahlend und zutraulich an. Als ihre Pflegemutter im hohen Norden starb, kümmerte sich die Fürsorge um das Mädchen, das allerdings bereits von einem Schifferssohn aus Archangelsk, der nicht begriffen hatte, wie es um die junge Schönheit stand, geschwängert worden war. Er versuchte, sich vor der Verantwortung zu drücken, aber sein Vater, der wohlhabende Unternehmer, war ein rechtschaffener Mann. Er kümmerte sich um das Kind, einen kleinen Jungen, und holte es einige Jahre vor Ausbruch der Revolution nach Rußland.

Nach dem Krieg machte er sein Examen als Ingenieur, dieser Urenkel Antons, und wurde dann nach Estland geschickt, wo er einen chemischen Betrieb leitete. Er heiratete spät, eine Estin. Über seine Herkunft mütterlicherseits wußte er nicht viel, deshalb weiß auch seine Tochter Piret nicht, woher sie stammt, diese Kette aus Holzkugeln, die sie beim Aufräumen nach dem Tode ihres Vaters unter seinen Sachen gefunden hat.

Sie ist Musiklehrerin, Piret, und Leiterin eines kürzlich gegründeten Kirchenchors.

Und Ton-Tons Tochter aus Chicago?

Die lebt in Athen.

In Tallinn steht eine Frau mit einem Notenheft in der Hand und summt leise vor sich hin. Durch das einzige Fenster im Zimmer hat sie Ausblick auf den Markt in der Altstadt. Sie summt leise, weil sie den Ehemann nicht wecken will, der hinter ihr auf dem Sofa Mittagsschlaf hält, und ihr Blick wandert an den Häusern entlang, die den Markt umkränzen. Der Markt ist jetzt schön, mit frisch renovierten Fassaden in Gelb und Grün, Rosa und Blau. Die Touristen sind wieder abgereist, und die Restaurantbesitzer haben die Sonnenschirme und Plastikmöbel bis zur nächsten Saison in den Keller gebracht.

Die Menschen schleichen nicht mehr an den Wänden entlang, denkt sie. Und in den engen Gassen, die vom Markt wegführen, ist viel Betrieb, geschäftige Frauen gehen in den Läden aus und ein, und die Ladentüren fallen mit hartem, scharfem Knall hinter ihnen ins Schloß, ihre Absätze klappern über die Pflastersteine, während die Männer … die stehen noch immer in den dunklen Eingängen, mit Strickmützen auf dem Kopf und brennenden Zigaretten in den zitternden, kalten Händen.

Piret steckt Noten und Taktstock in eine kleine Stofftasche und wirft die vom Vater geerbte rostrote Windjacke über. Dann taucht in der kleinen Diele ein sommersprossiger Teenager mit einer Halskette in der Hand auf, einer Kette aus runden schmutzigbraunen Holzkugeln, einer zerrissenen Kette; das junge Mädchen hält die beiden Enden in der Hand.

»Gehört die dir, Mama?« fragt sie.

»Aber was in aller Welt hast du in dieser Schublade verloren?« fragte Piret mit strenger Stimme.

Die Tochter schlägt schuldbewußt die Augen nieder.

Piret greift nach der Kette, sieht nicht, daß diese zerrissen ist, und die Kugeln rollen in allen Richtungen davon. Sie macht einen ungeschickten Schritt, um die letzten noch im Flug aufzufangen, tritt auf eine, die schon auf dem Boden liegt, und die zerbricht unter ihrem Absatz.

Die beiden bücken sich, sie wollen die Kugeln suchen, wollen die zerbrochene aufheben. Und dann entdecken sie den grauen Klumpen.

Der Mann auf dem Sofa ist von der ganzen Aufregung geweckt worden, jetzt steht er neben ihnen und beugt sich mit neugieriger und wegen des unterbrochenen Schlafes auch gereizter Miene über Piret. Er nimmt den kleinen Klumpen, betastet ihn, fährt mit den Fingern darüber hin und beißt vorsichtig hinein.

»Das ist offenbar Silber!« sagt er verwundert.

»Das ist offenbar Silber!« ruft er und holt einen Hammer.

»Ein richtiger kleiner Schatz«, sagt er glücklich, als er auf dem Küchentisch jede einzelne Kugel zerschlagen hat.

»Die Kette stammt von meinem Vater«, sagt Piret. »Aber ich habe keine Ahnung, woher der sie hatte.«

Dann muß sie gehen, der Chor wartet.

Piret läuft über den Marktplatz. Sie atmet die kühle Luft ein und riecht salziges Meer und nicht den ewigen Gestank von Braunkohle, der für sie zur Luft einfach dazugehört, und sie singt laut: »Every valley, every valley, every valley shall be exalted …«

* * *

In der Dachbodenwohnung in Amsterdam putzt der schwarze Joseph Nelson Mandelas graue Granitstirn. Er tritt einen Schritt zurück. Er umrundet langsam die mannshohe Skulptur, fährt mit seiner breiten Hand über den Stein, schließt die Augen und streicht darüber, so als könne seine Hand besser als seine Augen beurteilen, ob die Formen richtig sind, ob die Proportionen stimmen.

»Janke!« ruft er.

Aber sie ist nicht da, sie ist einkaufen gegangen.

Dann denkt er an die norwegische Sängerin mit dem albernen Namen, denkt, daß er sie in wenigen Tagen wiedersehen wird, fragt sich, ob sie wohl noch an seine Einladung denkt, zu ihm zu kommen und sich den fertigen Afrikaner anzusehen.

* * *

Und dann treffen sie sich endlich am letzten Tag des Jahres, die Chöre aus Bremen und Kopenhagen, aus Rom und Tallinn, aus Venedig und Athen, aus Oslo und Paris; aus allen Ecken Europas kommen sie, mit Bussen und Bahnen, mit Autos und Flugzeugen, sie kommen, um zu singen.

Und sie versammeln sich in der riesigen Halle, in der alle zwölftausend Menschen Platz haben, Frauen und Männer, junge und alte, alle, die die Stimmen dieser verkürzten Version von Händels Meisterwerk gelernt haben.

Und vor jedem Chor steht seine Leiterin oder sein Leiter, sie werden heute nicht dirigieren, heute dirigiert nur einer, der große Dirigent Wachtner, die anderen helfen bei den Vorbereitungen, helfen den Singenden, vor dem Einsetzen den richtigen Ton zu finden. Ihre Stimmgabeln klirren, in der riesigen Halle klirren Hunderte von Stimmgabeln, und Wachtner hebt die Arme.

Das Publikum schweigt. Die Bankreihen sind bis auf den letzten Platz besetzt von wichtigen Personen aus dem neuen Europa: Dort sitzt der deutsche Bundeskanzler, einige Plätze weiter der französische Präsident, dort sitzen vier Mitglieder der slowakischen Regierung, auf der Bank dahinter beugt sich der estnische Botschafter zu seiner Frau hinüber und flüstert ihr etwas ins Ohr. Der König von Schweden hat sich ebenso eingefunden wie die britische Königin, die Königlichen haben ihre eigenen Logen mit Sesseln aus tiefrotem Samt mit aufgestickten goldenen Kronen.

Ich hab's ja gleich gesagt, denkt Fabrikbesitzer Antonsen.

Er hat seinen Weihnachtsurlaub in der Schweiz verbracht, um mit einem Geschäftspartner und dessen Familie Ski zu laufen. Und er hat die anderen Drachenfliegen gelehrt, mit schönen, farbenfrohen Hängegleitern über dem Kopf und einem Snowboard unter den Füßen. Sie wurden von einem Schneemobil an die Bergkante gezogen und flogen los, wild und schön über verschneite Täler.

Auf dem Heimweg macht er Station in Brüssel, um das Konzert zu hören. Und um Kissie zu treffen, die er seit dem Herbst nicht mehr gesehen hat.

Er sieht sie dort unten, schön, in sonnengelbem Kleid und mit hochgesteckten Haaren, er winkt ihr zu, aber sie sieht nur den Dirigenten an, den großen Wachtner.

Der hebt den Taktstock, und nun bricht es los, Tausende von Stimmen, doch was ist das? Warum fällt Wachtner der Taktstock aus der Hand? Warum hören die einen auf zu singen, warum singen die anderen weiter?

Der König von Schweden kratzt sich verwundert am Ohr, die britische Königin reckt den Hals. Der estnische Botschafter betrachtet seine Landsleute aus zusammengekniffenen Augen, singen die auch nicht mehr? Sind sie vielleicht an allem schuld?

Dann verstummt alles, und nur ein schwaches, verdutztes Tuscheln hängt noch in der Luft.

Fabrikbesitzer Antonsen grinst. Ihm kommt die Idee, daß es sich vielleicht um ein Komplott handelt, Kissie und ihre Komplizen wollen die Huldigung an Europa und den Messias zum Skandal werden lassen, und er muß lachen.

Dann fangen sie noch einmal an, aber es stimmt auch diesmal nicht. Hunderte von Hilfsdirigenten lassen ihre Stimmgabeln klingen und lauschen den Kollegen in der Nähe, und langsam geht zuerst einigen ein Licht auf, dann auch noch anderen, und wieder erhebt sich im großen Saal das verwunderte Raunen.

Die Stimmgabeln sind unterschiedlich. Die osteuropäischen Stimmgabeln liegen zwei ganze Schwingungen tiefer als die westeuropäischen, warum ist das so? Und wie lange ist das schon so? Woher stammt dieser seltsame Unterschied zwischen kommunistischen und kapitalistischen Stimmgabeln? Wurden damals, als die alten Eisenbahnschienen aus dem Boden gerissen wurden, die unter der Zarenherrschaft gelegt worden waren, auch proletarische Stimmgabeln eingeführt?

Wachtner springt mit wütendem Gebrüll von seinem kleinen Podium, er brüllt auf deutsch und englisch und französisch und polnisch, und endlich bringt eine kleine Frau ein Glas Wasser, um ihn zu beruhigen. Wachtner scheint als einziger noch nicht begriffen zu haben, was passiert ist; um ihn herum wird aufgeregt auf italienisch und griechisch diskutiert, aber er versteht weder Italienisch noch Griechisch.

Dann zerbricht er seinen Taktstock und geht.

Die britische Königin erhebt sich, und das übrige königliche Europa folgt, woraufhin alles aufspringt, abgesehen von einem italienischen Parlamentsmitglied, das nicht weiß, daß niemand sitzen darf, wenn Königliche gehen oder stehen, und abgesehen von Antonsen.

Der estnische Botschafter erkühnt sich, das Ordensband über der Schulter des norwegischen Monarchen zu berühren, als der im Mittelgang an ihm vorbeischreitet. Hat Norwegen nicht eine junge Prinzessin, überlegt er, eine, die man vielleicht zur Königin des neuen Estland ausrufen könnte?

Langsam leeren sich die Bankreihen; zuerst die Samtsessel ganz vorn, dann die normalen Stühle, zuletzt die rückenlehnenlosen Bänke, auf denen die unteren EU-Bürokraten und andere Mittelmäßigkeiten gesessen haben, die als Belohnung für irgendein Verdienst zu diesem Konzert eingeladen worden sind.

Unten in der Halle stehen noch immer die Chöre; zwölftausend Menschen in malerischen Trachten, sie murmeln und reden und rufen. Die Chorleiter starren verzweifelt auf die Rücken des Publikums, das zu den Türen strömt und verschwindet, dann lassen sie ihre Blicke hilfesuchend zu ihren Kollegen weitergleiten.

Als die letzten gerade die Halle verlassen, springt eine Frau von vielleicht vierzig auf das Podium und hebt die Hände. Alles verstummt. Sie gibt nacheinander die verschiedenen Stimmen an, hört das leise Summen aller, die antworten und sich bereit machen, gibt ihnen ein Zeichen, still zu sein, und eröffnet dann mit ausladender, deutlicher Armbewegung das Konzert.

Und es klingt schön und rein, Händels altes Werk, voll und stark. Und der Gesang erhebt sich zum Glasdach und weiter durch die sternenklare Winternacht, gewaltig, gewaltig, mit Antonsen als einzigem Zuhörer.

*   *   *

Am nächsten Tag sitzen Kissie und der Fabrikbesitzer nebeneinander im Flugzeug nach Kopenhagen und Oslo.
»Wenn dieser Junge in den Kensington Gardens bloß damals nicht aufgetaucht wäre«, sagte Antonsen.
»Welcher Junge?«
»Der auf dem Skateboard natürlich, der mit der umgedrehten Schirmmütze.«
Kissie lacht.
»Daß du wirklich zum Konzert gekommen bist«, sagt sie. »War es nicht schön?«
»Das Schönste, was ich je gehört habe.«
Er streichelt ganz leicht ihre Hand.
»Ja, so was muß eine mitmachen, die ihre Stimme von der Großmutter geerbt hat. Hieß sie nicht Marja? Marja vom Fliederhof?« fragt Antonsen interessiert.
Kissie nickt und küßt freundschaftlich seine Wange.

In Oslo läßt die Sonne die Schneehaufen am Straßenrand glitzern.
In der Ausgangshalle nehmen sie Abschied, Kissie will mit zwei anderen vom Chor, die in ihrer Nähe wohnen, ein Taxi nehmen.

Plötzlich fällt ihr etwas ein, sie dreht sich überrascht um und hält in der Menge nach Fabrikbesitzer Antonsen Ausschau. Sie winkt, läßt ihr Gepäck stehen und rennt zu ihm hin.

»Jetzt weiß ich's«, sagt sie zufrieden.

»Was denn?« fragt Antonsen verwirrt.

»An wen du mich erinnerst.«

»Ich erinnere dich an irgendwen?«

»Wir sollten uns mal treffen«, sagt Kissie. »Und dann fahren wir zum Iddefjord.«

»Warum das?«

»Ich will dir das weiße Haus zeigen. Das weiße Haus des Steinhauers. Es steht noch immer da, baufällig und verlassen. Mit dem ganzen alten Kram. Urgroßmutters unbeholfene Stickerei mit dem Text ›Tu deine Pflicht und fordere dein Recht‹.«

»Ach?« fragt Antonsen unsicher.

»Da hängt auch ein Bild. Von Anton. Anton Syrin. Dem Mann mit dem Akkordeon. Das will ich dir zeigen. Das Bild. Du siehst ihm nämlich ähnlich.«

Antonsen lacht. Er würde gern mit Kissie einen Ausflug machen.

»Wann denn?« fragt er.

»Bald«, antwortet sie.

Dann dreht sie sich um und läuft davon, aber als sie wieder bei ihrem Gepäck steht, fällt ihr ein, daß sie ihn noch immer nicht nach seinem Vornamen gefragt hat.

»Du!« ruft sie. »Wie heißt du eigentlich?«

»Jentoft!« antwortet der Mann verwundert.